本书受國家社科基金項目（項目編號：14CYY055）與湖南省特色應用學科項目中國語言文學學科建設經費資助

熊加全 著

《新修玉篇》研究

中国社会科学出版社

圖書在版編目（CIP）數據

《新修玉篇》研究/熊加全著．—北京：中國社會科學出版社，2019.10
ISBN 978-7-5203-5077-8

Ⅰ.①新⋯　Ⅱ.①熊⋯　Ⅲ.①古漢語—音韵學—研究　Ⅳ.①H11

中國版本圖書館 CIP 數據核字(2019)第 203995 號

出 版 人	趙劍英
責任編輯	宋燕鵬
責任校對	石建國
責任印製	李寡寡

出　　版	中國社會科學出版社
社　　址	北京鼓樓西大街甲 158 號
郵　　編	100720
網　　址	http://www.csspw.cn
發 行 部	010-84083685
門 市 部	010-84029450
經　　銷	新華書店及其他書店
印　　刷	北京君昇印刷有限公司
裝　　訂	廊坊市廣陽區廣增裝訂廠
版　　次	2019 年 10 月第 1 版
印　　次	2019 年 10 月第 1 次印刷
開　　本	710×1000　1/16
印　　張	19
插　　頁	2
字　　數	321 千字
定　　價	98.00 元

凡購買中國社會科學出版社圖書，如有質量問題請與本社營銷中心聯繫調換
電話：010-84083683
版權所有　侵權必究

凡　　例

一、《新修累音引證群籍玉篇》（簡稱《新修玉篇》）、《大廣益會玉篇》（簡稱《玉篇》）每頁皆分為上下兩欄，上下欄各自又分為左右兩欄，本文在徵引《新修玉篇》《玉篇》時以括號標明出處，標註方式如下："21 下左"即指《新修玉篇》第 21 頁下欄之左欄。

二、《漢語大字典》（簡稱《大字典》）每頁分為左右兩欄，本文在徵引《大字典》時亦以括號標明出處，標註方式如下："《大字典》2039A"即指《大字典》第 2039 頁左欄。

三、《中華字海》（簡稱《字海》）分為左中右三欄，本文在徵引《字海》時亦以括號標明出處，標註方式如下："《字海》895B"即指《字海》第 895 頁中欄。

四、其他如《説文解字》（簡稱《説文》）、《篆隸萬象名義》（簡稱《名義》）、《改併五音類聚四聲篇》（簡稱《篇海》）、《直音篇》、《詳校篇海》、《字彙》、《正字通》等字書每頁分為上下兩欄，本文在徵引上述字書時亦以括號標明出處，標註方式如下："《名義》196 上"即指《名義》第 196 頁上欄。

五、所引《玉篇》主要包括以下三種版本：《續修四庫全書》第 228 冊影印日本昭和八年（1934）京都東方文化學院編東方文化叢書本《玉篇（殘卷）》，簡稱"原本《玉篇》"；中華書局 1987 年影印張氏澤存堂本《大廣益會玉篇》，簡稱"《玉篇》"；《四部叢刊初編》影印建德周氏藏元刊本《大廣益會玉篇》，簡稱"元刊本《玉篇》"。

六、所引《集韻》主要包括以下三種版本：上海古籍出版社 1985 年影印上海圖書館藏述古堂影宋鈔本《集韻》，簡稱"《集韻》"或"述古堂影宋鈔本《集韻》"；中國書店 1983 年影印清揚州使院重刻本《集韻》，簡稱"揚州使院重刻本《集韻》"；中華書局 2005 年影印國家圖書館藏宋刻本《集韻》，簡稱"宋刻本《集韻》"。

七、為求簡潔，文中稱引前修時賢之說，皆直書其名，不贅"先生"字樣，敬請諒解。

八、下列論著徵引較多，為求行文簡潔，文中採用簡稱，對應關係如下：

  1. 《新修玉篇》 《新修累音引證群籍玉篇》
  2. 《説文》 《説文解字》
  3. 《名義》 《篆隸萬象名義》
  4. 《玉篇》 《大廣益會玉篇》
  5. 玄應《音義》 玄應《一切經音義》
  6. 慧琳《音義》 慧琳《一切經音義》
  7. 希麟《音義》 希麟《一切經音義》
  8. 《龍龕》 《龍龕手鏡》
  9. 朝鮮本《龍龕》 朝鮮咸化八年（1472）刊刻《龍龕手鑑》
  10. 《可洪音義》 《新集藏經音義隨函錄》
  11. 《篇海》 《改併五音類聚四聲篇》
  12. 敦煌本《王韻》 王仁昫《刊謬補缺切韻》（伯2011）
  13. 故宮本《王韻》 北京故宮博物院藏王仁昫《刊謬補缺切韻》
  14. 故宮本《裴韻》 北京故宮博物院藏裴務齊增字本《刊謬補缺切韻》
  15. 《大字典》 《漢語大字典》（第二版）
  16. 《字海》 《中華字海》
  17. 《校注》 《新校互注宋本廣韻》（定稿本）
  18. 《叢考》 《漢語俗字叢考》
  19. 《疑難字》 《疑難字考釋與研究》
  20. 《續考》 《疑難字續考》
  21. 《考正》 《字典考正》

目 錄

第一章 緒論 ……………………………………………（1）
　第一節　解題 ………………………………………………（1）
　第二節　研究現狀綜述 ……………………………………（2）
　第三節　研究的目的和意義 ………………………………（10）
　第四節　研究的方法和程序 ………………………………（12）

第二章　《新修玉篇》編纂體例和術語 ………………（13）
　第一節　編纂緣由及宗旨 …………………………………（13）
　第二節　內容體例 …………………………………………（14）
　第三節　主要術語 …………………………………………（22）

第三章　《新修玉篇》存在的問題 ……………………（33）
　第一節　體例缺失 …………………………………………（33）
　第二節　文字疏誤 …………………………………………（39）
　第三節　注音失誤 …………………………………………（43）
　第四節　釋義舛謬 …………………………………………（47）
　第五節　認同失誤 …………………………………………（58）

第四章　《新修玉篇》整理與研究的價值 ……………（62）
　第一節　有助於疑難字的考釋與研究 ……………………（62）
　第二節　有助於大型字書的修訂與完善 …………………（92）

結　語 ……………………………………………………（282）

參考文獻 …………………………………………………………（284）

附　錄 ……………………………………………………………（292）
　　部首表 …………………………………………………………（292）
　　檢字表 …………………………………………………………（293）

後　記 ……………………………………………………………（298）

第一章

緒　　論

第一节　解題

　　金代是我國字書編纂史上一個特別重要的時期，然而相較于南方的宋代來説，研究辭書史的學者對金代辭書編纂史的關注卻明顯不足。目前所知金代最早的一部大型字書是王太的《類玉篇海》，但此書今已亡佚。據《新修絫音引證群籍玉篇》（簡稱《新修玉篇》）卷端所保存的《重修增廣類玉篇海》序，可知《類玉篇海》是王太等人在《玉篇》（即宋本《玉篇》）的基礎上，廣采《省篇韻》《塌本篇韻》《陰祐餘文》《古龍龕》《龕玉字海》《會玉川篇》《奚韻》《類篇》等八家篇韻編纂而成的，是我國古代收字較多的一部字書。邢准的《新修玉篇》和韓道昭的《改併五音類聚四聲篇》（簡稱《篇海》）都是在《類玉篇海》的基礎上各自獨立成書的，它們收録了《類玉篇海》所收的大量字形。《新修玉篇》在繼承《類玉篇海》所收《玉篇》和《陰祐餘文》《古龍龕》《會玉川篇》《奚韻》《類篇》等五家篇韻之外，又根據《廣集韻》《省韻》《切韻》《廣韻》增收1240字；而《篇海》在繼承《類玉篇海》所收《玉篇》和《陰祐餘文》《古龍龕》《會玉川篇》《奚韻》《類篇》等五家篇韻之外，又根據《搜真玉鏡》、"俗字背篇"增收大量字形。相較而言，《新修玉篇》編纂與刊印都比較謹慎，加之流傳至今的又是與編者同時代的金刻本，後人無能篡改，因而錯訛較少；《篇海》的編纂和刊印都不及《新修玉篇》謹慎，加之通行的又是經過輾轉翻刻的明刻本（雖有金刻本流傳於世，但見者甚少），因而錯訛較多。由於傳世字書重貯存而輕考校，《篇海》在編纂及傳抄過程中產生的許多失誤往往被後世大型字書未加考辨地加以轉録。

近年來隨著《漢語大字典》（簡稱《大字典》）和《中華字海》（簡稱《字海》）的編纂與修訂，《篇海》越來越被重視，相關的研究成果大量湧現，其在我國字書史上的地位和價值也得到了客觀的評價。與《類玉篇海》命運相似，《新修玉篇》在其成書不久後即湮沒無聞，在元明清的公私書目中亦鮮有著錄，目前發現著錄該書的僅有清末潘祖蔭的《滂喜齋藏書記》。因此，目前學界對《新修玉篇》的研究成果不多，除了公開發表的數篇對其成書、編纂體例、注音、釋義、所收部分疑難俗字等方面進行研究的論文之外，尚未有人對《新修玉篇》進行系統的整理與研究。正因為《新修玉篇》編纂水準與刊印質量都比較高，流傳至今的又是金刻本，《新修玉篇》具有更為重要的辭書學、文字學和文獻學等研究價值，對《新修玉篇》進行系統的整理與研究，不僅有必要，而且應當儘快展開。

第二節　研究現狀綜述

邢準《新修玉篇》是在王太《類玉篇海》的基礎上編纂而成的，它是現存最早最完整的金刻本字書，也是目前所知的我國古代收字最多的字書之一。由於《新修玉篇》編纂與刊印都比較謹慎，加之流傳至今的又是與編者同時代的金刻本，後人無能纂改，因而《新修玉篇》在辭書學、文字學、文獻學等方面具有重要的研究價值。然而，目前學界對《新修玉篇》的研究尚屬剛剛起步，成果較少，主要集中在以下幾個方面：

一　作者及成書的研究

梁春勝在《從〈類玉篇海〉到〈四聲篇海〉——我國字典編纂史上的一個轉折點》[①] 一文中指出《新修玉篇》和《四聲篇海》（即本文所說的《篇海》）都是在金王太《類玉篇海》的基礎上，各自獨立成書的。楊清臣在《〈新修玉篇〉與〈四聲篇海〉釋義對比研究》[②] 一文中指出："王太與《新修玉篇》的作者邢准生平俱不可考。《新修玉篇》成書於大定戊申年（1188年），其後八年，韓孝彥作《五音篇》，其後二十年，韓

[①] 《中國典籍與文化》2004 年第 2 期。

[②] 河北大學碩士學位論文，2008 年 5 月。

孝彥次子韓道昭作《四聲篇海》。韓道昇序稱王公《篇海》作於大朝甲辰歲（1184年），而《新修玉篇》卷端保存的《大定甲申重修增廣類玉篇海序》則稱作於大定甲申年（1164年），韓文恐誤。"此文關於《新修玉篇》與《篇海》成書年代的說法應該是可信的。

二　編纂體例的研究

潘祖蔭《滂喜齋藏書記》曰："其書體例甚陋，無所取裁。惟諸家書目皆不著錄，元趙承旨、虞道園、張伯雨，明宋景濂、吳文定、陸文裕、項子京皆有藏印，則亦希世祕笈矣！"雖然潘祖蔭指出了《新修玉篇》的彌足珍貴，然其對《新修玉篇》編纂體例的評價是有失公允的。事實上，《新修玉篇》是在《類玉篇海》的基礎上編纂而成的，它不但繼承了《類玉篇海》編纂體例上的優點，而且又有所創新。根據《新修玉篇》的序文，可以發現《新修玉篇》的創新主要表現在以下幾個方面：一、收字方面：邢準根據《廣集韻》《省韻》《切韻》《廣韻》四書增收1240字；二、部首方面：《新修玉篇》"增出舀、光、关、亷四部；仍併鬲於禹部、鮺於魚部，改磬為殸，更犛為牥；又添象形兼無偏旁可取者，目為雜部，附之卷末"；三、單字音義方面：邢準廣採"諸家篇韻數音之義"，並"援引經史子書音義"，"添重音一萬二千五百四十"，同字之音訓，全部收羅於該字之下；四、姓氏等用字方面："續添姓氏、郡望、複姓、三字姓，上自一郡，下至二十五望，依韻編注，一仿《玉篇》之體於內"。關於《新修玉篇》的編纂體例，梁春勝的《從〈類玉篇海〉到〈四聲篇海〉——我國字典編纂史上的一個轉折點》、楊清臣的《〈新修玉篇〉與〈四聲篇海〉釋義對比研究》、胡平《〈新修玉篇〉編纂體例整理與研究》[①] 等都作了相關的分析與闡述。

三　引書研究

梁春勝在《〈新修玉篇〉〈四聲篇海〉引書考》[②] 一文中對《新修玉篇》的引書進行了全面的分析與研究，其文指出《新修玉篇》所引《玉篇》當為宋本《玉篇》；《新修玉篇》所引《龍龕》為遼代釋行均所編

---

① 河北大學碩士學位論文，2008年5月。
② 《中國典籍與文化》2008年第4期。

《龍龕手鏡》，其收字和訓釋與流傳至今的高麗版影印遼刻《龍龕手鏡》基本一致；《新修玉篇》所引五家篇韻中的《類篇》與司馬光《類篇》收字不同，並非一書；《新修玉篇》所引五家篇韻中的《餘文》所收之字基本上都見於今本《集韻》；《新修玉篇》所引五家篇韻中的《川篇》和《奚韻》，今皆無傳本，《川篇》全稱為《會玉川篇》，該書與《龍龕手鏡》性質相同，主要記錄佛經用字，而《奚韻》除《新修玉篇》與《四聲篇海》所引之字外，其作者、內容、體例皆不可考；《新修玉篇》所引《廣集韻》是在《集韻》基礎上的增字本韻書；《新修玉篇》所引《省韻》應該是《省場禮韻》的簡稱，《省場禮韻》應該與流傳至今的《附釋文互注禮部韻略》一樣，主要是給參加科舉考試的舉子學習用的課本，然從其收錄大量生僻字來看，《新修玉篇》所引《省韻》與宋代作為科舉考試教材的《省韻》似乎並非一書，其真實情況尚待研究；《新修玉篇》所引《切韻》應該是唐五代流傳下來的《切韻》系韻書。梁春勝關於《新修玉篇》引書問題的分析與研究，應該是可信的。

關於《新修玉篇》所引《玉篇》的版本問題，目前學界也有不同的觀點。楊正業、魏現軍、馮舒冉《孫強〈玉篇〉輯校論》[1]與《〈古佚三書〉輯校概論》[2]、魏現軍《〈新修絫音引證群籍玉篇〉所引〈玉篇〉藍本考》[3]與《〈玉篇〉研究》[4]皆據《新修玉篇》卷首的《梁顧博士玉篇序》和《大定甲申重修增廣類玉篇海序》而謂《新修玉篇》所引《玉篇》當為孫強本《玉篇》（即唐寫本《玉篇》）。以下即摘錄兩篇序文的部分內容：

唐上元元年甲戌歲四月十三日，南國處士富春孫強增加字凡五百四十二部，二萬二千八百七十二言，注一十八萬六百四十字。（《梁顧博士玉篇序》）

《玉篇》元數大字二萬二千八百七十二言，又八家篇內增加大字三萬九千三百六十四言，經及音訓計六十萬餘字，集成一書號曰《增廣類玉篇海》。（《大定甲申重修增廣類玉篇海序》）

楊正業、魏現軍、馮舒冉等據以上兩篇序文認為《新修玉篇》所引

---

[1] 《辭書研究》2009 年第 6 期。
[2] 《西華師範大學學報》（哲學社會科學版）2010 年第 4 期。
[3] 《暨南學報》（哲學社會科學版）2011 年第 3 期。
[4] 上海師範大學博士學位論文，2012 年 5 月。

《玉篇》即為孫強本《玉篇》，孫強本《玉篇》收字共二萬二千八百七十二言。事實上，這種觀點是值得商榷的。關於宋本《玉篇》收字，胡樸安《中國文字學史》統計為 22561 個，劉師培《中國文字學》統計為 22726 個，張涌泉《論〈四聲篇海〉》謂宋本《玉篇》收字 22980 個，楊寶忠師謂廣益本《玉篇》（即宋本《玉篇》）收字為 22620 個。以上關於宋本《玉篇》收字的統計略有差異，但與《梁顧博士〈玉篇〉序》和《大定甲申重修增廣〈類玉篇海〉序》所言《玉篇》收字二萬二千八百七十二言，大體相同，這種差別可能主要由於統計方式的不同造成的，這也說明了《新修玉篇》所引《玉篇》當為宋本《玉篇》，而非孫強本《玉篇》，這是因為宋本《玉篇》是陳彭年等人在孫強本《玉篇》的基礎上增字而成的，所以孫強本《玉篇》收字總數必然少於宋本《玉篇》，然《梁顧博士〈玉篇〉序》和《大定甲申重修增廣〈類玉篇海〉序》所言《玉篇》收字總數與宋本《玉篇》卻大致相同，因此，說明了《新修玉篇》所引《玉篇》當為宋本《玉篇》。此外，通過《新修玉篇》所引《玉篇》與宋本《玉篇》的比勘，可以發現二者在收字、注音和釋義等方面具有高度的一致性，由此也說明了《新修玉篇》所引《玉篇》當為宋本《玉篇》。

　　趙曉慶《〈新修玉篇〉首音研究——兼論〈新修玉篇〉的底本〈玉篇〉問題》[①]一文從《新修玉篇》成書經過、語音系統、類別特點、同源字書的比較等多方面出發探討了《新修玉篇》底本《玉篇》的問題，認為《新修玉篇》所引《玉篇》為宋本《玉篇》，今存《宋本玉篇》（又名《大廣益會玉篇》）與宋本《玉篇》可能是宋代前後兩個不同的版本。趙曉慶通過相關材料的梳理、比勘指出，楊正業、魏現軍、馮舒冉等人認為《新修玉篇》所引《玉篇》底本為孫強本《玉篇》這一觀點是錯誤的，這是正確的，不存在太多爭議。然而，他根據《新修玉篇》所引《玉篇》收字比今存《宋本玉篇》多 146—331 個，認為《新修玉篇》所引宋本《玉篇》當為今存《宋本玉篇》的增字重修本，這一觀點是可以商榷的。因為作者沒有考察《新修玉篇》所引《玉篇》這些多出字的來源，據筆者考察研究，這些字絕大部分見收於《集韻》，之所以被認為是引自《玉篇》，這主要有兩方面的原因：一是由於編者編纂失誤而造成

---

① 《勵耘語言學刊》第二十三輯，2016 年 6 月。

的，本來是收錄自《集韻》中的字，編者卻因誤而收於《玉篇》之内，這種失誤有些來源很早，可能始於《類玉篇海》；一是由於刊印者刊印失誤而造成的，本來是收錄自《集韻》中的字，刊印者卻因誤而收於《玉篇》之内，這種失誤或始於《類玉篇海》，或始於《新修玉篇》。因此，據《新修玉篇》所引《玉篇》收字比今存《宋本玉篇》多146—331個，即認爲《新修玉篇》所引宋本《玉篇》與今存《宋本玉篇》不是同一個版本，當爲今存《宋本玉篇》的增字重修本，這種觀點是尚可商榷的。這是因爲作者没有考慮到字書在編纂與刊印過程中都會産生一些失誤，進而也導致它們的收字總數及注音釋義内容都會産生一些差別，而非它們所據《玉篇》版本存在不同，遂致此誤。又趙曉慶在《〈新修玉篇〉之〈玉篇〉底本考》①一文中通過對相關材料專門論證了《新修玉篇》所引《玉篇》的版本問題，指出楊正業、魏現軍、馮舒冉等人認爲《新修玉篇》所引《玉篇》底本爲孫强本《玉篇》這一觀點是錯誤的，正如前文所言，這是正確的，而且這已得到學界大部分人的認可，不存在争議。但作者又主要從以下兩個方面出發力圖證明《新修玉篇》所引《玉篇》與《大廣益會玉篇》（即宋本《玉篇》）不同，實際上爲另一個宋代《玉篇》修訂本，這種觀點我們仍然認爲是值得商榷的：一、從序言和字數的比較認爲《新修玉篇》所引《玉篇》爲宋代《玉篇》的增訂本，這是有問題的。作者據《新修玉篇》所引《玉篇》比《大廣益會玉篇》多146—331字，即認爲《新修玉篇》的《玉篇》底本可能是宋代的增字修訂本，問題是作者没有考察《新修玉篇》這些多出字的來源，據筆者考察，這些字絕大部分見收於《集韻》，之所以被認爲是引自《玉篇》，這應該是由於編纂失誤或傳刻失誤而造成的，並非其所據《玉篇》爲另一個不同的版本。二、從同源字書比較認爲《新修玉篇》所引《玉篇》爲《大廣益會玉篇》的增訂本，這也是值得商榷的。在這一部分裏，作者從《四聲篇海》音義比《新修玉篇》更接近於《增廣類玉篇海》、《四聲篇海》比《新修玉篇》更接近於《大廣益會玉篇》以及《新修玉篇》《四聲篇海》的《玉篇》底本收字多於《大廣益會玉篇》三個方面即認爲《新修玉篇》所引《玉篇》爲《大廣益會玉篇》的增訂本，問題同樣是作者没有深究這些差異的形成原因。《新修玉篇》和《四聲篇海》雖然都是在王太

---

① 《中國文字研究》第二十五輯，2017年7月。

《類玉篇海》的基礎上各自獨立編纂而成的，它們各自的編纂宗旨不同，邢准對《類玉篇海》的音義作了增補與修訂，這是他編纂此書的一個主要目的，所以他在這方面做了大量的工作，而《四聲篇海》在這方面所作的工作相對就較少，所以它們的音義內容與《大廣益會玉篇》相比相似程度必然存在差異，但這並不能說明它們所據《玉篇》底本不同。至於收字字數存在不同，原因在上條已作解釋，也不能作為《新修玉篇》所據底本為《大廣益會玉篇》的增字修訂本的判斷依據，此不贅述。因此，《新修玉篇》所引《玉篇》應該是《大廣益會玉篇》，而非《大廣益會玉篇》的增字修訂本。

關於《新修玉篇》所引《類篇》的版本問題，楊正業在《〈龍龕手鏡〉〈類篇〉古本考》[1]一文中指出《新修玉篇》和《篇海》中保留下來的王太《篇海》、秘祥重修《篇海》所引《類篇》與司馬光《類篇》為古本《類篇》與今本《類篇》的關係。對楊正業這種觀點，柳建鈺在《〈類篇〉到底有沒有古本今本之別》[2]一文中從同名異書、字數統計、《類篇》編修原因、《類篇》收字情況、書目著錄情況等五個方面進行了辨析，最後指出：《類篇》並無古本和節本之分，《新修玉篇》和重修《篇海》所引《類篇》與司馬光《類篇》為同名異書。從《新修玉篇》所引《類篇》與司馬光《類篇》收字的不同，可以看出柳建鈺這種觀點應該是可信的。

趙曉慶、張民權《〈新修玉篇〉"〈韻〉又"探索》[3]一文從"《韻》"的形式、"《韻》又"的性質、"《韻》又"的離析三方面出發對《新修玉篇》中的"《韻》又"問題作了探討，認為"《韻》又""《韻》曰""《韻》注""《韻》"都是邢準以"《韻》"為形式羅列重音義，這應該是正確的。但又認為"《韻》又"中的"《韻》"是《廣集韻》《省韻》《切韻》《廣韻》四部韻書的省稱，並指出《新修玉篇》所引《廣集韻》是以《廣韻》為底本、以《集韻》為補充，融合了《廣韻》《集韻》二書，《新修玉篇》所引《省韻》是《集韻》的修訂本，其內容與《集韻》大體一致但又有所改良，《新修玉篇》所引《切韻》是孫愐《唐韻》、李舟

---

[1] 《辭書研究》2008年第2期。
[2] 《圖書館理論與實踐》2013年第2期。
[3] 《漢語史研究集刊》第二十二輯，2017年6月。

《切韻》之後，宋代《廣韻》之前，未被《廣韻》參考過的一個增字本《切韻》，《新修玉篇》所引《廣韻》是《廣韻》在南宋時期的一個修訂本。這種觀點，我們認為是有待商榷的。通過筆者對《新修玉篇》每個字頭之下注文中所引的《韻》與荊璞《五音集韻》的對比研究，發現《新修玉篇》每個字頭之下注文之中所引《韻》的內容基本上都源自於荊璞的《五音集韻》，指稱的應是荊璞的《五音集韻》，而非《廣集韻》《省韻》《切韻》《廣韻》四部韻書的省稱，這是基於以下兩個方面的原因：一方面，《新修玉篇》注文中所引《韻》的內容跟荊璞《五音集韻》基本相同，二者存在著高度的一致性；另一方面，《廣集韻》《省韻》《切韻》《廣韻》四部韻書在《新修玉篇》中都有各自專門的引書符號作標誌，而非以《韻》的形式來出現的。至於《廣集韻》《省韻》《切韻》《廣韻》四部韻書各自的來源與成書年代，由於這四部韻書今皆已佚失，無從知其全貌，僅從目前所見《新修玉篇》中有限的引書材料來看，我們還難以給出確切的結論。

四　音韻的研究

張亞南《〈新修玉篇〉注音材料研究》[①] 一文主要從《新修玉篇》注音表達方式、《新修玉篇》多重音切關係探求、《新修玉篇》注音材料來源等三個方面對《新修玉篇》的注音材料進行了相應的分析與研究。由於此文對於《新修玉篇》注音材料的測查不夠全面，所以研究也未能深入。

趙曉慶、張民權《〈新修玉篇〉重音的三個層次》[②] 一文通過舉例的方式對《新修玉篇》重音的三個層次進行了分析與探討。其文指出《新修玉篇》重音有三個層次：第一層次重音緊列於首音之後、"○"符號之前，這一層次重音跟首音一起來源於宋本《玉篇》；第二層次重音是王太著、秘祥等人重修的《重修增廣類玉篇海》在宋本《玉篇》基礎上增補的音切，這些重音皆取自八家篇韻；第三層次重音是指邢準在《重修增廣類玉篇海》基礎上增加的重音，這一層次的重音來源於《廣集韻》《省韻》《切韻》《廣韻》。

---

① 河北大學碩士學位論文，2011年5月。
② 《華夏文化論壇》第十二輯，2015年12月。

趙曉慶《〈新修玉篇〉首音研究——兼論〈新修玉篇〉的底本〈玉篇〉問題》[①]一文探討了《新修玉篇》首音切的性質。又其《金代〈新修玉篇〉注音例釋》[②]一文通過對《新修玉篇》注音形式的分析，對《新修玉篇》音義編排體例、不同層次音切材料的性質和來源等問題進行了研究。又其《談〈新修玉篇〉中的標調注音》[③]一文對《新修玉篇》標調注音的相關問題進行了研究，認為廣泛標註聲調是《新修玉篇》不同於其他字韻書的突出特點，並認為《新修玉篇》通過標調的方式彌補了辭書反切注音的諸多缺陷，是漢語辭書注音發展史中的有益嘗試和重要補充，其中不少標調還從側面反映了金代實際語音，體現出了較高的語音史研究價值。

五　文字的研究

梁春勝《利用〈新修玉篇〉考辨疑難俗字舉例》[④]利用《新修玉篇》考釋了 16 個疑難俗字，並補證前人疑難字考釋成果 23 個。楊清臣《利用〈新修玉篇〉考辨疑難俗字》[⑤]通過舉例的方式利用《新修玉篇》考辨了 10 個疑難俗字。楊清臣又在《〈新修玉篇〉與〈四聲篇海〉釋義對比研究》一文中利用《新修玉篇》糾正前人有待商榷的 4 個疑難字考釋成果，並利用《新修玉篇》補證了前人 27 個疑難字考釋成果；最後，利用《新修玉篇》對現代大型字書如《大字典》《字海》收錄的 23 個疑難字作出了考釋，還考釋了現代大型字書如《大字典》《字海》未收的《新修玉篇》中的 17 個疑難字。拙文《〈新修玉篇〉釋義失誤辨正》[⑥]、《〈新修玉篇〉俗字考》[⑦]、《〈新修玉篇〉疑難字例釋》[⑧]、《〈新修玉篇〉疑難字考》[⑨]、《利用〈新修玉篇〉考辨疑難字》[⑩]等對《新修玉篇》中貯存的一

[①]《勵耘語言學刊》第二十三輯，2016 年 6 月。
[②]《民俗典籍文字研究》第十七輯，2016 年 6 月。
[③]《辭書研究》2016 年第 6 期。
[④]《出土文獻與古文字研究》第二輯，2008 年 8 月。
[⑤]《河北大學學報》（哲學社會科學版）2011 年第 3 期。
[⑥]《中南大學學報》（社會科學版）2016 年第 6 期。
[⑦]《中國文字研究》第二十四輯，2016 年 12 月。
[⑧]《漢語史研究集刊》第二十二輯，2017 年 6 月。
[⑨]《古籍研究》總第 65 卷，2017 年 6 月。
[⑩]《中國語文》2018 年第 1 期。

些疑難俗字作了考辨與研究。此外，楊寶忠師《疑難字續考》[①]、拙文《〈玉篇〉疑難字研究》[②]也利用《新修玉篇》考辨了現代大型字書貯存的部分疑難字。孫磊《〈新修玉篇〉異體字研究》[③]以《新修玉篇》所收異體字材料為研究對象，以王寧漢字構形學理論為指導，對《新修玉篇》重文材料的表述方式和《新修玉篇》異體字的類型進行了分析與研究。

六　文獻校勘的研究

楊清臣《〈新修玉篇〉與〈四聲篇海〉釋義對比研究》對《新修玉篇》與《篇海》兩書在釋義方面存在的差異及其原因進行了深入的分析與研究，最後通過舉例的方式說明了兩書釋義對比研究的價值。紀麗紅《〈新修玉篇〉與〈四聲篇海〉字頭比較研究》[④]通過《新修玉篇》與《篇海》的比較，對兩書字頭在收字、列字和字形方面的差異進行了比較，並在此基礎上對以上差異的原因作了相應的分析。

第三節　研究的目的和意義

本課題研究的目的主要體現在以下幾個方面：一是在對《新修玉篇》的材料進行封閉性、窮盡性測查的基礎上，對其在編纂和刊印過程中產生的諸多失誤作出全面系統的校勘與整理；二是對前人已考釋並見於《新修玉篇》的疑難俗字的考釋成果進行全面搜集，並對其正誤作出客觀評析；三是對《新修玉篇》中前人未作考釋的疑難俗字進行全面搜集，並對其作出全面考釋；四是訂正《大字典》和《字海》所收的見於《新修玉篇》中的字形和音義內容方面的錯誤信息，並補收其所未收的《新修玉篇》中的字形和音義內容；五是利用《新修玉篇》的引書材料，對傳世文獻典籍的一些訛誤作出校正。

本課題研究的意義主要體現在以下幾個方面：首先，有助於《新修玉篇》文本的校勘與整理。儘管《新修玉篇》相較於《篇海》來說，編纂與刊印都比較謹慎，且未經後人篡改，但其中仍存在著大量的諸如引書

---

① 楊寶忠：《疑難字續考》，中華書局2011年版。
② 河北大學博士學位論文，2013年5月。
③ 河北大學碩士學位論文，2011年6月。
④ 河北大學碩士學位論文，2008年6月。

符號錯亂、所收字形形、音、義有誤及字際關係未作認同或認同失誤等問題。通過《新修玉篇》與《玉篇》《篇海》等字書的比勘，對《新修玉篇》進行系統的整理與研究，可對《新修玉篇》的這些失誤作出全面的校勘與整理，可對它在我國字書史上的地位和價值作出客觀的評價，有助於構建中國辭書史的完整序列。其次，有助於疑難俗字的考釋。《大字典》和《字海》的出版，引起了學者們對其所收疑難俗字進行考釋的熱潮，取得了豐碩的成果。學者們對貯存於《新修玉篇》的一些疑難俗字也進行了考釋，但通過對《新修玉篇》進行全面的測查與研究，可以發現《新修玉篇》還貯存大量可以考釋的疑難俗字。同時，還可對前人已考釋並見於《新修玉篇》的疑難俗字的考釋成果進行全面的測查與研究，對其正誤作出客觀評析，為《新修玉篇》的校勘與整理提供更加全面的材料。第三，有助於漢字字形的研究。研究表明，漢字字形的發展演變是有其內在規律的。認識和掌握這些規律，是漢字研究的核心內容。因此，就需要大量搜集和分析歷史上各個不同時期的字形資料，包括古代字書收入的字形資料，從而總結漢字字形發展演變的通例，構建漢字字形發展演變的序列，用以指導我們的漢字研究。通過《新修玉篇》的整理與研究，可將那些當代大型字書漏收，但在漢字字形研究上具有重要價值的字形搜集起來，為構建整個漢字字形發展演變的序列提供新的資料。第四，有助於當代大型字書的修訂與完善。大型字書是以收字量大、音義內容豐富而全面為其最重要的特徵，然而，《新修玉篇》的許多字形和音義內容，卻被《大字典》和《字海》所漏收，給讀者尤其是專業研究者查找這些字形和音義造成了不便。同時，也正因為大型字書是以收字龐大為其顯著特徵，這就造成了歷代許多大型字書的一個明顯缺陷，即盲目求全求大卻缺乏必要的整理工作。《大字典》和《字海》收錄了許多見於《新修玉篇》的疑難俗字，卻未加考辨，這樣勢必會影響其編纂質量與利用價值。通過本課題的研究，可補收《大字典》和《字海》所未收的《新修玉篇》的許多字形和音義內容，並對其所收錄的見於《新修玉篇》的疑難俗字作出全面考釋。第五，有助於傳世文獻典籍的整理與校讀。古代文獻典籍在歷代的流傳過程中，產生了諸如訛文、脫文、衍文、倒文等現象，致使後人難以窺見其原貌，甚至造成誤解。通過本課題的研究，我們可以利用《新修玉篇》對傳世文獻典籍的一些訛誤作出校正，使我們得以窺見其原貌。第六，有助於近代漢字的整理與研究。傳統的文字學偏重於小篆以前的古代漢字的研究，而對隸書以下近代漢字的發展演變關注不夠，從而造成漢字研究嚴重的頭重腳輕的局面。通過對《新修玉篇》進行系統的整理與研究，可以為近代漢字的整理與研究提供一些重要的材料，從而有助於構建完整的漢語文字學體系。

第四节　研究的方法和程序

　　本課題的研究方法是將文獻整理與文字考釋的方法相結合。在文獻整理方面，通過《新修玉篇》與《玉篇》《篇海》以及相關字書、文獻的比勘，對《新修玉篇》在編纂和刊印過程中產生的諸多失誤作出全面的校勘與整理。在文字考釋方面，以漢字構形理論為指導，綜合運用以形考字、以音考字、以義考字、以序考字、以用考字等考釋方法，並盡可能地提供具體的文獻用例，對《新修玉篇》的疑難俗字進行全面的考釋。

　　本課題研究的基本程序是以文字學、音韻學、訓詁學、校勘學、辭書學等理論為指導，通過《新修玉篇》與《玉篇》《篇海》等字書的比勘，在對《新修玉篇》的材料進行封閉性、窮盡性測查的基礎上，對《新修玉篇》進行系統的整理與研究。具體分為以下幾個步驟：首先，通過對《新修玉篇》的材料進行全面的測查，對其在編纂和刊印過程中產生的諸多失誤及所收疑難俗字進行全面搜集；其次，通過與相關字書的比勘，對其在編纂和刊印過程中產生的失誤作出全面的校勘與整理，並對其致誤的原因進行系統的分析與總結；第三，以漢字構形理論為指導，綜合運用以形考字、以音考字、以義考字、以序考字、以用考字等考釋方法，並盡可能地提供具體的文獻用例，對前人已考釋並見於《新修玉篇》的疑難俗字考釋成果進行全面的測查與研究，對其正誤作出客觀的評析，並對《新修玉篇》中前人未作考釋的疑難俗字作出全面的考釋；第四，將以上解決的問題與《大字典》和《字海》相比勘，對《大字典》和《字海》的相關失誤也作出勘正，並補充《大字典》和《字海》所未收的《新修玉篇》中的字形和音義內容。

第 二 章

《新修玉篇》編纂體例和術語

第一节　編纂緣由及宗旨

邢準編纂該書的緣由及宗旨，可以從邢準為《新修玉篇》所寫的序中看出來，現將邢準為《新修玉篇》所寫的序摘錄如下：

是以汶陽王太集上數家篇韻，總之為一，庶乎詳而不雜，條然不紊，抑又秘祥等八人校讎編類，以成一家之書。所學雖該善，猶未盡於《川（篇）》《類篇》《奚韻》之字，並無五經音義，而同上他音，互有舛錯，其《餘文》反切又多非是。篇中字他音訓義極有脫遺，今略舉敦字已下五十六字以證之，具列於後。其敦字有一十三切，顯眾讀之義，餘者姑以諸書注釋他音明之，如此音切不足者，其中甚多，難以具載。韻中雖有眾讀之義，又不在一科之下，恩居四聲八轉之內，幽邃難窮，以致後學得門者寡。僕雖不達古人玄妙之閫，而稍通監言成嵓之要，旁搜廣獵，採摭諸家篇韻數音之義，纂集編綴僅二十年。增新諸韻一千二百四十字，添重音一萬二千五百四十；續添姓氏、郡望、複姓、三字姓，上自一郡，下至二十五望，依韻編注，一仿《玉篇》之體於內。增出甶、光、兴、屭四部；仍併鬻於禺部、鱻於魚部，改磬為殸，更犛為犙；又添象形兼無偏旁可取者，目為雜部，附之卷末。其偏旁多從上左，或、同上、通作、亦作，注隱韻亡，悉該於注。如篇韻二義不同，各分兩書之注；或止有一音，或至一十三讀，並具於一字之下，新增字各著所出，已別立號樣，凡所錯誤，莫不革證。文悉該於古籍，字明辨於俗真，援引經史子書音義，補苴脫遺，故目曰："新修纍音引證群籍玉篇"。庶於後來，稍有裨益。

從以上邢準為《新修玉篇》所作的序中，可以看出，邢準編纂該書的緣由有二：一是《類玉篇海》收字尚有遺漏；一是《類玉篇海》所收文字音義尚有脫遺舛錯的現象。那麼，由於這兩個方面的原因，《新修玉篇》的編纂宗旨也有兩個方面：一是增收《類玉篇海》未收的字形，即根據《廣集韻》《省韻》《切韻》《廣韻》四書增收 1240 字，並"續添姓氏、郡望、複姓、三字姓，上自一郡，下至二十五望，依韻編注，一仿《玉篇》之體於內"；一是校補《類玉篇海》有脫遺舛錯的音義，即"採摭諸家篇韻數音之義"，並"添重音一萬二千五百四十"，"援引經史子書音義"。

第二節　內容體例

邢準《新修玉篇》是以王太《類玉篇海》為基礎編纂而成的，雖然該書沒有明確的凡例，但從邢準為《新修玉篇》所寫的序及正文可以看出，《新修玉篇》的編纂體例既有對前代字書的沿革與繼承，也有其自身的發展與創新。

與《類玉篇海》命運相似，《新修玉篇》在其成書不久後即湮沒無聞。然比《類玉篇海》幸運的是，《新修玉篇》並未佚失，且流傳至今的是金刻本，現藏於中國國家圖書館，《中國古籍善本書目》經部小學類著錄此書。1996 年，上海古籍出版社出版《續修四庫全書》時，將此書影印收入第 229 冊中。此本三十卷，又以兩卷為一篇，共十五篇。此書雖然大部分完好無損，但亦有部分殘缺。從分卷來看，《新修玉篇》此本第五卷開頭部分有少量缺失，第二十一卷全部缺失，第二十二卷部分缺失；從部首來看，第五十六部開頭部分有少量字缺失，第三百一十三部至第三百五十一部全部缺失，第三百五十二部亦大部分缺失。以下即根據此本《新修玉篇》，從收字、部首、注音、釋義等四個方面對《新修玉篇》的內容體例作一番分析與研究：

一　收字

邢準《新修玉篇》是在王太《類玉篇海》的基礎上編纂而成的，因此它的收字有兩個來源：一是據《類玉篇海》所引的《玉篇》《餘文》《龍龕》《川篇》《奚韻》《類篇》等書收字；一是據《廣集韻》《省韻》《切韻》《廣韻》四書增收 1240 字，並"添重音一萬二千五百四十"。

《新修玉篇》引自《玉篇》的字，沒有專門使用引書符號標示，其位置一般都置於每部部首之下、《餘文》之前。《新修玉篇》引自其他辭書的字，都有相應的標示符號。《新修玉篇》正集前有"新舊號字樣"，"新舊號字樣"通過符號標明其所引辭書的名稱。其中"舊號字樣"沿用王太《類玉篇海》的"篇內號樣"，用"○"表示《餘文》、用"◐"表示《龍龕》、用"◐"表示《川篇》、用"●"表示《奚韻》、用"◓"表示《類篇》；"新字號樣"，用"◎"表示《廣集韻》、用"▣"表示《省韻》、用"◉"表示《切韻》、用"▢"表示《廣韻》。

關於《新修玉篇》收字總數，由於現存《新修玉篇》有部分缺失，所以無法作出精確統計。楊清臣《〈新修玉篇〉與〈四聲篇海〉釋義對比研究》一文通過《新修玉篇》與《篇海》的比勘指出："《類玉篇海》收字當在49800之間，《新修玉篇》收字當在53600左右。"從目前所見相關研究成果來看，此說應當最為可信。

二　部首

《新修玉篇》在沿襲《玉篇》部首的基礎上，又有所創新。《玉篇》共三十卷，其中各卷單列部首共542部；《新修玉篇》亦共三十卷，其中各卷單列部首共545部。二者之間的聯繫與區別主要在於：《新修玉篇》以《玉篇》542部為基礎，增出𠦝、光、关、𠫓四部；仍並鬻於鬲部、鰲於魚部，改磬為殸，更聲為𡔔；又添象形兼無偏旁可取者，目為雜部，附之卷末。

通過《新修玉篇》與《玉篇》部首的全面比較；可以發現，雖然《新修玉篇》與《玉篇》對應各卷所收部首基本相同，但兩書每卷部首前後排列的次序存在很大區別。

三　注音

《新修玉篇》的編纂宗旨之一就是校補《類玉篇海》有脫遺舛錯的音義，即"採摭諸家篇韻數音之義"，並"添重音一萬二千五百四十"，"援引經史子書音義"，因此，邢準在書名《新修絫音引證群籍玉篇》通過"絫音"一詞強調了《新修玉篇》廣收音義的特點，其所收每個字形都有讀音，有些字只有一個讀音，有些字有兩個或兩個以上的讀音。以下從注音方式與表述形式兩個方面對《新修玉篇》注音特點進行分析：

1.《新修玉篇》的注音方式可以分爲直音與反切兩種：

（1）直音。直音即用一個同音字來爲另一個字注音，通常用"某，音某"的方式表示。例如：

祸：《新修玉篇》卷一《示部》引《奚韻》："祸，音禍。古文。"（11下左）

按：《篇海》同。"祸"當即"禍"字之俗。《字彙補·示部》："祸，古文禍字。"（146下）韓小荊《〈可洪音義〉研究》（491）"禍"俗作"祸"。以上諸説皆是也。故"祸"當即"禍"字之俗。

踞：《新修玉篇》卷七《足部》引《類篇》："踞，音拜。"（63下右）

按：《篇海》卷九《足部》引《奚韻》："踞，音拜。"（712下）"踞"字，《新修玉篇》與《篇海》引書不同，當以《新修玉篇》爲是，《篇海》因誤脱《類篇》引書符號遂致此誤。《篇海》卷九《足部》"踞"字下文引《搜真玉鏡》又曰："踊，音拜。"（712下）"踞""踊"音同，且構字部件相同，當即一字之變。《直音篇·足部》："踞，拜同。"（65上）《字彙補·足部》："踞，音義與拜同。亦作踊。"（216上）故"踞""踊"當即"拜"之俗體會意字，從曲、足會"拜"之"行禮時兩足跪地"之義。

（2）反切。反切就是用兩個字來給另一個字注音，反切上字取其聲母，反切下字取其韻母和聲調。例如：

珥：《新修玉篇》卷一《玉部》引《玉篇》："珥，仁志切。珠在耳。"（8下左）

祰：《新修玉篇》卷一《示部》引《玉篇》："祰，口老、公篤二切。禱也；又告祭也。"（11下右）

壘壩：《新修玉篇》卷一《土部》引《玉篇》："壘壩，力軌切。《周禮》曰：'營軍之壘舍。'注云：'軍壁曰壘。'"（16上左）

2.《新修玉篇》注音的表述形式主要有以下幾種：

（1）×，音×。例如：

君：《新修玉篇》卷一《一部》引《類篇》："君，音王。出《西江賦》。"（8上右）

按：《篇海》卷十三《一部》引"俗字背篇"："君，音王。出《西江賦》。""君"字，《新修玉篇》與《篇海》引書不同，疑當以《新修玉篇》為是。《大字典》《字海》謂"君"同"王"。

畎：《新修玉篇》卷二《田部》引《龍龕》："畎，音泉。"（20 上左）

按：《篇海》同。《龍龕》卷一《田部》："畎、甽，二俗。音泉。"（152）"畎""甽"即同字異體。《大字典》《字海》謂"畎""甽"同"泉"。

（2）×，××切。例如：

玔：《新修玉篇》卷一《玉部》引《玉篇》："玔，尺絹切。玉玔。"（8 上左）

玵：《新修玉篇》卷一《玉部》引《玉篇》："玵，五甘切。美玉也。"（8 上左）

（3）×，××切，又××切。例如：

琁：《新修玉篇》卷一《玉部》引《玉篇》："琁，渠營切，又似宣切。美石次玉。"（9 上右）

琗：《新修玉篇》卷一《玉部》引《玉篇》："琗，大計切。玉名。又田黎切。琗瑭，玉名也。"（9 上右）

（4）×，××、××二切。例如：

玤：《新修玉篇》卷一《玉部》引《玉篇》："玤，布孔、步講二切。《說文》云：'石之次璧，以為系璧。一曰若蛤蚌。'"（8 上左）

玜：《新修玉篇》卷一《玉部》引《玉篇》："玜，古雙、古紅二切。玉名。"（8 下右）

（5）×，音×，又××切。例如：

祢：《新修玉篇》卷一《示部》引《川篇》："祢，音縝，又奴禮切。"（11 下右）

按：《篇海》同。"祢"音"縝"，當即"袗"字俗訛。《說文·衣部》："袗，玄服。从衣，㐱聲。"（167 下）"袗"，《廣韻》音"章忍切"。"祢"音"縝"，與"袗"音同形近，當即"袗"字俗訛。又"祢"音"奴禮切"，當即"祢（禰）"字之俗。《說文新附·示部》："禰，親廟也。从示，爾聲。"（3 下）"禰"，《廣韻》音"奴禮切"。"禰"俗書又作"祢"，故"祢"音"奴禮切"，與"祢（禰）"音同形近，當即"祢（禰）"字之俗。

邪：《新修玉篇》卷二《邑部》引《龍龕》："邪，音邪。又俗丁禮

切。"（17下右）

按：《篇海》同。"邳"當即"邪"字俗訛。《龍龕》卷三《邑部》："邳，舊藏作邪。郭迻俗丁禮反。"（453）此是其證也。

（6）×，音×，又音×。例如：

襂：《新修玉篇》卷一《示部》引《川篇》："襂，音衫，又音森。羽也。"（12上左）

按："襂"當即"襂"字俗訛。《玉篇·衣部》："襂，所銜、所炎二切。襂纚，毛羽兒。"（128下左）《廣韻》平聲鹽韻史炎切："襂，毛羽衣〔兒〕。"（152）"襂"，《廣韻》又音"所巾切"。"襂"與"襂"音同形近，"襂"當即"襂"字俗訛。《字海》謂"襂"即"襂"之訛字，所言是也。《篇海》訓"襂"為"羽也"，當為"毛羽兒"之脱誤。

嚳：《新修玉篇》卷五《口部》引《川篇》："嚳，音切，細言，又音祭。"（48下左）

按：《篇海》卷二《口部》引《龍龕》："嚳，音察，細言，又音祭也。"（600上）"嚳"字，《新修玉篇》與《篇海》引書不同，《新修玉篇》所言是也，通行本《龍龕》未見收錄此字；又《新修玉篇》與《篇海》讀音不同，亦當以《新修玉篇》為是。《叢考》"嚳"字下注："此字當是'嚓'的俗字。'嚓''詧'《廣韻》皆有千結切一讀，故'嚓'字俗可改易聲旁作'嚳'（'嚳'右旁為'詧'之變）《集韻》入聲初戛切（與'察'同音）：'嚓，小聲。'又去聲祭韻子例切（與'祭'同音）：'嚓，小語。'與'嚳'字音義皆相吻合。"（321）《叢考》謂"嚳"當是"嚓"的俗字，所言是也。《新修玉篇》"嚳"字音"切"，"切"字《廣韻》即音"千結切"。《龍龕》卷二《口部》："嚓，或作；嚓，今。音切。小語也。二。"（278）《玉篇·口部》："嚓，千結切。小語。又子細切。"（27上左）《廣韻》入聲屑韻千結切："嚓，小語。"（399）故"嚳"與"嚓"音義並同，"嚳"當即"嚓"通過改換聲符而形成的異體字。

（7）×，××二音。例如：

祢：《新修玉篇》卷一《示部》引《龍龕》："祢，斯、移二音。福也。"（12上右）

按：《篇海》《龍龕》並同。《說文·示部》："祧，福也。从示，虒聲。"（1下）"祧"，《廣韻》音"息移切"。"祢"與"祧"音義並同，

"禇"即"褆"字之俗。

禔：《新修玉篇》卷一《示部》引《龍龕》："禔，支、題二音。"（12下右）

按：《篇海》同。"禔"當即"禔"之異體字。《龍龕》卷一《衤部》："禔，俗；禔，正。支、啼二音。福也。二。"（110）此是其證也。

（8）×，××切，又音×。例如：

褶：《新修玉篇》卷一《示部》引《龍龕》："褶，直又切。福也。又音祝。"（12上左）

按：《篇海》同。《龍龕》卷一《衤部》："褶，直又反。福也。又~祝。"（113）"褶"當即"褶"字之俗。《説文·示部》："褶，祝褶也。从示，留聲。"（2下）"祝褶"即"祝由"，指以禱咒治病。《龍龕》訓"褶"為"褶祝"，故"褶"與"褶"形近義同，"褶"當即"褶"字之俗。"褶"字，《龍龕》音"直又反"，當為"祝"字之音誤植於"褶"字之上所致的失誤；又其訓"福也"，當為見其從"示"而妄補，當為望形生訓。《新修玉篇》《篇海》承襲《龍龕》之誤而未作勘正，俱失考證。又《新修玉篇》《篇海》皆謂"褶"字"又音祝"，當為"又褶祝"之誤。"褶"字，《字海》轉錄作"褶"，字形轉錄失真；然其謂"褶"同"褶"，所言是也。

俞：《新修玉篇》卷三《人部》引《龍龕》："俞，苦念切。從也。又音魚。"（26上左）

按：《篇海》同。"俞"當即"傔"字之俗。《説文·人部》："傔，從也。从人，兼聲。"（165下）"傔"，《廣韻》音"苦念切"。故"俞"與"傔"音義並同，"俞"當即"傔"字之俗。《龍龕》卷一《人部》："俞，俗；傔，正。苦念反。從也。二。"（34）此是其證也。"俞"字，《新修玉篇》《篇海》又音"魚"，當為見其從"魚"而妄補，此當即望形生音，不足為據。

（9）×，×××三音。例如：

佀：《新修玉篇》卷三《人部》引《類篇》："佀，徒、從、吟三音。"（22上左）

按：《篇海》卷十五《人部》引《類篇》："伥，徒、從、吟三音。"（827下）"佀""伥"音同形近，當即一字之變。《叢考》"伥"字下注："此字既然有三種不同讀音，《字海》編者逕定作'途'字而又不說明理由，顯然是很不妥當的。其實此字恐與'途'字無涉，而可能分別為'徒''從''似'三字的俗寫，一形而三用。"（68）《叢考》所言當是。"似""仾"即一字之變，則"似"亦當分別為"徒""從""似"三字之俗。

覀：《新修玉篇》卷十五《西部》引《類篇》："覀，覂、旱、罕三音。"（142 上左）

按：《篇海》卷十《西部》引《類篇》："覀，覂、旱、罕三音。"（734 下）"覀"即"覂"字之俗。"西""日""网"三旁俗寫形近，或可訛混，故"覀"音"覂（覂）"，當即"覂"字之俗；"覀"音"旱"，當即"旱"字之俗；"覀"音"罕"，當即"罕"字之俗。

四 釋義

《新修玉篇》是在《類玉篇海》的基礎上編纂而成的，它一般先引《玉篇》，依次再引《餘文》《龍龕》《川篇》《類篇》《廣集韻》《切韻》《省韻》等書。對於引自《玉篇》的字，一般承襲《玉篇》的釋義，但也往往於轉錄自《玉篇》的釋義之後，再主要根據《集韻》增補《玉篇》所未收的義項；對於轉錄自《餘文》《龍龕》《川篇》《奚韻》《類篇》《廣集韻》《切韻》《省韻》等書的字，其釋義往往來源於上述字韻書。以下即從義訓的有無及多少來對《新修玉篇》所收字形釋義的情況進行分析：

（一）無義訓

《新修玉篇》收錄了大量的義闕字，這些字一般轉錄自《龍龕》《川篇》《類篇》等書，這些義闕字不能提供相應的釋義信息，給人們對這些字的識讀帶來了不便。但是，這些義闕字的存在，也體現了編纂者謹慎的態度，對其不識的字採取義闕的方式，而不是隨意妄補義訓，這種處理方式也是後世字書編纂者應予學習與採納的。例如：

玬：《新修玉篇》卷一《玉部》引《龍龕》："玬，音步。"（8 下右）

按：《篇海》《龍龕》並同。《字彙補·玉部》："玬，琲字省文。"（130 下）據《字彙補》之說，則"玬"當即"琲"字之俗。

挬：《新修玉篇》卷六《手部》引《川篇》："挬，音終。"（54 下右）

按：《篇海》同。《叢考》"挬"字下注："此字疑為'柊'的俗字。

《廣韻》平聲東韻'柊'字職戎切,與'終'字同音,釋云:'齊人謂椎為柊楑也。'(3)《説文·木部》:'椎,擊也。齊謂之終葵。'(123)蓋'柊楑'與手的動作有關,故'柊'字俗作'挴';又因為'柊楑'古亦作'終葵',故《篇海》以'終'字音挴(柊)。"(261~262)《叢考》所言蓋是。故"挴"疑即"柊"字之俗。

挏:《新修玉篇》卷六《手部》引《龍龕》:"挏,丑之切。"(58下右)

按:《篇海》同。"挏"當即"笞"字之俗。《龍龕》卷二《手部》:"抬挏,二俗。丑之反。正作笞。"(208)此是其證也。

(二)有義訓

《新修玉篇》所收大部分字形是有義訓的,有些只有一個義項,有些有兩個或兩個以上的義項。

1. 一個義項

忇:《新修玉篇》卷八《心部》引《玉篇》:"忇,倉本切。思也。"(74下右)

餯:《新修玉篇》卷九《食部》引《餘文》:"餯,桑故切。膳徹葷也。"(88上左)

按:據《正字通》之説,"餯"當本作"素"。

迬:《新修玉篇》卷十《辵部》引《川篇》:"迬,音由。行也。"(93上左)

按:《篇海》卷五《辵部》引《類篇》:"迬,音由。行也。"(648上)"迬"字,《新修玉篇》與《篇海》引書不同,疑以《新修玉篇》為是。《集韻》平聲尤韻夷周切:"逰迂遊,行也。或從子、從斿,通作游。"(258)"迬"與"遊"音義並同,"迬"當即"遊"字俗省。

2. 多個義項

迪:《新修玉篇》卷十《辵部》引《玉篇》:"迪,徒的切。作也;教也;導也;進也;道也;青州之間相正謂之迪。《韻》又徒沃切。道也;進也。"(93上左)

淳:《新修玉篇》卷十九《水部》引《玉篇》:"淳,常倫切。清也;朴也。又姓,何氏《姓苑》云:'今吳人。'《韻》又之尹切。布帛幅廣也。"(168上左)

第三节　主要術語

《新修玉篇》在溝通字際關係、勘定字形方面做了大量的工作，使用了不少術語。以下就對《新修玉篇》在注釋中使用的一些主要術語的內涵作一番簡單的介紹：

一　同作

"同作"是指被釋字同時還有其他寫法。"同作"是《新修玉篇》溝通字際關係時使用最多的一個術語，通過對《新修玉篇》使用"同作"這一術語材料的測查與分析，可以發現它表明的大都是異體關係。例如：

瑉：《新修玉篇》卷一《玉部》引《玉篇》："瑉，武巾切。美石次玉。同作珉。"（9 下左）

按："瑉"即"珉"通過改換聲符而形成的異體字。

䄛：《新修玉篇》卷一《示部》引《玉篇》："䄛，力救切。留祀，祝禰。同作禷。"（11 上左）

按："䄛"即"禷"通過改換聲符而形成的異體字。

禍：《新修玉篇》卷一《示部》引《玉篇》："禍，胡果切。害也。同作禍。"（11 下左）

按："禍"即"禍"通過俗寫而形成的異體字。

塚：《新修玉篇》卷二《土部》引《玉篇》："塚，知壠切。塚，墓也。《韻》曰：'天也。'《周禮》：'天官冢宰。'《説文》曰：'高積也。'《釋名》曰：'冢，腫也，象山頂之高腫起。'同作冢。"（14 下左）

按："塚"即"冢"通過增旁而形成的異體字。

二　或作

"或作"是指被釋字還存在其他的寫法。"或作"也是《新修玉篇》溝通字際關係時使用最多的一個術語，通過對《新修玉篇》使用"或作"這一術語材料的測查與分析，可以發現它表明的主要也是異體關係。例如：

姙娠：《新修玉篇》卷三《女部》引《玉篇》："姙娠，如林切。孕也。下《韻》又汝鴆切。娠身，懷孕。或作妊。"（29 上左）

按："妊"與"姃""婞"即為異體字。

嫛娾：《新修玉篇》卷三《女部》引《玉篇》："嫛娾，疏夷切。女巫。或作娾。"（31 上左）

按："娾""嫛"即通過偏旁易位而形成的異體字。

謉：《新修玉篇》卷九《言部》引《玉篇》："謉，直類切。怨也。或作憞。"（83 上左）

按："謉"即"憞"通過改換義符而形成的異體字。

哻：《新修玉篇》卷九《叩部》引《玉篇》："哻，許嬌切。喧聲也。或作嚻，又五刀切。"（85 上右）

按："哻"即"嚻"通過省略部分構字部件而形成的異體字。

三　亦作

"亦作"是指被釋字亦有其他寫法。"亦作"也是《新修玉篇》在溝通字際關係時使用最多的一個術語，通過對《新修玉篇》使用"亦作"這一術語材料的測查與分析，可以發現它表明的大都也是異體關係。例如：

璑：《新修玉篇》卷一《玉部》引《玉篇》："璑琜，力才切。《説文》：'瓊玉也。亦作琜。"（9 上左）

按："琜"即"璑"通過偏旁易位而形成的異體字。

壟：《新修玉篇》卷二《土部》引《玉篇》："壟，力竦切。《方言》曰：'冢，秦晉之間謂之壟。'郭璞曰：'有界埒似耕壟，因以名也。'亦作壠。"（16 下右）

按："壠"與"壟"即通過偏旁易位而形成異體字。

畺：《新修玉篇》卷二《畕部》引《玉篇》："畺，居良切。《説文》曰：'界也。从畕。三，其界畫也。'亦作疆。"（17 上右）

按："疆"即"畺"通過增旁而形成的異體字。

酺：《新修玉篇》卷四《面部》引《玉篇》："酺，扶雨切。頰骨也。出《説文》。《左氏傳》曰：'酺車相依。'亦作輔。"（33 下左）

按："輔"與"酺"雖然本義不同，但後來用為異體字。

四　正作

"正作"是指被釋字與釋字是俗字與正字的關係。俗字和正字是一個相對的概念，俗字是在民間流行的，正字是得到官方認可的。張涌泉在《漢語俗字研究》中將"俗字"定義為："所謂俗字，是區別於正字而言的一種通俗字體。""正字"是指合乎字書規範寫法和"六書"標準的文獻中的通行用字。俗字與正字雖然是一對表明正俗關係的歷時概念，但它們之間的字際關係一般都為異體關係。通過對《新修玉篇》使用"正作"這個術語材料的測查與分析，可以發現它表明的大都是異體關係。例如：

禙：《新修玉篇》卷一《示部》引《龍龕》："禙，皆八切。正作稭。"（12上右）

按："禙"當即"稭"通過俗寫而形成的異體字。

睏：《新修玉篇》卷四《目部》引《龍龕》："睏，他典切。正作靦。面慙也。"（38下右）

按："睏"即"靦"通過改換義符而形成的異體字。

覞：《新修玉篇》卷四《䀎部》引《龍龕》："覞，烏耕切。正作甖字。"（42上右）

按："覞"即"甖"通過俗寫而形成的異體字。

覛：《新修玉篇》卷四《見部》引《龍龕》："覛，音麥。正作眽。邪視也。"（42上左）

按："覛"即"眽"通過改換義符而形成的異體字。

五 俗作

"俗作"是指被釋字與釋字是正字與俗字的關係。"俗作"也是《新修玉篇》在溝通字際關係時使用較多的一個術語，通過對《新修玉篇》使用"俗作"這個術語材料的測查與分析，可以發現它表明的大都也是異體關係。例如：

搊：《新修玉篇》卷六《手部》引《玉篇》："搊，楚鳩切。手搊也。俗作揔。"（57下左）

按："揔"當即"搊"通過俗寫而形成的異體字。

劾：《新修玉篇》卷七《力部》引《玉篇》："劾，胡蓋切，又胡勒切。推劾，推窮罪人也。俗作刻。"（71下右）

按："刻"當即"劾"通過俗寫而形成的異體字。

迯：《新修玉篇》卷十《辵部》引《省韻》："迯，徒刀切。去也；

避也；亡也。俗作，非是。"（93 上左）

按：《字彙·辵部》："逃，俗逃字。"（487 下）"逃"當即"逃"通過俗寫而形成的異體字。

六　又作

"又作"是指被釋字又有其他寫法，它表明的一般也都是異體關係。《新修玉篇》在溝通字際關係時較多地使用了這一術語，通過對《新修玉篇》使用"又作"這個術語材料的測查與分析，可以發現它表明的大都也是異體關係。例如：

垼：《新修玉篇》卷二《土部》引《玉篇》："垼，營隻切。陶竈窓也。《儀禮》：'甸人為垼於西牆下。'鄭玄曰：'塊竈。'本亦作塈，又作炈。"（13 上右）

按："炈"即"垼"通過改換義符而形成的異體字。

倦：《新修玉篇》卷三《人部》引《玉篇》："倦，渠眷切。獸也。《說文》云：'罷也。'《書》：'耄期倦于勤。'《韻》曰：疲也；獸也。《說文》又作券。老也。"（25 上左）

按："倦"當即"券"之異體字。

誎：《新修玉篇》卷九《言部》引《玉篇》："誎，秦悉切。毒苦也。又作悑。"（82 上右）

按："悑"當即"誎"通過改換義符而形成的異體字。

七　通作

"通作"是指被釋字通常還可以寫作某一字形。《新修玉篇》在溝通字際關係時也較多地使用了這一術語，通過對《新修玉篇》使用"通作"這個術語材料的測查與分析，可以發現它表明的主要有兩種字際關係：

1. 假借關係。例如：

塿：《新修玉篇》卷二《土部》引《玉篇》："塿，力狗切。《方言》云：'自關而東，小冢謂之塿。'又培塿，小阜也。《韻》又落侯切。《說文》：'塵土也。'一曰小阜也。通作婁。"（15 下右）

按："婁"並無"塵土""小阜"之義，"塿"通作"婁"，是指在文獻使用中"塿"可假借"婁"來表示，此"通作"即指假借關係。

畎：《新修玉篇》卷二《田部》引《玉篇》："畎，古泫切。隴中曰

甽。'濬甽澮，距川。'孔傳云：'廣尺深尺謂之甽。'又水小流也。《韻》又苦泫切。甽戎，西戎之種。通作犬。"（19下左）

按："甽戎"本作"犬戎"，在文獻使用中，"犬戎"之"犬"可假借"甽"來表示，此"甽"當即"犬"之假借字，此"通作"亦指假借關係。

2. 異體關係。例如：

祱：《新修玉篇》卷一《示部》："祱，始銳切。《博雅》：'祭也。'……又郎外切。門祭謂之祱。通作祱。"（11下右）

按："祱"當即"祱"通過改換義符而形成的異體字，此"通作"表明的即是異體關係。

俋：《新修玉篇》卷三《人部》引《餘文》："俋，之人切。執事。通作執。"（26上左）

按："俋"當即"執"通過增旁而形成的異體字，此"通作"表明的亦是異體關係。

嗢：《新修玉篇》卷五《口部》引《玉篇》："嗢，呼骨切。憂也。通作㖧。"（46上左）

按："㖧"當即"嗢"通過改換聲符而形成的異體字，此"通作"表明的也是異體關係。

八　本作

"本作"是指被釋字本來寫作某一字形。《新修玉篇》在溝通字際關係時較多地使用了這一術語，通過對《新修玉篇》使用"本作"這個術語材料的測查與分析，可以發現它表明的一般都是異體關係。例如：

垞：《新修玉篇》卷二《土部》引《餘文》："垞，宅加切。丘名。本作㘽。"（13下左）

按："垞"當即"㘽"通過全體創造而形成的異體字。

嬪：《新修玉篇》卷三《女部》引《玉篇》："嬪，符真切。嬪眉也。本作顰。"（32下右）

按："嬪"當即"顰"通過改換偏旁而形成的異體字。

頳：《新修玉篇》卷四《頁部》引《玉篇》："頳，丑盈切。赤也。本作赬、經。"（35上左）

按："頳"當即"赬"通過俗寫而形成的異體字。

九 本亦作

"本亦作"是指被釋字本來亦可寫作某一字形。《新修玉篇》在溝通一些字的字際關係時使用了"本亦作"這一術語，通過對《新修玉篇》使用"本亦作"這個術語材料的測查與分析，可以發現它表明的主要有兩種字際關係：

1. 假借關係。例如：

畷：《新修玉篇》卷二《田部》引《玉篇》："畷，竹芮切。《詩》云：'下國畷流。'畷，表也。本亦作綴。《禮記》云：'［及］郵表畷。'"（20 上右）

按："畷"並無"連結"之義，"畷"本亦作"綴"，是指在文獻中"綴"可以假借"畷"來表示，"畷"當即"綴"之假借字，此"本亦作"表明的即為假借關係。

挑：《新修玉篇》卷六《手部》引《玉篇》："挑，他彫切。挑撥也。《詩》曰：'蠶月挑桑。'……本亦作條。"（54 下左）

按："條"並無"挑揀；挑取"之義，"挑"本亦作"條"，是指在文獻中"挑"可以假借"條"來表示，此"條"當即"挑"之假借字，此"本亦作"表明的即為假借關係。

2. 異體關係。例如：

佁：《新修玉篇》卷三《人部》引《玉篇》："佁，息氏切。佁［佁］，小兒。《詩》云：'佁佁彼有屋。'本亦作仳仳。"（23 上左）

按："仳仳"同"佁佁"，"仳"當即"佁"之異體字。

儒：《新修玉篇》卷三《人部》引《玉篇》："儒，渠出切。《甘泉宮賦》曰：'捎夔而扶儒狂。'本亦作㹪。"（26 上右）

按："㹪"當即"儒"通過改換義符而形成的異體字。

十 古文

人們判斷古文的主要依據，就是《說文》。關於許慎《說文》古文的來源，他在《說文·序》中已有明確說明："一曰古文，孔子壁中書也；二曰奇字，即古文而異者也。""壁中書者，魯恭王壞孔子宅而得《禮記》《尚書》《春秋》《論語》《孝經》；又北平侯張蒼獻《春秋左氏傳》；郡國亦往往於山川得鼎彝，其銘即前代之古文：皆自相似。雖叵復見遠流，其詳可得略説也。"① 由此可見，許慎認為古文是早於籀文的古文字字體。雖然古文經書的書寫時代晚于《史籀篇》，但它們是孔子等人有意用較古的字體來書寫經書的，這些字體是早於籀文的。近代古文字學興起以後，許慎的"古文早於籀文"的說法遭到了很大的懷疑。吳大澂在《説文古籀補》自序裏，已經根據《説文》古文跟周代金文不合的現象，提出了許慎所謂古文實際上是周末文字的看法。陳介祺在為《説文古籀補》所寫序中也説："疑孔壁古經亦周末人傳寫，故……古文則多不似今之古鐘鼎。"② 王國維則根據大量資料斷定所謂古文是戰國時代東方國家的文字。裘錫圭説："王氏認為籀文是秦國文字實不可從，但是他對古文的看法則是正確的。近幾十年來出土的大量六國文字資料，給王氏的説法增添了很多新的證據。"③ 根據對《新修玉篇》使用"古文"這一術語的材料的測查，並通過與《説文》古文的比勘，我們可以發現《新修玉篇》所收錄的古文，有一部分見於《説文》，與《説文》說法相同，但也有很大一部分不見於《説文》。此外，還有一部分與《説文》説法存在差異。現分述如下：

1. 與《説文》所收古文完全相同的情況。例如：

𤴓：《新修玉篇》卷一《一部》引《餘文》："𤴓，並之盛切。正當也；長也；定也；平也；是也。古文正字。"（7下左）

按：《説文·正部》："正，是也。从止，一以止。凡正之屬皆从正。𤴓，古文正，从二，二，古上字。𤴓，才一、足，足者，亦止也。"（33）二者古文完全相同。

𠪞：《新修玉篇》卷二《土部》引《玉篇》："𠪞，乎狗切。厚薄也；又重也；廣也。《説文》作厚，同作厚。古文。"（13上左）

按：《説文·𠩺部》："厚，山陵之厚也。从𠩺，从厂。𠪞，古文厚，从后、土。"（106上）二者古文完全相同。

𡍫：《新修玉篇》卷二《土部》引《餘文》："𡍫，語巾切。愚也。古文。"（16下右）

按：《説文·㗊部》："嚚，語聲也。从㗊，臣聲。𡍫，古文。"（44

---

① 見許慎《説文解字》，中華書局2005年版，第315頁。
② 轉引裘錫圭《文字學概要》，商務印書館2007年版，第55頁。
③ 見裘錫圭《文字學概要》，商務印書館2007年版，第55頁。

下)《廣雅·釋詁一》："嚚，愚也。"二者古文完全相同。

2. 未見於《說文》的情況。例如：

囪：《新修玉篇》卷一《二部》引《玉篇》："囪，力禱切。古文老。"（11 上右）

按：《說文·老部》："老，考也。七十曰老。从人、毛、匕。言須髮變白也。"（171 上）《玉篇·二部》："囪，力禱切。古文老。"（4 下右）"囪"當即"老"字之俗，非其古文，《說文》未見"老"有古文作"囪"者，《新修玉篇》據《玉篇》之誤而謂"囪"為古文"老"，非是。

禍：《新修玉篇》卷一《示部》引《奚韻》："禍，音禍。古文。"（11 下左）

按：《說文·示部》："禍，害也，神不福也。从示，咼聲。"（3 上）《字彙補·示部》："禍，古文禍字。"（146 下）又韓小荊《〈可洪音義〉研究》（491）"禍"俗作"祸""楇""禍"等，故"禍"當即"禍"字之俗，而非其古文，《說文》"禍"未見有古文作"禍"。《新修玉篇》《字彙補》謂"禍"為古文，非是。

坔：《新修玉篇》卷二《土部》引《廣集韻》："坔，徒四切。古文地。"（13 上右）

按：《說文·土部》："地，元氣初分，輕、清、陽為天；重、濁、陰為地。萬物所陳列也。从土，也聲。墜，籀文地，从隊。"（287 下）《集韻》去聲至韻徒二切："地，《說文》：'元氣初分，輕、清、陽為天；重、濁、陰為地。萬物所［陳］列也。'或作坔。"（476）"坔"當即"地"之異體字，非其古文，《說文》未見"地"有古文作"坔"者，《新修玉篇》謂"坔"為古文"地"，非是。

3. 與《說文》說法不一致的情況。例如：

祷：《新修玉篇》卷一《示部》引《玉篇》："祷，都皓切。請也；求福也。古文。"（11 下左）

按：《說文·示部》："禱，告事求福也。从示，壽聲。禂，禱或省。𩴓，籀文禱。"（2 下）《集韻》上聲晧韻覩老切："禱，《說文》：'告事求福也。'古作祷，籀作𩴓。"（402）"祷"即"禱"《說文》或體"禂"之異寫字，非其古文，《集韻》謂"祷"為"禱"字古文，非是。《新修玉篇》承謬而謂"祷"為古文，亦非。

坐：《新修玉篇》卷二《土部》引《玉篇》："坐，徂果切。古文

坐。"（14上右）

按：《説文·土部》："坙，止也。从土，从畱省，土所止也。此與畱同意。坐，古文坐。"（289上）據《説文》，"坐"為"坙"之古文，而非"坙"為"坐"之古文。

䣱：《新修玉篇》卷二《邑部》引《龍龕》："䣱，音部。古文。"（18上左）

按：《説文·邑部》："部，天水狄部。从邑，音聲。"（128下）《龍龕》卷四《邑部》："䣱，古文部字。"（456）"部"字，《説文》篆文作"𨜒"，"䣱"當即"部"字《説文》篆文"𨜒"之楷定字，而非其古文，《龍龕》謂"䣱"為古文"部"字，非是。《新修玉篇》承謬而謂"䣱"為古文，亦非。

十一 籀文

"籀文"是傳統文字學的一個概念，古文字學上一般認為就是《史籀篇》裏的文字。姚孝遂認為："我們根據《説文》所列舉的古文和籀文加以分析，可以斷定古文和籀文都是戰國時代的文字，取材于《史籀篇》者，謂之籀文，取材於壁中書者，謂之古文。"[1] 然而，《史籀篇》早已亡逸，目前已無從考證。現在所能見到的，主要是《説文》所收錄的一部分籀文。根據對《新修玉篇》所收籀文材料的測查，並通過與《説文》的比勘，可以發現其所收的籀文，有很大一部分與《説文》所收籀文相同，另有一部分未見於《説文》，還有一部分與《説文》説法存在差異。

1. 與《説文》所收籀文完全相同的情況。例如：

禥：《新修玉篇》卷一《示部》引《玉篇》："禥，渠之切。祥也；吉也。籀文。"（12上右）

按：《説文·示部》："祺，吉也。从示，其聲。禥，籀文从基。"（1下）二者籀文完全相同。

顀：《新修玉篇》卷四《頁部》引《玉篇》："顀，都挺切。頂顙。籀文。"（36下右）

按：《説文·頁部》："頂，顛也。从頁，丁聲。顀，籀文从鼎。"

---

[1] 見姚孝遂《許慎與説文解字》，中華書局1983年版，第18頁。

（179上）二者籀文完全相同。

𤺄：《新修玉篇》卷七《𤕫部》引《玉篇》："寤，牛故切。《説文》云：'寐覺而有信曰寤。一曰晝見而夜𤕫也。'𤺄，上同，籀文。"（72上左）

按：《説文·𤕫部》："寤，寐覺而有信曰寤。从𤕫省，吾聲。一曰晝見而夜𤕫也。𤺄，籀文寤。"（150下）二者籀文完全相同。

2. 未見於《説文》的情況。例如：

婁：《新修玉篇》卷三《女部》引《餘文》："婁，力侯切。籀文。"（32上右）

按：《説文·女部》："婁，空也。从母中女，空之意也。一曰婁務也。㜇，古文。"（265上）《集韻》平聲侯韻郎侯切："婁，《説文》：'空也。从母中女，空之意也。'一曰宿名。又姓。籀作婁，古作㜇。"（272）"婁"當即"婁"之《説文》篆文楷定字，而非其籀文，《説文》"婁"字未見有籀文作"婁"者，《集韻》謂"婁"籀作"婁"，非是。《新修玉篇》承謬而謂"婁"為籀文，亦非。

嗌：《新修玉篇》卷五《口部》引《玉篇》："嗌，於亦切。《説文》云：'咽也。'籀文，同作嗌，本亦作𦧝。"（49上右）

按：《説文·口部》："嗌，咽也。从口，益聲。𦧝，籀文嗌，上象口，下象頸脈理也。"（24下）《玉篇·口部》："嗌，於亦切。《説文》云：'咽也。'嗌，籀文。本亦作𦧝。"（24下左）據《説文》，"嗌"字籀文作"𦧝"，而未見有作"嗌"者。《玉篇》謂"嗌"為籀文，非是。《新修玉篇》承襲《玉篇》之誤，亦非。

䢋：《新修玉篇》卷十《辵部》引《玉篇》："䢋，去乾切。過也。籀文。"（94上右）

按：《説文·辵部》："䢋，過也。从辵，侃聲。"（36上）據《説文》，"䢋"非為籀文，《新修玉篇》謂"䢋"為籀文，非是。

3. 與《説文》説法不一致的情況。例如：

墬：《新修玉篇》卷二《土部》引《餘文》："墬，徒四切。土墬。籀文地。"（16上左）

按：《説文·土部》："地，元氣初分，輕、清、陽為天；重、濁、陰為地。萬物所陳列也。从土，也聲。墬，籀文地，从隊。"（287下）據《説文》，"墬"當即"地"字之俗，而非其籀文。《新修玉篇》謂"墬"

為籀文，非是。

騷：《新修玉篇》卷二十三《馬部》引《玉篇》："騷，子垂、子累二切。籀文。"（189 上右）

按：《說文·馬部》："騅，馬小兒。从馬，垂聲。騷，籀文从巫。"（189 上）"騷"當即"騅"之偏旁易位俗字，而非其籀文，"騅"之籀文《說文》作"騷"。《新修玉篇》謂"騷"為籀文，非是。

爨：《新修玉篇》卷二十四《譶部》引《玉篇》："爨，即消切。傷火也。籀文。"（202 下左）

按：《說文·火部》："爨，火所傷也。从火，譶聲。焦，或省。"（208 上）"爨"當即"焦"之異體字，而非其籀文。《新修玉篇》謂"爨"為籀文，非是。

第 三 章

《新修玉篇》存在的問題

儘管《新修玉篇》編纂與刊印都比較謹慎，加之流傳至今的又是與編者同時代的金刻本，後人無能竄改，因而錯訛較少。然而，通過對今傳金刻本《新修玉篇》進行全面的測查與研究，可以發現今傳金刻本《新修玉篇》也存在一些問題，其中有的問題應該是《新修玉篇》在編纂過程中產生的，有的問題可能是《新修玉篇》在刊印過程中產生的。本章即從體例缺失、文字疏誤、釋義舛謬、注音失誤、認同失誤等幾個方面對《新修玉篇》存在的問題作一番分析與探討。

第一节 體例缺失

《新修玉篇》雖然沒有明確的凡例，但從邢準為《新修玉篇》所寫的序及正文可以看出，《新修玉篇》不但繼承了《類玉篇海》編纂體例上的優點，而且又有所創新。然而，由於編纂及刊印等原因的影響，《新修玉篇》在體例上主要存在以下幾個問題：

一 引書混亂

《新修玉篇》收字一般都是前有所承的，其引書一般有固定的順序，且除《玉篇》外，每部書都有特定的標示符號。其引書順序一般是，每個部首之下都是先引《玉篇》，其後依次為《餘文》《龍龕》《川篇》《奚韻》《類篇》等書。通過對《新修玉篇》引書材料的全面測查與研究，可以發現其存在許多引書混亂的現象。例如：

1. 彠：《新修玉篇》卷十七《矢部》引《玉篇》："彠，憂縛切。度也。又乙虢切。"（149下右）

按：《篇海》卷十二《矢部》引《餘文》："籅，憂縛切。度也。又乙虢切。"（764 上）"籅"字，《新修玉篇》與《篇海》引書不同，然今本《玉篇》未見收錄此字，故當以《篇海》所言為是。《集韻》入聲藥韻鬱縛切："蒦籅籅，度也。或从尋、从矢。"（723）《楚辭·離騷》："勉陞降以上下兮，求矩籅之所同。"朱熹注："籅，度也，所以度長短者也。"《後漢書·崔駰傳》："協準籅之貞度兮，同斷金之玄策。"李賢注："籅，尺也。"《說文·萑部》："蒦，規蒦，商也。从又持萑。一曰：視遽皃。一曰：蒦，度也。籅，蒦或从尋。尋亦度也。《楚詞》曰：'求矩籅之所同。'"（77 下）《玉篇·萑部》："蒦，紆縛、於白、居莫三切。高視也；遽視皃也；度也。籅，同上。"（115 下右）故"籅"與"蒦""籅"音義並同，即為異體字。

2. 劕：《新修玉篇》卷十七《刀部》引《玉篇》："劕，烏關切。削也。"（153 下右）

按：《篇海》卷四《刀部》引《玉篇》："劕，烏關切。削也。"（628 下）"劕"字，《新修玉篇》與《篇海》皆謂引《玉篇》，然今本《玉篇》未見收錄此字，《集韻》收錄此字，故《玉篇》當為《餘文》之誤。《集韻》平聲刪韻烏關切："劕，削也。"（151）《字彙·刀部》："劕，烏還切，音彎。削也。"（57 上）《正字通·刀部》："劕，俗字。"（99 上）《正字通》謂"劕"為俗字，是也。"劕"當即"剜"字之俗。《說文·刀部》："剜，削也。从刀，宛聲。"（92 下）《玉篇·刀部》："剜，於丸切。剜削也。"（82 上右）此注文中的"剜"字即為字頭誤重，應刪。《名義·刀部》亦云："剜，於丸反。削也。"（170 下）此是其證也。"劕"與"剜"音義並同，"劕"即"剜"通過改換聲符而形成的異體字。

3. 瀌：《新修玉篇》卷十九《水部》引《玉篇》："瀌，匹妙切。水皃。《韻》敷沼切。水皃也。"（172 上右）

按：《篇海》卷十二《水部》引《玉篇》："瀌，匹妙切。水皃。"（771 下）"瀌"字，《新修玉篇》與《篇海》皆謂引《玉篇》，然今本《玉篇》亦未見收錄此字，《集韻》收錄此字，《玉篇》亦當為《餘文》之誤。《集韻》上聲小韻匹沼切："瀌，水皃。"（396）"瀌"當即"漂"字之俗。《龍龕》卷二《水部》："瀌，俗；瀙，正；漂，今。疋（匹）昭反。浮也。三。"（226）《正字通·水部》："瀌，俗澿（漂）字。"（617 上）以上二書所言皆是也。韓小荊《〈可洪音義〉研究》（623）

"漂"俗作"瀌",此亦其證也。故"瀌"當即"漂"字之俗。《集韻》"瀌"訓"水皃","水皃"當為"浮皃"之誤。

4. 龖：《新修玉篇》卷二十三《龍部》引《龍龕》："龖，莫講切。"（196下右）

按：《篇海》卷十五《龍部》引《類篇》："龖，莫講切。"（822上）"龖"字，《新修玉篇》與《篇海》引書不同，然通行本《龍龕》未見收錄此字，故當以《篇海》所言為是。《篇海》卷四《能部》引《川篇》："䏻，音侙。"（641下）"侙"，《廣韻》音"武項切"。"龖"與"䏻"音同，又"龍"字《說文》篆文作"龖"、"能"字《說文》篆文作"䏻","龍""能"二字篆文形近，俗書或可訛混，故"龖""䏻"當為一字之變，然"龖""䏻"二字正字不明，俟考。

5. 蟇：《新修玉篇》卷二十五《虫部》引《玉篇》："蟇，暮格切。蟇貊。"（210上右）

按：《篇海》卷十三《虫部》引《餘文》："蟇，莫各切。蟇貊，蟲名，螗蜋也。"（787上）"蟇"字，《新修玉篇》與《篇海》引書不同，當以《篇海》為是。今本《玉篇》未見收錄此字，《新修玉篇》當因《虫部》此劃誤脫《餘文》引書符號而致此誤。《集韻》入聲鐸韻末各切："蟇，蟇貊，蟲名，蟷蜋也。通作莫。"（727）"蟷蜋""螗蜋"並同，"蟇貊"當同"莫貊"，"蟇"本當作"莫"。

二 同字重出

字書收錄字形，應該是每個字形在全書中都有其固定的位置，同一字形在全書中只出現一次，然而《新修玉篇》卻存在同一字形前後重複出現的現象，這就在一定程度上影響了全書編排的嚴密性與系統性。例如：

1. 輂：《新修玉篇》卷四《頻部》引《玉篇》："輂，符真切。車也。"（34下右）

按：《新修玉篇》卷十八《車部》引《廣集韻》："輂，符真切。車也。"（163上右）《篇海》卷十一《車部》引《餘文》："輂，扶因切。車也。"（744上）"輂"字，《新修玉篇》前後兩見，從字形來看，當以歸入《車部》為是。又《新修玉篇》前後引書不同，《篇海》又謂引《餘文》，當以《新修玉篇》後說及《篇海》之說為是。因為《玉篇》未收此字，《新修玉篇》所引《廣集韻》之字，有很多都見收於《集韻》①，《新修玉篇》與《篇海》所引《餘文》之字基本上都見收於《集韻》，《集韻》收錄此字，故以《新修玉篇》後說及《篇海》之說為是。《集韻》平聲真韻毗賓切：" 輹，車也。"（119）《字彙·車部》："輹，扶因切，音貧。車也。"（484下）《正字通·車部》："輹，輹字之譌。舊注：音貧。車也。誤，車無輹名。"（1142下）《正字通》所言疑是。《說文·頻部》："頻，涉水頻蹙。从頻，卑聲。"（239上）"輹"與"輹"音同，又"卑"旁俗書或可寫作"車"，梁春勝《楷書異體俗體部件例字表》"摣"俗作"摣"。《龍龕》卷一《手部》："摣，俗。必迷反。正作摣。"（208）此是其證也。故"輹"疑即"輹"字之訛，"輹"訛作"輹"，後人不識其為"輹"字之訛，見其從"車"遂訓為"車也"，此當即望形生訓。

2. 燊：《新修玉篇》卷十二《林部》引《廣集韻》："燊，常者切。器名。"（108下左）

按：《新修玉篇》卷十五《皿部》引《餘文》亦曰："燊，常者切。器名。"（143上右）《篇海》同。《新修玉篇》此字前後重出，從字形來看，當以歸入《皿部》為是。此字《說文》《玉篇》未收，《廣韻》收之，《集韻》亦不錄，當即陳彭年等據俗書而增。《廣韻》上聲馬韻常者切："燊，器名。"（209）《正字通·皿部》："燊，俗字。舊注：音社。器名。誤。從林無社音。"（725下）《正字通》所言是也。"燊"疑即"盓"字之譌。《玉篇·皿部》："盓，神夜切。器。"（77下左）"燊"與"盓"音義並同，又"社""林"形近，或可訛混，《說文》"社"古文作"𥙵"、中山王鼎作"𥙏"、《敦煌俗字典》（357）"社"俗作"社""社"等，故"燊"當即"盓"字之俗。《正字通·皿部》："盓，俗字。宜刪。"（725下）《正字通》謂"盓"為俗字，是也。"盓"當本作"社"。《春秋穀梁傳·僖公十九年》："用之者，叩其鼻以衈社也。"晉范甯注："衈者，釁也，取鼻血以釁祭社器。"（2399）"盓"字，當因"社器"之義而在"社"字的基礎上增加義符"皿"旁所造的一個專用字。

3. 刐：《新修玉篇》卷十八《兆部》引《廣集韻》："刐，吐凋切。

---

① 這是因為《廣集韻》是在《集韻》基礎上的增字本韻書。（見梁春勝《〈新修玉篇〉〈四聲篇海〉引書考》，《中國典籍與文化》2008年第4期。）

剔也。"（160下左）

按：《新修玉篇》卷十七《刀部》引《玉篇》亦曰："刬，佗凋切。剔也。"（152上右）《新修玉篇》此字前後重出，從字形來看，當以歸入《刀部》為是。《玉篇·刀部》："刬，他凋切。剔也。"（82上左）《集韻》平聲蕭韻他彫切："刬，剔也。"（174）《字彙·刀部》："刬，他凋切，音挑。剔也。"（53下）《正字通·刀部》："刬，俗字。"（92上）《正字通》謂"刬"為俗字，所言是也。"刬"當即"挑"字之俗。《廣雅·釋詁三》："挑，穿也。"唐玄應《音義》卷二："挑，他堯反。《説文》：'挑，抉也。'以手抉挑出物也。"（56，p841a1）"刬"與"挑"音義並同，"刬"當即"挑"字之俗。從字形演變來看，"刬"當因"挑""剔"常連用，"挑"受"剔"字類化影響而改換義符"扌"旁為"刂"旁，故而形成"刬"字。

4. 豟：《新修玉篇》卷二十三《豕部》引《餘文》："豟，丁角切。龍尾。字从豕。"（195上右）

按：《篇海》同。《新修玉篇》卷三十《巳部》引《玉篇》又曰："豟，丁角切。日月會于龍尾也。"（138下左）《新修玉篇》此字前後重出，從字形來看，當以歸入《巳部》為是。《名義·巳部》："豟，丁角反。龍[豟]也。"（294下）《玉篇·巳部》："豟，丁角切。日月會于龍豟也。"（134下左）敦煌本《切韻》入聲覺韻丁角反："豟，龍尾。亦作豚。"（423）故宮本《王韻》入聲覺韻丁角反："豟，龍尾。"（512）《廣韻》入聲覺韻竹角切："豟，龍尾。豚，同上。"（378）《集韻》入聲覺韻竹角切："貚貚豟，龍尾。一曰東方星名。或从犬，亦作豟，通作豚。"（661）《玉篇校釋》"豟"字下注："'日月會于龍豟'者，原引《國語·楚語》文。賈逵曰：'龍尾也。'見《選》注引，今作貚。張衡《東京賦》：'日月會於龍貚。'薛綜：'音門。尾也，日月會於尾也。'《切韻》：'豟，龍尾。亦作豚。'《集韻》：'豟，或作貚。'又：'貚，或作貚、豟。'……《豕部》：'豚，音卓。龍車。''車'當為'尾'。字謁从豕，豚亦失形，貚則失聲，並俗誤也。豟本从龍省，非从巳。"（5834）胡氏所言當是。《字彙·巳部》："豟，與貚同。"（134下）《正字通·巳部》："豟，貚字之譌。"（310下）以上二書所言皆是也。故"豟"與"豚""貚""貚""豚""貚"諸字音義並同，即為異體字。

三 列字失次

《新修玉篇》除了一些收字較少的部首外，大部分部首都是根據筆畫的多少來排列字形。然而，由於俗寫、誤刻等原因的影響，《新修玉篇》也存在許多列字失次的現象。例如：

1. 禋：《新修玉篇》卷一《示部》引《龍龕》："禋，音祺。"（11下右）

按：《龍龕》卷一《示部》："禋，古；諆，籀文；祺，今。音其。福也；祚也。三。"（110）"禋"當即"祺"之異體字。此字除去部首外，為九畫，應收於九畫之內，《新修玉篇》卻收於八畫之內，列字失次。

2. 禠：《新修玉篇》卷一《示部》引《玉篇》："禠，側慮切。祝也。"（12上左）

按：《玉篇·示部》："禠，側慮切。祝也。亦作詛。"（4上右）"禠"當即"詛"之異體字。此字除去部首外，為十一畫，應收於十一畫之內，《新修玉篇》卻收於十二畫之內，列字失次。

3. 鄘：《新修玉篇》卷二《邑部》引《玉篇》："鄘，強魚切。聚名。"（19上左）

按：《名義·邑部》："鄘，遽諸反。"（12下）《玉篇·邑部》："鄘，巨諸切。聚名。"（10下左）此字除去部首外，為十三畫，應收於十三畫之內，《新修玉篇》卻收於十二畫之內，列字失次。

4. 鄘：《新修玉篇》卷二《邑部》引《龍龕》："鄘，昨何切。鄯同。"（19上左）

按：《龍龕》卷四《邑部》："鄘鄯，昨何反。縣名。下又音贊，亦縣名。又音雜。亭名。二。"（452）此字除去部首外，為十一畫，應收於十一畫之內，《新修玉篇》卻收於十二畫之內，列字失次。

5. 眩：《新修玉篇》卷四《目部》引《玉篇》："眩，胡徧、胡矞二切。目無常主。《書》曰：'藥弗瞑眩。'"（37上左）

按：《玉篇·目部》："眩，胡徧、胡矞二切。目無常主。《書》曰：'藥弗瞑眩。'"（21下左）此字除去部首外，為五畫，應收於五畫之內，《新修玉篇》卻收於四畫之內，列字失次。

第二节 文字疏誤

　　本文所説的文字疏誤是就《新修玉篇》所收字頭而言，由於形近相亂、俗寫訛變等原因的影響，《新修玉篇》所收字頭字形存在很多訛誤。以下即從因形體相近而誤、因俗寫訛變而誤兩個方面，來説明《新修玉篇》文字上的疏誤。

一　因形體相近而誤

　　《新修玉篇》所收字形存在一些因形體相近而誤的現象。例如：

　　1. 倈：《新修玉篇》卷三《人部》引《玉篇》："倈，力對切。俋也。又音来。"（23下左）

　　按：《玉篇》未收錄"倈"字，且"倈"字亦未見有此義。《篇海》卷十五《人部》引《餘文》："倈，力代切。勞也。又音來。"（828下）《集韻》去聲代韻洛代切："勑倈，《説文》：'勞也。'或从人。"（534）"倈"即"倈"之異寫字。《集韻》收錄此字，故《新修玉篇》謂引《玉篇》當為《餘文》之誤。《玉篇·人部》："儡，力對切。亞也。"（15下右）《新修玉篇》卷三《人部》引《玉篇》："倈，力對切。俋也。"（23上左）《篇海》同。《集韻》去聲隊韻盧對切："儡，俋也。"（530）《玉篇》"儡"訓"亞也"，然《新修玉篇》《篇海》所引《玉篇》及《集韻》皆訓"俋也"，《玉篇》訓"儡"為"亞也"，當為"俋也"之誤。故《新修玉篇》"倈"之"力對切。俋也"這一音義，即因"儡""倈"形近，俗寫或可訛混，進而誤植"儡"字之義於"倈"字之上所致的訓釋失誤。

　　2. 婬：《新修玉篇》卷三《女部》引《玉篇》："婬，余針切。喜也。《説文》云：'私逸也。'《韻》曰：婬蕩。"（30上右）

　　按：《篇海》卷五《女部》引《玉篇》："婬，余針切。喜也。《説文》：'私逸也。'"（655上）《玉篇·女部》："婬，余針切。喜也。《説文》云：'私逸也。'"（16下左）《玉篇校釋》"婬"字下注："'喜也'者，日本《三部經音義集》二引同，又云：'字或作婬。'案所引為上元本《玉篇》，已非顧氏之舊，至廣益本則'媱'字亦遺失矣。今依本書列字次第考之，此處字當為'媱'。凡錄《説文》所有之字，次第亦全同《説文》。《説文》'媃'下'嬻'上為'媱'字，云'曲肩行兒'，'婬'

字則在部末，本書例必相同。'媱''婬'形近，傳寫誤為'婬'，校者遂刪改注文，又於其後復見有'婬'，以為重出而刪去之，'婬'字遂佚。上元本蓋已誤合'媱''婬'為一字，注文亦已經竄改，訓'喜'非'婬'義。《爾雅·釋詁》：'繇，喜也。'《説文》：'媱，喜也。'又：'僐，喜也。'諸書無訓'婬'或'淫'為喜者。'喜也'二字當刪（改移部末補'媱'字下）。"（588—589）胡氏所言是也。《名義》此處亦作"媱"。《名義·女部》："媱，與妖反。遊也；喜也。"（25 上）可見顧氏原本《玉篇》此處亦作"媱"，今本誤作"婬"，遂又誤植"婬"字之訓於此，故致此誤。"喜也"之訓即"媱"字之義，而非"婬"字之義。《新修玉篇》"婬"字因承襲《玉篇》而誤，亦失考證。"媱"字"喜也"之訓，《大字典》《字海》皆未收，可據補。

3. 娩：《新修玉篇》卷三《女部》引《玉篇》："娩，孚万切。《韻》又方遇切。《説文》：'產娩（娩）也。'《説文》云：'兔子也。'"（30 下右）

按：《篇海》卷五《女部》引《玉篇》："娩，孚万切。產娩（娩）也。《説文》云：'兔子也。'"（655 上）"娩"字，《新修玉篇》《篇海》音"孚万切"，訓"產娩（娩）也"，皆因承襲《玉篇》而誤。《玉篇·女部》："娩，孚万切。產娩也。《説文》云：'兔子也。'"（18 上左）《玉篇校釋》"娩"字下注："'產娩也'，字當从免。與上（149）'娩'為同形之異字。"（665）《説文·女部》："娩，兔子也；兔疾也。从女，兔聲。"（202 下）"娩"，《廣韻》音"芳遇切"。《玉篇·女部》："娩，無遠、亡辯二切。婉娩也；媚好也。"（17 下右）《廣韻》去聲問韻亡運切："娩，生也。又音兔。"（299）故"娩"音"孚万切"，訓"產娩（娩）也"，當因與"娩"形近，故而誤植"娩"字之義於"娩"字之上所致的訓釋失誤。

4. 喋：《新修玉篇》卷五《口部》引《玉篇》："喋，即委切。或作觜、觜。識也。一曰：鳥喙也。《韻》又蘇奏切。吮也。又所角切。口噣也。"（45 下右）

按：《篇海》卷二《口部》引《玉篇》："喋，子累切。或作觜、觜。識也。一曰：鳥喙也。"（596 上）此字頭"喋"字當皆為"喋"字之誤。《玉篇·口部》："喋，子累切。或作觜、觜。識也。一曰：鳥喙也。"（26 下右）此是其證也。《新修玉篇》《篇海》"喋"字皆誤作"喋"，下文引

《餘文》部分又漏收"唊"字。《新修玉篇》字頭誤作"唊"，又於下文增補"唊"字之義於"唊"字義訓之後，遂致此誤。

二　因俗寫訛變而誤

《新修玉篇》所收字形也存在一些因俗寫訛變而誤的現象。例如：

1. 圮：《新修玉篇》卷一《上部》引《廣集韻》："圮，苦教切。厓外擊也。"（8 上右）

按：從形義來看，此字當是"圮"字之訛。《廣韻》入聲屋韻居六切："阮，曲岸水外曰阮。圮，上同。"（370）"圮"當即"圮"字之訛。其訓"厓外擊也"，當即"曲岸水外"之誤；而音"苦教切"，當從"尻"而望形生音，皆不足據。

2. 邰邰：《新修玉篇》卷二《邑部》引《龍龕》："邰邰，二胡口切。鄉名，又姓。"（17 下左）

按：《篇海》同。"邰""邰"當皆為"邱"字俗訛。《龍龕》卷四《邑部》："邰邰邰，三俗；邱，正。胡口反。鄉名，又姓。四。"（456）此即其證也。

3. 邹：《新修玉篇》卷二《邑部》引《龍龕》："邹，口逆切。人姓。"（17 下左）

按："邹"當即"郰"字俗訛。《龍龕》卷四《邑部》："邹郰，二俗；郰，正。丘逆反。人姓。三。"（457）此即其證也。

4. 躭：《新修玉篇》卷三《身部》引《川篇》："躭，丁含切。"（33 下右）

按：《篇海》同。《龍龕》卷一《人部》："儋儋躭躭躭，五俗；躭，正。丁含反。好也；甚也。六。"（160）又韓小荊《〈可洪音義〉研究》（407—408）"耽"字俗作"躭""躭"等。"耽""躭"即為異體字。"躭"與"躭""躭""躭"諸字音同形近，則"躭"亦當即"躭"字俗訛。

5. 搣：《新修玉篇》卷六《手部》引《餘文》："搣，胡介切。持也。"（55 下右）

按：《篇海》同。此字《說文》《玉篇》皆未收，《廣韻》亦不錄，《集韻》收之，當即丁度等人據俗書所增。《集韻》去聲怪韻下介切："搣，持也。"（527）《字彙·手部》："搣，下戒切，音解。持也。"（177

上)《正字通·手部》:"搣,械字之譌。舊注音解,訓持,非。"(408下)《正字通》謂"搣"即"械"字之譌,所言是也。《說文·木部》:"械,桎梏也。从木,戒聲。一曰器之總名;一曰持也。"(121上)"搣"與"械"音義並同,"搣"即"械"字俗訛。韓小荊《〈可洪音義〉研究》(748)"械"俗作"搣",此亦其證也。

6. 腰:《新修玉篇》卷七《肉部》引《餘文》:"腰,其虐切。腰腰,大笑也。"(69下左)

按:《篇海》同。《龍龕》卷四《肉部》:"腰,其虐反。~~,大笑也。"(415)《廣韻》入聲藥韻其虐切:"腰,腰腰,大笑皃。"(69下右)《字彙·肉部》:"腰,其虐切,音噱。《廣韻》:'腰腰,大笑也。'"(383下)《正字通·肉部》:"腰,譌字。舊注:其虐切,音噱。《廣韻》:'腰腰,大笑。'誤。"(883上)《正字通》謂"腰"為譌字,所言是也,因為"腰"從"爰"而音"其虐切",形音不諧,其當為某字之俗訛。故宮本《王韻》入聲藥韻其虐反:"䁂,大笑。"(524)"腰"與"䁂"音義並同,又"月"旁、"目"旁形近,二字當為一字之變。龍宇純《唐寫全本王仁昫刊謬補缺切韻校箋》"䁂"字下注:"此字《廣韻》作'腰',注云:'腰腰,大笑。'《集韻》無'䁂'字,'腰'下云:'牛舌。'案:《廣雅·釋詁一》:'谷,笑也。''臄'字《說文》與'谷'同,'腰'蓋即'臄'之俗作,《行葦》詩云:'嘉殽脾臄。'《傳》云:'臄,函也。'亦與《集韻》'腰'下云'牛舌'合。本書作'䁂',誤。"(711)龍氏所言是也。《廣韻》入聲藥韻其虐切:"谷,《說文》曰:'口上阿也。'一曰笑皃。啅臄,並同上。"(408)"腰"與"臄"音義並同,"腰"當即"臄"字之訛。"䁂"訓"大笑",亦當即"臄"字之訛。《集韻》入聲藥韻極虐切:"噱,《說文》:'大笑也。'或作嚧,通作谷、啅、腰。"(722)據《廣韻》可知,《集韻》此"腰"亦當即"臄"字之訛。

7. 殑:《新修玉篇》卷十一《歹部》引《川篇》:"殑,力亘切。死行。"(102下右)

按:《篇海》同。"殑"當即"殑"字之訛。《玉篇·歹部》:"殑,力升切。殑殑,鬼出皃。又魯蹬切。"(58上右)"死行"與"鬼出皃"訓異義同,故"殑"與"殑"音義並同,"殑"當即"殑"字俗訛。

第三章 《新修玉篇》存在的問題 / 43

第三节 注音失誤

　　由於諸多原因，《新修玉篇》注音也存在一些失誤，大部分是因俗寫相亂而誤，也有些是因誤識妄改而誤，還有的是因脫文誤將釋義用字當作注音用字而誤。這些錯誤的讀音信息可能會被後世字書未加考辨地加以承襲，從而給讀者的辨識帶來困難，也給此字的考釋工作造成障礙。因此，我們應掌握字書源流演變關係，根據漢字構形理據及俗寫變易規律，加強對這類音誤字進行考釋與研究。

一　因俗寫相亂而誤

　　《新修玉篇》存在許多因俗寫相亂而致直音用字或反切用字訛誤的情況，因而也產生了大量的音誤字。例如：

　　1. 畂：《新修玉篇》卷二《田部》引《川篇》："畂，音敏。"（20 下右）

　　按：《篇海》卷四《田部》引《川篇》："畂，音畝字（'字'當為衍文）。"（639 下）"畂"字，《新修玉篇》與《篇海》直音用字不同，《篇海》所言當是。《新修玉篇》"音敏"當為"音畝"之誤。"畂"音"畝"，"畂"當即"畝"字之俗。《廣韻》上聲厚韻莫厚切："畝，《司馬法》六尺為步，步百為畝。秦孝公之制，二百四十步為畝也。畮畞，並古文。"（221）"畝""畮""畞""畮""畞"諸字並為異體字。"畂"與"畝"音同形近，"畂"當即"畝"字俗訛，與"畝""畮""畞""畮"諸字當為異體字。《直音篇》卷三《田部》："畝，音母。田畝，二百四十步為畝。畮畞畮畞畂，同上。"（131）"畂"同"畝""畮""畞""畮"諸字，"畂"與"畝"音同形近，亦當為一字之變。此亦其證也。故"畂"與"畝""畮""畞""畮"諸字當為異體字。

　　2. 冊：《新修玉篇》卷二《田部》引《川篇》："冊，私甘切。"（20 下右）

　　按：《篇海》卷四《田部》引《川篇》："冊，奴甘切。"（639 上）"冊"字，《新修玉篇》與《篇海》反切上字不同，《篇海》所言當是。《玉篇·田部》："甹，奴甘切。"（9 下左）《直音篇》卷三《田部》："甹，音南。田多。"（131 上）"冊"與"甹"音同，又"冉"旁俗書常

44 / 《新修玉篇》研究

可寫作"冊"，如韓小荊《〈可洪音義〉研究》"栅"俗作"栅"（599）、"髯"俗作"䯻"（651）等，故"𣥑"當即"𣥑"字之俗。《新修玉篇》音"私甘切"，當為"奴甘切"之誤。

3. 䣆：《新修玉篇》卷二《邑部》引《餘文》："䣆，當證切。縣名，在會稽。"（17 下左）

按：《集韻》去聲證韻常證切："䣆，縣名，在會稽。"（609）"䣆"字，《集韻》音"常證切"。《新修玉篇》音"當證切"，當為"常證切"之誤。

4. 擣：《新修玉篇》卷六《手部》引《玉篇》："擣，都活切。《說文》云：'手推（椎）也。一曰筑也。'"（59 下右）

按：《說文·手部》："擣，手椎也。一曰築也。从手，𦥑聲。"（255下）《玉篇·手部》："擣，丁道切。《說文》云：'手椎也。一曰築也。'"（30 上右）"擣"字，《廣韻》音"都皓切"。《新修玉篇》音"都活切"，當為"都浩切"之誤。

5. 𠂇：《新修玉篇》卷六《又部》引《玉篇》："𠂇，音支。古文。"（61 下右）

按：《說文·又部》："友，同志為友。从二又，相交友也。𠂇，古文友。𦫵，亦古文友。"（59 下）《玉篇·又部》："𠂇，于九切。同志為𠂇。今作友。友，同上。𠂇𦫵，並古文。"（33 上右）故"𠂇"即為"友"字《說文》古文。《新修玉篇》"音支"，當為"音友"之誤。

二　因妄改或妄補而誤

《新修玉篇》也存在一些因編者誤識妄改或妄補而致讀音失誤的現象。例如：

1. 俶：《新修玉篇》卷三《人部》引《餘文》："俶，初六切。憂也。或讀《易》'俶嗟若，言（當為"吉"字之誤）'。"（22 下左）

按：《篇海》同。此字《說文》《玉篇》皆未收，《廣韻》亦不錄，始見於《集韻》，當即丁度等人據俗書所增。《集韻》入聲屋韻初六切："俶，憂也。或讀《易》'俶嗟若，吉'。"（644）"俶"當即"戚"字之俗。《易·離》："出涕沱若，戚嗟若，吉。"孔穎達疏："憂傷之深，所以出涕滂沱，憂戚而咨嗟也。""俶嗟若"同"戚嗟若"，"俶"與"戚"義同，又"戚"古文作"𢧿""𢧿""𢧿"諸形，"俶"與"戚"字上述古文字形相近，"伐"當即"戚"字古文楷定之俗。"戚"《廣韻》音"倉歷切"，而"伐"《集韻》音"初六切"，疑誤。

2. 噿：《新修玉篇》卷五《口部》引《川篇》："噿，音插。口[液]也。"（48 下左）

按：《說文·口部》："唾，口液也。从口，垂聲。涶，唾或从水。"（25 下）"唾"，《說文》篆文作"𠲿"。"噿"與"唾"形近義同，"噿"當即"唾"字《說文》篆文"𠲿"字楷定之俗。《新修玉篇》"音插"當為"音唾"之誤，此誤當因邢準誤認"噿"字左旁所從為"臿"字之俗而妄補。

3. 寏：《新修玉篇》卷十一《宀部》引《玉篇》："寏，渠列切。覆也。"（99 下右）

按：《篇海》卷七《宀部》引《龍龕》："寏，巨列切。覆也。"（674 上）"寏"字，今本《玉篇》、通行本《龍龕》皆未錄，《集韻》收錄此字，故《新修玉篇》《篇海》所引皆當為《餘文》之誤。《集韻》入聲薛韻巨列切："寏，覆也。"（713）《字彙·宀部》："寏，巨列切，音傑。覆也。"（117 下）《正字通·宀部》："寏，俗字。舊注：音傑，覆也。泥。"（273 上）《正字通》所言當是。"寏"當即"乗"字俗訛。《說文·桀部》："乗，覆也。从入、桀。"（109 上）"乗"字，今作"乘"。"乗（乘）"，《廣韻》音"食陵切"。"寏"與"乗"形近義同，"寏"當即"乗"字俗訛。"寏"字，《集韻》音"巨列切"，此當為後人不識其為"乗"字俗訛，又見其從"桀"而妄改，此當即望形生音也。又《大字典》"寏"字下以清代王闓運《秋醒詞序》中的詩句作為例證，即："意御列風之是非，寏軒雲而升降。"從文意來看，此"寏"即"登；升"之義，故此"寏"亦當即"乗（乘）"字之俗。此是其證也。

4. 鴽：《新修玉篇》卷二十四《鳥部》引《川篇》："鴽，音初。"（199 下右）

按：《篇海》同。"鴽"疑即"鵹"字俗訛。《爾雅·釋鳥》："鵹黃，楚雀。"郭璞注："即倉庚也。"《廣韻》平聲支韻呂支切："鸝，黃鸝。鵹，同上。"（18）"鴽"與"鵹"形體相近，又"初"旁、"㓐"旁形近，俗書常可訛混，如韓小荊《〈可洪音義〉研究》"初"俗作"㓐""㓐"、《龍龕》（114）"𥎊"俗作"𥎉"等，故"鴽"當即"鵹"字俗訛。"鵹"訛作"鴽"，後人不識其為"鵹"字俗訛，見其從"初"，遂改其讀為"音初"，此當即望形生音。

三　因脫文而誤將釋義用字當作直音用字而誤

《新修玉篇》也存在一些因誤脫直音用字，遂致誤將釋義用字當作直音用字的現象。例如：

1. 睧：《新修玉篇》卷四《耳部》引《川篇》："睧，音聲。嚮也。"（40下左）

按：《篇海》同。《說文·耳部》："聞，知聞也。从耳，門聲。睧，古文从昏。"（250下）"睧"當即"聞"之異體字，當音"聞"。《新修玉篇》《篇海》卻皆音"聲"，此當因誤脫直音用字，進而誤將釋義用字當作直音用字，遂成此誤。《漢書·韋賢傳》："嗟嗟我王，漢之睦親，會不夙夜，以休令聞。"顏師古注："聞，聲名也。"此即其證也。

2. 愍：《新修玉篇》卷八《心部》引《川篇》："愍，音憂。"（74上右）

按：《篇海》卷十《心部》引《川篇》："愍，音营。"（732下）"愍"字，《新修玉篇》與《篇海》直音用字不同，《篇海》所言是也。《說文·心部》："愍，憂也。从心，均聲。"（222上）《玉篇·心部》："愍，巨營切。憂也。"（40下右）"憂"本為"愍"之義訓，然《新修玉篇》"愍"字下卻因誤脫直音用字，進而誤將釋義用字當作直音用字，遂成此誤。

四　因殘泐而誤

《新修玉篇》也存在因注音用字殘泐而致音誤的情況。例如：

䭫：《新修玉篇》卷四《𦣞部》引《龍龕》："**䭫䭫䭫**，並音首。"（34上左）

按：《篇海》卷十二《𦣞部》引《龍龕》："**䭫䭫䭫**，三音䭫。義同。"（756上）"䭫"當即"䭫"之偏旁易位俗字，二字後作"稽"。《說文·𦣞部》："䭫，下首也。从𦣞，旨聲。"（182上）《玉篇·𦣞部》："䭫，苦禮切。《周禮·太祝》：'辨九拜，一曰首䭫。'玄曰：'首至地。'今作稽。"（20下右）《篇海》卷十二《𦣞部》引《餘文》："䭫，古奚切。考也；同也；當也；留止也；又山名；亦姓。《呂氏春秋》：'有秦賢者䭫黄。'今作稽。"（756上）"**䭫**""**䭫**""**䭫**"諸字，《新修玉篇》與《篇海》直音用字不同,《篇海》所言是也。《龍龕》卷二《首部》:"**䭇䭇**,二俗;**䭇**,古文。苦禮反。今作稽。低也;首至地也。三。"(341)此是其證也。"**䭇**""**䭇**""**䭇**"諸字並即"䭃"字之俗,《新修玉篇》音"首","首"當即"䭃(䭇)"字殘誤。

第四節　釋義舛謬

　　《新修玉篇》在編纂與刊印的過程中,其釋義產生了很多失誤,這些釋義不但不能為我們提供準確的信息,反而給我們對這些字的正確識讀帶來了困難。因此,我們應該加強對這些釋義失誤的問題進行分析與考辨。《新修玉篇》釋義舛謬主要表現在以下幾個方面:

一　因形近而誤

　　《新修玉篇》的釋義存在一些因俗寫形近相亂而誤的現象。例如:

1. 壚:《新修玉篇》卷二《土部》引《玉篇》:"壚,食政切。塩器也。"(15 上左)

　　按:《篇海》卷四《土部》引《玉篇》:"壚,食政切。鹽器也。"(636 下)"塩"即"鹽"字之俗。《玉篇·土部》:"壚,食政切。壚(當為字頭誤重)鹽器也。"(8 下左)《玉篇校釋》"壚"字下注:"《切韻》:'壚,堀器。'《唐韻》同。'堀'即《瓦部》之'甌',疑此云'鹽器'誤。元刊本作'塩器','塩'蓋由'堀'偽。校者以'塩'為俗字而改作'鹽',致泯其舛變之跡。"(271)胡氏所言當是。敦煌本《王韻》去聲勁韻承政反:"壚,堀器。"(417)故宮本《裴韻》、蔣本《唐韻》、《廣韻》同。故宮本《王韻》去聲勁韻承政反:"壚,堀壚。亦作甌。"(506)同一小韻下字曰:"甌,缶器。"(506)《新撰字鏡·土部》:"壚,承正反。堀器也。"(292)《龍龕》卷二《土部》:"壚,承正反。堀器也。"(250)以上諸書皆其證也。故《玉篇》"壚"訓"鹽器也",當為"堀器也"之誤。《正字通·土部》:"壚,俗字。舊注:音剩。盛鹽器。按:俗呼載物之器皆曰盛,古通作盛。盛从皿,加土旁,贅。"(205 上)《正字通》所言當是。《左傳·哀公十三年》:"旨酒一盛兮,余與褐之父睨之。"《禮記·喪大記》:"食粥於盛。"鄭玄注:"盛謂今時杯杅也。"段玉裁《說文解字注·皿部》:"盛者,實於器中之名也,故亦評器為盛。""盛",《廣韻》音"是征切",又音"承政切"。"甌"當即"壐"因涉義改換義符而形成的異體字,而"壐"與"盛"音義並同,"壐"當即"盛"之增旁俗字。

2. 僣:《新修玉篇》卷三《人部》引《餘文》:"僣,子結切。傅僣,猶趣節也。"(27 上左)

按:《篇海》同。《集韻》入聲屑韻子結切:"僣,傅僣,猶趣節也。"(700)《字彙·人部》:"僣,子結切,音節。傅僣。"(45 上)《正字通·人部》:"僣,同節,俗加人,非。舊注音訓與節同,重出。"(63 下)《正字通》謂"僣"同"節",是也;然謂"僣"音訓與"節"同,非是。《集韻》"僣"訓"傅節",當為"撙節"之誤。《廣韻》上聲混韻茲損切:"撙,挫趣。《禮》曰:'恭敬撙節。'鄭云:'撙,猶趣也。'"(191)《禮記·曲禮上》:"君子恭敬撙節,退讓以明理。"鄭玄注:"撙,猶趣也。"王引之述聞:"趣,讀局促之促,謂自抑損也。"故"僣"字《集韻》訓"傅節",即為"撙節"之誤,"僣"即因"撙節"連用,"撙"誤作"傅","節"即受"撙"之誤字"傅"字類化影響而增加"人"旁所形成的俗字。《大字典》(265B)"僣"字據揚州使院重刻本《集韻》訓"博僣","博僣"又當為"傅僣"傳抄之誤,《大字典》沿謬而未加考辨,亦誤。

3. 揢:《新修玉篇》卷六《手部》引《玉篇》:"揢,五角切。抨揢(當為字頭誤重)。"(56 上右)

按:《篇海》卷十二《手部》引《玉篇》:"揢,吳角切。抨也。"(758 下)《玉篇·手部》:"揢,吳角切。抨也。"(31 上左)《玉篇校釋》"揢"字下注:"'抨也'者,《切韻》同,疑並出《埤倉》。《廣雅》三:'揢,捽也。'本書:捽,擊也;抨,彈也。皆攻擊義。"(1265)胡氏之說疑可商榷。《廣雅·釋詁三》:"揢,捽也。"王念孫疏證:"捽者,《說文》:'捽,持頭髮也。'"《名義·手部》:"揢,吳角反。捽也;擇也。"(56 上)可見原本《玉篇》"揢"字當亦引《廣雅》訓"捽也",今本《玉篇》訓"抨也","抨"即為"捽"字之訛。敦煌本《王韻》入聲覺韻五角反:"揢,抨。"(423)故宮本《王韻》同。《廣韻》入聲覺韻五角切:"揢,抨揢(當為字頭誤重)。"(378)《集韻》入聲覺韻五角切:"揢,抨也。"(658)"揢"字,《切韻》《廣韻》《集韻》皆訓"抨",亦當皆為"捽"字之訛。《大字典》《字海》"揢"字下皆沿謬而增設"抨"

這一義項，疑皆誤。

4. 麈：《新修玉篇》卷二十三《鹿部》引《玉篇》："麈，之惟切。鹿二歲也。"（195 下左）

按：《篇海》同。《玉篇·鹿部》："麈，之惟切。鹿二歲。"（111 下左）《玉篇校釋》"麈"字下注："《切韻》平聲脂韻職追反云：'鹿一歲。'《廣韻》上止有'麈'字，云：'鹿一歲曰麈，二歲曰麆。'《集韻》亦云：'鹿一歲為麈，二歲為麆，三歲為麎。'是則本書脫漏'麆'字，而以其義入'麈'下。上文'麎'亦當為'鹿三歲'，並誤也。"（4644）胡氏所言當是。《龍龕》卷四《鹿部》："麈，音錐。鹿一歲也。"（521）"麈"即"麈"字之俗，此亦其證也。故《玉篇》訓"麈"為"鹿二歲"，當為"鹿一歲"之誤。《新修玉篇》"麈"字承訛襲謬而訓"鹿二歲也"，亦非。

二　因聲同或聲近而誤

《新修玉篇》的釋義也存在一些因聲同或聲近而誤的現象。例如：

1. 貗：《新修玉篇》卷二十三《豕部》引《玉篇》："貗，之涉切。良豬。"（195 上右）

按：《篇海》同。《名義·豕部》："貗，之涉反。良豕。"（237 上）《玉篇·豕部》："貗，之涉切。良豬。"（111 上左）"良"當為"梁"之聲誤。《廣雅·釋獸》："貗，梁貗，豕屬。"《太平御覽》卷九百零三引何承天《纂文》："貗，梁州以豕為貗。"故"貗"即指"古代梁州對豬的別稱"，而非指"良豬"，"良"當為"梁"之聲誤。故宮本《王韻》入聲葉韻之涉反："貗，梁之良豕。"（522）《廣韻》入聲葉韻之涉切："貗，梁之良豕。"（436）《切韻》《廣韻》又進一步轉訓為"梁之良豕"，疑亦非是。《龍龕》卷二《豕部》："貗，之涉反。梁之黑豕也。"（321）《龍龕》訓"貗"為"梁之黑豕也"，於文獻無征，此說亦不可據。《正字通·豕部》："貗，舊注：音摺。良豬。按：何承天《纂文》：'豕別名，梁州曰貗。''梁'訛作'良'。"（1093 下）此說是也。《大字典》《字海》"貗"字下皆沿謬而收錄"良豬"（《字海》轉訓為"優良的豬"）這一義項，俱失考證。

2. 鑵：《新修玉篇》卷十八《金部》引《玉篇》："鑵，古玩切。穿也。"（157 上右）

按：《篇海》同。《玉篇·金部》："鑹，古玩切。穿也。"（84 上右）《字彙·金部》："鑹，古玩切，音貫。穿也；又臂環。"（509 下）《正字通·金部》："鑹，俗貫字。舊注：音貫。穿也；又臂環。誤分為二。"（1211 上）《玉篇校釋》"鑹"字下注："'穿也'者，《切韻》：'鑹，臂環。'臂環貫穿於臂，故謂之鑹。下文'釧'亦為臂環。鑹之言貫，釧之言川。《冊部》：'貫，穿也。'部首：'川，貫穿也。'穿謂之貫，亦謂之穿，故臂環謂之釧，亦謂之鑹。"（3355）以上二說皆可商榷。《名義·金部》："鑹，古換反。釧。"（177 上）《新撰字鏡·金部》："鑹，古奐反。釧也。"（359）敦煌本《王韻》去聲翰韻古段反："鑹，臂環。"（412）故宫本《王韻》、故宫本《裴韻》、《唐韻》、《廣韻》並同。據《名義》《新撰字鏡》及《切韻》系韻書，"鑹"當訓"釧也"，《玉篇》訓"穿也"，"穿"當即"釧"之聲誤。從字形演變來說，"鑹"雖然可能從"貫"字發展而來，但"鑹"字本義為"釧"，而非為"穿"，故"鑹"與"貫"並非異體。《大字典》《字海》"鑹"字下皆承襲《玉篇》之謬而收錄"穿"這一義項，俱失考證。

3. 穳：《新修玉篇》卷十七《矛部》引《龍龕》："穳，許既切。戰也；弩具也。"（150 上左）

按：《篇海》《直音篇》《詳校篇海》《篇海類編》並同。《龍龕》卷一《矛部》："穳，俗。許既反。正作䥝。弩戰也。"（142）《說文·金部》："䥝，怒戰也。从金，氣聲。《春秋傳》曰：'諸侯敵王所䥝。'"（300 上）"穳"即"䥝"之異體字。"穳"字，《龍龕》訓"弩戰也"，"弩戰也"當為"怒戰也"之誤。《新修玉篇》《篇海》訓"戰也；弩具也"，當為"弩戰也"之誤為分離，"弩戰也"亦當為"怒戰也"之誤。《直音篇》《詳校篇海》《篇海類編》亦訓"戰也；弩具也"，此皆因承訛襲謬而誤。《大字典》"穳"字下分為三個義項：第一義項據《龍龕》謂同"䥝"，訓"弩戰"；第二、三義項據《篇海類編》分別訓為"戰"、"弩具"。《大字典》"穳"字下第二、三義項皆應刪，直謂同"䥝"，並改"弩戰"為"怒戰"，即可。

三　因脫文而誤

脫文，即指古書在流傳過程中產生的文字脫落的現象。《新修玉篇》的釋義也存在一些因脫文而造成的釋義失誤的現象。例如：

第三章 《新修玉篇》存在的問題 / 51

1. 娵：《新修玉篇》卷三《女部》引《玉篇》："娵，子于切。娵觜，星名。又少也。《韻》又側鳩切。女名。"（30上右）

按：《篇海》卷五《女部》引《玉篇》："娵，子俞切。少也。又娵觜，星名。"（655上）"娵"字，《新修玉篇》《篇海》訓"少也"，皆為承襲《玉篇》之誤。《玉篇·女部》："娵，子俞切。少也。又娵觜，星名。"（17下左）《玉篇校釋》"娵"字下注："'少也'者，未詳所出，疑為'少女也'。《集韻》：'娵，美女也。'慧琳八六·四：'《考聲》：娵，美女也。'又引《世本》云：'娵訾帝嚳次元妃，生帝摯。'王逸注《楚辭》云：'娵閭亦古之美女也。'似即本書原本引《世本》及《楚辭·七諫》文，刪誤為'少也'二字。"（639）胡氏所言疑是。《名義·女部》："娵，子喻反。美女也；醜惡也。"（28上）《名義》"娵"字亦未見有"少也"之訓，可見原本《玉篇》亦當未有"少也"之訓。此亦其證也。故《玉篇》"娵"訓"少也"，當為"少女也"之脫誤。《大字典》（1130B）"娵"字下皆沿襲《玉篇》之謬而增收"少也"之訓，疑誤。又《集韻》平聲尤韻甾尤切："娵，女名。"（266）《大字典》《字海》"娵"字此義皆未收，可據補。

2. 䀹：《新修玉篇》卷四《目部》引《玉篇》："䀹，匹莧切。小兒白眼。或曰：視也。《韻》又蒲莧切。小見。"（39下左）

按：《篇海》卷七《目部》引《玉篇》："䀹，匹莧切。小兒白眼。或曰：視之兒。"（693上）《說文·目部》："䀹，小兒白眼也。从目，辡聲。"（66下）《玉篇·目部》："匹莧切。小兒白眼。或曰：視之兒。"（21下右）"䀹"字，《說文》訓"小兒白眼也"，當為後世傳抄之誤，非許氏《說文》原貌。《名義·目部》："䀹，薄見反。視也。"（34上）敦煌本《王韻》去聲襇韻匹莧反："䀹，白眼視兒。"（412）故宮本《王韻》同。故宮本《裴韻》去聲襇韻普莧反："䀹，白眼視又人兒。"（597）"䀹"字下注文中的"又"字當為衍文。《唐韻》去聲襇韻匹莧反："䀹，小兒白眼視兒。"（662）以上諸書皆其證也，故"䀹"義當指"視兒"，而非指"小兒白眼"。又"䀹"字在《說文》中處於"瞥"與"眅""瞚"諸字之間，"瞥"字《說文》訓"轉目視也"，"眅"字《說文》訓"目財（邪）視也"，"瞚"字《說文》訓"失意視也"，"瞥""眅""瞚"三字皆指"視兒"，"䀹"字處於"瞥""眅""瞚"三字之間，亦當指"視兒"。此亦其證也。故"䀹"字二徐本《說文》訓為

"小兒白眼也",當為"小兒白眼視也"之脫誤。今本《玉篇》訓"小兒白眼",此當為承襲二徐本《說文》之誤。陳彭年等或已疑此訓有誤,故於其後又曰"或曰:視之兒"。《廣韻》去聲襉韻薄莧切:"辦,小見。"(312)《廣韻》訓"小見",於前代字書、韻書皆無徵,當為"小兒見也"之誤脫。《大字典》《字海》"辦"字下分別承襲二徐本《說文》之誤而收錄"小兒白眼""小孩兒的白眼"這一義項,疑並非是。

3. 䑏:《新修玉篇》卷四《自部》引《餘文》:"䑏,毗至切。鼻(此字當為直音用字)首。"(41下右)

按:《篇海》卷九《自部》引《餘文》:"䑏,音鼻。首也。"(726下)"䑏"即"䑏"字俗寫。《名義·頁部》:"頓,輔貳反。首子。"(31上)故宮本《裴韻》去聲至韻毗志反:"頓,《倉頡篇》云:'首子曰~。'"(586)敦煌本《王韻》去聲至韻毗四反:"頓,首。"(403)故宮本《王韻》同。敦煌本《王韻》、故宮本《王韻》訓"頓"為"首"者,當即"首子"之誤脫。《集韻》去聲至韻毗至切:"䑏,犬初生子。一曰:首子。亦從頁。"(481)《五音集韻》去聲至韻毗志切:"頓䑏,首也。"(141上)此"首也"之訓亦為"首子也"之脫誤。故"䑏(䑏)"字,《新修玉篇》《篇海》引《餘文》分別訓為"首""首也",皆為"首子也"之誤。《大字典》《字海》"䑏"字下皆據《篇海》《五音集韻》增收"首"這一義項,並非。

四　因衍文而誤

衍文,即指古書在流傳過程中產生的多出文字的現象。《新修玉篇》的釋義也存在一些因衍文而造成的釋義失誤的現象。例如:

1. 彌:《新修玉篇》卷十七《弓部》引《廣集韻》:"彌,下革切。束弓弩衣。又古核切。束弓弩衣。又五革切。彌,弶補也。"(149上右)

按:《集韻》入聲麥韻下革切:"彌,束弓弩衣。"同一小韻下文各核切亦云:"彌,束弓弩衣。"下文逆革切亦云:"彌,束弓弩衣。"(740—741)《集韻》訓"彌"為"束弓弩衣",於前代字書、韻書皆無徵,疑非是。《名義·弓部》:"彌,五貴(責)反。束弩。"(167上)《玉篇·弓部》:"彌,五責切。束弓弩。"(80下左)故宮本《裴韻》入聲隔韻五革反:"彌,束弓。"(615)《廣韻》入聲麥韻五革切:"彌,彌(當為字頭誤重)弶補也。"(417)"弶"字,他書未見收錄,據《名義》《玉篇》

《切韻》諸書，可知"㪐"當為"束"字之俗。《廣韻》訓"彌"為"㪐補也"，於前代字書、韻書皆無征，疑為"束弩也"之誤。據《名義》《玉篇》《切韻》諸書，可知《集韻》訓"彌"為"束弓弩衣"，當為"束弓弩"之衍誤。《大字典》"彌"字下據《集韻》之誤而收錄"束弓弩衣"這一義項，《字海》"彌"字下據《集韻》之誤而徑訓為"束弓弩衣"，俱誤。

2. 鎒：《新修玉篇》卷十八《金部》引《餘文》："鎒，徒刀切。䤨鈍也。"（156 上左）

按：《篇海》同。《集韻》平聲豪韻徒刀切："鋼，《說文》：'鈍也。'或作鎒。一曰鎒鑄也。"（194）"鎒"字，《集韻》本訓"鈍也"，《新修玉篇》《篇海》轉引卻訓"䤨鈍也"，不辭，當為"鈍也"之衍誤。《五音集韻》平聲豪韻徒刀切："鋼鎒，䤨鈍也。"《五音集韻》亦訓"鋼""鎒"為"䤨鈍也"，此當因承襲前代韻書之謬而誤。《大字典》"鎒"字下據《五音集韻》之誤而收錄"䤨鈍"這一義項，疑亦非是。

五　因誤植而誤

義訓誤植即指字書在編纂與流傳過程中，把甲字義訓誤植於乙字之上的現象。《新修玉篇》在編纂與刊印的過程中，存在許多因字形相近或讀音相同而誤植義訓的現象。例如：

1. 眗：《新修玉篇》卷四《目部》引《玉篇》："眗，古于切。左右視也。《韻》又其俱切。脯也。一曰曲也。亦山名，在東海。又姓。出《姓苑》。"（37 下右）

按：《廣韻》平聲虞韻其俱切："朐，脯也。一曰屈也。亦山名，在東海。又姓。出《姓苑》。"（39）此"眗"當即"朐"字誤刻。"眗"音"其俱切"，訓"脯也。一曰曲也。亦山名，在東海。又姓。出《姓苑》"者，此即因"眗"與"朐"形近，俗寫或可訛混，故誤植"朐"字之義於此所致的訓釋失誤。

2. 䁂：《新修玉篇》卷四《目部》引《玉篇》："䁂，蘇后切。無眸子曰䁂。《韻》曰：瞽䁂，舜父。《韻》又許尤切。汗面。或作䁂（䐔）。《韻》注。"（39 上右）

按：《廣韻》平聲尤韻許尤切："䐔，汗面。或作䐔。"（138）"䁂"音"許尤切"，訓"汗面"，即因與"䐔"形近，故而誤植"䐔"字音義於"瞍"字之上所致的訓釋失誤。

3. 卄：《新修玉篇》卷六《収部》引《玉篇》："卄，居竦切。《說文》曰：'竦手也。'……又人執切。《說文》云：'二十并也。'今作卅（廿），直以為二十字。"（60下右）

按：《玉篇·十部》："卄，如拾切。二十并也。今直為二十字。"（133下右）"卄"字，《新修玉篇》音"人執切"，訓"《說文》云：'二十并也。'今作卅（廿），直以為二十字"，當因"卄""廿"二字形近，故而誤植"廿"字音義於此所致的訓釋失誤。

4. 窫：《新修玉篇》卷十一《穴部》引《廣集韻》："窫，竹律、下刮二切。面短也。又丁滑切。《說文》：'短面也。'又丁刮切。穴中出皃。"（107下右）

按：《說文·女部》："窫，短面也。从女，窫聲。"（263下）《集韻》入聲鎋韻張刮切："窫，穴中出皃。"同一小韻相隔兩字："窫，面短皃。"（699）故"窫"訓"穴中出皃"，當因"窫"與"窫"音同，且位置相近，故而誤植"窫"字之義於"窫"字之上所致的訓釋失誤，此義當刪。

5. 緈：《新修玉篇》卷二十七《糸部》引《川篇》："緈，魚葉切。續也。"（222上右）

按：《篇海》卷七《糸部》引《川篇》："緈，魚葉切。續也。"（688下）"緈""緈"當即一字之變，然二字音義疑皆不可據。《新修玉篇》卷二十七《糸部》引《玉篇》："緈，胡頂切。絓緈。"（220下左）《篇海》卷七《糸部》引《玉篇》："緈，音緈。義同。"（687上）《新修玉篇》卷二十七《糸部》"緈"字上文引《玉篇》曰："緈，乎冷切。直也。"（220下右）《篇海》同。《玉篇·糸部》："緈，胡冷切。直也。緈，同上。"（124下右）又《廣韻》上聲迥韻胡頂切："緈，絓緈。"（218）"緈"與"緈"音義並同，正如韓小荊《〈可洪音義〉研究》（752）"幸"俗作"牵""奎"等，"緈"當即"緈"字之俗。"緈""緈"與"緈""緈"形近，"緈""緈"亦當即"緈"字之俗。原本《玉篇》（590）"緈"俗作"緈"、《名義》（271上）"緈"俗作"緈"，此即其證也。"緈""緈"二字，《新修玉篇》《篇海》皆音"魚葉切"，訓"續也"，此亦當為《玉篇》所誤也。《玉篇·糸部》："緀，子葉切。緀續也。緈，同上。"（126上左）"緈"與"緀"字形相去甚遠，"緀"無緣變作"緈"，故"緈"本當置於"緈"字之下作為異體，而非置於

"綾"字之下作為異體。

六　因誤截而誤

字書在編纂過程中因誤截書證、例證也會造成義訓失誤的現象。《新修玉篇》釋義即存在因誤截書證、例證而致釋義失誤的現象。例如：

1. 馴：《新修玉篇》卷二十三《馬部》引《玉篇》："馴，似君切。從也；善也。《韻》又常倫切。順也。又食倫切。順也。又羊倫切。道也。又許運切。順也。《易》：'馴致其道。'徐邈讀。"（188 上左）

按：《集韻》平聲諄韻俞倫切："馴，道也。"（125）《易·坤》："象曰：履霜堅冰，陰始凝也。馴致其道，至堅冰也。"陸德明釋文："馴，向秀云：'從也。'"孔穎達疏："馴，猶狎順也，若鳥獸馴狎然。言順其陰柔之道，習而不已，乃至堅冰也。""馴"字，《集韻》訓"道也"，於文獻無徵，當因誤截書證所致的訓釋失誤。《新修玉篇》"馴"字下承襲《集韻》之誤而收錄此義，亦失考證。

2. 帪：《新修玉篇》卷二十八《巾部》引《玉篇》："帪，府移切。冕也。《韻》又房益切。冕也。"（224 上右）

按：《篇海》卷二《巾部》引《玉篇》："帪，俾移切。今作裨。"（583 上）《名義·巾部》："帪，鼻移反。冕。"（279 上）《新撰字鏡·巾部》："帪，匕以反。冕也。裨［字］。"（236）《玉篇·巾部》："帪，俾移切。今作裨。"（127 上右）《廣韻》平聲支韻府移切："帪，冕也。"（19）《集韻》平聲支韻賓彌切："帪，冕名。通作裨。"（33）以上諸書謂"帪"同"裨"，是也；然訓"帪"為"冕也"或"冕名"，皆不可信。《儀禮·覲禮》："侯氏裨冕釋幣於禰。"鄭玄注："裨之為言埤也。天子六服，大裘為上，其餘為裨，以事尊卑服之，而諸侯亦服焉。"《禮記·曾子問》："大祝裨冕。"鄭玄注："裨冕者，接神則祭服也。"故"帪"同"裨"，義指古代祭祀時穿的次等禮服，而非指冠名。《荀子·富國》："大幅裨冕。"楊倞注："衣裨衣而服冕，謂祭服也……裨之言卑也，以事尊卑服之。"此亦其證也。據《名義》"帪"字義訓，可見原本《玉篇》當引《禮記》及鄭玄注，而《名義》訓"冕"者，"冕"當為誤截鄭玄注"裨冕者，接神則祭服也"所致的訓釋失誤。《新撰字鏡》訓"冕也"，亦當為誤截原本《玉篇》引文所致的訓釋失誤。《廣韻》承訛襲謬而訓"帪"為"冕也"，亦非。《集韻》"帪"字據《廣韻》之誤轉訓為

"冕名"，亦非。《正字通·巾部》："帠，舊注：音卑。冕也。按：《禮記》《儀禮》皆作'裨冕'，改从巾，非。"（315下）此説是也。《大字典》《字海》"帠"字下據《廣韻》之誤分别訓爲"古代禮冠名""古代的一種禮帽"，並非。

七 因不識妄補或妄改而誤

《新修玉篇》的釋義也存在一些因不識妄補或妄改而致釋義失誤的現象。例如：

1. 儞：《新修玉篇》卷三《人部》引《廣集韻》："儞，語其切。儞儞，狐狸聲。"（27下右）

按：《篇海》卷十五《人部》引《餘文》："儞，牛肌切。儞儞，狐狸聲。"（832上）《集韻》平聲之韻魚其切："儞，儞儞，狐狸聲。"（57）《字彙·人部》："儞，牛饑切，音夷。儞儞，狐狸之聲。"（44下）《正字通·人部》："儞，俗字。舊注：音侇。儞儞，狐狸聲。誤。"（62下）《正字通》所言當是。"儞"疑即"徲"字之俗。《楚辭·王逸〈九思·逢尤〉》："狐狸兮徲徲。"王逸注："徲徲，相隨貌。"洪興祖補註："徲，《釋文》音眉。一作獄，非。"（317）"儞"與"徲"形近，"儞"當即"徲"字之俗，《集韻》"儞"字音義當爲後人妄補，皆不可據。

2. 聑：《新修玉篇》卷四《耳部》引《玉篇》："聑，於檢切。耳。"（40下左）

按：《篇海》同。此字《説文》《名義》皆未收，《廣韻》《集韻》亦不錄，《玉篇》收於《耳部》之末，當即陳彭年等據俗書所增。《玉篇·耳部》："聑，於檢切。耳。"（24下右）《字彙·耳部》："聑，於檢切，音掩。耳也。"（376上）《正字通·耳部》："聑，舊注：音掩。耳也。耳無聑名。"（866上）《正字通》所言是也。"聑"當即"掩"字之俗，因"掩耳"經常連用，"掩"受"耳"字類化影響，故而改换義符"扌"旁爲"耳"旁形成"聑"字。韓小荊《〈可洪音義〉研究》（766）"掩"俗作"聑"，《可洪音義》卷二一《佛本行讚》第七卷："醶，宜作掩、聑，二同。於撿、烏感二反。覆也。"（60，p190c12）此即其證也。故"聑"即"掩"字之俗。《玉篇》訓"聑"爲"耳"，當爲望形生訓。《新修玉篇》承襲《玉篇》之謬而訓"耳"，亦失考證。

3. 朷：《新修玉篇》卷十二《木部》引《餘文》："朷，居戎切。木

名。"（109上左）

按：《篇海》同。此字《説文》《玉篇》皆未收，《廣韻》亦不録，當即丁度等人據俗書所增。《集韻》平聲東韻居戎切："枔，木名。"（14）《字彙·木部》："枔，居中切，音弓。木名。"（207下）《正字通·木部》："枔，俗字。舊注音弓，汎云木名，誤。"（485下）《正字通》所言當是。"枔"疑即"弓"字之俗。慧琳《音義》卷六五《善見律》第八卷："弓，居雄反。《世本》：'揮作弓。'宋忠注云：'黄帝臣也。'《山海經》：'少昊生般，始為弓。'此言是也。《説文》：'以近窮遠故曰弓也。'律文從木作枔，非體也。"（58，p774b8）此是其證也。韓小荊《〈可洪音義〉研究》（455）"弓"作"枔"。此亦其證也。故"枔"當即"弓"字之俗。"枔"又為"朽"字俗訛。韓小荊《〈可洪音義〉研究》（754）"朽"俗作"枔"。《可洪音義》卷二四："枔，許有反。腐也。正作朽也。"（60，P313a10）故"枔"字有兩個來源：一為"弓"字之俗；一為"朽"字俗訛。《集韻》訓"木名"，當為不識其為"弓"字之俗而妄補。

4. 茠：《新修玉篇》卷十三《艸部》引《餘文》："茠，呼到切。草名。"（119上左）

按：《篇海》略同。此字《説文》《玉篇》皆未收，《廣韻》亦不録，《集韻》收之，當即丁度等人據俗書所增。《集韻》去聲号韻虛到切："茠，艸名。"（585）《字彙·艸部》："茠，虛到切，音耗。草名。"（398上）《正字通·艸部》："茠，譌字。"（919上）《正字通》所言疑是。佛經有此字用例，提供如下：宋翔公譯《佛説濡首菩薩無上清淨分衛經》卷上："於是正士妙心菩薩居大眾前，廣然踊躍，掬滿手寶，以恭肅心向散世尊，又散濡首童真菩薩。散訖，忻喜重歎詠曰：'自歸諸佛，為慧聖達，摘霧瘖寐碎散癡本，解眾顛倒釋疑除網，順入道明致無上覺者。自歸於法，法之最法，法治多濟療撈霧龍，援雪生死茠茢眾穢，盪除心垢通導迷惑，法為無上修蒙永度。其諸菩薩，久履梵行無上清淨，仙聖明類大神通等，弘顯德者，無上之徒。於此乃逮信向是像深妙法眾，今普自歸之。'"（T8，p0744b06）"茠"字，元、明本皆作"薅"；"茢"字，宋、元、明、宫本皆作"鋤"。《説文·艸部》："薅，拔去田艸也。从蓐，好省聲。薅，籀文薅省。茠，薅或从休。《詩》曰：'既茠荼蓼。'"（21下）"薅"，《廣韻》音"呼毛切"。"茠"當即"薅"字之俗。慧琳《音義》

卷十《濡首菩薩無上清淨分衛經》卷上："梻鋤，又作蕿、梻二形，籀文作蕿，或作莜，同呼豪反。《說文》：'除田草曰庥（莜）。'經文作芓荕，非也。"（57，p582b1）《可洪音義》卷一："芓荕，上音蒿，下音鋤。正作蕿鋤。"（59，p457c4）又卷二："芓荕，上呼高反，下助魚反。正作莜鋤，亦作蕿耡也。"（59，p587b13）以上諸書皆其證也。故"芓"與"蕿"音義並同，"芓"當即"蕿"字之俗。《集韻》"芓"字音義當為後人妄補，疑不可據。

5. 蔽：《新修玉篇》卷十三《艸部》引《餘文》："蔽，蒲官切。草名。"（122下左）

按：《篇海》同。此字《說文》《玉篇》皆未收，《廣韻》亦不錄，《集韻》收之，當即丁度等人據俗書所增。《集韻》平聲桓韻蒲官切："蔽，艸名。"（148）《正字通·艸部》："蔽，蒲桓切，音盤。艸名。一曰艸盤結貌。"（945下）"蔽"疑即"菔"字俗訛。慧琳《音義》卷一二《大寶積經》卷第十一："蘿蔽：上音羅，或作蘆，祿都反。下蒲墨反，或作葍，根菜名也。經中有作菜莰，非也。"（57，p621b5）"蔽"，甲本作"菔"。又慧琳《音義》卷三五《蘇悉地羯囉經》卷上："蘿蔽，下朋北反。根菜也。"（58，p108b4）《爾雅·釋草》："葖，蘆萉。"郭璞注："萉宜為菔。蘆菔，蕪菁屬，紫華，大根，俗呼雹葖。"（115）《說文·艸部》："菔，蘆菔，似蕪菁，實如小尗者。从艸，服聲。"（10上）《廣韻》入聲德韻蒲北切："菔，蘆菔。葍，同上。"（428）"蘆菔""蘆葍""蘿葍""蘿菔"並同，"蘿蔽"與"蘆菔""蘿菔""蘆葍""蘿葍"亦同，"蔽"當即"菔"字俗訛。"菔"訛作"蔽"，丁度等不識其為"菔"字俗訛，見其從"般"，遂改其讀為"蒲官切"，此當即望形生音；又見其從"艸"，遂改其訓為"艸名"，此當即望形生訓。《正字通》又增補"艸盤結貌"之訓，然於文獻無徵，此訓疑亦非是。

第五節　認同失誤

因俗寫相亂、音同或音近、前後位置相近等原因的影響，《新修玉篇》在字際關係處理方面也存在一些誤作認同的現象。由於歷代字書重貯存而輕考校，這些失誤會被後世字書未加考辨地加以轉錄，給人們對這些字的識讀造成不便，也將會在一定程度上降低它們的編纂質量與利用價值。因此，我們也應加強對這些認同失誤的問題進行考辨與研究。

一　因俗寫相亂而誤作認同

《新修玉篇》在字際關係處理方面存在一些因形近俗寫相亂而誤作認同的現象。例如：

1. 睎睎：《新修玉篇》卷四《目部》引《龍龕》："睎睎，二音希。正作晞。陽露滴也。"（38 上右）

按：《龍龕》卷四《目部》："睎睎，二俗。音希。正作晞。陽露滴也。二。"（418）據《龍龕》，"睎""睎"當即"睎"字俗訛。《新修玉篇》謂"睎""睎"正作"晞"，當因"晞""睎"二字形近俗寫相亂而誤。

2. 戞：《新修玉篇》卷四《昝部》引《切韻》："戞，古黠切。首（手）戈。同戔。"（34 上左）

按：箋注本《切韻》（斯 2071）入聲黠韻古黠反："戞，揩。"（144）故宮本《裴韻》、《唐韻》同。《廣韻》入聲黠韻古黠切："戞，揩也；常也；禮也。《說文》：'戟也。'"（397）然《爾雅》、二徐本《說文》皆作"戛"。《爾雅·釋詁上》："戛，常也。"又下文《釋言》："戛，禮也。"《說文·戈部》："戛，戟也。从戈，从百。讀若棘。"（266 下）敦煌本《王韻》入聲黠韻古黠反作："戛，擊。"（428）故宮本《王韻》入聲黠韻古黠反亦作："戛，戟也；常也；禮也。"（516）"戞""戛"音義并同，"戞"當即"戛"字之俗。《字彙·戈部》："戞，俗戛字。"（169 下）《正字通》同。以上二書所言皆其證也。《類篇·戈部》："戔，將廉切。《說文》：'絕也。一曰田器。'"①（470）"戔"，《說文》作"戔"，"戔"即"戔"字之俗。"戞"與"戔"音義俱別，《新修玉篇》謂"戞"同"戔"，疑因"戞""戔"俗寫相亂而誤。

二　因音同或音近而誤作認同

《新修玉篇》在字際關係處理方面也存在一些因音同或音近而誤作認同的現象。例如：

---

① 按："戔"字，《類篇》收入《戈部》，《大字典》（3146B）謂引《類篇·竹部》，非是。

1. 皺：《新修玉篇》卷二十六《皮部》引《奚韻》："皺，古文龍字。"（216 上左）

按：《篇海》卷七《皮部》引《奚韻》："皺，古文羆字。"（671 下）"皺"字，《新修玉篇》與《篇海》異體認同有別，當以《篇海》所言為是。《集韻》平聲支韻斑糜切："羆，《説文》：'如熊，黃白文。'古作皺。"（32）"皺"當即"皺"之異寫字，亦即"羆"字異體。"龍""羆"二字，《廣韻》皆音"彼為切"。《新修玉篇》謂"皺"為古文"龍"字，當因"龍""羆"音同而誤混。

2. 軞：《新修玉篇》卷十八《車部》引《玉篇》："軞，莫袍切。公車也。通作牦。"（161 上右）

按：《集韻》平聲豪韻謨袍切："軞，公車也。通作旄。"（191）《集韻》平聲豪韻謨袍切下文又曰："牦，牛名。今所謂偏牛者，顏師古說。"（191）故"軞"當即"旄"之異體字，而"軞"與"牦"音同義別，二字不可混同，《新修玉篇》謂"軞"通作"牦"，當因"牦""旄"音同而誤混。

三　因前後位置相近而誤作認同

《新修玉篇》在字際關係處理方面也存在因前後位置相近而誤作認同的現象。例如：

毇：《新修玉篇》卷十七《殳部》引《龍龕》："䵻，音毀。舂也。毇，上同。"（151 下右）

按：《篇海》卷十二《殳部》引《龍龕》："䵻，音毀。舂也。毇，同上。"（774 下）"毇""毇"即同字異寫，當為一字之變。《龍龕》卷一《殳部》："䵻，音毀。舂也。"相隔一字又曰："毇，俗。虛委反。"（193）《廣韻》上聲紙韻許委切："毇，《説文》曰：'米一斛舂為八斗。'䉷，同毇。"（162）《集韻》上聲紙韻虎委切："䉷，舂謂之䉷。或作䉳、䉷。"（315）"䉷""䉳""䉷""䉷"並即"毇"之異體字；而"䵻"與"䉷"音義並同，"䵻"當即"䉷"字俗訛。"毇""毇"並當即"毇"字異寫。《龍龕》未言"毇"同"䵻"，儘管"毇"與"䵻"音同，然二者字形相去甚遠，二字不可混同。"毇""毇"並即"毇"字異寫，故《新修玉篇》《篇海》分別謂"毇"同"䵻"、"毇"同"䵻"，並非。《字海》（940B）謂"毇"同"毀"，所言當是。韓小荊

《〈可洪音義〉研究》(488—489)"毀"俗作"毇""毇""毇"等形,此即其證也。故"毇""毇""毇"並即"毀"字之俗。《字海》(939C)"毇"字謂同"籔","籔"即"籔"之異體字,此當因承襲《篇海》之謬而誤,亦失考證。

第四章

《新修玉篇》整理與研究的價值

　　邢準的《新修玉篇》與韓道昭的《篇海》都是在王太《類玉篇海》基礎上各自成書的，它們收錄了《類玉篇海》所收的大量字形。相較而言，《新修玉篇》編纂與刊印都比較謹慎，加之流傳至今的又是與編者同時代的金刻本，後人無能篡改，因而錯訛較少；《篇海》的編纂和刊印都不及《新修玉篇》謹慎，加之通行的又是經過輾轉翻刻的明刻本（雖有金刻本流傳於世，但見者甚少），因而錯訛較多。由於傳世字書重貯存而輕考校，《篇海》在編纂及傳抄過程中產生的許多失誤往往被後世大型字書未加考辨地加以轉錄，在一定程度上降低了它們的編纂水平與利用價值。

　　通過對《新修玉篇》進行系統的整理與研究，我們不但有助於利用《新修玉篇》對前人的疑難字考釋成果進行全面的分析與研究，並對其正誤作出客觀評析，而且還可以對《新修玉篇》中貯存的大量前人未作考釋的疑難字進行全面考釋。同時，通過對《新修玉篇》進行系統的整理與研究，我們還可以對當代大型字書（以《大字典》和《字海》為例）轉錄自傳世字書（如《篇海》）中的一些訛誤作出訂正，對其未作考釋的疑難字作出全面考釋，並對其字形、字音、字義等方面的訛誤與不足作出補充與完善，藉此為以後大型字書的修訂與完善提供可資借鑒的資料。

第一节　有助於疑難字的考釋與研究

　　正因為《新修玉篇》編纂與刊印都比較謹慎，加之流傳至今的又是與編者同時代的金刻本，後人無能篡改，錯訛較少，因而，《新修玉篇》具有更為重要的文字學、辭書學和文獻學等方面的研究價值。通過對

《新修玉篇》進行系統的整理與研究，我們不但可以利用《新修玉篇》糾正前人疑難字考釋成果中尚可商榷的結論，而且也可以利用《新修玉篇》對前人疑難字考釋成果的正確結論進行補充。此外，我們還可以對《新修玉篇》中貯存的大量前人未作考釋的疑難字作出全面考釋。

一 可以糾正前人疑難字的考釋成果

由於研究材料的局限，前人對一些疑難字的考釋結論尚不可信，還有待商榷。我們可以利用《新修玉篇》所提供的字形、字音、字義等方面的信息對前人疑難字考釋成果中一些尚可商榷的結論作出糾正。

1. 婼：《新修玉篇》卷三《女部》引《川篇》："婼，音苦。乃婼姈也。"（30下右）

按：《篇海》卷五《女部》引《川篇》："婼，音苦。乃婼姈也。"（655下）《疑難字》"婼"字下注："張氏謂此字見《篇海》引《川篇》，非引《龍龕》（《叢考·女部》516），其説是也；然'婼'字來歷可疑，'乃婼姈'之訓亦費解，'婼'為何字俗訛，張氏無説。今實考之，'婼'當是'妵'字俗訛。'妵'俗作'姤'（見《龍龕·女部》），又作'姤'（見周《強獨樂造像》），並與'婼'字形近。'銛'俗訛作'銛'（見敦煌本《王韻》），可資比勘。'妵'音丹故反（見《萬象名義》），而'婼'音'苦'者，望形生音也。'妵''妌'同義，《説文》十二篇下女部：'妌，妵也。'《字林》：'疾妌，妵也。'（《龍龕》卷二女部引）'妌'俗作'妜'（見《萬象名義·女部》），又作'妢'（見《龍龕·女部》），《篇海》引《川篇》'婼（妵）'訓'乃婼（妵）姈'，'姈'當是'妌'字之形誤。"（329）楊師所言疑可商榷。今案："婼"字，《新修玉篇》作"婼"，音"苦"，訓"乃婼姈也"，字形及音訓與《篇海》皆不同，當以《新修玉篇》所言為是。《篇海》之"婼"當即"婼"字轉錄之誤，其訓"乃婼姈也"，當為"乃婼姈也"之誤。"婼"當即"婆"字之俗。《説文·女部》："婆，姈也。从女，沾聲。"（262上）嚴章福校議議："'婆'上脱'姈'字。"王筠句讀："云'姈婆'者，二字疊韻，顛之倒之，皆同意也。《玉篇》：婆姈，美笑皃也。'美''善''喜'三字，未詳孰是。""喜""美"皆為"善"字之訛（見拙文《〈玉篇〉疑難字研究》"婆"字注）。"婆"，《廣韻》音"丑廉切"；而"苦"，《集韻》音"處占切"。故"婼"與"婆"音義並同，"婼"當即"婆"通過改換聲符而形成的異體字。

2. 黤：《新修玉篇》卷四《面部》引《川篇》："黤，烏感切。面黑子。"（34 上右）

按：《篇海》卷七《面部》引《川篇》："黤，烏咸切。面黑子。"（684）《字彙·面部》："黤，乙咸切，音煙。面黑子。"（530 下）《叢考》云："此字疑為'黭'的俗字。《龍龕》卷三面部：'黰黤：二俗，烏感反，正作黭。'（347）'黰''黤'字形至近，可以比勘。《廣韻》上聲感韻烏感切：'黭，青黑色也。'（225）'黤''黭'音義皆近。"（1107）《叢考》謂"黤"疑為"黭"的俗字，主要依據《龍龕》之說，謂"黭"之俗體"黰"與"黤"形體極近，且認為"黤""黭"音義皆近。然《叢考》之說疑可商榷。今案："黤"當即"黶"之換旁俗字。"黤"字，《篇海》音"烏咸切"，《新修玉篇》音"烏感切"，二者注音不同，必有一誤。我們認為《新修玉篇》的注音是正確的，"咸"當即"感"之誤省。唐慧琳《一切經音義》卷六十一："黶，伊琰反。身上黑子也。"（58，p694b11）《集韻》上聲琰韻於琰切："黶，面黑子。"（450）"面黑子"與"身上黑子"義同，又"黤""黶"音同，故"黤"當即"黶"通過改換聲符而形成的異體字。《正字通·面部》："黤，俗黶字。舊注：乙咸切，音煙。面黑子。"（1269 下）《正字通》所言是也。"黶"訓"面黑子"，又當即"黡"之異體字。箋注本《切韻》（斯2071）上聲琰韻於琰反："黡，面有黑子。"（139）箋注本《切韻》（斯6176）、敦煌本《王韻》、故宮本《王韻》、《廣韻》亦同。唐慧琳《一切經音義》卷二十："黶，伊琰反。俗字誤用也。正體從黑作黡。"（57，p796b10）此是其證也。故"黶"與"黡"音義並同，"黶"當即"黡"因涉義改換義符而形成的異體字。《說文·黑部》："黭，青黑也。從黑，奄聲。"（210 上）故宮本《王韻》上聲感韻烏感反："黭，青黑。又烏檻反。"（483）故宮本《裴韻》上聲檻韻於檻反："黭，青色。"（581）《廣韻》上聲感韻烏感切："黭，青黑色也。"（225）"青黑色"與"面黑子"意義區別甚明，故"黤""黭"二字不應混同。

3. 瞍：《新修玉篇》卷四《睸部》引《玉篇》："瞍，舒仁切。引目。"（42 上右）

按：《篇海》同。故宮本《王韻》平聲真韻書鄰反："瞍，引。"（449）《玉篇·睸部》："瞍，舒仁切。引目。"（23 上右）《疑難字》"瞍"

字下注："以音求之，並參考字義，'瞋'當是'昗'字俗書。《說文》三篇下又部：'昗，引也。从又，昌聲。昌，古文申。'大徐等引《唐韻》失人切。'瞋''昗'讀音相同……'申'古文作'昌'（見《集韻》），形近二目，因變从二目，即成'瞋'字。然'昗'本訓引，與'申'字音義相同，變从雙目後，陳彭年輩不知其即'昗'字之變，為比附字形，因改其義為引目。今本《玉篇·又部》收'昗'字，云：'古文申字。'《䀎部》又出'瞋'字，訓引目，致令'昗''瞋'判若二字。故宮本《王韻》平聲真韻書鄰反：'瞋，引。'同一小韻無'昗'字，此'瞋'訓引、為'昗'字俗書之明證。"（76—77）《疑難字》謂"瞋"為"昗"字之俗，疑可商榷。《玉篇校釋》"瞋"字下注："此亦譌字，當刪。本從昗。昗，古文申，引也。《集韻》：'眒，一曰引目也。古文作瞋。'本書《目部》'眒'下引《子虛賦》'儵眒倩浰'，皆疾皃。申古文電字，故為驚駭急疾之義。眒譌變為瞋，猶瞵譌為䁯，䁯譌變為䁯也。"（867）胡氏所言疑是。故宮本《王韻》去聲震韻式刃反："眒，張目。"（498）故宮本《裴韻》、《廣韻》同。"眒"，《廣韻》又音"失人切"。"瞋"與"眒"音義並同，"瞋"當即"眒"之異體字。《可洪音義》卷二八《弘明集》第二卷："䏆，音申。急視也；引也。正作眒、瞋二形。又尸忍、尸刃二反。"（60，p524b9）同卷下文又曰："䏆，音申。舒引也。正作眒、瞋二形。又尸忍、尸刃二反。又丑人反。申也。"（60，p525b5）此即其證也。故"瞋"當即"眒"之異體字。

4. 喁：《新修玉篇》卷五《口部》九畫引《龍龕》："喁，五禾切。吪同。"（47 上左）

按：《篇海》卷二《口部》九畫引《龍龕》："喁，魚容切。喁同。"（598 上）《叢考》"喁"字下注："《龍龕》卷二口部：'喁，魚容反。喚～也；又眾口上見也。'接云：'喁喁，二俗；吪，正：五禾反，動也；謬也；詭也，與譌、訛同。三。'（267）但《篇海》卷二口部引《龍龕》（47、52）、朝鮮本《龍龕》卷四口部（72）則皆以'喁'、'喁'（與通行本《龍龕》稍別，《篇海》作'喁'）為'喁'的俗字。《字彙補》從後說。二說必有一誤，疑當以後說為長。"（311）《叢考》之說疑可商榷。《龍龕》卷二《口部》："喁，魚容反。喚～也；又眾口上見也。"下文又曰："喁喁，二俗；吪，正。五禾反。動也；謬也；詭也。與譌、訛同。三。"（267）《新修玉篇》卷五《口部》十三畫引《龍龕》："喁，五禾切。動也；謬也；詭也。"（49上左）《篇海》卷二《口部》十三畫引《龍龕》亦曰："嗧，五禾切。動也；謬也；詭也。"（600下）"嗧"即"嗧"之異寫字。《新修玉篇》以"喐""嗧"二字皆為"吪"之異體字；《篇海》之"嗧"與"吪"音義並同，亦為"吪"之異體字。然《篇海》又謂"喐"同"喁"，與通行本《龍龕》、《新修玉篇》皆不同，《篇海》之說非是。此誤當因通行本《龍龕》"喐""嗧"二字上與"喁"字相接，《篇海》誤認為"喐"為"喁"字之俗，故謂"喐"與"喁"同。又朝鮮本《龍龕》卷四《口部》："喁，魚容切。噞～也；又衆口上見也。喐嗧，二俗。"下字又曰："吪，正。五禾切。動也；謬也；詭也。與譌、訛同。"（72）"喐""嗧"二字本為"吪"之異體字，朝鮮本《龍龕》卻因"喐""嗧"二字上與"喁"字相接，遂誤認為"喐""嗧"二字為"喁"字之俗，非是。《字彙補·口部》："喐，與喁同。"（27上）《字彙補》承訛襲謬而謂"喐"同"喁"，亦非。《大字典》（700A）、《字海》（402B）"喐"字第一義項皆據通行本《龍龕》之說而謂"喐"同"吪"；第二義項卻又據《字彙補》之謬而謂"喐"同"喁"，俱失考證。《大字典》《字海》"喐"字第二義項皆應刪，直謂"喐"同"吪"，即可。《字海》（420B）"嗧"字據朝鮮本《龍龕》之謬而謂同"喁"，亦失考證。

5. 爱：《新修玉篇》卷六《爪部》引《餘文》："爱，力克切。美好也。"（61上右）

按：成化本《篇海》卷十一《爪部》引《餘文》："爱，昌孕切。夆也。"（740下）正德本、萬曆本《篇海》同。《疑難字》"爱"字下注："成化本《篇海》卷十一爪部引《餘文》：'爱，昌孕切。夆也。'《詳校篇海·爪部》：'爱，昌孕切。音秤。夆也。'《篇海類編》同。《字彙補·爪部》：'爱，音趁。夆也。'爱'字宋以前字書未見，以音求之，當是'䍀'之訛變。《集韻》去聲證韻昌孕切：'禹，大也，舉也。古作䍀。''爱''䍀'讀音相同。《篇海》引《餘文》字多見《集韻》，《集韻》有'䍀'無'爱'，《篇海》有'爱'無'䍀'；《篇海》與《五音集韻》同為韓道昭所撰，《五音集韻》昌孕切亦有'䍀'無'爱'。'爱'訓'夆'，或訓'夆'，'夆''夆'並當作'夆'，'夆'即'舉'字俗寫……然則'爱''䍀（禹）'音義全同，'爱'當是'䍀'字之誤（唯'爱''䍀'字形相去甚遠，'䍀'似無由繁化作'爱'，以形求之，'爱'

當是'孌'字俗訛。'孌'俗訛作'奱',《篇海》卷五女部引《餘文》;'奱,力兗切。美好也。'《集韻》上聲獮韻力轉切'奱'同'孌'。'奱'與'奱''奱'並形近)。"(474）楊師前後兼採兩說,其言疑可商榷。今案:"奱"即"孌"字之俗,而非"乑"字訛變。"奱"字,《新修玉篇》與《篇海》音義不同,《新修玉篇》所言是也。如楊師所言,"夆"即"夆"字俗訛,"夆"又即"舉"字之俗。《新修玉篇》卷六《爪部》"奱"之下字即為"乑",注曰:"乑,昌孕切。大也;舉也。"(61上右—61上左)《篇海》卷十一《爪部》"奱"字之下失載"乑"字,遂致"乑"字音義誤植於"奱"字之上,進而又誤刪"奱"字原有音義,遂致此誤。《新修玉篇》卷五《女部》引《餘文》:"奱,力兗切。美好也。"(32下右)成化本《篇海》卷五《女部》引《餘文》:"奱,力兗切,美好也。"(657下)正德本《篇海》、萬曆本《篇海》亦同。以上諸書亦皆其證也。故"奱"與"乑"音義俱別,二者不可誤作認同,楊師據《篇海》之誤而謂"奱"即"乑"字俗訛,此說非是。"奱"當即"孌"字之俗。《廣雅·釋詁一》:"孌,好也。"《廣韻》上聲獮韻力兗切:"孌,美好。"(199)《集韻》上聲獮韻力轉切:"嬌,《說文》:'順也。'引《詩》'婉兮嬌兮'。或作孌、奱。"(388)"奱"即"孌"字之俗。"奱"與"奱"形近,且音義並同,亦當即"孌"字之俗。

6. 肐:《新修玉篇》卷七《肉部》引《玉篇》:"肐,許訖切。身振也。"(67上左)

按:《篇海》同。《玉篇·肉部》:"肐,許訖切。身振也。"(37下右)《考正》"肐"字下注:"《玉篇·肉部》:'肹,許訖切,肹蠁。'緊承其下又云:'肐,許訖切,身振也。'(147)'肐'字未見此前字韻書收錄,蓋陳彭年等重修《玉篇》時新增。'肐'疑即'肹'之俗字。《漢書·禮樂志》:'鸞路龍鱗,罔不肹飾。'顏師古注:'肹,振也。謂皆振整而飾之也。肹音許乙反。'(1057)'肐''肹'音同義近。'肹'蓋形音不明,人們即以'月'為形旁,以'乞'為聲旁造出一個新的形聲字'肐'來。"(222)《考正》謂"肐"疑即"肹"之俗字,疑可商榷。《玉篇校釋》"肐"字下注:"'肐'亦當列前(59)'肸'下為重文。《隨函錄》引本書'肸''肐'二形,身振也。"(1577)胡氏所言當是。《說文·肉部》:"肸,振肸也。从肉,八聲。"(82下)"肸",《集韻》音"許訖切"。"肐"與"肸"音義並同,"肐"當即"肸"通過改換聲符而形成的異體字。

7. 閃：《新修玉篇》卷十一《門部》引《玉篇》："閃，丑占切。獲也。《韻》曰：'小開門以候望也。'"下文"閃"字曰："閃，側銜切。立待也。"（100下右）

按：《篇海》卷七《門部》引《玉篇》："閃，丑占切。立待也。"下文"閃"字曰："閃，側銜切。立待也。"（674下）"閃"字，《新修玉篇》與《篇海》義訓不同，《新修玉篇》所言是也。《玉篇·門部》："閃，丑占切。獲也。"下字曰："閃，側銜切。立待也。"（55下右）"閃"字，《篇海》訓"立待也"，當因"閃""閃"二字處於上下文，故而誤植"閃"字之義於"閃"字之上所致的訓釋失誤。《叢考》"閃"字下注："據《漢》所引，'閃''閃'音義皆同，顯為一字之變。但查《玉篇·門部》：'閃，丑占切，獲也。'其下接云：'閃，側銜切，立待也。'四部叢刊影印元刊本祇見'閃'字，而無'閃'字，該本'閃'字下云：'閃，側銜切，立待也。'隔二字後又有'閃'字云：'閃，丑占切，獲也。'（43）而清張氏澤存堂刻本則無'閃'字。《篇海》卷七門部引《玉篇》則云：'閃，丑占切，立待也。'又云：'閃，側銜切，立待也。'（9）'閃''閃'二字必有一誤，疑以作'閃'字為是。"（1086）《叢考》所言疑可商榷。據《玉篇》與《新修玉篇》所引《玉篇》可知，"閃""閃"本為二字。又元刊本《玉篇·門部》："閃，丑占切。立待也。""閃"字，元刊本《玉篇》音"丑占切"，訓"立待也"，此當因承襲《篇海》之謬而誤。"閃"與"閃"音義並同，"閃"當即"閃"之增旁俗字。故《叢考》據元刊本《玉篇》及《篇海》之誤而謂"'閃''閃'二字必有一誤，疑以作'閃'字為是"，所言疑不確。

8. 鍫：《新修玉篇》卷十八《金部》引《龍龕》："鍫，音休。"（155下右）

按：《篇海》卷二《金部》引《龍龕》："鍫，音休。"（576下）《龍龕》卷一《金部》："鍫，音休。"（14）"伓"即"休"字之俗，"鍫"為平聲字，故從形音關係來看，當以作"鍫"為是。《龍龕》《篇海》作"鍫"，皆為"鍫"字之俗，《大字典》據《龍龕》轉錄作"鍫"是正確的。《直音篇》卷五《金部》："鍫，音休。"（188上）此亦其證也。《詳校篇海》卷一《金部》："鍫，舊音述。長針也。"（14上）"鍫"字，《詳校篇海》錄作"鍫"，謂"舊音述"，訓"長針也"，於前代字書皆無

第四章　《新修玉篇》整理與研究的價值　/　69

征，當因從"鈇"為說而妄改。《說文·金部》："鈇，綦鍼也。从金，尤聲。"（297上）《玉篇·金部》："鈇，時橘切。長針也。"（83上左）《字彙·金部》："銶，虛尤切，音休。長針也。"（505下）《字彙》校"鈇"為"銶"，音"休"，不誤；然訓"長針也"，此亦為承襲《詳校篇海》之誤。《正字通·金部》："銶，鈇字之譌。舊注訓同鈇，改音休，《篇海》鈇亦作銶，並非。"（1199上）《正字通》承襲《字彙》之誤而謂"銶"即"鈇"字之譌，此說亦非。《叢考》"銶"字下注："此字通行本《龍龕》卷一金部作'銶'（14），朝鮮本《龍龕》卷一金部則作'鈇'（6）。考《王一》平聲尤韻許尤反：'休，俗作加點作伏，謬。'故《龍龕》音'休'的'銶'應該就是'鈇'的俗寫。但據《字彙》所揭示的釋義，此字似應為'鈇'的訛字。《王二》入聲質韻食聿反：'鈇，長鍼。'（《集存》513）'長鍼'即'長針'（'針'為後起俗字），'銶''鈇'釋義正同，《龍龕》'銶'字音'休'者，蓋'鈇'訛作'銶'，俚俗以其右旁為'休'的俗寫，遂讀作'休'音，行均據以收入平聲字下，而不知其謬也。"（1072）《叢考》承襲《字彙》義訓之謬而謂"銶"即"鈇"的訛字，此說疑亦非是。今案："銶"當為擬聲詞，佛經有其用例，提供如下：《大正藏》本元魏菩提流支譯《佛說佛名經》卷第十二《大乘蓮華寶達問答報應沙門經》："寶達頃前更入一地獄，名曰飛刀地獄。其地獄縱廣十五由旬鐵壁周匝，鐵網覆上其城四角。火風猛利來吹鐵山，其山相磨則成利刀。其刀兩刃亦如鋒鈚，虛空銶銶鏒鏒亦如雷聲，刀刀相鈹亦如霹靂，從空而來刺罪人頭，從頭而入足下而出，從背上入胸前而出。左出右入煙火俱然，一日一夜受罪萬端，千生千死萬生萬死，若得為人身生惡瘡遍體周匝。"從文意來看，"銶銶""鏒鏒"皆為擬聲詞，當義指某種像雷聲一樣宏大的聲音。

9. 浛：《新修玉篇》卷十九《水部》引《川篇》："浛，音恬。不流皃也。"（166下左）

按：《篇海》卷十二《水部》引《川篇》："浛，音括。不流皃。"（766下）"浛"與"浛"位置相同，當即同字異寫。《新修玉篇》與《篇海》直音用字不同，《新修玉篇》所言當是，《篇海》"音括"之"括"當即"恬"字俗訛。"浛（浛）"，《新修玉篇》《篇海》訓"不流皃"，"不流皃"當為"水流皃"之誤。《廣韻》平聲添韻徒兼切："浛，水靖。"（153）"水靖"即"水安流皃"之義。故"浛"與"浛"音義並同，"湉"當即"湉"字俗省。《叢考》"湉"字下注："《篇海》卷一二水部引《玉篇》：'湉，音括。不流皃。'注文'不流皃'疑為'水流皃'之誤，而'湉'則為'活'的俗字……'括'字《集韻》亦有戶括、古活二讀，'活'與'湉'字讀音相合。"（414）《叢考》謂"不流皃"疑為"水流皃"之誤，所言當是；然謂"湉"為"活"的俗字，此當為《篇海》所誤，非是。

10. 羋：《新修玉篇》卷二十三《羊部》引《奚韻》："羋，如甚切。稍長。亦作羊。"（191上左）

按：《篇海》卷十四《羊部》引《奚韻》："羋，如甚切。稍長。亦羊也。"（814下）《疑難字》"羋"字下注："'如甚切'之'羋'當是'羊'字之變。《說文》三篇上干部：'羋，撲也。從干，入一為干，入二為羋。讀若飪。言稍甚也。''言稍甚'說'羋'字從入二之意，謂入二（羋）稍甚於入一（干）也。後世字書編纂者不明許意，誤以'言稍甚''稍甚'為'羋'字之義……《篇海》引《奚韻》又云：'羋，亦羊也。'謂此字作為構字部件與羊相同也，如'羞'字，而與'羊'同之'羋'不讀如甚切。《大字典》不知'羋'即'羊'指加筆字，承《篇海》引《奚韻》之誤而轉訓為'較長大的羊'，大誤；'羋'字一身二任，一讀如甚切，同'羋'，一讀羊，即'羊'字之變，《字海》但謂'羋'同'羊'，而不顧'羋'字如甚切一讀，亦欠妥。"（570—571）《疑難字》謂"'如甚切'之'羋'當是'羊'字之變"，所言是也。然又據《篇海》"羋"字下注文"亦羊也"而曰："《篇海》引《奚韻》又云：'羋，亦羊也。'謂此字作為構字部件與羊相同也，如'羞'字，而與'羊'同之'羋'不讀如甚切。《大字典》不知'羋'即'羊'指加筆字，承《篇海》引《奚韻》之誤而轉訓為'較長大的羊'，大誤；'羋'字一身二任，一讀如甚切，同'羋'，一讀羊，即'羊'字之變，《字海》但謂'羋'同'羊'，而不顧'羋'字如甚切一讀，亦欠妥。"此說疑可商榷。據《新修玉篇》所言，《篇海》"羋"字下注文"亦羊也"當為"亦作羊"之誤，此即為"羋"即"羊"字之俗之證。《字海》"羋"字承襲《篇海》之誤而謂同"羊"，亦失考證。

11. 賷：《新修玉篇》卷二十五《貝部》引《類篇》："賷，音資。財也。"（212上右）

按：《篇海》卷六《貝部》引《類篇》："賷，音貧。財也。"（665

下）"贅"字，《新修玉篇》與《篇海》直音用字不同，當以《新修玉篇》為是。《篇海》音"敍"，"敍"當為"資"字之誤。《直音篇》卷六《貝部》："敍，音叶。財也。贅，同上。"（278下）儘管"贅"與"敍"義同，然二字字形相去甚遠，"敍"無緣變作"贅"，《直音篇》承襲《篇海》讀音之誤而謂"贅"同"敍"，疑非是。今案："贅"疑即"資"字之俗。《說文・貝部》："資，貨也。从貝，次聲。"（126上）《詩・大雅・板》："喪亂蔑資，曾莫惠我師。"毛傳："資，財也。""贅"與"資"音義並同，又"蚔"字，《廣韻》音"巨支切"，《集韻》又音"丈介切"，"贅"當即"資"通過改換聲符而形成的異體字。《考正》"贅"字下注："《四聲篇海・貝部》：'贅，音敍。財也。'（352）《大字典》引作'音脅'，不確。'贅'疑即'敍（脅）'字訛誤。《玉篇・貝部》：'敍，音協，財也。'（475）'贅'與'敍'音義皆同。《直音篇・貝部》：'敍，音叶，財也。贅，同上。'可證。楊寶忠《疑難字考釋與研究》又云：'敍乃脅字俗訛。'（592）則'贅'亦當是'脅'字之誤。"（380）《考正》據《篇海》讀音之誤及《直音篇》認同之誤而謂"贅"同"敍（脅）"，其説疑亦非是。

12. 韇：《新修玉篇》卷二十六《韋部》引《類篇》："韇，胡根切。束也。"（218下左）

按：《篇海》卷十四《韋部》引《川篇》："韇，胡棍切。"（813下）"韇"字，《新修玉篇》與《篇海》引書不同，當以《新修玉篇》為是；又《新修玉篇》與《篇海》讀音不同，疑亦當以《新修玉篇》為是。《篇海》音"胡棍切"，疑即"胡根切"之誤。《叢考》"韇"字下注："此字疑為'緷'的會意俗字。《廣韻》上聲混韻胡本切（與'胡棍切'同音）：'緷，大束。'（190）從糸從韋義近，例可換用；'軍'旁則涉字義改作'束'以表意。"（1132）《叢考》之說疑可商榷。《玉篇・韋部》："䪅，口恩切。束。"（124上右）《玉篇》"䪅"字音"口恩切"，疑為"戶恩切"之誤。"韇"與"䪅"音義並同，"韇"當為"䪅"之俗體會意字，從韋、大、束會"䪅"之"束"義。

13. 弞兂：《新修玉篇》卷三十《亞部》引《川篇》："弞，音西。"（235下左）

按：《篇海》卷十三《亞部》引《俗字背篇》："兂，音迭。"（808下）"弞""兂"當即一字之變。《新修玉篇》與《篇海》引書不同，當以《新修玉篇》為是；《新修玉篇》與《篇海》讀音亦不同，亦當以《新修玉篇》為是。《篇海》"音迭"當為"音酉"之誤。朝鮮本《龍龕》卷八《一部》："丣，音迭。"（56）朝鮮本《龍龕》承襲《篇海》讀音之誤，亦非。《叢考》"丣"字下注："朝鮮本《龍龕》第八卷一部：'丣，音迭。'（56）同卷雜部：'凸，田結切，高起也。'（85）'迭'與'田結切'同音，'丣'疑即'凸'字異構。"（5）《叢考》據《篇海》讀音之誤而謂"丣"疑即"凸"字異構，疑不可據。今案："丣""丣"當即"酉"字之俗。《說文·酉部》："酉，就也。八月黍成，可為酎酒。象古文酉之形。丣，古文酉，从卯。"（313上）"丣""丣"當即"酉"之古文"丣"俗寫之誤。朝鮮本《龍龕》卷八《一部》："丣，古文酉字。"（55）此即其證也。又朝鮮本《龍龕》卷八《一部》"丣"字下文曰："丣，籀文卯字。"（55）"丣"當即"酉"字古文，而非"卯"字籀文，朝鮮本《龍龕》謂"丣"為"卯"字籀文，非是。《字海》收錄"丣"字，謂同"卯"，字見朝鮮本《龍龕》。《字海》此誤當源於朝鮮本《龍龕》謂"丣"即"卯"字籀文，"丣"與"丣"形近，故而《字海》誤認為"丣"同"卯"。

二　可以補證前人疑難字的考釋成果

前人憑藉堅實的小學功底與深厚的文獻知識，考釋了大量的疑難字，大部分考釋結論是確鑿可信的，這不得不令我們欽佩前輩們深厚的學術功底。雖然《新修玉篇》對於疑難字的考釋與研究具有重要的價值與意義，然而由於其在產生不久即湮沒無聞，直到近年才得以重現並引起了學界對其關注，所以前人在考釋疑難字時對《新修玉篇》未能加以充分利用。通過對《新修玉篇》進行系統的整理與研究，我們可以利用《新修玉篇》對前人的一些疑難字考釋成果進行補證。

1. 瑯：《新修玉篇》卷一《玉部》引《餘文》："瑯，魯當切。琅玕，玉名。古文琅。"（10上右）

按：《疑難字》"瑯"字下曰："《篇海》卷三玉部引《餘文》：'瑯，音琅。義同。''音'下一字稍漫漶，細審之，當是'琅'字。《說文》載'良'字古文作'𫜦'，'瑯'字右旁所從，即據古文'良'字所楷定。"（354）楊師所言甚是。《說文·玉部》："琅，琅玕，似珠者。从玉，良聲。"（7下）《玉篇·玉部》："琅，力當切，琅玕，石似玉。《說文》云：'琅玕，似珠者。'"（5下左）據《新修玉篇》"瑅"字音義，"瑅""琅"音義並同，"瑅"即"琅"字古文"瓃"之楷化字。成化本《篇海》卷三《玉部》引《餘文》："瑅，音耺。義同。"（623上）正德本《篇海》直音用字作"琅"，萬曆本《篇海》直音用字亦作"琅"，未見有直音用字作"珉"者。《大字典》（1209B）"瑅"字下引《篇海》直音用字作"珉"，並謂"瑅"同"珉"，非是。《字海》（727C）謂"瑅"同"珉"，亦非。其實，成化本《篇海》直音用字"耺"與正德本、萬曆本《篇海》直音用字"琅"疑皆為"琅"字之俗。"瑅"即"琅"字，而非"珉"字。

2. 邜：《新修玉篇》卷二《邑部》引《玉篇》："邜，胡灰切。鄉名，在睢陽。或書作邞。"（17上右）

按：《篇海》卷十三《邑部》引《玉篇》："邜，胡灰切。睢陽，縣名。"（808下）《新修玉篇》卷二十三《犬部》引《廣集韻》又曰："邜，戶恢切。鄉名，在睢陽。或書作邞字。"（192上左）《玉篇·邑部》："邜，胡灰切。睢陽，縣名。"（11下左）《疑難字》"邞"字下注曰："以音義求之，此字當是'邜'字俗訛。故宮本《王韻》平聲灰韻戶恢反：'邜，鄉名，在睢陽。'敦煌本《王韻》同。《萬象名義·邑部》：'邜，胡恢反。'《玉篇·邑部》：'邜，胡灰切。睢陽，縣名。''邞'字胡猥切，與'邜'字音同；'邞'訓睢陽鄉名，與'邜'字義同。《切韻》系韻書有'邞'無'邜'，《集韻·灰韻》有'邜'無'邞'，由此亦可知'邞''邜'乃一字之變。"（591）楊師所言當是，《新修玉篇》是其證也。又"邜"疑本作"雅"。胡吉宣《玉篇校釋》"邜"字下注："《切韻》：'邜，鄉名，在睢陽。'《集韻》《類篇》及《龍龕手鑑》並作邞。本書《隹部》：'雅，水名。'五佳切。《説文》云：'睢陽有雅水。'段注：'《玉篇·邑部》：邜，睢陽鄉名。邜即雅字，有雅水而後有邜鄉也。'朱駿聲云：'《玉篇》有邜字，睢陽鄉名，雅水當在此鄉也。'"（373）段、朱之説並是也。故"邜"當即"雅"通過結構變易而形成的異體字。

3. 㫃：《新修玉篇》卷四《目部》引《龍龕》："㫃，《字書》五限切。眼同。"（37上右）

按：成化本《篇海》卷七《目部》引《龍龕》："㫃，《字書》音眼。"（689下）正德本《篇海》謂"㫃"字引"併了部頭"。《叢考》"㫃"字下注："此字《篇海》卷七目部標明見'併了部頭'，而非引自

《龍龕》。今本《龍龕》無'昗'字，可證。'昗'當即'眼'的訛俗字。《集韻》上聲產韻載'眼'字古作'䀪'（374），'昗'即'䀪'字訛變。《篇海》同部上文引《玉篇》：'䀪，音眼，出《字書》。'（39）今本《玉篇·目部》：'䀪，《字書》眼字。'（82）皆可參。"（740）《叢考》所言是也。"䀪""昗"形近音同，且位置相同，當即一字之變；通行本《龍龕》未見收錄"䀪""昗"二字，《新修玉篇》、成化本《篇海》謂引《龍龕》，當因誤脫引書符號所致。《新修玉篇》謂"昗"即"眼"字，此即為《叢考》所言"昗"即"眼"的訛俗字之證也。

4. 瞢：《新修玉篇》卷四《目部》引《川篇》："瞢，音隸。視也。"（39下左）

按：《篇海》卷七《目部》引《川篇》："瞢，音疑。視也。"（693上）鄧福祿、韓小荊《考正》"瞢"字下注："'瞢'疑即'䁾'字異寫。《玉篇·目部》：'䁾，呂計切。視也。'（85）《萬象名義·目部》：'䁾，呂計切（反），視、索、求。'（35）《廣韻·霽韻》郎計切：'䚅，視竊也。'（374）《集韻·霽韻》：'覷，《說文》：求也。一曰：索視皃。或作䁾。'（469）又同書《寘韻》：'覷，視也。或作䚅、瞯。'"瞢"與"䁾"'䚅'義同形近。"瞢"音'疑'，'疑'蓋'隸'之誤字。《龍龕·雜部》：'隸，或作；𥻘，正：郎計反。僕隸。'（551）此二字皆'隸'的異寫字。'疑'及'瞢'的上部與'𥻘'字形近易誤。"（282）《考正》所言當是。"瞢"字，《新修玉篇》與《篇海》直音用字不同，《新修玉篇》所言是也。"隸"與"𥻘"形近，亦即"隸"字俗寫，故應如鄧、韓二氏所言，《篇海》直音用字"疑"字即"隸"字之誤。

5. 唍：《新修玉篇》卷五《口部》引《川篇》："唍，華板切。小笑皃。"（46上右）

按：《叢考》"唍"字下注："此字疑為'睆'的俗字……《玉篇·口部》：'睆，胡板切。小笑皃。'字義正與'唍'字吻合。'唍'當讀作wǎn。《篇海》音華校切，應係'華板切'之訛，'華板切'與'胡板切'同音。"（309）《疑難字》"唍"字下注："張氏謂'唍'為'睆'之俗字，《篇海》'華校切'應係'華板切'之誤，並是也。成化本《篇海》引《川篇》'唍'字正音華板切，惜張氏失檢。'唍'字不見《說文》《萬象名義》，乃'莞爾'之'莞'的後起專用字。"（145）以上二說並是也。《新修玉篇》音"華板切"，此是其證也。

6. 齟：《新修玉篇》卷五《齒部》引《餘文》："齟，側魚切。齒不齊皃。从置俁，从且是正。"（51上左）

按：《篇海》卷十一《齒部》引《餘文》："齟，側魚切。齒不齊皃。"（745）《新修玉篇》《篇海》所引《餘文》之字，一般見於《集韻》，然此字《集韻》未收。《叢考》"齟"字下注："此字疑為'齟'字俗訛。《廣韻》平聲魚韻側魚切：'齟，齒不齊皃。''齟''齟'音義皆同。"（1189）《叢考》所言是也。《新修玉篇》謂"从置俁，从且是正"，即認為"齟"當以作"齟"為正。"齟""齟"即為異體字。《集韻》平聲麻韻鋤加切："齟齟，齒不正也。或省。"（206）"齒不正""齒不齊"義同，此是其證也。又《正字通·齒部》："齟，齟字之譌。舊注訓同齟，从置改音渣，非。"（1412下）《正字通》所言是也。

7. 刽（刽）：《新修玉篇》卷六《又部》引《切韻》："刽，博抱切。相与（次）。牟同。"（62上右）

按：《篇海》卷十四《又部》引《奚韻》："刽，博亮切。相次之皃。"（820上）"刽"字，《新修玉篇》與《篇海》引書不同，《新修玉篇》所言是也；又二者反切不同，亦當以《新修玉篇》所言為是，"博亮切"當即"博抱切"之誤。《疑難字》"刽"字下注："《篇海》卷十四又部作'刽'，《大字典》《字海》轉錄失真。以義求之，此字疑即'牟'字俗書。《説文》八篇上匕部：'牟，相次也。从匕、十。'大徐等引《唐韻》博抱切。《萬象名義·匕部》作'与'，注云：'与，補道反。相次也。'故宮本《王韻》上聲晧韻博抱反作'牟'，敦煌本《王韻》亦作'牟'。'刽（刽）'與'与（牟）'形近義同，當是'与（牟）'字之變。'牟'字博抱切，'刽（刽）'字博亮切者，'亮'字有誤。"（75）楊師所言甚是。《新修玉篇》所言即其切證也。

8. 盋：《新修玉篇》卷七《血部》引《龍龕》："盋，音鉢。从皿正。"（67上右）

按：《叢考》"盋"字下注："'盋'疑即'鉢'的訛俗字，其字蓋從血（'皿'旁之訛），癶聲，為形聲字。'鉢'字或從皿、犮聲作'盋'。《廣韻》入聲末韻北末切（與'癶'字同一小韻）：'鉢，鉢器也。亦作盋。'（374）'癶''盋（鉢）'同音，故'盋'字可改易聲旁寫作'盋'，而傳刻又訛變作'盋'。"（839—840）張氏所言甚是。《新修玉篇》所說即其證也。

9. 肮：《新修玉篇》卷七《肉部》引《龍龕》："肮，音兀。斷是（足）也。"（67 上左）

按：《篇海》卷十五《肉部》引《龍龕》："肮，音瓦。斷足也。"（836 上）"肮""肮"即同字異寫，《新修玉篇》《篇海》皆謂引《龍龕》，然通行本《龍龕》未見收錄此字。《叢考》"肮"字下注："此字疑是'肌（刖）'的訛俗字，音'瓦'則是音'兀'之訛。《王二》入聲月韻魚厥反：'刖，絕足跀，亦作肮（肮）、踑。''刖'《説文》從刀、月聲（92）。因為斷足與刀劍有關，故其字從刀；斷了足便成了'兀者'，故其字又從'兀'作'肌'，'兀'字及'兀'旁手書時多作'兀'形，故'肌'字形近訛變作'肮'，而音'兀'則訛成了音'瓦'。"（641）張氏所言是也。《新修玉篇》作"肮"，"肮"即"肌"到"肮"中間的訛變字形，《新修玉篇》音"兀"，説明了"肮"即"肌"字之訛。故《新修玉篇》所言即為《叢考》之説提供一確證也。

10. 胆：《新修玉篇》卷七《肉部》引《川篇》："胆，音頤。"（68 下左）

按：《篇海》卷十五《肉部》引《川篇》："胆，音蹟。"（837 下）"胆"即"胆"字轉錄之異，"頤"當即"頤"字之俗。"胆"字，《新修玉篇》與《篇海》直音用字不同，《新修玉篇》所言當是。《篇海》音"蹟"，"蹟"當即"頤"字之誤。《疑難字》"胆"字下注："《篇海》卷十五肉部引《川篇》：'胆，音蹟。'《字海》轉錄作'胆'，稍失真。以形求之，此字當是'胆'之俗訛……'胆'從'臣'得聲，俗書'臣'旁或作'旦'，故宮本《裴韻》'頤'作'頤'，是其證，故'頤'變作'胆'。'頤'字與之反，而'胆'字音蹟者，'蹟'即'頤'字之形誤也。"（478）楊師所言是也。《新修玉篇》"胆"字音"頤（頤）"，此是其切證也。

11. 胭：《新修玉篇》卷七《肉部》引《龍龕》："胭，叱涉切。肉動也。"（69 上左）

按：《篇海》卷十五《肉部》引《龍龕》："胭，吐涉切。肉動也。"（838 上）"胭"字，《新修玉篇》《篇海》皆謂引《龍龕》，然通行本《龍龕》未見收錄此字。《叢考》"胭"字下注："此字當是'胭'的俗字。'耶'旁與'取'旁俗書形近相亂……'胭'字《篇海》音'吐涉切'則應是'叱涉切'傳刻之訛。《玉篇·肉部》：'胭，叱涉切，肉動

第四章 《新修玉篇》整理與研究的價值 / 77

也。'（147）'膼'字正音'叱涉切'，是其證。"（651）張氏所言是也。"膼"字，《新修玉篇》即音"叱涉切"，此是其切證也。

12. 慭：《新修玉篇》卷八《心部》引《奚韻》："慭，古詣切。憂也。"（73下左）

按：《篇海》卷十《心部》引《類篇》："慭，古脂切。憂也。"（732上）"慭"字，《新修玉篇》與《篇海》引書、反切用字皆不同，《新修玉篇》所言當是。《叢考》"慭"字下注："查今本《類篇·心部》無'慭'字，與之形義相近的有'憖'字，云：'吉脂切，憂也。'（390）頗疑'慭'即'憖'字俗訛，'古脂切'之'脂'乃'詣'字傳刻之誤耳。"（713）張氏所言是也。《新修玉篇》"慭"字即音"古詣切"，此即其證也。

13. 譤：《新修玉篇》卷九《言部》引《餘文》："譤，古歷切。訐也。"（83上右）

按：《篇海》卷三《言部》引《餘文》："譤，古歷切。許也。"（612上）《考正》"譤"字下注："《四聲篇海》引《餘文》訓'譤'為'許也'，'許'即'訐'字形近而誤。又查《篇海類編·言部》：'譤，迄逆切，舊（音）激，詐也。'《字彙》亦訓'譤'為'詐也'，'詐'亦'訐'字形誤。"（426—427）《考正》所言是也，《新修玉篇》是其證也。

14. 欯：《新修玉篇》卷九《欠部》引《川篇》："欯，巨表切。"（86上左）

按：《篇海》卷二《欠部》引《川篇》："欯，於祈切。"（605下）《疑難字》"欯"字下注："此字形聲不諧，以形求之，當是'欯'字俗省。"（493）"欯"，原本《玉篇》音"其表、於垢二反"，《集韻》音"巨夭切"。"欯"字，《新修玉篇》音"巨表切"，與"欯"字音同，"欯"當即"欯"字俗省。此即其證也。

15. 馟：《新修玉篇》卷九《食部》引《類篇》："馟，音怡。餬也"（87上左）

按：《篇海》卷十一《食部》引《類篇》："馟，音怡。餬也。"（747上）《叢考》"馟"字下注："《篇海》卷一一食部：'馟，音怡。餬也。'（21）'音怡'的'怡'當是'怡'字刻訛。《漢》引作'延知切'，蓋別一本。'馟'疑為'飴（飴）'的俗字，而注文'餬'則疑為'餳'字刻訛。《廣韻》平聲之韻與之切（與'怡'字同一小韻）：'飴，餳也。

糞，籀文。'（27）'糞'字《說文》以為從'異'省聲，而'共'字又從'廾'，故'糞'字不妨再省作'葬'。"（1115）張氏所言當是。《新修玉篇》"葬"字正音"怡"，此即其證也。

16. 俙：《新修玉篇》卷十《彳部》引《餘文》："俙，喜皆切。訟也。從人正。"（89下左）

按：《疑難字》"俙"字下注："此字《萬象名義》《切韻》系韻書、今本《玉篇》均不收，以音考之，並參考字形、字義，此字當是'俙'字俗訛。《說文》八篇上人部：'俙，訟面相是也。从人，希聲。'《萬象名義·人部》：'俙，呼皆反（與喜皆切讀音相同）。解也。'《玉篇·人部》：'俙，呼皆切。解也，訟也。'故宮本《王韻》平聲皆韻呼皆反：'俙，訟也。''俙''俙'音義相同。俗書彳、人二旁形近相亂，故'俙'變作'俙'字。"（202）楊師所言當是。《新修玉篇》謂"從人正"，此即其證也。

17. 赸：《新修玉篇》卷十《走部》引《切韻》："赸，以然切。相顧視也。遄同。"（91下左）

按："遄"即"瞓"字之俗。敦煌本《王韻》平聲仙韻以然反："赸，相顧視。"（367）故宮本《王韻》同。《叢考》"赸"字下注："此字當是'瞓'的訛俗字。《說文·目部》：'瞓，相顧視而行也。从目从廴，廴亦聲。'字又作'瞙'、'遄'。《廣韻》平聲仙韻以然切：'瞙，相顧視也。遄，同上字。'（85）'赸''瞓'音義皆同。"（961）張氏所言當是。《新修玉篇》謂同"遄"，此即其證也。

18. 遟：《新修玉篇》卷十《辵部》引《類篇》："遟，音廷。"（94下左）

按：《篇海》卷五《辵部》引《類篇》："遟，音迁。"（649下）《疑難字》"遟"字下注："《篇海》卷五辵部引《類篇》：'遟，音迁。''遟'當是'遅（遲）'字俗訛，'音迁'則'音迁（廷）'之誤（也有可能望形生音）。字又作'遟'，《篇海·辵部》引《搜真玉鏡》：'遟，徒令切。'徒令切即'遲'字之音。'遟''遟'一字異寫，不當'遟'音遲，'遟'音迁。"（304—305）楊師所言是也。《新修玉篇》音"廷"，此即其證也。

19. 乢：《新修玉篇》卷十《此部》引《類篇》："乢，息邪切。少也。與乢同。"（97上右）

按:《叢考》"魦"字下注:"此字疑為'些'字或體。"(528)張氏所言當是。《新修玉篇》謂"些"與"魦"同,此是其證也。

20. 梻:《新修玉篇》卷十二《林部》引《川篇》:"梻,音玢。文質皃。"(108下左)

按:《篇海》卷十五《木部》引《川篇》:"梻,音扮。文質皃。"(701下)"梻"字,《新修玉篇》與《篇海》直音用字不同,《新修玉篇》所言是也。《疑難字》"梻"字下注:"此字訓'文質皃',自是'文質彬彬'之'彬'字也。《説文》八篇上人部:'份,文質僣(備)也。从人,分聲。《論語》曰:文質份份。彬,古文份,从彡、林,林者,从焚省聲。'《廣韻》平聲真韻府巾切:'彬,文質雜半。'《説文》云:古文份也。斌,上同。份,《説文》曰:文質備也。''彬'字府巾切,'梻'字音扮者,'扮'蓋'份'字之誤也。"(367)《疑難字》謂"梻"即'彬'字,所言是也。"梻"字,《新修玉篇》音"玢","梻"與"彬"音義並同,"梻"即"彬"字俗寫。《篇海》"梻"字"音扮"當為"音玢"之誤,《疑難字》謂"扮"蓋"份"字之誤,所言不確。

21. 杊:《新修玉篇》卷十二《木部》引《類篇》:"杊,音扣。"(109上左)

按:《篇海》卷七《木部》引《類篇》:"杊,音和。"(694上)"杊"字,《新修玉篇》與《篇海》直音用字不同,《新修玉篇》所言是也。《考正》"杊"字下注:"《直音篇·口部》:'杊,音口。'(145b)今考此字即'扣'字異寫。《廣韻·厚韻》'扣''口'同一小韻,則'杊''扣'音同。再就字形而言,'木'旁'扌'旁常混同,故'扣'可以寫作'杊'。"(193)鄧福祿、韓小荆謂"杊"即"扣"字之俗,所言是也;然其謂"《廣韻·厚韻》'扣''口'同一小韻,則'杊''扣'音同",所言不確。"杊"字,《新修玉篇》直音"扣",此即為"杊"當即"扣"字俗訛之切證也,《篇海》之直音用字"和"、《直音篇》之直音用字"口",當皆為"扣"字之誤。

22. 蕀:《新修玉篇》卷十四《艸部》引《奚韻》:"蕀,居求切。草相丩。"(127下左)

按:《篇海》卷七《艸部》引《奚韻》:"蕀,居未切。"(682上)《叢考》"蕀"字下注:"這個字何以讀居未切,費解。頗疑此字乃'蕣'的訛俗字……至於《篇海》的切音,'居未'蓋'居求'形近之誤耳。"

80 / 《新修玉篇》研究

(209）張氏所言是也。"𦬣"字，《新修玉篇》即音"居求切"，此是其證也。

23. 𡳾：《新修玉篇》卷十四《毛部》引《餘文》："𡳾，是為切。草木［華］葉懸。"（132 上右）

按：《篇海》卷二《弓部》引"併了部頭"："𡳾，是為切。草名。"（581 上）"𡳾"字，《篇海》謂引"併了部頭"，《大字典》謂《篇海》引《搜真玉鏡》，不確。《叢考》"𡳾"字下注："此字乃'𠂹（垂）'字《說文》古文'𠂹'的隸定形（字書多作'𡳾'）。《集韻》平聲支韻是為切：'𠂹，《說文》：艸木華葉𠂹。古作𡳾。'（26）'𡳾'字《五音集韻》作'𡳾'（15）'𡳾''𡳾'為隸變之異。'𠂹'為草木花葉下垂之貌，古書多作'垂'（'𠂹''垂'古今字）。《搜真玉鏡》釋'𡳾'為'草名'，恐誤。"（14）張氏謂"𡳾"為"𠂹"字，是也。《新修玉篇》"𡳾"字即訓"草木［華］葉懸"，此是其證也。又《玉篇·𠂹部》："𠂹，市規切。草木華葉𠂹（𠂹）。象形。今作垂。𡳾，古文。"（72 上左）此亦其證也。

24. 秖：《新修玉篇》卷十五《禾部》引《川篇》："秖，音支。穗也。又音知。禾再生。"（135 上右）

按：《篇海》卷十三《禾部》引《川篇》："秖，支、知二音。"（795 上）《疑難字》"秖"字下注："'秖'音支，當是'秖'字之變。故宮本《裴韻》平聲支韻章移反（與'支'字同一小韻）：'秖，適。''秖''秖'讀音相同。'秖'字右旁所從，即'氏'之草寫字。又俗書氏、氐二旁相亂，故'秖（秖）'又為'秖'字之變。《龍龕》卷一禾部：'秖，俗；秖，或作；秖，正。音支。穗也。又音知。禾再生也。'三字並'秖'字俗書。'秖'字支、知二音，與'秖'字讀音全同。《萬象名義·禾部》：'秖（秖），竹尸反。再種也。'宋本《玉篇》字作'秖'。此'秖''秖'俗書相亂之證。"（548）楊師所言是也。"秖"字，《篇海》義闕，《新修玉篇》却義訓完備，與"秖"字音義並同，此即"秖"為"秖"字俗訛之切證也。

25. 䃳：《新修玉篇》卷十六《瓦部》引《川篇》："䃳，音碎。破也。"（145 上右）

按：《篇海》卷三《瓦部》引《川篇》："䃳，音辟。破也。"（619 下）《疑難字》"䃳"字下注："此字不見他書所載，以義求之，疑即'瓬'字俗訛，'音辟'當是'音碎'之誤。《說文》十二篇下瓦部：

'瓬，破也。从瓦，卒聲。'《玉篇·瓦部》：'瓬，桑對切。《說文》云：破也。亦作碎。'"（414）楊師所言當是。"䃅"字，《新修玉篇》即音"碎"，此即其證也。

26. 甀：《新修玉篇》卷十六《瓦部》引《龍龕》："甀，音攜。甀下空也。"（145下右）

按：《篇海》卷三《瓦部》引《類篇》："甀，音携字。下空也。"（620上）"甀"字，《新修玉篇》與《篇海》引書不同，《篇海》所言當是，通行本《龍龕》未見收錄此字。《叢考》"甀"字下注："此字當是'甊'的訛俗字……《玉篇·瓦部》：'甀，胡圭、古畦二切，甀下空也。亦作窐。'（307）《廣韻》平聲齊韻古攜切：'窐，甀下孔……又音攜。亦作甀。'（51）《玉篇》'胡圭切'一音正與'攜'（俗作'携'）字同音。校按：《篇海》卷三瓦部原文作：'甀，音携字下空也。'（26）'字'字當屬上讀，而'下空'前疑脫'甀'字。《漢》所引'字'字作'字'，屬下讀，恐誤。"（584）張氏所言當是。"甀"字，《新修玉篇》訓"甀下空也"，此即其證也。

27. 刻：《新修玉篇》卷十七《刀部》引《川篇》："刻，音鉁。刀也。"（152上右）

按：《疑難字》"刻"字下注："此字《篇海》引《川篇》作'剡'，《字彙補·刀部》作'剡'，注云：'剡，知巾切，音珍。刀也。'《大字典》《字海》'剡'字與《字彙補》同。此字構形理據不可説解，又《玉篇》《廣韻》《集韻》《五音集韻》所無，蓋俗訛字也。以形求之，'剡'當是'刻'字俗訛……'剡'字所鑒切，而'剡'字音鉁（同'珍'）者，'鉁'當是'鉁'之形誤。"（23）楊師所言是也。"刻"當即"剡"之異寫字，"刻"音"鉁"，此即其證也。

28. 鋬：《新修玉篇》卷十八《金部》引《川篇》："鋬，音督。鑴也。"（155下右）

按：《篇海》卷二《金部》引《川篇》："鋬，音替。鑴也。"（576下）《叢考》"鋬"字下注："'鋬'字金刻元修本《篇海》作'鋬'，疑為'鋬'字的訛俗字。'叔'旁俗書作'朩'、'朮'、'朮'等形，'鋬'或'鋬'上部的'朩''朮'疑即'叔'旁俗書的訛變形。《篇海》'音替'的'替'疑為'督'字刻訛。"（1074）張氏所言是也。"鋬"當即"鋬"字之俗，而"督"當即"督"字之俗，此即其證也。

29. 瀸：《新修玉篇》卷十九《水部》引《川篇》："瀸，音檻，又[音]傔也。"（171上左）

按：《疑難字》"瀸"字下注："《篇海》卷十二水部引《川篇》：'瀸，音□（此字漫漶，似是擩字），傔也。'此即《字彙補》所本。《篇海》'瀸'字有直音無反切，《字彙補》'而宣切'即據《篇海》直音所補。《玉篇·水部》：'瀸，胡減切，又音傔。'《篇海》卷十二水部引同。俗書几、瓦二旁相亂……'瀸''瀸'疑亦一字之變。《玉篇》'瀸'字有音無義，《篇海》'瀸'字訓'傔'，'傔'當是《玉篇》'又音傔'之脫也。《集韻》上聲檻韻戶黤切：'瀸，懸水皃。'"（259）《疑難字》謂"瀸""瀸"疑即一字之變，所言是也。"瀸"字，《新修玉篇》音"檻"，《廣韻》"檻"字音"胡黤切"，"瀸"與"瀸"音同，此即其證也。《疑難字》謂《篇海》"瀸"字下直音用字似是"擩"字，不確。據《新修玉篇》可知，《篇海》"瀸"字下直音用字當即"檻"字漫漶。

30. 刉刏：《新修玉篇》卷二十《气部》引《廣集韻》："刉，渠希切。以血涂門。"（177下右）

按：《集韻》平聲微韻渠希切："刉，刲也。或書作刏。"（62）"刉"當即"刏"之異體字，而"刉""刏"當即同字異寫，並即"刉"字之俗。《疑難字》"刉""刏"二字下注："成化本《篇海》未見'刉'或'刏'字。《字彙補·刀部》：'刉，知鐵切，音折。以血涂刀也。'此《大字典》所本。以形求之，'刉''刏'二字當是'刉'之俗書……《字彙補》'刉'字音折，'折'當是'祈'字之形誤，而'知鐵切'即據誤字所補之音。'刉'訓劃傷、訓斷、訓刉刀使利，又訓以血涂門，'刉''刏'訓以血涂刀者，此淺人不知其字乃'刉'字之變，見其字從刀而妄改。"（66—67）楊師所言是也。《新修玉篇》《集韻》所言皆其證也。

31. 睒：《新修玉篇》卷二十《日部》引《龍龕》："睒，失冉切。正作睒。"（180上右）

按：《叢考》"睒"字下注："《龍龕》卷四日部：'睒，失冉反。'（427）乃此字之早見者。此字疑為'睒'的後起俗字。'睒'字《說文》訓'暫視'（71），引申之有閃爍、閃電、晶瑩諸義……'睒'字《廣韻》上聲琰韻音失冉切，與'睒'字音亦相合。"（596）張氏所言當是。《新修玉篇》謂"正作睒"，此是其切證也。

32. 㬜：《新修玉篇》卷二十《日部》引《川篇》："㬜，古文。音策。"（180上右）

按：《篇海》卷十五《日部》引《川篇》："㬜，音篆。古文。"（841下）《疑難字》"㬜"字下注："《篇海》無'㬜'字，其日部引《川篇》有'㬜'字，注云：'音篆。古文。'《字海·日部》八畫內未收'㬜'，'㬜'殆即'㬜'字轉錄之誤。以形求之，'㬜'當是'晋'之俗訛。《說文》五篇上曰部：'晋，告也。从曰，从冊，冊亦聲。'大徐等引《唐韻》楚革切。字或作'晉'，《龍龕·日部》：'晉，俗；晋，正。楚革反。告也。'俗書'冊'字或作'朋'，《篇海》卷首雜部：'朋，楚革切。'《龍龕》卷四雜部：'朋，俗；冊，正。楚革反。古文簡~也。'故'晋'字變作'㬜'。'晋'字楚革切，音策；《篇海》'㬜'字音篆，'篆'當是'策'之形誤。"（433—434）楊師所言是也。《新修玉篇》音"策"，此是其切證也。

33. 腺：《新修玉篇》卷二十《月部》引《玉篇》："脓腺，似宣切。《博雅》：'短也。'又曰：便腺，小兒。或省腺。"（181下右）

按：《疑難字》"腺"字下注："此字當是'脓'字俗省。《方言》卷十三：'脓，短也。'注：'便脓，庫小兒也。'《廣雅·釋詁三》：'脓，短也。'《博雅音》：'脓，[音]旋。'《萬象名義·月部》：'腺，餘專反。短。'故宮本《王韻》平聲仙韻與專反：'腺，短也。'《玉篇·月部》：'脓，徐兖切。短也。便脓，小兒。'《萬象名義·月部》有'腺'無'脓'，今本《玉篇·月部》有'脓'無'腺'。二字音近義同，位置相當，足證'腺'即'脓'字省變。"（481—482）楊師所言當是。《新修玉篇》即謂"脓"或省作"腺"，此是其證也。

34. 㢘：《新修玉篇》卷二十二《广部》引《龍龕》："㢘，音廉。謹也。"（182下右）

按：《篇海》卷三《广部》引《川篇》："㢘，音兼。謹也。"（619下）"㢘"字，《新修玉篇》與《篇海》引書不同，通行本《龍龕》未見收錄此字，疑以《篇海》為是。《疑難字》"㢘"字下注："'㢘'字《篇海》引《川篇》音兼，《字彙補》讀口兼切，不知何據；頗疑此字即'廉'之俗字。《集韻》平聲鹽韻離鹽切：'廉、㢘，《說文》：仄也。一曰自檢也。亦姓，亦州名。古作㢘。'《篇海》卷三广部引《餘文》：'㢘，音廉。義同。''㢘'當是'廉''㢘'二形交互影響產生的俗字。'㢘'

訓廉謹，與'廉'訓自檢義近。'廉謹'一詞，古書多連用。《史記·李將軍列傳》：'程不識孝景時以數直諫為大中大夫，為人廉謹於文法。'是其例。'廉'字《廣韻》力鹽切，《篇海》引《川篇》'𧃫'字音兼，'兼'當是'廉'字之誤。"（244）楊師所言當是。《新修玉篇》即音"廉"，此是其證也。

35. 砋：《新修玉篇》卷二十二《石部》引《川篇》："砋，音訝。石光。"（183下左）

按：《篇海》卷十二《石部》引《川篇》："砋，音訝。石光也。"（778上）《叢考》"砋"字下注："此字《篇海》原列於五畫下，故原字或為'砋'字俗訛。'砋'字從石，疋（雅）聲，疑為'砑'的改易聲旁俗字。《玉篇·石部》：'砑，音訝，光石。''砋''砑'讀音正同。'石光''光石'則似當有一誤。宋范成大《桂海虞衡志·志巖洞》：'山根石門砑然。''砑然'謂光滑貌。據此，或當以'石光'為長。"（728）張氏所言當是。《新修玉篇》"砋"字即作"砋"，此是其證也。

36. 㹂：《新修玉篇》卷二十三《牛部》引《川篇》："㹂，音牒。牪也。"（190下左）

按：《篇海》卷三《牛部》引《川篇》："㹂，音牒。㹂牛也。"（616下）《叢考》"㹂"字下注："古書未見稱'dié 牛'者，《篇海》引《川篇》以'㹂'為'㹂牛'，頗疑不然。竊謂'㹂'當是'㸼'的訛俗字。唐代避太宗諱，'葉'旁多寫作'枼'，後世也往往相沿而不改。"（609）張氏所言當是。《新修玉篇》"㹂"訓"牪也"，此即其證也。

37. 䗼：《新修玉篇》卷二十五《蟲部》引《類篇》："䗼，五何切。蛾同。"（210下右）

按：《篇海》卷十三《蟲部》引《川篇》："䗼，音蛾。"（787下）"䗼"字，《新修玉篇》與《篇海》引書不同，當以《新修玉篇》為是。《叢考》"䗼"字下注："'䗼'疑亦為'蠡'的俗字。'蠡'字俗作'䗼'，而'䗼'又是'䗼'進一步訛變的結果。"（577）張氏所言當是。《新修玉篇》謂"䗼"同"蛾"，此即其證也。

38. 觛：《新修玉篇》卷二十六《角部》引《川篇》："觛，居御切。"（215下右）

按：《叢考》"觛"字下注："《直音篇》卷七角部：'觛，音呂。'（10）考《篇海》卷二角部六畫下引《川篇》：'觛，居御切。'（31）

'觬'蓋'觬'字刻訛。根據'居御切'的讀音，'觬'疑為'𧢦（𧢤）'的訛俗字。《集韻》去聲御韻居御切：'𧢦，獸名，角似雞距。或作𧢤。'（491）'𧢦（居御切）''𧢤'讀音正同。《直音篇》'觬'字音呂，殆誤。"（1025）張氏所言是也。《新修玉篇》即作"𧢤"、且音"居御切"，此皆為其證也。

39. 韾：《新修玉篇》卷二十六《革部》引《餘文》："韾，力丁切。羊子。悞。從羊正。"（216下左）

按：《篇海》卷二《革部》引《餘文》："韾，郎丁切。羊子也"（591上）《疑難字》"韾"字下注："今以音義求之，並參考字形，'韾'蓋'羚'字俗訛。《廣韻》平聲青韻郎丁切：'羚，羊子。'《玉篇·羊部》：'羚，魯丁切。羊子也。'《集韻·青韻》郎丁切以'羚'為'麢'字或體，引《說文》訓大羊而細角。《篇海》引《餘文》'韾'字郎丁切、訓羊子，音義與《廣韻》《玉篇》'羚'字相合。俗書羊、革二旁形近相亂，《龍龕》卷四革部：'鞯，俗。奴侯反。正作羺。胡羊也。'是其例。故'羚'變作'韾'。"（610—611）楊師所言是也。《新修玉篇》謂"韾"悞，並謂"從羊正"，此即其證也。

40. 鞹：《新修玉篇》卷二十六《革部》引《奚韻》："鞹，音額。履頭。非是。"（217下左）

按：《篇海》卷二《革部》引《搜真玉鏡》："鞹，下革切。"（592上）"鞹"字，《新修玉篇》與《篇海》引書不同，當以《新修玉篇》為是；《新修玉篇》與《篇海》讀音亦不同，亦當以《新修玉篇》為是。《續考》"鞹"字下注："《篇海》另有'鞹'字，《革部》引《搜真玉鏡》云：'鞹，下革切。'此字疑為'鞹'字俗訛。《廣雅·釋詁四》：'鞹，補也。'《博雅音》：'鞹，五革［反］。'《萬象名義·革部》：'鞹，于（今本《玉篇》作牛）革反。補。'……'鞹'字五革切，'鞹'字下革切者，'下'字疑有誤。"（325）楊師所言當是。《玉篇·革部》："鞹，牛革切。履頭也。"（123下右）"鞹"字，《新修玉篇》音"額"，訓"履頭"，與"鞹"音義並同，此即為"鞹"當即"鞹"字俗訛之切證也。

41. 鞾：《新修玉篇》卷二十六《革部》引《奚韻》："鞾，而用切。毛（毧）飾。"（217下左）

按：《篇海》卷二《革部》引《搜真玉鏡》："鞾，而鍾、而用二切。"下字曰："鞾，而用切。"（592上）"鞾""鞾""鞾"三字音同形近，當為一字之變；然《新修玉篇》與《篇海》引書不同，當以《新修玉篇》為是。《叢考》"鞁"字下注："此字疑為'鞾'的訛俗字。《廣韻》平聲鍾韻恧容切：'鞾，毳飾。'（12）又去聲用韻而用切：'鞾，毳飾。''鞁''鞾'讀音正合。"（1098—1099）張氏所言當是。《新修玉篇》訓"鞁"為"毛（毳）飾"，此即其證也。

42. 匊：《新修玉篇》卷二十八《勹部》引《川篇》："匊，巨六切。"（229 上右）

按：《篇海》卷六《勹部》引《川篇》："匊，豆六切。"（664 上）"匊"字，《字海》錄作"匊"，字形轉錄失真。《疑難字》"匊"字下注："《萬象名義·勹部》：'匊，丘陸反。曲脊。'《龍龕》卷一勹部：'匊，渠六、去六二反。曲脊也。''匊'字疑即'匊'之俗訛，而'豆六切'乃'巨六切'之誤。"（48）楊師所言甚是。《新修玉篇》即音"巨六切"，此是其證也。

43. 𦖞：《新修玉篇》卷三十《酉部》引《餘文》："𦖞，以周切。耳中聲也。聈，《省韻》，正。"（240 上左）

按：《叢考》"𦖞"字下注："此字當是'聈'的訛俗字。'聈'字從耳、秋聲，其或體從'酋'聲作'聈'，'𦖞'則當是受'聈''聈'交互影響產生的訛體。《廣韻》平聲尤韻自秋切：'聈，耳中聲也。又即由切。''𦖞''聈'音義皆同，顯為一字之變。"（679—680）張氏所言當是，《新修玉篇》謂作"聈"為正，此是其證也。

三 可以考釋前人未作考釋的疑難字

由於研究方法、研究材料等主客觀因素的影響，《新修玉篇》中還貯存有大量的疑難字前人未作考釋。在對《新修玉篇》進行全面的測查與研究的基礎上，以漢字構形理論為指導，以形、音、義為線索，並結合漢字俗寫變易規律，綜合運用以形考字、以音考字、以義考字、以序考字、以用考字等考釋方法，可以對《新修玉篇》中貯存的一些疑難字作出考釋。

1. 礝：《新修玉篇》卷一《玉部》引《餘文》："礝，而緣切。瑌珉，玉珮也。"（10 下右）

按：《篇海》同。《集韻》平聲仙韻而宣切："礝，珉也。或從耎。"（171）"礝""瑌""碝""礝"並為異體字。《説文·石部》："碝，石次玉者。从石，與聲。"（192下）"㺨"，《廣韻》音"而兗切"。《玉篇·玉部》："㺨，如兗切。《山海經》云：'狀（扶）豬（豬）之山，其上多㺨石。'郭璞注曰：'白者如冰，半有赤色者。'"（5下左）《山海經·中山經》："西五十里，曰扶豬之山，其上多礝石。"郝懿行箋疏："礝當為碝。《說文》云：'碝，石次玉者。'《玉篇》同，云亦作㺨，引此經作㺨石，或所見本異也。"又下文："虢水出焉，而北流注于洛，其中多瓀石。"郝懿行箋疏："瓀，亦作碝。"故"瓀""㺨""碝""礝"音義並同，即為異體字。《字彙·玉部》："瓀，與㺨同。《禮·玉藻》：'士佩瓀玟。'"（291上）《正字通·玉部》："瓀，㺨、碝、礝同。《禮·玉藻》：'士佩瓀玟而緼組綬。'注：'瓀玟，石次玉者。緼，赤黃色。'"（683）以上諸說皆是也。《大字典》《字海》俱收"瓀"字，皆應溝通其與"㺨""礝""碝"諸字的異體關係。

2. 祱：《新修玉篇》卷一《示部》引《餘文》："祱，尺類切。祟也。"（11下右）

按：《篇海》同。此字最早見錄於《集韻》，當即丁度等人據俗書所增。《集韻》去聲至韻尺類切："祱，祟也。"（473）"祱"疑即"祟"之異體字。《說文·示部》："祟，神禍也。从出，从示。"（3下）"祟"，《廣韻》音"雖遂切"。"祱""祟"義同，且構字部件相同，"祱"當即"祟"通過偏旁易位而形成的俗字。《集韻》音"尺類切"，疑為"尸類切"之誤。

3. 堝：《新修玉篇》卷二《土部》引《餘文》："堝，烏禾切。地堝，窟也。"（15下左）

按：《篇海》同。《廣韻》平聲戈韻烏禾切："堝，地堝，窟也。"（105）《集韻》平聲戈韻烏禾切："堝，地坑也。"（197）《正字通·土部》："堝，俗窩字。本作窠。舊注：音窩。地堝，窟也。分窩、堝為二，《訂正篇海》別作窩、窠，並非。"（206上）《正字通》所言是也。《直音篇》卷三《穴部》："窩，音倭。藏也；窟也。窠，同上。"（126下）宋杜綰《雲林石譜·平江府太湖石》："遍多坳坎，蓋因風浪沖擊而成，謂之彈子窩。"元王惲《大匏行》："整冠變色立前廡，但見土窩萬杵一一皆深圓。""堝""窩"音義並同，"堝"當即"窩"之異體字。《說文·穴部》："窠，空也。穴中曰窠，樹上曰巢。从穴，果聲。"（149下）《龍龕》卷四《穴部》："窩，俗；窠，今；窠，正。苦禾反。窟也，巢窠也。"(506)"窞""窠"並即"窠"字之俗。"堝""窝""窭"與"窠""窞"音近義同,當為異體字。《大字典》(516A)"堝"字下以《正字通》之說作為"一說",《字海》(239C)"堝"字未溝通其與"窝"字的異體關係,俱失考證。

4. 壐:《新修玉篇》卷二《里部》引《龍龕》:"壐,力巳切。"(17上右)

按:《篇海》同。《龍龕》卷二《里部》:"壐,力巳反。"(339)"壐"疑即"釐"字之俗。《說文·里部》:"釐,家福也。从里,犛聲。"(292上)"釐",《廣韻》音"里之切"。"壐""釐"形音皆近,"壐"當即"釐"字之俗。韓小荊《〈可洪音義〉研究》(553)"釐"字俗作"壐",此即其證也。

5. 仟:《新修玉篇》卷三《人部》引《玉篇》:"仟,侯旰切。以手扞物,又衛也。同作扞。《韻》又古旱切。仟長。"(21下右)

按:《篇海》卷十五《人部》引《玉篇》:"仟,何但切。衛也。"(826下)《名義·人部》:"仟,胡旦反。蔽也;衛也。"(22上)《玉篇·人部》:"仟,何但切。衛也。"(15上右)鉅宋本《廣韻》上聲旱韻古旱切:"仟,任[仟]長。"(192)宋本《廣韻》作"仟長"。《廣韻》訓"仟"為"仟長",然《名義》《玉篇》"仟"字皆未見此訓。"仟"字《廣韻》訓"仟長","仟"當為字頭之誤重。《集韻》上聲旱韻古旱切:"仟,長也。"(367)此即其證也。此"仟"疑即"仟"字之俗。《玉篇·人部》:"仟,七堅切。《文字音義》云:'千人之長曰仟。'"(14下左)《史記·陳涉世家》:"蹑足行伍之間,俛仰仟佰之中。"司馬貞索隱:"仟佰,謂千人百人之長也。""仟"訓"長",當即"千人之長"之省。"仟""仟"形近,"仟"當即"仟"字之俗。"仟"俗寫作"仟",後人改其讀為"古旱切",此當即望形生音。

6. 愢:《新修玉篇》卷三《女部》引《玉篇》:"愢,羊捶切。怒也。從《心部》收。"(31上左)

按:今本《玉篇》未見收錄此字,《廣韻》收之。宋本《廣韻》上聲紙韻時髓切:"愢,愢(當為字頭重出,應刪)不悅也。"(70下)《集韻》上聲紙韻是棰切:"愢,不悅皃。"(309)"愢"當即"媞"之偏旁易位俗字。《說文·女部》:"媞,不說也。从女,恚聲。"(264下)段玉裁注:"說者,今之悅字。""媞",《廣韻》音"於避切"。"愢""媞"義同，且構字部件相同，"愢"當即"媤"通過偏旁易位而形成的異體字。鉅宋本《廣韻》作"媤"，此即其證也。又《集韻》上聲紙韻尹捶切："愢，怒也。"（312）"怒也""不悅也"義近，此"愢"亦即"媤"之偏旁易位俗字（"媤"又即"恚"之增旁俗字，見拙文《〈玉篇〉疑難字研究》207）。

7. 醂：《新修玉篇》卷四《面部》引《餘文》："醂，匹絳切。面腫。"（34 上右）

按：《篇海》同。此字《玉篇》《廣韻》皆未錄，見錄於《集韻》，當即丁度等人據俗書所增。《集韻》去聲絳韻匹降切："醂，面腫。"（466）《字彙·面部》："醂，普浪切，音胖。面腫也。"（530 上）《正字通·面部》："醂，俗字。舊注：普浪切，音胖。面腫也。泥。"（1269 上）《正字通》謂"醂"為俗字，是也。"醂"疑即"胖"字之俗。《玉篇·肉部》："胖，普江、普降二切。胖脹也。"（36 下右）《正字通·肉部》："胖，普浪切，音蚌。腫脹貌。"（872 上）宋宋慈《四時屍變》："遍身胖脹四屑翻，皮膚脫爛。""醂"與"胖"音同義近，"醂"本當作"胖"，後因用指"面腫"而改"肉"旁為"面"旁，故而形成"醂"字。

8. 骸：《新修玉篇》卷四《䶃部》引《川篇》："骸，戶來切。首也。"（34 上左）

按：《篇海》卷十二《䶃部》引《餘文》："骸，戶該切。首也。"（756 上）下文引《搜真玉鏡》又曰："骸，戶該切。"（756 上）"骸""骸"音同形近，"骸"即"骸"字之俗。《字彙·首部》："骸，戶該切，音該。首也。"（548 上）《正字通·首部》："骸，譌字。舊注：音該。首也。誤。"（1306 下）《正字通》所言是也。"骸"疑即"頦"字之俗。《説文·頁部》："頦，醜也。从頁，亥聲。"（181 下）"頦"，《廣韻》音"戶來切"。"骸""頦"音同，又首、頁義同，俗書或可換用，故"骸"疑即"頦"之換旁俗字。"頦"變作"骸"，後人不識其為何字之俗，見其從"首"，遂訓為"首也"，此疑即望形生訓。

9. 頠：《新修玉篇》卷四《頁部》引《餘文》："頠，於為切。女隨人也。通作委。"（35 下右）

按：《篇海》卷十三《頁部》引《餘文》："頠，於為切。女隨人也。通作委。"（800 上）此字《説文》未收，《玉篇》《廣韻》亦不錄，《集韻》收之，當即丁度等人據俗書所增。《集韻》平聲支韻邕危切："頠，女隨人也。通作委。"（39）《説文·女部》："委，委隨也。从女，从禾。"（262上）"委"，《廣韻》音"於詭切"，又音"於爲切"。"頠""委"音同義近，"頠"當即"委"通過增加義符"頁"旁而形成的俗字。《大字典》（4667A）、《字海》（1585C）"頠"字第一義項皆應溝通其與"委"字的字際關係。

10. 頝：《新修玉篇》卷四《頁部》引《餘文》："頝，職悦切。頭短皃。又陟劣切。"（35下右）

按：《篇海》同。故宫本《裴韻》入聲薛韻職雪反："頝，短皃。"（613）《廣韻》入聲薛韻職悦切："頝，頭短。"（404）《集韻》入聲薛韻朱劣切："頝，頭短。"（710）下文株劣切又云："頝，首短謂之頝。"（712）故"頝"本訓"短皃"，後人見其從"頁"，遂改其訓爲"頭短"，此當即望形生訓。"頝"疑即"䫈"之異體字。《方言》卷十三："䫈，短也。"（85）《廣雅·釋詁四》："䫈，短也。"（177下）《廣韻》入聲術韻側律切："䫈，吳人呼短。"（386）又下文入聲薛韻職悦切："䫈，䫈䫈，短皃。"（404）"䫈䫈"，宋本《廣韻》作"倔䫈"。《集韻》入聲術韻竹律切："䫈䫈佌，短皃。或从矢、从人。"（671）又下文入聲薛韻妖悦切："䫈䫈，短皃。或从矢。"（709）下文朱劣切又云："䫈，麼䫈，短皃。或作䫈、掇。"（710）下文株劣切又云："䫈，《博雅》：'短也。'或作矮。"（711）"頝"與"䫈"音義並同，"頝"當即"䫈"通過改換偏旁而形成的異體字。"䫈"同"䫈""矮""佌""䫈""掇"，故"頝"與"䫈""䫈""矮""佌""䫈""掇"諸字亦當皆爲異體字。

11. 㧪：《新修玉篇》卷六《手部》引《龍龕》："㧪，音希。持也。又俗音鋪。"（55下左）

按：《篇海》同。《龍龕》卷二《手部》："㧪，音希。持也。又俗音鋪。"（208）《字彙·手部》："㧪，虛宜切，音希。持也。"（176下）《正字通·手部》："㧪，㧢字之譌。舊本改从希，非。"（408下）《正字通》所言當是。從《龍龕》"㧪"字釋義來看，此"㧪"當即"㧢"字俗譌。"㧪"字，《龍龕》又俗音"鋪"，此"㧪"當爲"㧢"字之譌。《説文·手部》："㧢，把持也。从手，布聲。"（252下）"㧢"，《廣韻》音"博故切"，又音"博孤切"。"㧪"與"㧢"義同，又"布""希"二字俗寫常可譌混，韓小荊《〈可洪音義〉研究》（368）"怖"俗作

第四章 《新修玉篇》整理與研究的價值 / 91

"怖"、"悑"俗作"怖",此是其證也,故"挧"當即"拂"字俗訛。又《龍龕》卷二《手部》下文曰:"拂,《玉篇》普胡反。開張遍布也。又博胡反。展舒也。又俗音希。"(208)"拂"俗音"希",亦因"拂"俗寫作"挧",後人見其從"希",遂改其讀為音"希",此為"拂"俗寫可作"挧"之又一佐證也。又"挧"當即"㰀"字俗訛。慧琳《音義》卷七三《立世阿毘曇論》第六卷:"㰀,又作挧、瓢二形同,許宜反。《方言》:'蠡,或謂之㰀,今江南呼勺為㰀。'《三蒼》:'魁勺也。'《廣雅》:'瓢,瓢也。'論文作,非體也。"(58,p926b1)"㰀"字,今本《方言》作"㰀"。《方言》卷五:"蠡,陳楚宋魏之間或謂之箪,或謂之㰀,或謂之瓢。"郭璞注:"今江東通呼勺為㰀,音義。"(33)故此"㰀"當即"㰀"字俗訛。"㰀"訛作"㰀",又改換聲符而作"挧"。《大字典》"挧"字據《龍龕》而音 xī,又以《正字通》之說作為"一說";《字海》據《龍龕》而音 xī,而未加溝通,皆有未當。《大字典》《字海》"挧"字下皆應分為兩個義項:第一個義項音 xī,據慧琳《音義》之說謂"挧"即"㰀"字俗訛;第二個義項音 bù,據《正字通》之說謂"挧"即"拂"字俗訛。

12. **揻**:《新修玉篇》卷六《手部》引《奚韻》:"揻,初轄切。揻奪也。"(56下右)

按:《篇海》同。《直音篇》卷二《手部》:"揻,音察。揻奪。"(57上)"揻"當即"揻"之楷定字。《集韻》入聲鎋韻初轄切:"揻,搏也。"(699)"奪""搏"義同。《玉篇·奞部》:"奪,徒活切。取也。"(115下右)《淮南子·説山》:"樊箄甑瓾,在袵茵之上,雖貪者不搏。"高誘注:"搏,取也。"故"揻"與"揻"音義並同,"揻"當即"揻"之異體字。

13. **攢**:《新修玉篇》卷六《手部》引《龍龕》:"攢,音廢。"(59上右)

按:《篇海》同。《龍龕》卷二《手部》:"攢,音廢。"(215)"攢"疑即"攢"字之俗。《集韻》去聲未韻父沸切:"攢,楚謂搏擊曰攢。"(487)北周庾信《哀江南賦》:"硎谷摺拉,鷹鸇批攢。""攢"與"攢"音同形近,"攢"當即"攢"字之俗。韓小荊《〈可洪音義〉研究》"攢"俗作"攢","攢"與"攢"形近,此亦其證也。

第二节　有助於大型字書的修訂與完善

　　《大字典》和《字海》是目前所知收字最多的兩部大型字書。二者的區別在於：《大字典》是迄今為止編纂質量最高的一部字書，它在考辨字形、辨析字義、列舉例證等方面做了大量的工作；而《字海》是迄今為止收字最多的一部字書，它在溝通正俗異體方面作了大量的工作。雖然《大字典》《字海》在考辨字形、辨析字義方面做了大量的工作，也取得了很大的成績，然而由於漢字在數千年的歷史發展過程中，產生了大量的俗字、訛體，其釋義也豐富多變，所以僅僅依靠《大字典》《字海》來徹底解決這些疑難問題，無論是從主觀來說還是從客觀來說，都是不可企及的，這需要從事語言文字工作的研究者經過數代的艱辛努力才可能得以實現。近年來，周志鋒的《大字典論稿》、張涌泉《漢語俗字叢考》、楊寶忠《疑難字考釋與研究》和《疑難字續考》、鄭賢章《〈龍龕手鏡〉研究》、《〈新集藏經音義隨函錄〉研究》及《漢文佛典疑難俗字彙釋與研究》、韓小荊、鄧福祿《字典考正》、韓小荊《〈可洪音義〉研究》、柳建鈺《〈類篇〉新收字形考辨與研究》、張磊《〈新撰字鏡〉研究》、張青松《正字通》異體字研究等對《大字典》《字海》中存在的大量疑難字進行了考釋與研究，取得了可喜的成就。通過對《新修玉篇》進行系統的整理與研究，也有利於解決《大字典》《字海》中存在的許多問題。具體來說，對《新修玉篇》進行系統的整理與研究，對於大型字書修訂與完善的作用，主要表現在以下十個方面：（一）考釋疑難俗字；（二）溝通正俗異體；（三）訂正字形之誤；（四）訂正讀音之誤；（五）訂正釋義之誤；（六）糾正認同之誤；（七）提供適當例證；（八）增補未收義項；（九）增補未收漢字；（十）增補同形俗字。

一　考釋疑難俗字

　　隨著《大字典》和《字海》的相繼出版，引起了學界對其所收疑難字進行全面考釋的熱潮，學者們相繼考釋了《大字典》和《字海》所收的大量疑難字，為其以後的修訂與完善提供了可資借鑒的資料。當然，《大字典》和《字海》在編纂的過程中，對其所收的一些疑難字也進行了考辨，取得了很大的成績。然而，由於諸多原因，《大字典》和《字海》

中仍貯存有大量的疑難字，有待於學者去進行考釋與研究。通過對《新修玉篇》進行全面的測查與研究，可以對其所收疑難字進行系統的考釋，這些考釋成果也可以為以後《大字典》和《字海》的修訂與完善提供借鑒。

1. 瑱：《新修玉篇》卷一《玉部》引《類篇》："瑱，音田。"（10 上左）

按：《篇海》卷三《玉部》引《類篇》："瑱，音田。玉光。"（623 上）"瑱"，《新修玉篇》義闕，《篇海》補訓為"玉光"，疑非是。"瑱"疑即"瑱"字之俗。《説文·玉部》："瑱，以玉充耳也。从玉，真聲。"（5 下）《龍龕》卷四《玉部》："璸璿瑱珊瑱，皆田、鈿二音。五。"（434）"璸""瑱""璿""珊""瑱"當並即"瑱"或"闐"字異體（見《龍研》第 321—322 頁），"瑱"與"璿""瑱"音同形近，則"瑱"亦當即"瑱"或"闐"字之俗。

2. 蠠：《新修玉篇》卷七《血部》引《類篇》："蠠，音蚕。"（67 上右）

按：《篇海》卷十三《血部》引《類篇》："蠠，音蚕。"（793 下）"蠠"音蚕，疑即"蠶"字之俗。"蚕"即"蠶"字之俗，此"蚕"是兼於用來指明字際關係的直音用字。《説文·蚰部》："蠶，任絲也。从蚰，朁聲。"（283 下）《玉篇·蚰部》："蠶，在含切。吐絲也。"（119 下左）《〈可洪音義〉研究》（370）"蠶"字俗作"蠶""蚕""蠠""蝨"等，"蠠"當即受"蠶"字俗體"蠠"與"蝨"二形的交互影響而產生的俗字。

3. 臇：《新修玉篇》卷七《肉部》引《類篇》："臇，音膽。"（70 下右）

按：成化本《篇海》卷十五《肉部》引《龍龕》："臇，音膽。"（839 上）正德本、萬曆本《篇海》亦同。"臇"字，《新修玉篇》《篇海》皆音"膽"，《字海》（1221A）卻據《篇海》音 cuì，非是。"臇"疑即"膽"字之俗。"臇"字上半部分"脆"字右旁之"危"當為"膽"字右旁"詹"字"口"字之上部分俗寫，而"臇"字下半部分"肉"旁又當為"膽"字右旁"詹"字所從之"口"受左旁之"月（肉）"類化影響而變作"肉"，遂成"臇"字。

4. 謑：《新修玉篇》卷九《言部》引《川篇》："謑，音繕。正也。"

(83下右)

　　按：《篇海》卷三《言部》引《龍龕》："譱，音繕。正也。"（612下）"譱"字，《新修玉篇》與《篇海》引書不同，《新修玉篇》所言當是，通行本《龍龕》未見收錄此字。《大字典》（4295B）"譱"字第二義項謂："同'繕'。《改併四聲篇海·言部》引《龍龕手鑑》：'譱，音繕，義同。'"《篇海》"譱"字音"繕"，訓"正也"，並未見有"義同"二字，《大字典》改"正也"之訓為"義同"，並據此而謂"譱"同"繕"，非是。"譱"疑即"善"字之俗。《説文·誩部》："善，吉也。从誩，从羊。"（52下）"善"，《廣韻》音"常演切"。"善（善）"字，本義指"吉祥；美好"，引申義可指"正確"。《孟子·盡心上》："善政，民畏之；善教，民愛之。善政得民財，善教得民心。""譱"與"善"音義並同，"譱"疑即"善"字俗寫之誤。從字形演變來看，"譱"字左旁所從之"言"當即"善"字右下角之"言"偏旁易位所致，右旁上半部分所從之"芷"當即"善"字所從之"羊"俗寫，下半部分所從之"言"當即"善"字右下角所從之"言"。

　　5. 欪：《新修玉篇》卷九《欠部》引《川篇》："欪，音厥。欪撥也。"（86上右）

　　按：《篇海》卷二《欠部》引《川篇》："欪，音厥。～撥也。"（605下）下文引《搜真玉鏡》："欪，音生。"（605下）《叢考》（766—767）謂音生之"欪"即"笙"字之俗，當是；然音厥之"欪"，無説。今案："欪"音厥，當即"欮"字之俗。《廣雅·釋詁三》："欮，穿也。"《玉篇·欠部》："欮，居月切。掘也。"（45下左）《廣韻》入聲月韻居月切："欮，發也。"（389）故"欪"與"欮"音義並同，此"欪"當即"欮"字之俗。

　　6. 憓：《新修玉篇》卷八《心部》引《龍龕》："憓，音惟。"（73下右）

　　按：《篇海》同。《龍龕》卷一《心部》："憓憓，音惟。二。"（64）"憓""憓"二字當並為"惟"字之俗。"憓"字上部左旁所從之"爪"當為"忄"旁俗寫，而右旁所從之"住"當為"隹"字俗寫，下部所從之"心"當為繁化偏旁，故此字可楷定作"憓"。"憓"又當即"憓（憓）"字俗訛，故亦當即"惟"字。

　　7. 趌：《新修玉篇》卷十《走部》引《類篇》："趌，音逆。"（91下按：《篇海》同。"赿"音"逆"，當即"逆"之俗體會意字，從"反"、"走"會"逆"之"反""倒著"之義。又《字彙補·走部》："赿，魚的切，音逆。見《金鏡》。"（214 下）"赿"與"赿"音同形近，"赿"當即"赿"字俗訛，亦當即"逆"字之俗。

8. 迶：《新修玉篇》卷十《辵部》引《玉篇》："迶，以喘切。"（93 上左）

按：《篇海》卷五《辵部》引《玉篇》："迶，以喘切。行。"（647 下）《玉篇·辵部》："迶，以喘切。行也。"（50 上左）《字彙·辵部》："迶，以淺切，音兗。行也。"（487 上）《正字通·辵部》："迶，俗字。"（1148 下）《正字通》謂"迶"為俗字，是也。《玉篇校釋》"迶"字下注："二韻無，案本止為'沿'。《書·禹貢》：'沿于江海。'鄭注：'沿，順水行也。'此即涉行義而變从辵。"（2114）胡氏所言是也。《說文·水部》："沿，緣水而下也。從水，㕣聲。《春秋傳》曰：'王沿夏。'"（232 下）"沿"本義指順流而行。"沿"，《廣韻》音"與專切"。"迶"與"沿"音義並同，"迶"當即"沿"通過改換義符而形成的異體字。

9. 瘖：《新修玉篇》卷十一《疒部》引《餘文》："瘖，所省切。瘦瘖。"（105 上右）

按：《篇海》卷五《疒部》引《餘文》："瘖，所景切。瘦瘖也。"（659 下）《龍龕》卷三《疒部》："痊，俗；瘖，正。所耿反。瘦～也。二。"（472）箋注本《切韻》（斯 2071）上聲梗韻所景反："瘖，瘦～。"（137）故宮本《裴韻》、《廣韻》同。《集韻》上聲梗韻所景切："瘖骱，瘦謂之瘖。或从骨。"（422）《字彙·疒部》："瘖，所景切，生上聲。瘦也。"（303 上）《正字通·疒部》："瘖，舊注：所景切，生上聲。瘦也。按：'瘖'與'癯''瘦'義同，《集韻》或作'骱'，贅文無義，皆可刪。"（711 下）《正字通》所言當是，然未指明"瘖"之正字為何。今案："瘖"當即"省"之異體字。玄應《音義》卷十九《佛本行集經》第二十六卷："省，《字苑》作瘖，同。所景反。省，瘦也；病也。《釋名》曰：'省者，瘖也，如病者瘖瘦也。'經文作省，非體也。"（57，p45c17）慧琳《音義》同。以上二書皆其證也。故"瘖"當即"省"之異體字。

10. 庍：《新修玉篇》卷十一《巾部》引《餘文》："庍，時釗切。

《説文》曰：'專小謹也。'"（108 上右）

按：《篇海》卷五《屮部》引《餘文》："峕，時釧切。《説文》曰：'專小謹也。'"（653 上）"峕"與"峕"音義並同，當即一字之變。《説文·叀部》："叀，專小謹也。从幺省；屮，財見也；屮亦聲。峕，古文叀。皀，亦古文叀。"（78 下）《集韻》去聲線韻船釧切："叀，小謹皃。或作專，古作皀、峕。"（573）"峕"即"叀"之古文，"峕"當即"峕"字俗寫，亦即"叀"字。朝鮮本《龍龕》卷八《屮部》："茾，時鋪切。"（72）"茾"與"峕"形近，當即同字異寫，"茾"亦當即"叀"之《説文》古文"峕"字俗寫。"茾"字，朝鮮本《龍龕》音"時鋪切"，當為"時釧切"之誤。"茾"字，《字海》轉錄作"茾"，沿襲朝鮮本《龍龕》反切之誤而音 shù，且未溝通其與"峕"字的字際關係，失考證。

11. 薝：《新修玉篇》卷十三《艸部》引《餘文》："薝，丁甘切。薝棘，又州名。"（126 上右）

按：《篇海》卷九《艸部》引《餘文》："薝，丁甘切。～棘，州名。"（724 下）此字《玉篇》《廣韻》皆未收，《集韻》收之，當即丁度等人據俗書所增。《集韻》平聲談韻都甘切："薝，薝棘，艸名。"（285）"薝"字，《新修玉篇》訓"薝棘，又州名"，"又州名"當即"艸名"之衍誤；《篇海》訓"薝棘，州名"，"州名"亦當為"艸名"之誤。《字彙·艸部》："薝，都甘切，音儋。薝棘，草名。"（417 上）《正字通·艸部》："薝，譌字。舊注音儋，汎云'薝棘，艸名'，泥。"（969 下）《正字通》直斥"薝"為訛字，疑誤。"薝"疑即"蒼"字之俗。《玉篇·艸部》："蒼，丁敢切。金谷多蒼棘。"（66 上左）《山海經·中山經》："合谷之山，是多蒼棘。"郭璞注："未詳，音瞻。"郝懿行云："《本草》云：'天蘴冬一名顛棘。'即《爾雅》'髦，顛棘'也。蒼，《玉篇》云：'丁敢切。'疑蒼、顛古字或通。"（111）"薝"與"蒼"音近義同，"薝"當即"蒼"字之俗。

12. 箹：《新修玉篇》卷十四《竹部》引《餘文》："箹，尼輒切。箝也。"（131 下右）

按：《篇海》卷五《竹部》引《餘文》："箹，尼輒切。箱也。"（646 下）"箹"字，《新修玉篇》與《篇海》義訓不同，《新修玉篇》所言當是。《集韻》入聲葉韻尼輒切："籋，《説文》：'箝也。'"（780）"箹"當即"籋"字之俗。《篇海》"箹"訓"箱也"，"箱"當為"箝"字俗訛。

《字彙補・竹部》："籡，尼理切，音你。箝也。"（156下）"籡"當即"籡"字進一步俗訛，《字彙補》"籡"訓"箝也"，此為承襲《篇海》之誤也，"箝也"即為"箝也"之誤，故"籡"亦為"籡"字俗訛。"籡"字，《字彙補》音"尼理切"，"理"疑為"輒"字之訛。《大字典》《字海》"籡"字皆承襲《字彙補》音義之誤，且未溝通其與"籡"字的字際關係，俱失考證。

13. 穊：《新修玉篇》卷十五《禾部》引《類篇》："穊，子括切。聚也。"（137上右）

按：《篇海》卷十三《禾部》引《川篇》："穊，子括切。"（797上）"穊"字，《新修玉篇》與《篇海》引書不同，《新修玉篇》所言當是。又《新修玉篇》有義訓，《篇海》義闕，可據補。"穊"當即"撮"字俗訛。《說文・手部》："撮，四圭也。一曰兩指撮也。从手，最聲。"（252上）《玉篇・手部》："撮，子活、七活二切。三指取（撮）也。"（30下右）箋注本《切韻》（斯2071）入聲末韻子括反："撮，手取。"（143）敦煌本《王韻》、故宮本《王韻》、故宮本《裴韻》、蔣本《唐韻》、《廣韻》俱同。"撮"本義指"抓取"，引申義可指"聚集"。《孔子家語・始誅》："其聚處足以撮徒成黨。"王肅注："撮，聚。"唐盧仝《自詠三首》之二："萬卷堆胸朽，三光撮眼明。"此"撮"亦為"聚集"之義。"穊"與"撮"音義並同，又"禾"旁、"扌"旁俗寫形近，或可訛混，如"拌"俗作"秄"、"技"俗作"秮"等，故"穊"當即"撮"字俗訛。

14. 𥹭：《新修玉篇》卷十五《米部》引《類篇》："𥹭，音斛。"（138上左）

按：《篇海》卷七《米部》引《搜真玉鏡》："𥹭，音料。"（683上）"𥹭""𥹭"當即一字之變，然《新修玉篇》與《篇海》引書不同，《新修玉篇》所言疑是。又《新修玉篇》與《篇海》直音用字不同，疑亦當以《新修玉篇》所言為是。《篇海》音"料"，"料"當為"斛"字俗訛。"𥹭"疑即"縠"字俗訛。《說文・糸部》："縠，細縛也。从糸，殼聲。"（274上）"縠"，《廣韻》音"胡谷切"。"𥹭"與"縠"音同形近，"𥹭"疑即"縠"字俗訛。"𥹭"為"𥹭"字異寫，亦當為"縠"字俗訛。

二 溝通正俗異體

漢字在數千年的歷史發展過程中，產生了大量音義相同的異體字。從漢字使用的角度而言，異體字的大量存在是一種不必要的負擔，因此，自《説文》《玉篇》以來，我國歷代字書都進行了不同程度與規模的異體字整理與溝通工作。在查閱與使用《大字典》《字海》的過程中，可以發現它們雖然在溝通正俗異體方面作了大量的工作，但仍存在大量異體俗字未與正字認同的情況，致使許多本來音義相同的字失去聯繫，導致了大型字書釋義內容的重複，從而在一定程度上降低了它們的編纂質量。通過對《新修玉篇》進行全面的測查與研究，可以充分利用各種文獻材料，把一些音義相同的正俗異體字聯繫起來，為以後《大字典》和《字海》的修訂與完善提供借鑒。

1. 玬：《新修玉篇》卷一《玉部》引《川篇》："玬，音治。玉也。"（9 上左）

按：《篇海》同。"玬"，《新修玉篇》《篇海》皆音"治"，疑此"治"字，不但用來表音，而且兼於用來説明二者之間的異體關係。"玬"當即因"治玉"經常連用，遂在"治"的基礎上類化增加一個"玉"旁而形成的俗字，並非"玉名"。

2. 瓛：《新修玉篇》卷一《玉部》引《廣集韻》："瓛，魚蹇切。玉甑。"（10 下左）

按：箋注本《切韻》（斯 2071）上聲獮韻魚蹇反："瓛，玉甑。"（95）《廣韻》上聲獮韻魚蹇切："瓛，玉甑。"（198）"瓛"當即"甗"之增旁俗字。《説文·瓦部》："甗，甑也。"（269 下）《廣韻》上聲獮韻魚蹇切："甗，器也。《周禮》曰：'陶人為甗。'甗，無底甑也。"（198）"瓛"當即"甗"因涉義而增加義符"玉"旁所形成的後起區別字。

3. 衹：《新修玉篇》卷一《示部》引《玉篇》："衹，章移切。福也。《韻》又過委切。《爾雅》云'祭山曰庪，同作庪、皮，《釋天》。又詭偽切。祭山名。通作庪、皮。"（11 上右）

按：《玉篇·示部》："衹，質夷切。福也。"（4 上左）據《新修玉篇》所引《韻》文，可知"衹"又為"庪""皮"之異體字。《廣韻》上聲紙韻過委切："庪，《爾雅》云：'祭山曰庪縣。'衹皮，並同上。"（163）《集韻》上聲紙韻古委切："衹，祭山名。或作庪，通作庪、皮。"（315）"衹"音"過委切"，訓"祭山名"，與"庪""皮"音義並同，即為異體字。《大字典》（2556A）、《字海》（982C）"衹"字下第一義項皆應溝通其與"庪""皮"二字的異體關係。

4. 袟：《新修玉篇》卷一《示部》引《餘文》："袟，直一切。祭有次。"（11 上左）

按：《篇海》同。此字《玉篇》《廣韻》皆未收，《集韻》收之，當即丁度等人據俗書所增。《集韻》入聲質韻直質切："袟，祭有次也。"（667）"袟"當即"秩"字之俗。《廣雅·釋詁三》："秩，次也。"《書·皋陶謨》："天秩有禮。"孔傳："天次秩有禮，當用我公、侯、伯、子、男等之禮以接之，使有常。"《書·堯典》："寅賓出日，平秩東作。"孔傳："秩，序也。"又《書·舜典》："望秩于山川。"漢張衡《東京賦》："元祀惟稱，羣望咸秩。""秩"，《廣韻》音"直一切"。"袟""秩"音義並同，"袟"當即"秩"因涉義改換義符而形成的異體字。《正字通·示部》："袟，舊注：音姪。望祭也。按：《舜典》：'望［秩］于山川。'注：'山川五嶽四瀆之屬，望而祭之，故曰望。'又：'二月東巡守，望秩于山川。'注：'秩者，具牲幣祝號之次第，如五嶽視三公、四瀆視諸侯，其餘伯子男也。'本注改'秩'作'袟'，汎訓望祭，非。又《韻會》：'秩，或作袟。'"（761 下）《正字通》所言是也。韓小荊《〈可洪音義〉研究》（828）"秩"俗作"袟"。《可洪音義》卷一："袟，直一反。次也，官之次也。正作秩也。袟，祭也。《書》云：'望袟於山川。'是也。悮。"（59，p558b8）此即其證也。《大字典》（2562A）、《字海》（984A）"袟"字皆應與"秩"加以溝通認同。

5. 䆫：《新修玉篇》卷二《田部》引《玉篇》："䆫，於容切。雞頭也。"（20 上左）

按：《篇海》同。《玉篇·田部》："䆫，於容切。雞頭也。"（9 下左）《字彙·田部》："䆫，於容切，音雍。雞頭，即芡實。"（299 下）《正字通·田部》："䆫，與壅通，培田也。芡實名雞雍，非从田作䆫。舊注誤，《土部》'壅'注'芡也'，亦非。"（702 上）《正字通》所言是也。《莊子·徐無鬼》："藥也其實，堇也，桔梗也，雞癕也，豕零也，是時為帝者也，何可勝言！"陸德明《釋文》："雞癕，徐於容反。本或作壅，音同。司馬云：'即雞頭也，一名芡，與藕子合為散，服之延年。'"黃焯注曰："雞癕，本或作壅。唐寫本作䆫，景宋本、古逸本作壅。"（807）故"雞頭"即指"芡實"，本名"雞癕"。在"雞頭"這一意義上，"䆫"同"壅"，二字本作"癕"。胡吉宣《玉篇校釋》"䆫"字下注曰："'雞頭也'者，本止作壅。《莊子·徐無鬼》：'桔梗也，雞癕也。'釋文：'癕，徐於容反。本或作䆫，音同。司馬彪云：'即雞頭也，一名茨。'"（299）胡氏所言是其證也。

6. 邷：《新修玉篇》卷二《邑部》引《餘文》："邷，五寡切。地名，在衛。"（17下右）

按：《篇海》同。《廣韻》上聲馬韻五寡切："邷，衛地。"（210）《集韻》上聲馬韻五寡切："邷，地名，在衛。"（412）"邷"當即"瓦"字之俗。《春秋左傳·定公八年》："公會晉師于瓦，公至自瓦。"杜預注："瓦，衛地。將來救魯，公逆會之。東郡燕縣東北有瓦亭。"江永《春秋地理考實》："今直隸大名府滑縣東南瓦亭岡集，古瓦亭也。""瓦"，《廣韻》亦音"五寡切"。"邷""瓦"音義並同，"邷"當即"瓦"因用作地名而增加義符"邑"旁所形成的後起分化字。

7. 媳：《新修玉篇》卷三《女部》引《餘文》："媳，巨記切。怒也。"（30上右）

按：《篇海》同。此字《説文》《玉篇》皆未收，《廣韻》亦不錄，《集韻》收之，當即丁度等人據俗書所增。《集韻》去聲志韻渠記切："媳，怒也。"（486）《字彙·女部》："媳，巨記切，音忌。怒也。"（105上）《正字通·女部》："媳，俗字。舊注：音記。怒也。泥。"（240下）《正字通》謂"媳"為俗字，是也。"媳"當即"忌"字之俗。《説文·心部》："忌，憎惡也。从心，己聲。"（220下）《詩經·大雅·瞻卬》："舍爾介狄，維予胥忌。"毛傳："忌，怨也。"孔穎達疏："忌者，相憎怨之言，故以忌為怨也。""忌"，《廣韻》音"渠記切"。"媳"與"忌"音同義近，"媳"當即"忌"增加義符"女"旁而形成的異體字。韓小荊《〈可洪音義〉研究》（499）"忌"字俗作"恖"。《可洪音義》卷一九《小乘論音義》第六之二："恖，音忌。畏也；難也；憎恐也。悮。"（60，p113b1）此即其證也。故"媳"即"忌"之增旁俗字。

8. 瞆：《新修玉篇》卷四《目部》引《餘文》："瞆，於避切。目小怒兒。"（39上右）

按：《篇海》卷七《目部》引《餘文》："瞆，於避切。目小怒也。"（692上）此字《説文》《玉篇》皆未收，《廣韻》亦不錄，《集韻》錄之，當即丁度等人據俗書所增。《集韻》去聲寘韻於避切："瞆睚，目小怒兒。或省。"（470）"瞆"當即"恚"字之俗。《説文·心部》："恚，恨也。从心，圭聲。"（221上）《廣雅·釋詁二》："恚，怒也。"（126

下)"恚",《廣韻》音"於避切"。"睉"與"恚"音同義近,"睉"當即"恚"之增旁俗字,而"眭"當即"睉"字俗省。

9. 迗:《新修玉篇》卷十《辵部》引《玉篇》:"迗,火決切。走也。"(93上右)

按:《篇海》同。《玉篇·辵部》:"迗,火決切。走也。"(50下右)《玉篇校釋》"迗"字下注:"二韻並無。本書《走部》:'趹,走也。'《足部》:'趹,疾也。'《切韻》'趹'與'駃'同,馬行疾也。《廣韻》:'趹,疾足。'趹、趹並與迗同,走者疾奔也。"(2115)胡氏所言當是。《正字通·辵部》:"迗,俗趹字。舊注音血,非。"(1148上)此說是也。故"迗"與"趹""趹"即為異體字。

12. 殐:《新修玉篇》卷十一《歹部》引《玉篇》:"殐,千六切。殄也。《韻》曰:殂也。《韻》又子六切。殂也。又疾僦切。殐殂。"(103上右)

按:《篇海》卷三《歹部》引《玉篇》:"殐,千六切。殂也。"(625上)《名義·歹部》:"殐,千六反。終也。"(112下)《玉篇·歹部》:"殐,千六反。終也。"(58上右)《廣韻》去聲宥韻疾僦切:"殐,殐殂。又子六切。"(350)《正字通·歹部》:"殐,譌字。六書有'殂'不必別做'殐'。"(559下)《正字通》謂"殐"為譌字,非是。《玉篇校釋》"殐"字下注:"'殂也'者,《釋詁》:'就,終也。'郭注:'成就亦終也。'釋文:'就,如字,又作殐,同。'《越語》:'先人就世。'韋注:'就世,終也。'"(2290)《爾雅·釋詁下》:"就,終也。"邢昺疏:"終,謂終盡也。""就",《廣韻》亦音"疾僦切"。故"殐"與"就"音義並同,"殐"當即"就"通過增加義符"歹"旁而形成的異體字。

10. 藡:《新修玉篇》卷十三《艸部》引《玉篇》:"藡,古行切。草名。"(120上左)

按:《篇海》同。"藡"字,《玉篇》《廣韻》皆未收,《集韻》收之。《集韻》平聲庚韻居行切:"藡,艸名。"(228)《字彙·艸部》:"藡,古庚切,音庚。草名。"(402下)《正字通·艸部》:"藡,古亨切,音庚。《爾雅》:'蕧,盜庚。'本作庚。"(933下)《正字通》所言當是。《爾雅·釋草》:"蕧,盜庚。"郭璞注:"旋蕧,似菊。"(122)"藡"當即"庚"因涉義增加義符艸旁而形成的後起分化字。

11. 茢:《新修玉篇》卷十三《艸部》引《餘文》:"茢,符遇切。藥

名。"（121 上右）

按：《篇海》同。此字《説文》《玉篇》皆未收，《廣韻》亦不録，《集韻》收之，當即丁度等人據俗書所增。《集韻》去聲遇韻符遇切："䝣，藥草。"（495）《字彙・艸部》："䝣，符遇切，音附。藥名。"（404上）《正字通・艸部》："䝣，符遇切，音附。藥名。本作附。"（937 上）《正字通》所言當是。《廣雅・釋草》："蘸、奚毒，附子也。一歲為萴子，二歲為烏喙，三歲為附子，四歲為烏頭，五歲為天雄。"（876 下）"附子"即為一種藥草，故"䝣"當即"附"因涉義增加義符而形成的後起分化字。

12. 貄：《新修玉篇》卷二十三《豸部》引《玉篇》："貄，張兒切。豸也。"（197 上左）

按：《篇海》同。《玉篇・豸部》："貄，張兒切。豸。"（112 下左）"貄"與"犖"當為異體字。《集韻》去聲效韻陟教切："犖，獸名。"（584）"貄"與"犖"音義並同，二者當為異體字。

13. 蜒：《新修玉篇》卷二十五《虫部》引《玉篇》："蜒，以然切。蚰蜒也。《韻》又于線切。猨蜒，大獸，長八尺。同作狿。"（207 下右）

按：《廣韻》平聲仙韻以然切："狿，猨狿，大獸名。"（85）《集韻》去聲線韻延而切："狿，猨狿，獸名，似貍而長。或作蜒。"（574）故此"蜒"當即"狿"之異體字。

14. 繘：《新修玉篇》卷二十七《糸部》引《玉篇》："繘，居律切。綆也，用以汲水也；索也。《韻》又徵筆切。綆也……又古穴切。縷也。同絉。"（221 下左）

按：《集韻》入聲屑韻古穴切："絉絉繘，縷也。或从夬、从喬。"（705）故"繘"訓"縷也"，與"絉""絉"音義並同，即為異體字。《大字典》應於"繘"字第二義項之下溝通其與"絉""絉"二字的異體關係。

三　訂正字形之誤

楊寶忠師説："大型字書所收之字，一是採自傳世文獻和出土文獻，一是轉録原有字書。在轉録原有字書所收之字時，往往不能契合原形，在字書編纂史上，字形轉録失真的現象普遍存在，《大字典》《字海》亦在所不免。"①《大字典》《字海》在轉錄歷代字書字形時，存在許多字形轉錄失真的現象。通過對《新修玉篇》進行系統的整理與研究，可以對《大字典》《字海》這種字形轉錄失真的現象作出一些糾正。

1. 琜：《新修玉篇》卷一《玉部》引《川篇》："琜，音寶。"（9 上右）

按：成化本《篇海》卷三《玉部》引《川篇》："琜，音寶。又與寶同。"（621 下）正德本、萬曆本《篇海》皆同。"琜"當即"寶"字之俗。"琜"字，《大字典》《字海》據《篇海》轉錄作"玩"，字形轉錄失真。

2. 瑈：《新修玉篇》卷一《玉部》引《類篇》："瑈，音瑬。古文。"（9 上左）

按：《篇海》卷三《玉部》引《類篇》："瑈，音瑬。古文。"（622 上）《字彙・玉部》："瑈，古文瑬字。"（288 下）《正字通・玉部》："瑈，俗瑬字。"（679 上）"瑈"並非"瑬"字古文，《正字通》謂"瑈"即"瑬"字之俗，是也。《新修玉篇》與《篇海》字形不同，從形音義關係來看，《新修玉篇》所收字形當是。《説文・玉部》："瑬，垂玉也，冕飾。从玉，流聲。"（5 下）"瑈"當即"瑈"字之訛，從玉、從糸會"垂玉也，冕飾"之義，"又"當即"瑬"之聲符替換，故以作"瑈"為是。

3. 璨：《新修玉篇》卷一《玉部》引《龍龕》："璨，徒臥切。玉名。"（10 上左）

按：《龍龕》卷四《玉部》："琛璨璨，徒臥反。玉名也。三。"（438）"璨"字，《大字典》《字海》皆轉錄作"璨"，失真。《考證》（189—190）謂"璨"為"埵"字之俗，是也。據此，"璨"亦當即"埵"字之俗。

4. 偅：《新修玉篇》卷三《人部》引《餘文》："偅，丑展切。人形長兒。"（25 下左）

按：《篇海》卷十五《人部》引《餘文》："**偅**，丑展切。人形長兒。"（830 下）《集韻》上聲獮韻丑展切："**偅**，人形長兒。"（387）"偅""**偅**""**偅**"當即同字異寫，據其"丑展切"之讀，其左旁所從皆

---

① 見楊寶忠《疑難字考釋與研究》，中華書局 2005 年版，第 707 頁。

為"蚩"字之俗。因為"蚩"《廣韻》音"丑善切",而"蚩"《廣韻》音"赤之切",故"偆""偆""偆"諸字皆當楷定作"偆"。《大字典》(245B)、《字海》(87A)皆據《集韻》轉錄作"偆",並非。

5. 儱:《新修玉篇》卷三《人部》引《龍龕》:"儱,勒動切。儱侗,未成器。"(27下左)

按:《篇海》卷十五《人部》引《龍龕》:"儱,勒動切。~侗,未成器也。侗,他孔切。"(832下)《龍龕》卷一《人部》:"儱侗,上勒董反,下他孔反。~~,未成器也。"(29—30)朝鮮本《龍龕》卷一《人部》:"儱,力董切。儱,俗。"(24)"儱"即"儱"字之俗。"儱",《字海》(96A)錄作"儱"、又《字海》(1762B)錄作"儱",俱失真。

6. 妢:《新修玉篇》卷三《女部》引《龍龕》:"妢,音妎。"(28下左)

按:《篇海》卷五《女部》引《龍龕》:"妢,音妎。義同。"(653下)《龍龕》卷二《女部》:"妢,俗;妢,或作;妎,正。胡計反。心不了也。又音害。《字林》云:'疾~,妒也。'三。"(283)"妢""妢""妢"字形相同,當即"妎"字之俗。《大字典》(1105B)、《字海》(683A)皆錄作"妢",字形轉錄失真。

7. 姌:《新修玉篇》卷三《女部》引《川篇》:"姌,音冉。好兒。"(29下右)

按:《篇海》卷五《女部》引《川篇》:"姌,音冉。好兒。"(654下)"姌"即"姌"字之俗。《說文·女部》:"姌,弱長兒。从女,冄聲。"(261下)"姌",《廣韻》音"而琰切"。"姌"訓"弱長兒",即指體態柔弱纖細、身材美好之兒。"姌"訓"好兒",與"姌"義同,故"姌""姌"音義並同,"姌"當即"姌"字之俗。"姌"字,《大字典》(1123A)、《字海》(688A)皆錄作"姌",且未溝通其與"姌"字的正俗關係,俱失考證。

8. 嬧:《新修玉篇》卷三《女部》引《玉篇》:"嬧,徒結切。姪娣。《公羊傳》云:'兄之子。'"(32下左)

按:《篇海》卷五《女部》引《玉篇》:"嬧,徒結切。與姪義同。"(657下)《玉篇·女部》:"姪,徒結切。《爾雅》曰:'女子謂晜弟之子為姪。又音帙。嬧,同上。"(18下右)《集韻》入聲屑韻徒結切:"姪,《說文》:'兄子女(子)也。'或作嬧。"(701)以上"嬧"字右旁所從皆為"疊"，《大字典》（1168A）錄作"𤲗"、《字海》（705B）錄作"𤲗"，俱轉錄失真，皆應校作"𤲗"。

9. 頯：《新修玉篇》卷四《頁部》引《餘文》："頯，苦幺切。《說文》：'大頭也。'"（36 上右）

按：《篇海》卷十三《頁部》引《餘文》："頯，苦幺切。《說文》：'大頭也。'"（801 上）"頯"即"顠"字之俗。《說文·頁部》："顠，大頭也。从頁，羔聲。"（179 下）"顠"，《廣韻》音"去遙切"。"頯""顠"音義並同，"頯"當即"顠"字之俗。《字海》（1589C）據《篇海》錄作"頯"，字形轉錄失真。

10. 顲：《新修玉篇》卷四《頁部》引《川篇》："顲，力感切。面黃。又音稟。"（36 下右）

按：《篇海》卷十三《頁部》引《川篇》："顲，力感切。面黃。又音稟。"（801 下）"顲"即"顲"字之俗。《說文·頁部》："顲，面顲顲皃。"（181 上）"顲"，《廣韻》音"盧感切"。"面顲顲皃"即指"面黃皃"，故"顲"與"顲"音義並同，"顲"當即"顲"字俗省。《字海》（1591B）據《篇海》錄作"顲"，字形轉錄失真。

11. 𦲽：《新修玉篇》卷四《色部》引《龍龕》："𦲽，音䒔。"（36 下左）

按：《篇海》卷十二《色部》引《龍龕》："𦲽，音䒔。義同。"（774 上）《龍龕》卷四《色部》："𦲽，正；䒔，今。𦲽，俗；𦲽，正。上二匹朗反，下二莫朗反。~~，無色狀也。"（523）"𦲽"字，《篇海》作"𦲽"，即"𦲽"字轉錄之誤。《大字典》據《龍龕》轉錄作"𦲽"，亦轉錄失真。

12. 瞋：《新修玉篇》卷四《目部》引《玉篇》："瞋，必鄰切。《說文》云：'恨張目也。'"（39 下左）

按：《篇海》、《玉篇》、朝鮮本《龍龕》皆同。"瞋"即"瞋"字之俗。《說文·目部》："瞋，恨張目也。从目，賓聲。"（66 下）《字海》（1064C）據朝鮮本《龍龕》錄作"瞋"，字形轉錄失真。"瞋"字《字海》收於十四畫之下，然"瞋"字除去部首僅有十二畫，故"瞋"當即"瞋"字之誤。

13. 号：《新修玉篇》卷五《口部》引《川篇》："号，音鈞。忼也。"（44 上左）

按：《篇海》卷二《口部》引《川篇》："号，音金。伯也。"（595上）"号"字，《大字典》（643B）錄作"号"、《字海》（388A）錄作"号"，字形皆轉錄失真，非是。"号"字，《新修玉篇》音"鈞"，而《篇海》音"金"，二書直音用字不同，《新修玉篇》所言疑是。"号"疑即"弔"字之俗。《説文・人部》："弔，問終也。"（165上）"号"與"弔"音同，又韩小荆《〈可洪音義〉研究》"弔"俗作"㖧""㐾""㐼"等，"号"與"弔"字諸俗體形近，"号"字亦當即"弔"字之俗。"号"字，《新修玉篇》音鈞，而《篇海》音金，《新修玉篇》所言當是。《新修玉篇》訓"恆"，然傳世字書未見收錄此字，此訓亦不足據；而《篇海》訓為"伯也"，疑亦非是。

14. 唜：《新修玉篇》卷五《口部》引《龍龕》："唜，良刃切。惜也；慳也。"（45下右）

按：《篇海》同。《龍龕》卷二《口部》："唜，俗；㗖，正。良刃反。㗖惜也；慳也。二。"（272）"唜"當即"㗖"字之俗。"唜"字，《大字典》《字海》轉錄作"唜"，字形皆轉錄失真。

15. 叜：《新修玉篇》卷六《又部》引《奚韻》："叜，力至切。引也。"（62上右）

按：《篇海》卷十四《又部》引《奚韻》："叜，力利切。引也。"（820上）"叜"即"叜"字之俗。"叜"除去部首"又"為十二畫，《字海》209B）轉錄作"叜"，亦收於十二畫之內，然"叜"字除去部首"又"僅剩十一畫，故《字海》字形轉錄失真，當以作"叜"為是。

16. 饕：《新修玉篇》卷九《食部》引《龍龕》："饕饕，並於廉、於豔二切。飽也；饕惡也。"（88下右）

按：《龍龕》卷四《食部》："饕，俗；饜，正；饕饕，今。於焰反。飽也；～惡也。又於廉反。三。"（502）《玉篇・食部》："饜，於豔切。飽也。"（46下左）"饕""饕""饕"與"饜"音義並同，並即"饜"字之俗。"饕"字《大字典》轉錄作"饕"，轉錄失真。

17. 餺：《新修玉篇》卷九《食部》引《川篇》："餺，大（乃）耕切。充食（實）也。"（88下左）

按：《篇海》卷十一《食部》引《川篇》："餺，乃耕切。充實也。"（748）"餺"即"餺"字之俗。原本《玉篇・食部》："餺，奴耕反。《埤倉》：'内充實也。'"（362—363）"餺"即"餺"字俗寫。"餺"字，《字海》據《篇海》轉錄作"餺"，轉錄失真。

18. 饕：《新修玉篇》卷九《食部》引《川篇》："饕，音叨。貪食也。"（88下左）

按：《篇海》同。"饕"即"饕"字之俗。《玉篇·食部》："饕，敕高切。貪財也。"（46上左）"饕"與"饕"音義並近，"饕"當即"饕"字之俗。"饕"字，《字海》據《篇海》轉錄作"饕"，轉錄失真。

19. 餂：《新修玉篇》卷九《食部》引《川篇》："餂，思感切。"（88下左）

按：《篇海》同。"餂"當即"餄"字之俗。《玉篇·食部》："餄，思敢切。羹餄也。"（46下右）"餂"當即"餄"字俗寫。"餂"字，《字海》據《篇海》轉錄作"餂"，轉錄失真。

20. 徎：《新修玉篇》卷十《彳部》引《玉篇》："徎，七役切。小行皃。"（90上右）

按：《篇海》同。《玉篇·彳部》："徎，七役切。小行皃。"（48上右）《廣韻》入聲錫韻七役切："徎，小行。"（420）《集韻》入聲錫韻七役切："徎，小行也。"（748）《玉篇校釋》"徎"字下注："案：徎從叏，叏，小動也。故徎為小行。"（2028）胡氏所言是也。《廣韻》入聲錫韻七入切："叏，小動。"（420）"徎"字，《大字典》《字海》皆轉錄作"徎"，形義不諧，非是。

21. 宔：《新修玉篇》卷十一《宀部》引《川篇》："宔，音寧。古文。"（99上右）

按：《篇海》同。"宔"字，《大字典》《字海》轉錄作"宔"，字形轉錄皆失真。《龍龕》卷一《宀部》："宔，音寧。"（156）"宔"音"寧"，當即"宔（寧）"之異體字。此"宔"與《字海》所收"虘"之異體字"宔"即為同形字。

22. 耆：《新修玉篇》卷十一《老部》引《龍龕》："耆，章恕切。正作耆。"（103下右）

按：《篇海》同。《龍龕》卷二《老部》："耆，俗。章恕反。正作耆。"（338）"耆"即"耆"字俗訛。"耆"字，《大字典》《字海》皆轉錄作"耆"，俱失真。

23. 疘疘：《新修玉篇》卷十一《疒部》："疘疘，二居幽切。腹急病。"（103下左）

按：《龍龕》卷三《疒部》："疘，俗；疘，正。居幽反。腹急病也。二。"（471）"疘""疘"並即"疘"字之俗。《玉篇·疒部》："疘，居幽切。腹中急。"（56下左）"疘""疘"二字，《大字典》《字海》分別轉錄作"疘""疘"，俱失真。

23. 藝：《新修玉篇》卷十六《鼓部》引《龍龕》："藝，舊藏作皷，在《阿閦佛經》下卷。"（144上左）

按：《篇海》同。《龍龕》卷二《鼓部》："藝，舊藏作鼓，在《阿閦佛經》下卷。"（337）"藝"當即"鼓"字之俗。"藝"字，《大字典》《字海》轉錄作"藝"，俱失真。

25. 跺：《新修玉篇》卷十六《厄部》引《川篇》："跺，五果切。小厄。"（147上右）

按：《大字典》《字海》據《龍龕》《篇海類編》轉錄作"跺"，然從形義關係來看，當以作"跺"為是，《大字典》《字海》應據《新修玉篇》加以校正。

26. 厏：《新修玉篇》卷二十二《厂部》引《奚韻》："厏，阻色切。陋也；傾側也。"（182下左）

按：《篇海》同。《廣韻》入聲職韻阻力切："仄，仄陋。《說文》云：'傾側也。'"（427）"厏"與"仄"音義並同，"厏"當即"仄"字之俗。"厏"字，《大字典》轉錄作"厏"，字形轉錄失真，應據正。

27. 硔：《新修玉篇》卷二十二《石部》引《龍龕》："硔，苦八切。石狀。"（183下右）

按：《龍龕》卷四《石部》："硔，或作；硔，今。苦八反。石狀也。二。"（446）"硔"當即"硔"字之俗。"硔"字，《大字典》轉錄作"硔"，字形轉錄失真，應據正。

28. 㿽：《新修玉篇》卷二十六《皮部》引《龍龕》："㿽，晚、万二音。皮起也。"（216上左）

按："㿽"當即"㿽"字之俗。《龍龕》卷一《皮部》："㿽，俗；㿽，正。晚、万二音。皮脫也。二。"（123）此即其證也。"㿽"字，《大字典》轉錄作"㿽"，字形轉錄失真。

29. 羋：《新修玉篇》引《龍龕雜部》："羋，正。堅、牽二音。又音研。平正皃。"（242上左）

按：《龍龕》卷四《雜部》："羋，正；开，今。堅、牽二音。羌名。

又音研。平正皃。二。"（546）"拜"當即"开"之異體字。"拜"字，《大字典》《字海》轉錄作"拜"，俱失真。

四　訂正讀音之誤

由於歷代大型字書都是在前代字書的基礎上編纂而成的，前代字書的訛誤往往會為後代字書所承襲，這其中就包括錯誤的讀音。《大字典》《字海》在轉錄歷代字書字形的讀音時，也存在許多因承訛襲謬而誤的現象。此外，《大字典》《字海》還存在因誤識而注音有誤的現象。通過對《新修玉篇》進行全面的測查與研究，可以對《大字典》《字海》的這些訛誤作出勘正。

1. 朢：《新修玉篇》卷一《玉部》引《類篇》："朢朢，二音聖。"（9上左）

按：《篇海》同。"朢""朢"當即一字之變。《龍龕》卷四《玉部》："**朢朢**，二古文。音聖。"（438）"朢"與"朢"、"朢"與"朢"音同形近，皆為同字異寫。《直音篇》卷一《玉部》："**朢朢**，並古聖字。"（11下）《詳校篇海》卷一《玉部》："朢，同聖。《龍龕》作。"（75下）《字彙·玉部》："朢，同聖。"（287下）《字彙補·玉部》："朢，案：聖字。《字學指南》或作**朢**，从二日。"（132下）故"朢""**朢**""朢""朢"諸字皆為"聖"字之俗。《正字通·玉部》："朢，同望。姓也。宋有朢儼，明有朢本、朢增。舊注'同聖'，《篇海》云'朢，《龍龕》作'，無稽。"（676上）"朢"與"望"儘管部分構字部件相同，然讀音區別甚明，且未見"望"字異體有作"朢"者，二字不應混同，故《正字通》之說疑不可據。《大字典》"朢"字據《正字通》之說增加一個義項，音wàng，並謂同"望"，訓"姓"，疑亦非是。

2. 軇：《新修玉篇》卷三《身部》引《類篇》："軇，音嫌。"（33下右）

按：《篇海》卷十二《身部》引《類篇》："軇，來嫌切。"（750上）"軇"字，《新修玉篇》與《篇海》讀音不同，《新修玉篇》所言是也。《篇海》音"來嫌切"，"來"為"音"字之誤，後人承訛襲謬又於"嫌"字之後增加"切"字，故致此誤。《字海》（1433C）"軇"字沿襲《篇海》之誤而音lián，非是。"軇"可楷定作"躴"，疑即"嫌"之俗體會意字。《說文·女部》："嫌，疑也。从女，兼聲。"（264上）"躴"音

110 / 《新修玉篇》研究

"嫌"，疑即從身、兼會"嫌"之"疑惑""嫌疑"之義。正如此部引《類篇》之字多為俗體會意字，如："躼"從身、老會"耶"字之義（見《叢考》1014）、"躬"從身、下會"劣"字之義（見《續考》254）、"瑈"從王、身、臣會"相"字之義（見《疑難字》357）、"軀"從身、富會"福"字之義、"貧"從身、貧會"窮"字之義、"𦧲"從身、安、吉會"樂"字之義、"躰"從人、身、火會"災"字之義等，"躾"亦當即"嫌"之俗體會意字。

3. 䚫：《新修玉篇》卷四《目部》引《川篇》："䚫，音遘。[䚫] 胪，視也。"（39上左）

按：《篇海》卷七《目部》引《川篇》："䚫，音遍。[䚫] 眪，視也。"（692上）"䚫"字，《新修玉篇》與《篇海》直音用字不同，《新修玉篇》所言是也。《篇海》音"遍"，"遍"當為"遘"字之誤。"胪""眪"字同，當即"務"字之俗，因受字頭影響而變換義符為"目"旁，"目""月"形近，俗書常可訛混，故《新修玉篇》又俗作"胪"。《字彙補·目部》："䚫，邦見切，音遍。視也。"（142上）"䚫"當即"䚫"之楷定字，《字彙補》音"遍"，當為《篇海》所誤也。"䚫"當即"䚫"字之俗。《玉篇·目部》："䚫，古例切。"（23上右）《玉篇校釋》於"䚫"字下改"古例切"為"古候切"，並注云："義闕，元刊云：'久視。'亦非。古候切原作古例（切），今依《廣韻》正。《廣韻》去聲候韻云：'䚫瞀。'《切韻》：'瞜瞀，無暇。'本書：'瞀，目不明皃。'䚫、瞀疊韻，異文孔多。"（859）胡氏所言是也。《廣韻》去聲候韻苦候切："䚫，䚫瞀。"（352）《集韻》去聲候韻丘候切："䚫，䚫霧，鄙吝，心不明也。"（616）《新修玉篇》卷四《目部》引《玉篇》："䚫，古候切。䚫瞀，愚皃。出《玉篇》。"（39上右）《篇海》卷七《目部》引《玉篇》："䚫，古候切。~愁，愚皃。"（692上）故《玉篇》音"古例切"，當即"古候切"之誤。又元刊本《玉篇》訓"䚫"為"久視"，於文獻無征，疑亦非是。"䚫"字，《大字典》《字海》據《玉篇》之誤音及元刊本之誤訓讀jì，訓"久視"，非也。"瞜瞀""佝務""佝瞀""佝愁""怐愁""䚫瞀""䚫霧""瞉霧""區霧""怐霧"音義並同，皆為疊韻連綿詞（詳見本文"瞜"字注）。"䚫"音"遘"，訓"䚫務，視也"，"䚫務"同"佝務""䚫瞀"，義指"愚皃"，"視也"當為"愚也"之誤，故"䚫""䚫"音義並同，"䚫"當即"䚫"字俗訛。《大字典》《字海》"䚫"字皆沿謬而音 biàn，訓"視"，俱失考證。

4. 悥：《新修玉篇》卷八《心部》引《龍龕》："悥，音上。古文。"（73 上右）

按：《篇海》卷十《心部》引《龍龕》："悥，音固。古文。"（729 下）"悥""悥"即同字異寫，然《新修玉篇》與《篇海》直音用字不同，《篇海》所言當是。《龍龕》卷一《心部》："忎，怙、固二音。"下字曰："悥，音上。古文。"（66）"悥"，《龍龕》音"上"，當謂此字與上字"忎"字音同，亦音"怙"、"固"，而非謂"悥"音"上"。《新修玉篇》音"上"，即因誤認"上"為直音用字而誤也；《篇海》音"固"，是也。朝鮮本《龍龕》卷一《心部》："忎，怙、固二音。護也；堅也；常也。"下字曰："悥，古文。音上。"（52）"悥"字，朝鮮本《龍龕》音"上"，亦因誤認"上"為直音用字而誤也。"悥"當即"忎"字之俗，亦即"固"字（詳見《疑難字》536—537"忎"字注）。《字海》（134A）"悥"字據朝鮮本《龍龕》音 shàng，亦因承訛襲謬而誤也。

5. 餏：《新修玉篇》卷九《食部》引《龍龕》："餕，音希。"下文引《龍龕》又曰："餏，音希。"（87 下左）

按：《篇海》同。《龍龕》卷四《食部》："餕餏，音希。二同。"（501）佛經有此字用例，提供如下：《大正藏》本宋志磐撰《佛祖統紀》卷第十五《慧覺玉法師法嗣》："法智之記觀經光明也，當時同宗之輩親炙之徒，如孤山淨覺餏辭抗辨，卒莫能勝，謂之陽擠陰助，猶可為説。"此"餏"當即"飾"字之俗。又《大正藏》本宋志磐撰《佛祖統紀》卷第二十八《往生公卿傳》："葛繁，澄江人，少登科第官至朝散。凡官居私舍，必餏淨室安設佛像。每入室禮誦，舍利從空而下。普勸道俗同修淨業，皆服其化。""餏"，甲本作"飾"。此"餏"亦即"飾"字之俗。又《大正藏》本唐不可思議撰《大毘盧遮那經供養次第法疏》卷下《供養儀式品》第三："受我所獻食，食已當還與我妙食，如世間人以餏膳奉獻施福田為令今世後世飯食無乏故。今以無盡法食加持世間之供養，奉施諸尊。還當滿我所願常充足不死不生之味也。"此"餏"當即"餚"字之俗。故"餏"字有兩個來源：一、音 shì，當即"飾"字之俗；二、音 yáo，當即"餚"字之俗。"餕""餏"二字，《龍龕》音"希"，疑為不識其為"餏""餚"二字俗訛，又見其從"希"而妄改，此當即望形生音也。《大字典》收錄"餏"字，第二義項據《龍龕》而音 xī，此當即因承訛襲謬而誤也。

6. 逛逛：《新修玉篇》卷十《辵部》引《類篇》："逛，音狂。出《西江河賦》。"（94 下右）

按：《篇海》卷五《辵部》引《類篇》："逛，音枉。出《西江河賦》。"（649 上）"逛"字，《新修玉篇》與《篇海》不同，《新修玉篇》所言當是。《新修玉篇》卷十《辵部》下文引《類篇》又曰："逛，音狂。出《西江河賦》。"（94 下左）"逛"字，《篇海》作"逛"。"逛"即"逛"字俗寫，而"逛"與"逛"當即一字之變，疑皆為"逛"字之俗。《集韻》去聲漾韻古況切："誆，《說文》：'欺也。'或作逛。"（600）"逛""逛"與"逛"音同形近，"逛"疑即"逛"字俗寫，而"逛"疑即"逛"之增旁俗字。

7. 殟：《新修玉篇》卷十一《歹部》引《川篇》："殟，居定切。死也。"（102 下右）

按：《篇海》卷三《歹部》引《川篇》："殟，居宂切。死也。"（624 下）"殟"字，《新修玉篇》與《篇海》讀音不同，從形音關係來看，當以《新修玉篇》為是。《篇海》音"居宂切"，"宂"當為"定"字之誤。《大字典》"殟"字轉錄《篇海》又誤錄作"居穴切"而音 jué，亦非。

8. 耠：《新修玉篇》卷十五《耒部》引《川篇》："耠，音合。耕也。"（139 上右）

按：《篇海》卷十五《耒部》引《川篇》："耠，音全字（"字"字當衍）。耕也。"（823 下）"耠"字，《新修玉篇》與《篇海》直音用字不同，《新修玉篇》所言疑是，《篇海》"音全"當為"音合"之誤。"耠"疑即"耠"字俗訛。《廣雅·釋地》："耠，耕也。"《廣韻》入聲合韻侯閤切："耠，耕也。"（431）"耠"與"耠"音義並同，又梁春勝《楷書異體俗體部件例字表》"栓"俗作"拾"、"洤"俗作"洽"等，"全"旁、"合"旁俗寫形近或可訛混，故"耠"當即"耠"字俗訛。《大字典》《字海》收錄"耠"，皆據《篇海》音 quán，且未溝通其與"耠"字的字際關係，俱失考證。

9. 盬：《新修玉篇》卷十五《皿部》引《類篇》："盬，音海。"（143 上左）

按：《篇海》卷七《皿部》引《類篇》："盬，音醉。"（681 下）"盬"字，《新修玉篇》與《篇海》直音用字不同，《新修玉篇》所言當

第四章 《新修玉篇》整理與研究的價值 / 113

是。《說文·酉部》："醢，肉醬也。从酉、盉。"（315上）徐鍇繫傳作："从酉、盉聲。""醢"，《廣韻》音"呼改切"。"醢"字，《龍龕》作"盉"。"盉"與"盉（醢）"音同形近，"盉"當即"盉（醢）"字俗訛。《篇海》"盉"字音"醉"，"醉"當為"海"字之訛。《字海》收錄"盉"字，承襲《篇海》之謬而音 zuì，且未溝通其與"盉（醢）"字的字際關係，失考證。

10. 盝：《新修玉篇》卷十五《皿部》引《類篇》："盝，音戾。"（143上左）

按：《篇海》卷七《皿部》引《類篇》："盝，音灰。"（681下）"盝""盝"當即一字之變，然《新修玉篇》與《篇海》直音用字不同，《新修玉篇》所言當是。"盝""盝"當即"盭"字之俗。《說文·弦部》："盭，弼戾也。从弦省，从盍。讀若戾。"（271上）段玉裁注："此乖戾正字，今則'戾'行而'盭'廢矣。""盭"，《廣韻》音"郎計切"。"盭"俗書或作"盝"。《龍龕》卷二《皿部》："盝，或作；盭，正。郎計反。綬色也。二。"（329）"盝""盝"與"盭"音同形近，"盝"即"盭"字俗訛，故"盝""盝"亦當即"盭"字俗訛。"盝"字《篇海》音"灰"，"灰"當即"戾"字之誤。《字海》收錄"盝"字，承襲《篇海》之謬而音 huī，且未溝通其與"盭"字的字際關係，失考證。

11. 馫：《新修玉篇》卷十五《香部》引《類篇》："馫，音馨。"（143下右）

按：《篇海》卷十三《香部》引《類篇》："馫，火良切。大香也。"（782上）"馫"字，《新修玉篇》與《篇海》讀音不同，《新修玉篇》所言疑是。《新修玉篇》卷十三《香部》引《類篇》又曰："馫，音馨。"（143下右）《篇海》同。《說文·香部》："馨，香之遠聞者。从香，殸聲。"（143下）"馫"即"馨"字之俗。朝鮮本《龍龕》卷三《香部》："馨，虛廷切。香之遠聞也。馫，同上。"（50）"馫"與"馫"音同形近，"馫"亦當即"馨"字之俗。"馫""馫"當即"馨"之俗體會意字，分別從二香、三香會"馨"字之義。《大字典》《字海》收錄"馫"字，分別據《篇海》、《字彙補》之誤而音 xiāng，且未溝通其與"馨"字的字際關係，疑俱失考證。

12. 晵：《新修玉篇》卷二十《白部》引《類篇》："晵，音桂。"（178下左）

按：《篇海》卷七《白部》引《類篇》："畨，音柱。"（672下）"畨"字，《新修玉篇》與《篇海》讀音不同，《新修玉篇》所言疑是。《廣韻》去聲霽韻古惠切："桂，姓。《後漢太尉陳球碑》有城陽炅橫，漢末被誅。有四子：一守墳墓，姓炅；一子避難居徐州，姓昋；一子居幽州，姓桂；一子居華陽，姓炔。昋、炅、炔，並見上注。"（272）"昋"，《廣韻》音"古惠切"，與"桂"音義相同。"畨"字從"昋"，故當音"桂"，《篇海》"音柱"當為"音桂"之誤。"畨"字正字不明，俟考。

13. 昺：《新修玉篇》卷二十《日部》引《奚韻》："昺，色助切。明也。"（179下右）

按：《篇海》卷十五《日部》引《奚韻》："昺，助色切。明也。"（841上）"昺""昺"形近，且位置相同，當即同字異寫，然《新修玉篇》與《篇海》讀音不同，當以《新修玉篇》所言為是。《篇海》音"助色切"，當為"色助切"之誤倒。今案："昺""昺"當即"昺"字之俗。《廣韻》去聲御韻所去切："昺，明也。"（258）"昺""昺"與"昺"音義並同，"昺""昺"當即"昺"字俗訛。《大字典》《字海》收入"昺"字，承襲《篇海》之誤而音 zè，且未溝通其與"昺"字的字際關係，俱失考證。

14. 朐：《新修玉篇》卷二十九《句部》引《餘文》："朐，七遙切。舀也。"（234上右）

按：《篇海》同。《集韻》平聲宵韻千遙切："斛，《爾雅》：'斛謂之醮。'或作朐、厮、銚、鐰、槱、鏊、櫵。亦書作鍬。"（178）"舀""醮"義同，皆指"鍬"。《方言》卷五："舀，趙魏之間謂之槱。"郭璞注："字亦作鏊也。"故"朐"與"朐"音義並同，"朐"當即"朐"字異寫，與"斛""厮""銚""鐰""槱""鏊""櫵""鍬"諸字同為異體字，當音 qiāo，義即指鍬。《字彙補·广部》："朐，《集韻》與銚同。田器也。"（63上）《字彙補》所言是也。《大字典》《字海》收錄"朐"字，皆音 yáo，謂同"銚"，《大字典》訓為"大鋤"，《字海》訓為"古代一種鋤草農具"。《大字典》《字海》"朐"字謂同"銚"，是也；然注音和釋義皆誤。《集韻》"朐（朐）"同"銚"之"銚"，是就音 qiāo，訓"鍬"這一意義而言的，而非就音 yáo，訓"大鋤"這一意義而言的。故《大字典》《字海》"朐"字下注音當校為 qiāo，義訓當校為"鍬"。又《大字典》《字海》收錄"朐"字，皆未溝通其與"斛""厮""銚"

"鐰""枭""鏊""橾""鍬"諸字的字際關係，亦失考證。

五 訂正釋義之誤

由於編纂失誤與傳抄失誤，歷代字書都存在大量釋義失誤的現象。中國歷代大型字書的一個共有缺陷即是重編纂而輕考據，重貯存而輕整理，因此，致使前代字書的訓釋義失誤往往被後代字書所承襲。《大字典》《字海》也存在許多釋義失誤的現象，這些釋義不但不能給讀者提供準確的義訓信息，反而會誤導讀者，從而在一定程度上降低了它們的編纂價值與利用價值。通過對《新修玉篇》進行系統的整理與研究，可以對這些釋義失誤的現象作出更正，以免因承訛襲謬而貽誤讀者。

1. 珇：《新修玉篇》卷一《玉部》引《玉篇》："珇，作土切。《方言》曰：'珇，好也；美也。'《説文》云：'琮玉之瑑。'《韻》曰：珪上起；又美好。《韻》又慈語切。玉文。"（8下右）

按：《集韻》上聲語韻在呂切："珇，玉文。"（330）《詳校篇海》卷一《玉部》："珇，作土切，音祖。玉上起也；好也；美也。又慈語切，音咀。玉名。"（74下）《篇海類編》同。據《集韻》《新修玉篇》可知，《詳校篇海》《篇海類編》訓"珇"為"玉名"，當為"玉文"之誤。《大字典》"珇"字下據《篇海類編》之誤而收錄"玉名"這一義項，應刪。

2. 侏：《新修玉篇》卷三《人部》引《玉篇》："侏，陟輸切。侏儒，短人也。《國語》曰：'侏儒不可使援。'"（23上右）

按：《類篇·人部》："侏，鍾輸切。侏儒，短人。一曰：伶侏，古樂人名。又追輸切。大也。又張流切。華也。"（278上）《類篇》訓"侏"為"華也"，非是。《集韻》平聲尤韻張流切："倜，菲也。《太玄》：'物咸倜倡。'或作侏。"（259）"侏"同"倜"，當訓"菲也"，義指"乖張"。故《類篇》訓"華也"，當為"菲也"之誤。《大字典》"侏"字下據《類篇》之誤而收錄"華"這一義項，應刪。

3. 儻：《新修玉篇》卷三《人部》引《玉篇》："儻，他朗切。直也。"（25上右）

按：《集韻》上聲蕩韻坦朗切："儻，真也。一曰長皃。"（417）《集韻》訓"儻"為"真也"，於前代諸字書、韻書皆無征，當誤。《廣雅·釋詁三》："愓，直也。"曹憲《博雅音》云："愓，一本作儻。"（211）

《玉篇·人部》："偒，他莽切。直也。"（15下左）故《集韻》訓"偒"為"真也"，當即"直也"之誤。《大字典》沿襲《集韻》之謬誤增此條義項，當刪。

4. 靦：《新修玉篇》卷四《面部》引《餘文》："靦，乃殄切。靦靦，少色。"（34上右）

按：《篇海》卷七《面部》引《餘文》："靦，乃殄切。靦靦，小兒。"（683下）"靦"字，《新修玉篇》與《篇海》義訓不同，《新修玉篇》所言是也。《集韻》上聲銑韻乃殄切："靦，靦靦，少色。"（380）此是其證也。《詳校篇海》卷三《面部》："靦，乃殄切，音撚。靦靦，少兒，又小兒。"（158下）"靦"字，《詳校篇海》訓"少兒"，又訓"小兒"，"少兒""小兒"皆為"少色"之誤。《篇海類編》承襲《詳校篇海》之誤，訓"靦"為"少兒""小兒"，亦非。《大字典》（4691B）"靦"字據《篇海》《篇海類編》之誤而增收"小兒""少兒"二義，亦失考證。

5. 覨：《新修玉篇》卷四《見部》引《玉篇》："覨，縛尤、匹尤二切。視也。"（42下右）

按：《篇海》卷二《見部》引《玉篇》："覨，縛尤切。視也。"（588上）《玉篇·見部》："覨，縛尤切。視也。"（23下右）故"覨"義指"視"。又述古堂影宋鈔本《集韻》平聲尤韻披尤切："覨，視也。"同一小韻下字曰："篍，竹名。"（267）宋刻本《集韻》同。揚州使院重刻本《集韻》平聲尤韻披尤切曰："覨，視也。"同一小韻下字又曰："覨，竹名。"（562）據述古堂影宋鈔本《集韻》及宋刻本《集韻》可知，揚州使院重刻本《集韻》平聲尤韻披尤切"覨"字下一字訓為"竹名"之"覨"當為"篍"字誤刻。《大字典》"覨"字下承襲誤本《集韻》之謬而收錄"竹名"這一義項，應刪。

6. 吰：《新修玉篇》卷五《口部》引《餘文》："吰，都感切。鳥聲。"（44上左）

按：《篇海》同。《集韻》上聲感韻都感切："吰，鳥聲。"（447）故"吰"義指"鳥叫聲"。又《五音集韻》上聲感韻都感切："吰，高聲。"《五音集韻》訓"吰"為"高聲"，於前代韻書無徵，當為"鳥聲"之誤。《大字典》"吰"字下據《五音集韻》之謬而收錄"高聲"這一義項，疑亦非是。

第四章 《新修玉篇》整理與研究的價值 / 117

7. 吼：《新修玉篇》卷五《口部》引《玉篇》："吼，去尤切。聲也。"（44下左）

按：《篇海》同。《玉篇・口部》："吼，去尤切。聲也。"（27上左）故"吼"當訓"聲也"。又《直音篇》卷一《口部》："吼，音丘。口也。"（45下）《直音篇》訓"吼"為"口也"，於前代字書無征，當為"聲也"之誤。《詳校篇海》卷一《口部》："吼，驅尤切，音丘。聲也；口也。"（39上）《篇海類編》同。《詳校篇海》《篇海類編》承襲《直音篇》之誤而於"吼"字下增收"口也"之義，並失考證。《大字典》"吼"字下據《篇海類編》之謬而收錄"口"這一義項，應刪。

8. 咺：《新修玉篇》卷五《口部》引《玉篇》："咺，況晚切。《説文》曰：'朝鮮謂兒啼不止曰咺。'《韻》又況袁切。懼也。"（45上右）

按：《集韻》平聲元韻許元切："咺，懼也。"（134）《古今韻會舉要》平聲元韻許元切："咺，權也。"（111上）"咺"字，《集韻》與《古今韻會舉要》義訓不同，《集韻》所言是也。《廣雅・釋詁二》："咺，懼也。"（161上）此是其證也。故《古今韻會舉要》訓"咺"為"權也"，當為"懼也"之誤。《大字典》（662A）"咺"字下承襲《古今韻會舉要》之謬而收錄"權"這一義項，應據正。

9. 嚕：《新修玉篇》卷五《口部》引《玉篇》："嚕，力古切。語也。"（49下右）

按：《篇海》同。《玉篇・口部》："嚕，力覩切。語也。"（27上右）《集韻》上聲姥韻籠五切："嚕，語也。"（339）故"嚕"當訓"語也"。又《類篇・口部》："嚕，籠五切。詒也。"（48下）《類篇》訓"嚕"為"詒也"，於《集韻》無征，當為"語也"之誤。《大字典》"嚕"字下據《類篇》之誤而收錄"詒"這一義項，疑亦非是。

10. 齭：《新修玉篇》卷五《齒部》引《川篇》："齭，陟加切。大齒。"（50下右）

按：《篇海》同。"齭"字，《新修玉篇》《篇海》訓"大齒"，當皆為"大齫"之誤。《玉篇・齒部》："齯，竹加切。齭齯，大齒也。"（28上右）《玉篇校釋》已於"齯"字下校"齒"為"齫"，並注曰："'齭齯，大齫也'者，'齫'原譌'齒'，今正。《廣雅・釋詁三》：'齭、齯，齫也。'慧琳七九卷引作'大齫也'，蓋迻錄本書原引《埤倉》文，誤為《廣雅》也。"（1089）胡氏所言是也。《名義・齒部》："齯，[齫]齭，竹加反。大齧也。"（47下）此是其證也。"齫"與"齭"形近，且構字部件相同，"齫"當即"齭"通過偏旁易位而形成的異體字。"齭"訓"大齧"，故"齫"亦當以訓"大齧"為是。《大字典》《字海》"齫"字皆承襲《篇海》之誤而訓"大齒"，並非。

11. 髶：《新修玉篇》卷五《髟部》引《餘文》："髶，他計切。髪也。"（52上左）

按：《篇海》同。《集韻》去聲霽韻地計切："髯髶髶，髲也。或從世、從曳。"（504）"髶"同"髯""髶"，《集韻》訓"髲也"，"髲"義指"假髮"。《新修玉篇》《篇海》訓"髶"為"髪也"，"髪"當為"髲"字之誤。《直音篇》《詳校篇海》《篇海類編》等後世字書訓"髶"為"髪也"，當皆因承襲《篇海》而誤也。《大字典》"髶"字下據《篇海類編》收錄"頭髮"這一義項，非是。

12. 髝：《新修玉篇》卷五《髟部》引《餘文》："髝，郎古切。鬣也。"（52下左）

按：《篇海》同。《集韻》上聲姥韻籠五切："髝，鬙（鬣）也。"（338）故"髝"當訓"鬣也"，義指"頭髮上指貌"。又《五音集韻》上聲姥韻郎古切："髝，髪也。"《五音集韻》訓"髝"為"髪也"，於《集韻》無徵，當為"鬣也"之誤。《大字典》《字海》"髝"字下皆據《五音集韻》之誤而收錄"頭髮"這一義項，疑並非是。今案："髝"疑即"髗"字之俗。《説文·髟部》："髗，鬣也。從髟，鼠聲。"（186上）《玉篇·髟部》："髗，來都切。鬣也。"（28下右）故"髝""髗"音近義同，"髝"當即"髗"之異體字。

13. 扠：《新修玉篇》卷六《手部》引《玉篇》："扠，楚牙切。橫扠也。《韻》曰：打也。《韻》又丑佳切。以拳加人。又楚佳切。打也。"（53上左）

按：《集韻》平聲麻韻初加切："扠，打也。"（205）故"扠"有"打也"之義。《類篇·手部》："扠，初佳切。打也。又櫨佳切。以拳加物。又初加切。行也。"（443上）《類篇》訓"扠"為"行也"，形義不諧，且於《集韻》無徵，當為"打也"之誤。《大字典》"扠"字下據《類篇》之謬而收錄"行"這一義項，應刪。

14. 扜：《新修玉篇》卷六《手部》引《玉篇》："扜，客加切。將也。"（54上左）

按：《集韻》平聲麻韻丘加切："抲，挖也。或作搭、抔。"（208）故"抔"同"抲""搭"，當訓"挖也"，義指扼，用力掐住。又《類篇·手部》："搭抔，丘加切。扼也。"（446 上）《類篇》訓"搭""抔"為"扼也"，於《集韻》無征，當為"挖也"之誤。《大字典》《字海》"抔"字下皆據《類篇》之誤而收錄"扼"這一義項，疑並非是。

15. 扒：《新修玉篇》卷六《手部》引《餘文》："扒，七鴆切，去聲。插也。"（53 下左）

按：《篇海》卷十二《手部》引《餘文》："扒，音沁。播也。"（756 下）"扒"字，《新修玉篇》與《篇海》義訓不同，《新修玉篇》所言是也。《集韻》去聲沁韻七鴆切："摁扒，插也。或從心。"（621）此是其證也。《詳校篇海》卷四《手部》："扒，七鴆切，音沁。播也；插也。"（268 下）《字彙·手部》："扒，七鴆切，音沁。播也；插也。"（172 下）《詳校篇海》《字彙》"扒"字亦收錄"播也"這一義項，此皆因承襲《篇海》而誤也。《大字典》"扒"字下據《字彙》之誤而收錄"播"這一義項，亦失考證。

16. 捔：《新修玉篇》卷六《手部》引《玉篇》："捔，口耕切。琴聲。《論語》曰：'捔爾舍瑟而作。'與鏗同。"（55 上左）

按：《篇海》同。《玉篇·手部》："捔，口耕切。琴聲。《論語》曰：'捔爾捨瑟而作。'與鏗同。"（31 下右）《集韻》平聲耕韻丘耕切："捔，琴聲。《論語》：'捔爾捨瑟而作。'或作搢，通作鏗。"（233）據《集韻》，"捔"與"搢""鏗"即為異體字。《類篇·手部》："捔，丘耕切。琴聲。《論語》：'捔爾捨瑟而作。'或作搢。搢又知盈切。引也。"（446 上）據《類篇》，"捔"訓"琴聲"，與"搢"音義並同，即為異體字。"搢"除在"琴聲"這一義項上與"捔"互為異體字之外，又有"知盈切"、"引也"這一音義。《大字典》《字海》收錄"捔"字，皆據《類篇》收錄"引"這一義項。據《類篇》原文，可知"引"為"搢"字之義，而非"捔"字之義。《大字典》《字海》皆因誤植"搢"字之義於"捔"字之上，遂致此誤。

17. 挃：《新修玉篇》卷六《手部》引《玉篇》："挃，徒結切。摘也。《韻》又丁結切。摘也。"（58 上左）

按：《集韻》入聲屑韻丁結切："挃，摘也。"（700）《集韻》訓"挃"為"摘也"，非是。《廣雅·釋詁四》："挃，摘也。"《玉篇·手部》："㨨，徒結切。摘也。"（31下右）《廣韻》入聲屑韻徒結切："㨨，摘也。"（400）以上諸書皆其證也。故《集韻》訓"㨨"為"摘也"，"摘"當為"擿"字之誤。《大字典》《字海》"㨨"字下皆承襲《集韻》之誤而收錄"摘"這一義項，並非。

18. 㩋：《新修玉篇》卷六《手部》引《龍龕》："㩋，奴小切。摘也。"（59上右）

按：《篇海》同。《龍龕》卷二《手部》："㩋，奴鳥反。摘也。"（212）《名義·手部》："㩋，乃鳥反。摘也。"（57上）《玉篇·手部》："㩋，乃鳥切。摘也。"（31下右）"㩋"與"㩋"音同形近，當為異體字。《名義》《玉篇》皆訓"擿也"，然《龍龕》卻訓"摘也"，"摘也"當為"擿也"之誤。《大字典》"㩋"字以《龍龕》作為書證，然未校正《龍龕》義訓之誤，失考證。

19. 㩗㩗：《新修玉篇》卷六《手部》引《餘文》："㩗，奴了切。摘也。"（60上左）

按：《廣韻》上聲筱韻奴鳥切："㩗，摘也。"（201）"㩗""㩗"當即同字異寫，然《新修玉篇》《廣韻》皆訓"摘也"，非是。故宮本《王韻》上聲筱韻奴鳥反："㩗，摘也。"（481）《集韻》上聲筱韻乃了切："㩗，摘也。"（391）以上二書皆其證也。故《廣韻》訓"㩗"為"摘也"，"摘"當為"擿"字之誤。《大字典》收錄"㩗"字，承襲《廣韻》之誤而訓"摘"，非是。《字海》亦收"㩗"字，據《集韻》訓"摘"，然《集韻》實訓"擿也"，此亦非是。"㩗"即"㩗"之異寫字，亦當訓"擿也"。《新修玉篇》承襲《廣韻》之誤而訓"摘也"，亦非。《字海》收錄"㩗"字，謂同"摘"，字見《直音篇》。《直音篇》未見收錄"㩗"字，"㩗"當即"㩗"之異寫字，《字海》謂同"摘"，非是。

20. 跧：《新修玉篇》卷七《足部》引《玉篇》："跧，阻圓切。《說文》：'蹴也。一曰卑也；縈也。'《韻》又屈也；伏也……又將倫切。蹙也。"（63上左）

按：《廣韻》平聲諄韻將倫切："跧，蹙也。又阻圓切。"（63）箋注本《切韻》（斯2071）平聲真韻將倫反："跧，蹙。又阻圓反。"（76）故宮本《王韻》同。"跧"字，《切韻》《廣韻》訓"蹙"，此"蹙"當同"蹴"。《說文·足部》："跧，蹴也。一曰卑也；縈也。从足，全聲。"（40下）《玉篇·足部》："跧，莊攣切。《說文》云：'蹴也。一曰卑也；

第四章　《新修玉篇》整理與研究的價值　/　121

綮也。'"（33下右）《集韻》平聲諄韻蹤倫切："跧，蹴也；卑也。"
（123）以上諸書皆其證也。又"蹴"或體可作"麼"。《集韻》入聲屋韻
七六切："蹴，《説文》：'躡也。'或作麼。"（642）故《切韻》《廣韻》
訓"跧"為"麼"，此"麼"當即"蹴"之異體字。《大字典》"跧"字
下據《廣韻》單列音 zūn、"麼"這一義項。事實上，此"麼"同"蹴"，
義指"踹""踢"，而非指"緊促""急迫"，故應合併到第一義項之下第
一小義項"踹；踢"中去，而《廣韻》"將倫切"一音應以又音的形式
置於"莊緣切""阻頑切"之後。

21. 跦：《新修玉篇》卷七《足部》引《餘文》："跦，力對切。足跌
也。"（63上左）

按：《篇海》卷九《足部》引《餘文》："跦，力對切。足～也。"
（712下）"足～也"之"～"即代替"跦"字，《新修玉篇》與《篇海》
義訓不同，《新修玉篇》所言是也。《集韻》去聲隊韻盧對切："跦，足
跌。"（530）此是其證也。故《篇海》訓"跦"為"足跦也"，當即"足
跌也"之誤。《大字典》（3943B）"跦"字下據《篇海》之誤而收錄"足
跦"這一義項，非是。

22. 跤：《新修玉篇》卷七《足部》引《玉篇》："跤，七倫切。退
也。《韻》又祖昆切。蹲也。《莊子》：'跤於窾水。'又徂尊切。以足逆
躝曰跤。丁公《省韻》又壯倫切。"（63下右）

按：《集韻》平聲諄韻壯倫切："竣，伏皃。或作跤、夋。"（127）故
"跤"音"壯倫切"，當訓"伏皃"，與"竣""夋"即為異體字。又《五
音集韻》平聲諄韻壯倫切："竣跤夋，艸名。""竣""跤""夋"三字，
《集韻》與《五音集韻》義訓不同，當以《集韻》所言為是。《五音集
韻》訓"竣""跤""夋"為"艸名"，"艸名"當為"伏皃"之誤。《大
字典》"跤"字下承襲《五音集韻》之誤而收錄"草名"這一義項，非
是，應刪。

23. 蹢：《新修玉篇》卷七《足部》引《玉篇》："蹢，阻鳩切。獸足
也。"（64下右）

按：《篇海》卷九《足部》引《玉篇》："蹢，阻流切。獸名（足）。"
（713下）《玉篇·足部》："蹢，阻流切。獸足。"（34上右）《廣韻》平
聲尤韻側鳩切："蹢，獸足也。"（138）《集韻》平聲尤韻甾尤切："蹢，
獸足也。"（265）故"蹢"義指"獸足"。又《類篇·足部》："蹢，緇尤

切。獸走也。"（71下）《類篇》是以《集韻》為基礎編纂而成的，"蹢"字《集韻》訓"獸足也"，《類篇》卻訓"獸走也"，"走"當為"足"字之誤。《字彙·足部》："蹢，將侯切，音諏。獸走。"（475下）《字彙》訓"蹢"為"獸走"，此即因承前而謬也。《大字典》"蹢"字下承襲《類篇》《字彙》之謬而收錄"獸走"這一義項，非是；《字海》"蹢"字下承襲《字彙》之謬而收錄"獸跑"這一義項，亦非。

24. 蹋：《新修玉篇》卷七《足部》引《玉篇》："蹋，吐緩切。踐處也；又行速也。上聲。"（65下右）

按：《篇海》卷九《足部》引《玉篇》："蹋，他卵切。踐也；速行（行速）也。"（714下）《名義·足部》："蹋，他卵反。行速也。"（60上）《玉篇·足部》："蹋，他卵切。踐處也；又行速也。"（33下右）故"蹋"義指"踐處""行速"。又《詳校篇海》卷三《足部》："蹋，土緩切，音湍。踐也；又行遠也。"（206下）《篇海類編》同。《詳校篇海》訓"蹋"為"行遠也"，於前代字書無征，當為"行速也"之誤。《篇海類篇》亦訓"行遠也"，此當為承襲《篇海》之誤也。《大字典》"蹋"字下據《篇海類編》之誤而收錄"行遠"這一義項，應刪。

25. 䟆：《新修玉篇》卷七《足部》引《餘文》："䟆，所江切。跦䟆，立也。"（65下左）

按：《篇海》卷九《足部》引《餘文》："䟆，音雙。並立也。"（715上）"䟆"字，《新修玉篇》與《篇海》義訓不同，《新修玉篇》所言是也。《廣韻》平聲江韻所江切："䟆，跦䟆，立也。"（14）《集韻》平聲江韻疎江切："䟆，跦䟆，竦立。"（23）以上二書是其證也。故《篇海》訓"䟆"為"並立"，當為"竦立"之誤。《大字典》"䟆"字下據《篇海》之誤而收錄"並立"這一義項，非是。

26. 顋：《新修玉篇》卷七《骨部》引《廣集韻》："顋，苦回切。大頭。又苦昆切。大頭。又口猥切。首大骨。又口瓦切。醜皃。又苦骨切。大頭皃。"（66下右）

按：《集韻》上聲馬韻苦瓦切："顋，醜皃。"（412）《五音集韻》上聲馬韻苦瓦切："顋，髁皃。"（412）"顋"字，《集韻》與《五音集韻》義訓不同，當以《集韻》所言為是。《廣雅·釋詁二》："顋，醜也。"此亦其證也。故《五音集韻》訓"顋"為"髁皃"，當為"醜皃"之誤。《大字典》《字海》"顋"字下據《五音集韻》收錄"髁貌"這一義項，疑並非是。

27. 衋：《新修玉篇》卷七《血部》引《龍龕》（當為《餘文》之誤）："衋，古獲切。衋（當為字頭誤重）大血。"（67上右）

按：《篇海》卷十三《血部》引《餘文》："衋，古獲切。大血也。"（793上）鉅宋本《廣韻》入聲麥韻古獲切："衋，衋（當為字頭誤重）大血。"（415）宋本《廣韻》亦訓"大血"。《集韻》入聲麥韻古獲切："衋，犬血。"（741）"犬血"當為"大血"之誤。《大字典》（3254B）"衋"字下據誤本《廣韻》、《字海》（1269C）"衋"字下據《集韻》皆訓"狗血"，疑並誤。

28. 胻：《新修玉篇》卷七《肉部》引《玉篇》："胻，戶當切。《說文》曰：'脛耑也。'《韻》又戶庚切。牛勢胻也。又下更切。脛也。去聲。"（68上右）

按：《廣韻》去聲映韻下更切："胻，脛也。"（342）《集韻》去聲映韻下孟切："胻，脛也。"（603）《五音集韻》去聲諍韻下更切："胻，肚也。""胻"字，《五音集韻》與《廣韻》《集韻》義訓皆不同，當以《廣韻》《集韻》所言為是。《五音集韻》訓"肚也"，"肚"當為"脛"字之誤。又《廣韻》《集韻》訓"脛也"，亦非。《說文·肉部》："胻，脛耑也。从肉，行聲。"（82下）故據《說文》，《廣韻》《集韻》訓"脛也"，當為"脛耑也"之脫誤。《大字典》"胻"字下承襲《五音集韻》之誤而收錄"肚"這一義項，失考證。

29. 膱：《新修玉篇》卷七《肉部》引《玉篇》："膱，之力切。《周禮》注：'膠膱之類不能方，如脂膏敗膱。膱，黏也。'《韻》曰：脯長有二寸曰膱。《儀禮》作臓。《韻》又陟力切。肥也。又除力切。肥腸。"（69上右）

按：《集韻》入聲職韻竹力切："膱，肥也。"下文同一小韻逐力切又曰："膱，肥也。"（757）然《廣韻》入聲職韻除力切曰："膱，肥腸。"（424）"膱"字，《集韻》與《廣韻》義訓不同，當以《廣韻》所言為是。《集韻》訓"肥也"，當為"肥腸也"之脫誤。《大字典》"膱"字下據《集韻》之謬而收錄"肥"這一義項，應刪。

30. 腦：《新修玉篇》卷七《肉部》引《玉篇》："腦，奴晧切。頭腦也。又瀀（優）皮也。或從囟。《韻》又那到切。瀀（優）皮也。"（69上右）

按:《集韻》去聲號韻乃到切:"腦,瀀澤也。"(588)《集韻》訓"腦"為"瀀澤也",疑非是。敦煌本《王韻》去聲號韻奴到切:"腦,優皮。"(414)《廣韻》去聲號韻那到切:"腦,優皮也。"(328)"腦""腦"即異體字。據《切韻》《廣韻》可知,《集韻》訓"腦"為"瀀澤也",當為"優皮也"之誤。《大字典》"腦"字下據《集韻》之謬而收錄"瀀澤"這一義項,疑亦非是。

31. 胗:《新修玉篇》卷七《肉部》引《餘文》:"胗,香靳切。瘡中冷。"(69上右)

按:《篇海》同。《廣韻》去聲焮韻香靳切:"疹,瘡中冷。疹胗,並同上。"(301)正如下文所言,《廣韻》訓"疹""胗"為"瘡中冷",當為"瘡肉䐃"之誤。"瘡肉䐃"與"創肉反出腫起"當訓異義同,皆指"傷口愈合時,新肉略微突出"。《新修玉篇》《篇海》《直音篇》《詳校篇海》《篇海類編》等後世字書訓"胗"為"瘡中冷",皆因承襲《廣韻》而誤。《大字典》"胗"字下第一義項據《廣韻》《篇海類編》之誤而謂同"疹",訓"瘡中冷",非是,應刪。《字海》"胗"字下據《廣韻》之誤而謂同"疹",訓"瘡中冷",亦非。(詳見下文"疹"字注)

32. 䏲:《新修玉篇》卷七《肉部》引《餘文》:"䏲,陟瓜切。脽也。"(70下左)

按:《篇海》同。《集韻》平聲麻韻張瓜切:"䏲,腿也。"(206)《新修玉篇》《篇海》引《餘文》與《集韻》不同,《新修玉篇》《篇海》所言是也。《廣韻》平聲麻韻陟瓜切:"䏲,脽也。"(109)此是其證也。故《集韻》訓"䏲"為"腿也","腿"當為"脽"字之訛。《大字典》"䏲"字下據《集韻》收錄"腿"這一義項,《字海》"䏲"字據《集韻》徑訓"腿",疑並非是。

33. 慾:《新修玉篇》卷八《心部》引《奚韻》:"慾,呼紇切。一慾性也。"(73上左)

按:《篇海》卷十《心部》引《奚韻》:"慾,於謹切。疾人憂也。"(731上)"慾"字,《新修玉篇》與《篇海》音義不同,《新修玉篇》所言是也。《新修玉篇》卷八《心部》同畫"慾"字上文引《奚韻》曰:"慇,於謹切。疾人憂。"(73上左)《篇海》卻未見收錄"慇"字,故《篇海》"慾"字音義當因誤脫"慇"字,進而又誤植"慇"字之義於"慾"字之上所致的訓釋失誤。《字海》(998A)"慾"字音義承襲《篇海》而謬，亦非。"愁"為俗字，正字俟考。

34. 訑：《新修玉篇》卷九《言部》引《玉篇》："訑，土禾切。欺也。兗州謂欺曰訑。俗作訑。《韻》又香支切。自多皃。俗作訑。"（79下左）

按：箋注本《切韻》（斯2071）平聲支韻香支反："訑，自多皃。"（108）故宮本《王韻》平聲支韻香支反："訑，自多皃。"（440）故宮本《裴韻》同。《廣韻》平聲支韻香支切："訑，自多皃。俗作訑。又湯何切。"（21）《集韻》平聲支韻香支切："訑，言多皃。"（35）據《切韻》《廣韻》可知，《集韻》訓"訑"為"言多皃"，當為"自多皃"之誤。又《龍龕》卷一《言部》："訑，土禾反。欺也。《玉篇》又止支反。多言也。"（41）然《名義‧言部》曰："訑，達可反。訑（當為字頭誤重）謾而不移也。"（82下）《玉篇‧言部》又曰："訑，湯何切，又達可切。訑（亦當為字頭誤重）謾而不移，兗州人謂欺曰訑。俗作訑。"（42下右）《玉篇》未見有訓"訑"為"多言也"，《龍龕》此說亦不可信。故"訑"與"訑""訑"音義並同，即為異體字。《大字典》"訑"字第二義項承襲《集韻》之誤而訓"言多貌"，且未溝通其與"訑"字的異體關係，失考證。

35. 䚯：《新修玉篇》卷九《音部》引《龍龕》："䚯，音業。樂名。"（84下左）

按：《篇海》卷十三《音部》引《龍龕》："䚯，魚怯切。樂声。"（807上）"䚯"字，《新修玉篇》與《篇海》義訓不同，《新修玉篇》所言是也。《龍龕》卷一《音部》："䚯，音業。樂也。"（178）此即其證也。故《篇海》"樂声"之訓當即"樂名"之誤。《大字典》"䚯"字沿襲《篇海》之誤而訓"樂声"，非是。

36. 䭓：《新修玉篇》卷九《食部》引《類篇》："䭓，音當。與食也。"（88下左）

按：《篇海》卷十一《食部》引《類篇》："䭓，音當。食也。"（748下）"䭓"字，《新修玉篇》與《篇海》義訓不同，當以《新修玉篇》所言為是。《篇海》訓"食也"，當為"與食也"之脫誤。《直音篇》卷三《食部》："䭓，音當。與食也。"（94上）《詳校篇海》同。以上二書皆其證也。《大字典》《字海》"䭓"字下皆承襲《篇海》之誤而收錄"食"這一義項，疑並非是。

37. 趀：《新修玉篇》卷十《走部》引《玉篇》："趀，胡邁切。蹇行。"（91下左）

按：《篇海》同。《玉篇·走部》："趀，胡邁切。蹇行。"（49上右）《廣韻》去聲候韻胡邁切："趀，蹇行。"（352）故"趀"義指行走艱難貌。又《集韻》去聲候韻下邁切："趀，蹇也。"（616）據以上辭書可知，《集韻》訓"趀"為"蹇也"，當為"蹇行也"之脫誤。《大字典》"趀"字下據《集韻》之謬而收錄"跛足"這一義項，應刪。

38. 趆：《新修玉篇》卷十《走部》引《玉篇》："趆，胡來切。留意也。《韻》又苦回切。邪足。"（92上右）

按：《篇海》卷九《走部》引《玉篇》："趆，胡來切。留意也。又苦回切。邪走。"（710上）《玉篇·走部》："趆，乎來切。留意也。"（48下左）《集韻》平聲灰韻枯回切："趆，邪足。"（106）故《篇海》"趆"字訓"邪走"，當為"邪足"之誤也。《大字典》"趆"字下據《篇海》之誤而增收"邪走"這一義項，非是。

39. 閛：《新修玉篇》卷十一《門部》引《玉篇》："閛，普耕切。門扇聲。《韻》又匹迸切。開閉門也。"（100上左）

按：《集韻》去聲諍韻匹迸切："閛，開閉門也。"（605）《集韻》訓"閛"為"開閉門也"，疑非是。《名義·門部》："閛，普耕反。碎門聲也。"（106下）《玉篇·門部》："閛，普耕切。門扉聲。"（55下左）《龍龕》卷一《門部》："閛，普耕反。門扇聲也。"（91）《廣韻》平聲耕韻普耕切："閛，門扉聲。"（124）《集韻》同。據以上諸字韻書可指，《集韻》去聲諍韻匹迸切訓"閛"為"開閉門也"，當為"開閉門聲也"之脫誤。又《集韻》此小韻上文"輣"字訓"車聲"、"砰"訓"石落聲"，下文"抨"訓"析木聲"，故"閛"亦當訓"開閉門聲也"。《玉篇校釋》"閛"字下注："《集韻》又收上（去）聲云：'開閉門也。'當作：'開閉門聲也。'閛然，摹聲之詞。"（2200）胡氏所言是也。《大字典》"閛"字下承襲《集韻》之誤而收錄"開閉門"這一義項，非是。

40. 閈：《新修玉篇》卷十一《門部》引《餘文》："閈，博計切。扃閈門戶也。"（101上右）

按：《篇海》卷七《門部》引《餘文》："閈，博計切。扃也；門戶也。"（675下）"閈"字，《新修玉篇》與《篇海》皆謂引《餘文》，然《集韻》未見收錄此字形，通行本《龍龕》收錄此字形，故《餘文》當為《龍龕》之誤。又《新修玉篇》與《篇海》義訓不同，《新修玉篇》所言是也。《龍龕》卷一《門部》："閉，俗；問，通；閉，正。博計反。肩～門戶也。"（93）故"閉"與"閉"音義並同，"閉"當即"閉"字之俗。《篇海》訓"閉"為"肩也；門戶也"，當為"肩閉（閉）門戶也"之誤拆。《詳校篇海》卷三《門部》："閉，博計切，音閉。肩也；又門戶。"（147下）《篇海類編》同。《詳校篇海》《篇海類編》訓"閉"為"肩也；又門戶"，此皆為承襲《篇海》之誤也。《大字典》"閉"字下承襲《篇海類編》之誤而收錄"門戶"這一義項，非是。

41. 疛：《新修玉篇》卷十一《疒部》引《餘文》："疛，許靳切。瘡中冷。"（103下左）

按：《篇海》同。故宮本《裴韻》去聲焮韻許靳反："瘑，瘡中冷。"（594）《廣韻》去聲焮韻香靳切："瘑，瘡中冷。疛脓，並同上。"（301）《廣韻》"瘑"字頭下同"瘑"之"疛"當為"疛"字俗訛。《龍龕》卷三《疒部》："疛瘑，香靳反。瘡中冷也。二同。"（477）《集韻》去聲焮韻香靳切："脓，《說文》：'創肉反出。'一曰瘑脓熱氣箸膚中。或作脓、瘀、瘑、疛、腖。"（545）以上二書其證也。然"疛""瘑""脓"諸字，以上諸韻書、字書訓"瘡中冷"，疑皆因承前而謬也。敦煌本《王韻》去聲焮韻許靳反："瘑，瘡中腰。"（410）"腰"當即"腖"字之俗。故宮本《王韻》去聲焮韻許靳反："瘑，瘡中腖。"（499）此是其證也。《名義·疒部》："瘑，興近反。創肉反出腫起也。"（111下）《玉篇·疒部》："瘑，向靳切。創肉反[出]腫起也。亦作脓。"（57上左）故宮本《王韻》訓"瘑"為"瘡中腖"，當為"瘡肉腖"之誤。"腖"字，《玉篇》訓"肥也"。"瘡肉肥"與"創肉反出腫起"當訓異義同，皆指"傷口愈合時，新肉略微突出"。"瘑"字，故宮本《王韻》訓"瘑"為"瘡中冷"，亦當為"瘡肉腖"之誤。《龍龕》《廣韻》訓"疛""瘑"為"瘡中冷"，皆為承訛襲謬也。《大字典》"疛"字下據《龍龕》之誤而收錄"瘡中冷"這一義項，應刪。

42. 瘑：《新修玉篇》卷十一《疒部》引《玉篇》："瘑，香靳切。創肉反[出]腫起也。亦作脓。"（104上左）

按：《廣韻》去聲焮韻香靳切："瘑，瘡中冷。疛脓，並同上。"（301）正如上文所言，《廣韻》訓"瘑"為"瘡中冷"，當為"瘡肉腖"之誤。"瘡肉腖"與"創肉反出腫起"當訓異義同，皆指"傷口愈合時，

新肉略微突出"。《大字典》"瘡"字下據《廣韻》之誤而收錄"瘡中冷"這一義項，亦應刪。（詳見上文"疗"字注）

43. 窣：《新修玉篇》卷十一《穴部》引《餘文》："窣，摸朗切。窣窱，空也。"（106 下左）

按：《集韻》上聲蕩韻母朗切："窣，窣窱，空也。"（418）《直音篇》卷三《穴部》："窣，音莽。窣窱，空也。"（127 上）《詳校篇海》卷五《穴部》："窣，母黨切，音莽。窣窱，空也。"（337 上）《篇海類編》卷三《穴部》亦曰："窣，母黨切，音莽。窣窱，空也。"（634 上）《大字典》"窣"字下據《篇海類編》收錄"穴"這一義項，然據上文可知，《篇海類編》本訓"空也"，故《大字典》這一義項應刪。

44. 窉：《新修玉篇》卷十一《穴部》引《玉篇》："窉，筆永切。穴也。《韻》曰：《爾雅》云'三月為窉'。本亦作窉。《韻》又陂病切。驚病。同作窉。"（106 下左）

按：《篇海》卷十三《穴部》引《搜真玉鏡》："窉，筆永切。穴也。又兵永切。《爾雅》曰：'三月為窉。'又陂病切。驚病也。"（802 上）《玉篇·穴部》："窉，筆永切。穴也。"（59 上右）《爾雅·釋天》："三月為窉。"陸德明釋文："窉，本或作窉。"郝懿行義疏："窉，本亦作窉。"《廣韻》上聲梗韻兵永切："窉，《爾雅》云：'三月為窉。'今本作窉。"（215）故"窉"訓"農曆三月的別稱"，同"窉"。又《說文·寢部》："窉，臥驚病也。从寢省，丙聲。"（150 下）《廣韻》去聲映韻陂病切："窉，驚病。"（342）故"窉"訓"驚病"，亦即"窉"之異體字。《玉篇》訓"窉"為"穴也"，當為不識其為"窉"字異體而妄補，此當即望形生訓。《集韻》上聲梗韻補永切："窉，《爾雅》：'三月為窉。'一曰穴也。或作窉。"（421）《集韻》謂"窉"字"一曰穴也"，此當因承襲《玉篇》而誤也。《玉篇校釋》"窉"字下注："《集韻》：'一曰穴也。'訓'穴'與上'窣'相近。"（2325）胡氏此說疑亦非是。《大字典》"窉"字下據《玉篇》而收錄"穴"這一義項，疑應刪。

45. 薊：《新修玉篇》卷十三《艸部》引《玉篇》："薊，古詣切。草名。《爾雅》：'朮，山薊。'又縣名；又州名。開元十八年以漁陽縣為薊州，又姓。漢薊子訓。俗作薊，注。"（121 上左）

按：《篇海》卷九《艸部》引《玉篇》："薊，俗。音薊。義同。"（719 上）《玉篇·艸部》："薊，古麗切。芙也。薊，同上，俗。"（64 上左)"葪"即"薊"字之俗。《直音篇》卷四《艸部》："薊,音計。草名;地名;又姓。葪,同上。"(156下)此亦其證也。《詳校篇海》卷三《艸部》："葪,吉器切,音既。割也。又同薊。"(214下)《篇海類編》同。《詳校篇海》訓"葪"為"割也",於前代字書無征,此訓疑不可據。《篇海類編》承襲《詳校篇海》之誤而訓"割也",疑亦非是。《大字典》"葪"字下據《篇海類編》之誤而收錄"割"這一義項,疑應刪。

46. 菔:《新修玉篇》卷十三《艸部》引《玉篇》："菔,扶福切。蘆菔也,江東呼菘菜。《韻》又蒲北切。蘆菔。"(121上左)

按:《集韻》入聲屋韻房六切:"菔,蘆菔,艸名。一曰刀劍衣。"(641)《說文·艸部》:"菔,蘆菔,似蕪菁,實如小尗者。从艸,服聲。"(16上)《玉篇·艸部》:"菔,扶福切。蘆菔也,江東呼菘菜。"(64下右)"菔"本義指"蘆菔"。"菔"字,《集韻》"一曰刀劍衣"者,當即"箙"字之訓誤置於此。《說文·竹部》:"箙,弩矢服也。从竹,服聲。"(98上)《名義·竹部》:"箙,扶福反。盛矢器也。"(141下)《玉篇·竹部》:"箙,扶福切。(盛)矢器也,藏弩箭為箙。"(70下右)"菔""箙"音同,又艸旁、竹旁俗寫形近,二者常可譌混,故可能造成"菔""箙"俗寫形近不分,因而又誤植"箙"字之訓於"菔"字之下,遂致此誤。《大字典》此義據《集韻》而妄增,應刪。

47. 蒧:《新修玉篇》卷十三《艸部》引《餘文》:"蒧,多忝切。闕。人名。夫子弟子曾蒧。"(122下左)

按:《篇海》同。《集韻》上聲忝韻多忝切:"蒧,闕。人名。夫子弟子曾蒧。通作點。"(454)《史記·仲尼弟子列傳》:"曾蒧,字皙。"司馬貞索引:"蒧,音點。"今查《論語·先進》作"點"。故"蒧"當即"點"之異體字。《直音篇》卷四《艸部》:"蒧,音點。草名;又人名。"(166下)《直音篇》訓"蒧"為"草名",於文獻皆無證,疑為見其從"艸"而妄補,此當即望形生訓。《詳校篇海》卷三《艸部》:"蒧,多忝切,音點。草名。又闕。人名。夫子弟子曾蒧。通作點。"(217上)《字彙·艸部》:"蒧,多忝切,音點。草名。又人名。夫子弟子曾蒧、公西蒧、奚容蒧。今作點。"(407上)《詳校篇海》《字彙》訓"蒧"為"草名",此當皆因承襲《直音篇》而誤。《大字典》收錄"蒧"字,據《字彙》收錄"草名"這一義項,疑應刪。

48. 蔽:《新修玉篇》卷十三《艸部》引《玉篇》:"蔽,甫制切。障

也；隱也；暗也。《韻》又掩也……又并列切。蒦也。"（123下右）

按：述古堂影宋鈔本《集韻》入聲薛韻必列切："蔽，蒦也。"（714）宋刻本《集韻》同。揚州使院重刻本《集韻》入聲薛韻必列切卻作："蔽，萎也。"（1475）"蔽"字，揚州使院重刻本《集韻》與述古堂影宋鈔本《集韻》、宋刻本《集韻》皆不同，當以述古堂影宋鈔本《集韻》、宋刻本《集韻》為是。《廣雅·釋詁四》："蔽，隱也。"《爾雅·釋言》："蒦，隱也。""蒦""蔽"義同，故"蔽"當以訓"蒦也"為是。揚州使院重刻本《集韻》訓"萎也"，當為"蒦也"之誤。《大字典》"蔽"字下承襲誤本《集韻》之謬而收錄"萎也"這一義項，疑亦非是。

49. 竗：《新修玉篇》卷十四《竹部》引《川篇》："竗，音妙。樂名。"（129上右）

按：《篇海》同。《直音篇》卷四《竹部》亦曰："竗，音妙。樂也。"（152上）然《詳校篇海》卷二《竹部》："竗，音妙。藥名。"（104上）《篇海類編》同。《詳校篇海》訓"竗"為"藥名"，於前代字書無征，當為"樂名"之誤。《篇海類編》亦訓"竗"為"藥名"，此當為《詳校篇海》所誤。《大字典》"竗"字下承襲《篇海類編》之謬而收錄"藥名"這一義項，疑亦非是。

50. 箈：《新修玉篇》卷十四《竹部》引《玉篇》："箈，昨鹽切。漂絮簀。又才田、子田二切。《說文》曰：'蔽絮簀也。'"（129上右）

按：《篇海》卷五《竹部》引《玉篇》："箈，才田、子田二切。《說文》：'蔽絮簀也。'又昨鹽切。"（644上）《說文·竹部》："箈，蔽絮簀也。从竹，沾聲。讀若錢。"（92下）《玉篇·竹部》："箈，才田、子田二切。《說文》：'蔽絮簀也。'又昨鹽切。籤，同上。"（70上左）故"箈"即指造紙漂漿用的竹簾。又《詳校篇海》卷二《竹部》："箈，才先切，音錢。《說文》：'蔽絮簀也。'亦作籤。又音詹。汁也。"（104上）《篇海類編》同。"昨鹽切"與"音詹"音同，據《新修玉篇》可知，"箈"音"詹"，當訓"漂絮簀"，《詳校篇海》訓"汁也"，於前代字書無征，此訓非是。《篇海類編》亦訓"汁也"，此當為《詳校篇海》所誤。《大字典》"箈"字下據《篇海類編》而收錄"汁"這一義項，疑應刪。

51. 筎：《新修玉篇》卷十四《竹部》引《玉篇》："筎，七余切。竹名。"（129上左）

按：《篇海》同。《玉篇·竹部》："笽，七余切。竹。"（72上右）故"笽"即指竹名。《詳校篇海》卷二《竹部》："笽，逡須切，音趣。竹名；又水澤。"（104下）《篇海類編》同。《詳校篇海》又訓"笽"為"水澤"，於前代字書無征，且"笽"訓"水澤"，形義不諧，此訓疑非是。《篇海類編》承襲《詳校篇海》之誤，失考證。《大字典》"笽"字下據《篇海類編》而收錄"水澤"這一義項，疑應刪。

52. 箈：《新修玉篇》卷十四《竹部》引《餘文》："箈，徒亥切。竹筍。又他亥切。竹萌。又直之切。箭萌。一曰水中魚衣。或從怠。又徒哀切。魚衣濕者，濡箈。亦作苔。《說文》曰：'箈，水衣。'"（129上左）

按：《篇海》卷五《竹部》引《餘文》："箈，徒亥切。竹筍。又直之、他亥二切。竹名。"（644上）"箈"字，"直之""他亥"二切，《新修玉篇》與《篇海》義訓不同，當以《新修玉篇》為是。《集韻》平聲之韻澄之切："箈䈈，箭萌。一曰水中魚衣。或從怠。"（54）《集韻》上聲海韻蕩亥切又曰："䈈，竹萌。或作箈。"（351）《周禮·天官·醢人》："加豆之實：芹菹、兔醢、深蒲、醓醢、箈菹、鴈醢、筍菹、魚醢。"鄭玄注："箈，箭萌。"此是其證也。故《篇海》訓"箈"為"竹名"，非是。《大字典》"箈"字下據《篇海》之誤而收錄"竹名"這一義項，亦非。

53. 箢：《新修玉篇》卷十四《竹部》引《餘文》："箢，於阮切。竹器。"（129下左）

按：《篇海》同。《集韻》上聲阮韻委遠切："箢，竹器。"（360）《直音篇》卷四《竹部》："箢，音宛。竹器。"（152上）《詳校篇海》卷二《竹部》："箢，於阮切，音宛。竹器。"（105下）故"箢"即指一種竹器。又《字彙·竹部》："箢，於阮切，音宛。竹名。"（344下）《正字通》同。《字彙》訓"箢"為"竹名"，於前代字書無征，當為"竹器"之誤。《正字通》亦訓"箢"為"竹器"，此即因承襲《字彙》之謬而誤。《大字典》《字海》"箢"字下皆據《字彙》之謬而收錄"竹名"這一義項，疑並非是。

54. 箈：《新修玉篇》卷十四《竹部》引《玉篇》："箈，昨棱切。簦箈，笠也。"（130上左）

按：《篇海》卷五《竹部》引《玉篇》："箈，慈稜切。簦箈，竹也。"（645下）"箈"字，《新修玉篇》與《篇海》義訓不同，當以《新修玉篇》為是。《玉篇·竹部》："簪，慈棱切。篸簪，笠也。"（71上左）此是其證也。《詳校篇海》卷二《竹部》："簪，才登切，音層。竹也。又篸簪，笠也。"（106下）《篇海類編》同。《詳校篇海》訓"簪"為"竹也"，此即因承襲《篇海》之謬而誤。《篇海類編》承襲《詳校篇海》之誤而訓"簪"為"竹也"，亦非。《大字典》《字海》"簪"字下皆據《篇海類編》之謬而收錄"竹名"這一義項，並非。

55. 簦：《新修玉篇》卷十四《竹部》引《玉篇》："簦，都縢切。籉也。《韻》曰：長柄笠也。"（130下左）

按：《篇海》卷五《竹部》引《玉篇》："簦，都縢切。籉竹也。"（645下）"簦"字，《新修玉篇》與《篇海》義訓不同，當以《新修玉篇》為是。《說文·竹部》："簦，笠蓋也。从竹，登聲。"（92下）段玉裁注："笠而有柄有蓋，即今之雨繖。"《玉篇·竹部》："簦，都縢切。籉也。"（71上左）"簦"即指一種笠。《玉篇·竹部》："籉，徒來切。笠子。"（71上左）《廣韻》平聲哈韻徒哀切："籉，可禦雨也。"（57）"簦""籉"義同，故"簦"當以訓"籉也"為是。《篇海》訓"簦"為"籉竹也"不辭，當為"籉也"之衍誤。《詳校篇海》卷二《竹部》："簦，都縢切，音登。竹也。又笠有柄者。"（107上）《篇海類編》同。《詳校篇海》轉訓為"竹也"，當為"籉竹也"之脫誤，亦非。《篇海類編》承襲《詳校篇海》之誤而訓"簦"為"竹也"，亦失考證。《大字典》"簦"字下據《篇海類編》之誤而收錄"竹名"這一義項，應刪。

56. 簋：《新修玉篇》卷十四《竹部》引《廣集韻》："簋，都感切。箱屬。"（131上左）

按：《篇海》卷五《竹部》引《龍龕》："簋，丁敢切。～籠，竹器。"（646下）《廣韻》上聲感韻都感切："簋，箱屬。又作簟。"（226）《集韻》上聲感韻都感切："簋，籢類。或作籃、橝。"（447）《龍龕》卷二《竹部》："簋簟，都感反。～籠，竹器也。二同。"（391）故"簋"即指一種竹箱子。又《詳校篇海》卷二《竹部》："簋，都感切，舊音膽。～籠，竹器。又竹名。"（108上）《篇海類編》同。《詳校篇海》訓"簋"為"竹名"，於前代字書無徵，非是。《篇海類編》承襲《詳校篇海》之誤而訓"簋"為"竹名"，亦非。《大字典》《字海》"簋"字下皆據《篇海類編》之謬而收錄"竹名"這一義項，皆應刪。

57. 秄：《新修玉篇》卷十五《禾部》引《餘文》："秄，居列切。禾

名。"（135 上右）

按：《篇海》同。《集韻》入聲薛韻吉列切："秄，禾把。"（712）"秄"字，《集韻》本訓"禾把"，《新修玉篇》《篇海》轉引《集韻》卻改訓為"禾名"，非是。《大字典》《字海》"秄"字下分別承襲《篇海》《字彙》之誤而收錄"禾名"這一義項，疑並非是。

58. 罞：《新修玉篇》卷十五《网部》引《玉篇》："罞，古橫切。網滿。"（141 上右）

按：《篇海》同。《玉篇·网部》："罞，古橫切。罔滿也。"（77 上右）《集韻》平聲庚韻姑橫切："罞，罔滿也。或作罞、橐。"（229）《直音篇》卷三《网部》："橐，音觥。罞同。網滿。"（129 下）故"罞"同"罞"，當訓"網滿"。又《詳校篇海》卷三《网部》："罞，古橫切，音觥。同罞。網漏。"（197 上）據以上字韻書可知，《詳校篇海》訓"罞"為"網漏"，當為"網滿"之誤。《字彙·网部》："罞，古橫切，音觥。網漏。"（366 上）《字彙》亦訓"罞"為"網漏"，此當因承襲《詳校篇海》而誤。《大字典》"罞"字下承襲《字彙》之謬而謂"罞"字"一說"訓"網漏"，非是。

59. 斛：《新修玉篇》卷十六《斗部》引《玉篇》："斛，丁狄切。量也。"（146 下左）

按：《篇海》同。《廣雅·釋詁三》："斛，量也。"《玉篇·斗部》："斛，丁狄切。量也。"（79 下左）敦煌本《王韻》入聲錫韻[都歷反]："斛，量。"（430）故宮本《王韻》入聲錫韻都歷反："斛，量也。"（518）《廣韻》同。故"斛"當訓"量"。又《集韻》入聲錫韻丁歷切："斛，量器。"（750）《集韻》訓"斛"為"量器"，於前代辭書皆無徵，當為"量也"之誤。《大字典》"斛"字下卻承襲《集韻》之誤而收錄"量器"這一義項，疑亦非是。

60. 㮯：《新修玉篇》卷十七《矛部》引《餘文》："㮯，子紅切。錐也。"（150 上左）

按：《篇海》同。述古堂影宋鈔本《集韻》平聲東韻祖叢切："㮯，錐也。"（9）宋本、揚州使院重刻本《集韻》同。《類篇·矛部》："㮯，祖叢切。鉏也。"（531 下）"㮯"字，《集韻》訓"錐也"，《類篇》卻訓"鉏也"，"鉏也"當為"錐也"之誤。《大字典》《字海》"㮯"字承襲《類篇》義訓之誤而訓"鉏"，並誤。

61. 刬：《新修玉篇》卷十七《刀部》引《龍龕》："刬，叉礼切。戰名。"（152 下右）

按：《篇海》卷四《刀部》引《龍龕》："刬，尺礼切。獸名。"（628 上）"刬"字，《新修玉篇》與《篇海》義訓不同，《新修玉篇》所言當是。《龍龕》卷一《刀部》："刬，又（叉）礼反。戰名。"（98）此即其證也。"刬"字，後世字書訓"獸名"者，皆因承襲《篇海》而誤也。"刬"字正字不明，俟考。《大字典》《字海》"刬"字皆據《字彙》訓"獸名"，疑並非是。

62. 鋎：《新修玉篇》卷十八《金部》引《餘文》："鋎，戶板切。刃也。"（155 下右）

按：《篇海》同。《集韻》上聲潸韻戶板切："鋎，刃也。"（372）《古今韻會舉要》上聲潸韻合版切："鋎，刀也。"（257 下）《古今韻會舉要》訓"鋎"為"刀也"，於前代韻書、字書皆無徵，當為"刃也"之誤。《大字典》《字海》"鋎"字下皆據《古今韻會舉要》而收錄"刀"這一義項，疑並非是。

63. 錹：《新修玉篇》卷十八《金部》引《餘文》："錹，徂朗切。鈴聲。"（155 下左）

按：《篇海》同。《集韻》上聲蕩韻在朗切："錹，鈴聲。"（418）《五音集韻》同。故"錹"當訓"鈴聲"。《大字典》收錄"錹"字，據《五音集韻》收錄"鈴"這一義項，然《五音集韻》本訓"鈴聲"，《大字典》轉錄失真，故"鈴"這一義項應刪。

64. 鍥：《新修玉篇》卷十八《金部》引《玉篇》："鍥，古節切。鎌也。"（156 上右）

按：《篇海》卷二《金部》引《玉篇》："鍥，古節切。銿也。"（577 上）《説文·金部》："鍥，鎌也。从金，契聲。"（297 下）《玉篇·金部》："鍥，古節切。鎌也。"（83 上左）"鍥"字，《説文》《玉篇》皆訓"鎌也"，《新修玉篇》引《玉篇》亦訓"鎌也"，《篇海》引《玉篇》卻訓"銿也"，於前代字書皆無徵，"銿也"當為"鎌也"之誤。《大字典》"鍥"字下據《篇海》之誤而收錄"銿"這一義項，非是。

65. 鍴：《新修玉篇》卷十八《金部》引《玉篇》："鍴，都丸切。鑽也。"（156 上左）

按：《篇海》同。《方言》卷九："鑽謂之鍴。"郭璞注："鍴，音端。"(55)《玉篇·金部》："錀,都丸切。鑽也。"(84上右)《直音篇》卷五《金部》："錀,音端。鑽也。"(185上)《詳校篇海》卷一《金部》："錀,多官切,音端。鑽也;鎖也。"(15下)《篇海類編》同。《詳校篇海》又訓"錀"為"鎖也",於前代字書皆無征,當為"鑽也"之誤。《篇海類編》亦訓"錀"為"鎖也",此當因承襲《詳校篇海》而誤也。《大字典》"錀"字下據《篇海類編》收錄"鎖"這一義項,疑亦非是。

66. 鎼:《新修玉篇》卷十八《金部》引《餘文》:"鎼,莫鳳、莫弄二切。《廣雅》:'鏵鎼,鏨也。'一曰鏨刃也。"(156下左)

按:《篇海》同。《集韻》去聲送韻蒙弄切:"鎼,《廣雅》:'鏵鎼,鏨(鑿)也。'一曰鏨刃。"(462)同韻下文莫鳳切:"鎼,鏨刃。"(463)《類篇·金部》:"鎼,謨蓬切。《博雅》:'鏵鎼,鏨也。'又蒙弄切。一曰鏨刀。又莫鳳切。"(520上)《類篇》上承《集韻》而來,據《集韻》,《類篇》"鎼"訓"鏨刀","鏨刀"當為"鏨刃"之誤。《大字典》"鎼"字第二義項據《類篇》訓"鏨刀",此即因承訛襲謬而誤。

67. 鎏:《新修玉篇》卷十八《金部》引《玉篇》:"鎏,力脂切。金屬。《韻》又郎兮切。《說文》:'金屬。一曰剝也。'"(157下左)

按:《篇海》卷二《金部》引《玉篇》:"鎏,力脂切。金屬也。"(579上)《說文·金部》:"鎏,金屬。一曰剝也。从金,黎聲。"(295下)《玉篇·金部》:"鎏,力脂切。金屬。"(83上右)《直音篇》卷五《金部》:"鎏,音梨。釜屬。"(183上)"鎏",《直音篇》訓為"釜屬",然《直音篇》以前諸字書皆訓"金屬","釜屬"當為"金屬"之誤。《詳校篇海》《篇海類編》"鎏"字承襲《直音篇》之誤而訓"釜屬",亦誤。《大字典》"鎏"字第三義項據《篇海類編》訓"釜屬",此即因承訛襲謬而誤,應刪。

68. 鑖:《新修玉篇》卷十八《金部》引《玉篇》:"鑖,亡結切。《博雅》:'鑖鍱,鋌也。'《玉篇》:'小錐也。'"(158上右)

按:《篇海》卷二《金部》引《玉篇》:"鑖,亡結切。小錐也。"(579上)"鑖"字,《新修玉篇》《篇海》引《玉篇》皆訓"小錐也",非是。《名義·金部》:"鑖,亡結反。小鋌也。"(176下)《玉篇·金部》:"鑖,亡結切。小鋌也。"(84上右)故《新修玉篇》《篇海》引《玉篇》訓"鑖"為"小錐也",皆為"小鋌也"之誤。《詳校篇海》卷一《金部》："錣，彌列切，音篾。小錐；又小鋌。"（17下）《篇海類編》同。《詳校篇海》《篇海類編》訓"錣"為"小錐"，此皆因承襲《篇海》之謬而誤。又《龍龕》卷一《金部》："錣，莫結反。小錐也。"（22）《龍龕》訓"錣"為"小錐也"，亦為"小鋌也"之誤。《大字典》《字海》"錣"字下皆據《篇海類編》之誤而收錄"小錐"這一義項，並非。

69. 舤：《新修玉篇》卷十八《舟部》引《玉篇》："舤，音凡。船舷。"（163上左）

按：《篇海》卷十一《舟部》引《玉篇》："舤，音凡。舷也。"（737下）《廣雅·釋水》："舤謂之舷。"《名義·舟部》："舤，扶嚴反。舷也；舤也。"（185上）《玉篇·舟部》："舤，音凡。舷也。"（87下右）敦煌本《王韻》平聲凡韻符芝反："舤，舷。"（383）故宮本《王韻》同。故宮本《裴韻》平聲凡韻符芝反："舤，舷。"（566）《廣韻》平聲凡韻符咸切："舤，船舷。"（155）"舤""舤"音義並同，即為異體字。故"舤"當訓"舷也"或"船舷"。又《龍龕》卷一《舟部》："舤舤，二俗；舤，正。音凡。舟也。三。"（131）《龍龕》訓"舤"為"舟也"，於前代字韻書皆無征，當為"舷也"或"船舷也"之誤。《大字典》"舤"字下據《龍龕》之誤而收錄"船"這一義項，疑亦非是。

70. 洌：《新修玉篇》卷十九《水部》引《玉篇》："洌，初栗切。流皃。又千結切。水聲。"（164下左）

按：《篇海》同。《玉篇·水部》："洌，初乙切。流皃。"（92上左）《廣韻》入聲屑韻千結切："洌，水聲。"（399）故"洌"當訓"流皃""水聲"。又《詳校篇海》卷四《水部》："洌，初栗切，舊音冊。洌洌，流貌。又千結切，音切。水聲。又水名。"（282上）《篇海類編》同。《詳校篇海》又訓"洌"為"水名"，於前代字韻書皆無征，疑非是。《篇海類編》亦訓"水名"，此為承襲《詳校篇海》之誤也。《大字典》"洌"字下據《篇海類編》之誤而收錄"水名"這一義項，疑亦非是。

71. 溯：《新修玉篇》卷十九《水部》引《餘文》："溯，匹皃切。漬也。"（167下左）

按：《篇海》同。《集韻》去聲效韻披教切："溯，漬也。"（583）《直音篇》卷五《水部》："溯，音砲。漬也。"（207上）故"溯"當訓"漬也"。《詳校篇海》卷四《水部》："溯，披教切，音砲。漬也。一曰清也。"（287下）《篇海類編》同。《詳校篇海》又訓"溯"為"清也"，於前代字韻書皆無征，當為"清也"之誤。《篇海類篇》訓"渿"為"清也"，此當為承襲《詳校篇海》之誤。《大字典》"渿"字下據《篇海類編》之誤而收錄"清"這一義項，疑亦非是。

72. 潷：《新修玉篇》卷十九《水部》引《玉篇》："潷，卑吉切。潷沸，泉出皃。亦作潷。見《詩》。"（168 上左）

按：《篇海》卷十二《水部》引《玉篇》："潷，埤逸切。泉水也。"（768 上）"潷"字，《新修玉篇》與《篇海》義訓不同，《新修玉篇》所言是也。《玉篇·水部》："潷，俾逸切。泉水出皃。"（91 上右）《廣韻》入聲質韻卑吉切："潷，潷沸，泉出皃。亦作潷。見《詩》。"（383）故《篇海》訓"潷"為"泉水也"，當為"泉水出也"之脫誤。《詳校篇海》卷四《水部》："潷，壁吉切，音畢。泉水也。又～沸，泉出貌。"（287下）《篇海類編》同。《詳校篇海》《篇海類編》亦訓"潷"為"泉水也"，此皆為《篇海》所誤。《大字典》"潷"字下據《篇海類編》而收錄"泉水"這一義項，應刪。

73. 漇：《新修玉篇》卷十九《水部》引《餘文》："漇，所綺切。潤也。"（170 上左）

按：《篇海》同。《集韻》上聲紙韻所綺切："漇，潤也。"（309）《楚辭·淮南小山〈招隱士〉》："狀皃崟崟兮峨峨，淒淒兮漇漇。"洪興祖補註："漇，潤也。"故"漇"當訓"潤也"。又《詳校篇海》卷四《水部》："漇，疏士切，音史。潤也。又想里切，音徙。流貌。"（291上）《篇海類編》同。《詳校篇海》訓"漇"為"流貌"，於文獻無征，當即從"徙"為說也，此訓疑不可據。《篇海類編》亦訓"漇"為"流皃"，此當為承襲《詳校篇海》之誤。《大字典》"漇"字下據《篇海類編》之誤而收錄"流貌"這一義項，疑應刪。

74. 泭：《新修玉篇》卷十九《水部》引《餘文》："泭，防無切。水上泭漚。《說文》：'編木以渡也。'或作桴、付（柎），同用。"（170 上左）

按：《篇海》卷十二《水部》引《餘文》："泭，音泭。義同。又防無切。"（770 上）《廣韻》平聲虞韻防無切："泭，水上泭漚。《說文》：'編木以渡也。'本音孚。或作桴。"（41）《集韻》平聲虞韻芳無切："泭，《說文》：'編木以渡。'一曰庶人乘泭。或作桴、柎、坿。通作桴。"（76）下文馮無切亦曰："泭，編木以渡。或作桴，通作栿、椨。"（78）

故"㴍"同"泭",義指筏。又《詳校篇海》卷四《水部》:"㴍,芳無切,音泭。義同。又防無切,音扶。水名。~漚;編木以渡也。"(292上)《篇海類編》同。《詳校篇海》訓"㴍"為"水名",於前代字韻書皆無征,此訓當非是。《篇海類編》亦訓"水名",此當為承襲《詳校篇海》之誤。《大字典》"㴍"字下據《篇海類編》之誤而收錄"水名"這一義項,疑應刪。

75. 㵁:《新修玉篇》卷十九《水部》引《餘文》:"㵁,夕連切。口液。次同。《韻》又于線切。水益兒。《餘文》又以然切。亡。"(171 上左)

按:《篇海》卷十二《水部》引《餘文》:"㵁,音次。口液也。又以然切。登也;方也。"(770下)"㵁""㵁"即同字異寫。《集韻》平聲仙韻徐連切:"次,《說文》:'慕欲口液也。'或作㳂、㵁。"(164)《集韻》去聲線韻延面切又曰:"㵁,水益兒。"(574)據《集韻》可知,"㵁"字並無"登也""方也"之訓。今查《集韻》平聲仙韻夷然切:"埏,登也;方也;墓道也。或作羨。"(167)故《集韻》訓"登也""方也"之字本作"羨",而非作"㵁"。"㵁"訓"登也""方也",當即因誤植"羨"字之義於"㵁"字之上所致的訓釋失誤。《詳校篇海》卷四《水部》:"㵁,徐延切,音次。與㳂同。口液也。賈誼《新書》:'垂㵁相告。'舊本又以然切,音延。登也;方也。又延線切,音衍。水滋貌。"(292下)《篇海類編》同。《詳校篇海》《篇海類編》訓"㵁"為"登也""方也",此皆為《篇海》所誤也。《大字典》"㵁"字下據《篇海類編》而收錄"登""方"二義,此即因承訛襲謬而誤。

76. 瀆:《新修玉篇》卷十九《水部》引《餘文》:"瀆,田候切。水聲。"(172 上右)

按:《篇海》卷十二《水部》引《餘文》:"瀆,田候切。水聲也。"(771下)《廣韻》去聲候韻田候切:"瀆,水名。"(353)《集韻》去聲候韻大透切:"瀆,水也。或作瀆。"(619)"瀆"當即"瀆"之異體字,應訓"水名"。《新修玉篇》《篇海》"瀆"字引《餘文》皆訓"水聲",於《集韻》無征,"水聲"當為"水名"之誤。《篇海類編》"瀆"字訓"水聲",此即因承襲《篇海》而誤。《大字典》"瀆"字下據《篇海類編》增收"水聲"這一義項,亦失考證。

77. 濾:《新修玉篇》卷十九《水部》引《玉篇》:"濾,力預切。濾

水也。《韻》注：洗也；澄也。"（172 上左）

按：《篇海》卷十二《水部》引《玉篇》："濾，力預切。濾水也。"（771 下）《玉篇·水部》："濾，力預切。濾水也。"（92 上右）《集韻》去聲御韻良據切："濾，洗也；澄也。"（493）據以上諸書可知，"濾"即指過濾、除去雜質。又《詳校篇海》卷四《水部》："濾，良據切，音慮。濾水名。又漉去滓也；洗也；澄也。"（294 上）《篇海類編》同。據《玉篇》《新修玉篇》《篇海》諸書可知，《詳校篇海》訓"濾"為"濾水名"，當為"濾水也"之誤。《篇海類編》承襲《詳校篇海》之誤而未作校正，亦失考證。《大字典》"濾"字下承襲《篇海類編》之誤而收錄"水名"這一義項，亦非。

78. 瀄：《新修玉篇》卷十九《水部》引《玉篇》："瀄，扶元切。水暴溢也；波也。《韻》：水名。"（172 下左）

按：《廣韻》平聲元韻附袁切："瀄，水名。《玉篇》云：'水暴溢也。'"（68）《廣韻》訓"瀄"為"水名"，疑非是。箋注本《切韻》（斯 2071）平聲元韻附袁反："瀄，水。"（115）箋注本《切韻》訓"瀄"為"水"，當為"水波"之脫誤。故宮本《王韻》平聲元韻附袁反："瀄，水波。"（450）此是其證也。故《廣韻》訓"瀄"為"水名"，疑為"水波"之誤。《大字典》"瀄"字下據《廣韻》之誤而收錄"水名"這一義項，疑亦非是。

79. 𧮦：《新修玉篇》卷二十《谷部》引《龍龕》："𧮦，呼檻切。開險皃。"（174 下右）

按：《篇海》卷二《谷部》引《龍龕》："𧮦，呼檻切。開⿱𠆢兒。"（592 下）據《新修玉篇》，並結合"⿱𠆢"字字形，"⿱𠆢"當即"險"字之俗。《直音篇》卷五《谷部》："𧮦，音𧮫。開險。"（213 上）此亦其證也。《詳校篇海》卷一《谷部》："𧮦，呼檻切，音同顯。開除貌。"（35 下）《詳校篇海》訓"𧮦"為"開除貌"，於前代字書無征，當為"開險貌"之誤。《字彙·谷部》："𧮦，呼典切，音顯。開除貌。"（460 上）《字彙》訓"開除貌"，此即因承前而謬。《正字通·谷部》："𧮦，俗𧮫字。舊注'開除貌'，與'𧮫'義近，改音顯，分為二，非。"（1086 下）《正字通》謂"𧮦"為"𧮫"字之俗，是也；然謂"舊注'開除貌'，與'𧮫'義近"，此即因不識"開除貌"為"開險貌"之誤所致。《龍龕》卷四《谷部》："𧮫，呼檻反。開險兒。"（526）"𧮦"與"𧮫"音義並同，《新修玉篇》《篇海》皆謂"襴"字引《龍龕》，查通行本《龍龕》收錄"襊"，未見收錄"襴"字，故"襴"當即"襊"字之俗。《大字典》收錄"襴"字，謂《改併四聲篇海》引《餘文》，引書有誤；又謂《篇海》"襴"字訓"開除皃"，亦失考證。

80. 霣：《新修玉篇》卷二十《雨部》引《玉篇》："霣，即夷切。雨聲。《韻》又疾資切。湝霣，久雨。"（176 上左）

按：《字彙·雨部》："霣，才資切，音慈。大雨。又雨聲。"（528 下）《字彙》訓"霣"為"大雨"，誤也。《詳校篇海》卷五《雨部》："霣，津私切，音咨。又從濁。疾之切，音慈。雨聲。亦作霣。又湝霣，久雨。"（358 下）《玉篇·雨部》："霣，子夷切。雨聲。或作濱。又才私切。霣，同上。"（93 下右）《説文·水部》："濱，久雨湝資也。一曰水名。从水，資聲。"（234 上）《集韻》平聲脂韻才資切："濱，久雨。"（43）"霣""霣""濱"並為異體字。故"霣"字，《字彙》訓"大雨"，當為"久雨"之譌。《大字典》"霣"字下沿襲《字彙》之謬而收錄"大雨"這一義項，應據改。

81. 颰：《新修玉篇》卷二十《風部》引《玉篇》："颰，薄紅切。風皃。又步留切。亡。《韻》又皮彪切。風鹿（皃）。"（176 下左）

按：《篇海》卷八《風部》引《玉篇》："颰，蒲公切。風皃。又步幽切。"（702 下）《玉篇·風部》："颰，蒲公切。"（94 上左）此字《玉篇》義闕，然據《廣韻》《集韻》可補《玉篇》所闕之義。《廣韻》平聲東韻薄紅切："颰，風皃。又步留切。"（8）又《廣韻》平聲幽韻皮彪切："颰，風皃。"（143）《集韻》同。故"颰"當訓"風皃"。《龍龕》卷一《風部》："颰，音蓬。風皃。又步留反。"（126）此亦其證也。又元刊本《玉篇·風部》："颰，蒲公切。大風聲也。"元刊本《玉篇》補訓"颰"為"大風聲也"，於以上字書、韻書皆無征，此訓疑非是。《大字典》《字海》"颰"字下皆據元刊本《玉篇》之誤而收錄"大風聲"這一義項，疑並非是。

82. 颭：《新修玉篇》卷二十《風部》引《玉篇》："颭，呼決切。風也。"（176 下左）

按：《篇海》同。《玉篇·風部》："颭，呼決切。"（94 下右）此字《玉篇》收於《風部》之末，且義闕。元刊本《玉篇·風部》："颭，呼決切。風聲。"元刊本《玉篇》補訓"颭"為"風聲"，非是。《集韻》

入聲屑韻呼決切:"颭,風也。"(705)《初學記》卷一引《風俗通》:"小風從孔來曰颭。"故"颭"即指"從孔來的小風",《大字典》轉訓為"小風從孔來",疑不確。故元刊本《玉篇》補訓為"風聲",非是。《大字典》《字海》"颭"字下皆承襲元刊本《玉篇》之誤而收錄"風聲"這一義項,疑並非是。

83. 䫻:《新修玉篇》卷二十《風部》引《玉篇》:"䫻,於京切。高風也。《韻》又於丙切。高風。"(177上右)

按:《篇海》卷八《風部》引《玉篇》:"䫻,於京切。高風也。"(703上)"䫻"即"䫻"之偏旁易位俗字。《玉篇·風部》:"䫻,於京切。"(94下右)此字《玉篇》義闕,然據《廣韻》《集韻》可補《玉篇》所闕之義。《廣韻》上聲梗韻於丙切:"䫻,高風。"(215)《集韻》平聲庚韻於驚切:"䫻,高風也。"(233)故"䫻"字有兩讀:一音"於京切",一音"於丙切",皆訓"高風"。又元刊本《玉篇·風部》:"䫻,於京切。風也。"元刊本《玉篇》訓"䫻"為"風也",疑為"高風也"之脫誤。《大字典》"䫻"字下據元刊本《玉篇》之誤而收錄"風"這一義項,疑亦非是。

84. 颺:《新修玉篇》卷二十《風部》引《玉篇》:"颺,徒郎切。風皃。"(177上左)

按:《篇海》同。《玉篇·風部》:"颺,徒郎切。"(94下右)此字《玉篇》義闕。《集韻》平聲唐韻徒郎切:"颺,風皃。"(219)故"颺"當訓"風皃"。又元刊本《玉篇·風部》:"颺,徒郎切。風起也。"元刊本《玉篇》補訓"颺"為"風起也",形義不諧,疑非是。《大字典》"颺"字下據元刊本《玉篇》而收錄"風起"這一義項,《字海》"颺"字據元刊本《玉篇》逕訓為"風起",疑並非是。

85. 硦:《新修玉篇》卷二十二《石部》引《餘文》:"硦,魯刀切。石器。又呂角切。扣聲。"(184下左)

按:《篇海》卷十二《石部》引《餘文》:"硦,魯刀切。石器。又呂角切。和聲也。"(779下)"硦"字,《新修玉篇》與《篇海》義訓不同,當以《新修玉篇》所言為是。《廣韻》入聲覺韻呂角切:"硦,硦確,石相扣聲。"(380)《集韻》入聲覺韻力角切:"硦,石相叩謂之硦。"(662)"叩""扣"字同,"硦"音"呂角切",即指"石相互撞擊之聲",而非指"和聲"。故《篇海》訓"硦"為"和聲",當為"扣聲"

之誤。《大字典》"礜"字下承襲《篇海》之誤而收錄"和聲"這一義項，應刪。

86. 碇：《新修玉篇》卷二十二《石部》引《龍龕》："碇，丁定切。石矴也。"（184 下左）

按：《篇海》卷十二《石部》引《餘文》："碇，丁定切。石亭也。"（779 下）"碇"字，《新修玉篇》與《篇海》義訓不同，當以《新修玉篇》所言為是。《龍龕》卷四《石部》："碇碇磸，三俗；矴，正。丁定反。石矴也。四。"（443）"碇"同"矴""碇""磸"，義指"船停泊時鎮船用的石墩"。"矴"字，《篇海》訓"石亭"，"石亭"當為"石矴"之聲誤。《直音篇》《詳校篇海》《篇海類編》《字彙》等後世字書亦訓"石亭"，此皆因承訛襲謬而誤。《正字通·石部》："矴，舊注：音釘。石亭。按：草石木雖別，通謂之亭。今因石亭旁加石作碇，木亭旁加木作榳，草亭當從艸作葶，迂泥甚。从亭為正，讀若釘，亦非。"（753 上）《正字通》承襲《字彙》之誤而曲作説辭，亦非。《大字典》《字海》"碇"字下分別據《篇海類編》《字彙》之誤而增收"石亭"這一義項，俱失考證。

87. 礋：《新修玉篇》卷二十二《石部》引《玉篇》："礋，而兗切。砂石次玉也。"（185 上左）

按：《篇海》卷十二《石部》引《玉篇》："礋，音獨。石名。"（780 上）《玉篇·石部》："礋，音獨。"（106 上右）同部上文"碝"字注："碝，而兗切。石次玉也。亦作瓀。"（105 上右）故《新修玉篇》"礋"字下音義當因誤植"碝"字音義於"礋"字之上所致的訓釋失誤。《集韻》入聲屋韻徒谷切："磟礋礦，碌磟，田器。或从蜀，亦作礦。"（638）"碌磟"同"磟碡"，即指一種田器。故"礋"與"磟""礦"音義並同，當為異體字。"礋"字，《玉篇》義闕，《篇海》引《玉篇》卻補訓為"石名"，當為後人不識其為"磟"字異體，又見其從"石"而妄補，疑不可據。《大字典》"礋"字據《篇海》之誤而增收"石名"這一義項，疑亦非是。

88. 礦：《新修玉篇》卷二十二《石部》引《玉篇》："礦，徒谷切。磟礦，田器也。"（185 下右）

按：《篇海》卷十二《石部》引《玉篇》："礦，音瀆。石名。"（780 下）《玉篇·石部》："礦，音瀆。石名。"（106 上右）《集韻》入聲屋韻徒谷切："碡磟礋，碌碡，田器。或从蜀，亦作㼿。"（638）"磟礋""碌碡""碡䃚"，即指一種田器。故"礋"與"碡""䃚"音義並同，當為異體字。《玉篇》"礋"字訓"石名"，當為不識其為"碡"字異體，又見其從"石"而妄補，疑不足為據。《大字典》《字海》收錄"礋"字，皆據《玉篇》訓"石名"，且未溝通其與"碡""䃚"諸字的字際關係，俱失考證。

89. 礥：《新修玉篇》卷二十二《石部》引《玉篇》："礥，以成切。翫習也。"（185下左）

按：《篇海》同。原本《玉篇·石部》："礥，餘成反。《方言》：'礥、裔，習也。'郭璞曰：'謂翫習也。'"（528）《玉篇·石部》："礥，以成切。翫習也。"（105下左）《方言》卷十二："礥、裔，習也。"（72）又《集韻》平聲清韻怡成切："礥，石名。"（240）"礥"字，《切韻》《廣韻》皆未收，《集韻》錄之，訓"石名"，然於《方言》、原本《玉篇》、《玉篇》等書無征，其訓疑不可據。《大字典》《字海》"礥"字下皆據《集韻》之誤而收錄"石名"這一義項，疑並非是。

90. 礪：《新修玉篇》卷二十二《石部》引《餘文》："礪，力旰切。礪礪，玉石皃。"（185下左）

按：《篇海》卷十二《石部》引《餘文》："礪，力旰切。～～，玉名。"（780下）"礪"字，《新修玉篇》與《篇海》義訓不同，當以《新修玉篇》所言為是。《集韻》去聲換韻郎旰切："礪，礪礪，玉石皃。"（559）此是其證也。故《篇海》訓"玉名"，當為"玉石皃"之誤。《大字典》"礪"字下據《篇海》之誤而收錄"玉名"這一義項，疑亦非是。

91. 陠：《新修玉篇》卷二十二《阜部》引《玉篇》："陠，普胡切。衺也。"（186上左）

按：《篇海》卷八《阜部》引《玉篇》："陠，普胡切。衺。"（705下）《廣雅·釋詁二》："陠，衺也。"原本《玉篇·阜部》："陠，普胡反。《廣雅》：'陠，衺也。'"（560）《玉篇·阜部》："陠，普胡切。衺也。"（107上右）故"陠"即義指"偏斜"。又《直音篇》卷六《阜部》："陠，音鋪。裂也。"（243上）《直音篇》訓"陠"為"裂也"，於前代字書皆無征，當為"衺也"之誤。《詳校篇海》卷三《阜部》："陠，滂模切，音鋪。衺也。又裂也。"（193下）《篇海類編》同。《詳校篇海》《篇海類編》訓"陠"為"衺也"，又於此義之後收錄"裂也"之義，此皆因承襲《直音篇》而誤。《大字典》《字海》"陠"字下皆據《篇海類編》之誤而收錄"裂"這一義項，俱失考證。

92. 馺：《新修玉篇》卷二十三《馬部》引《餘文》："馺，魚及切。馬行皃。"（189 上右）

按：《篇海》卷七《馬部》引《餘文》："馺，魚及切。馬名。"（679 上）"馺"字，《新修玉篇》與《篇海》義訓不同，當以《新修玉篇》所言為是。《集韻》入聲緝韻逆及切："馺，馬行皃。"（769）此是其證也。故《篇海》訓"馺"為"馬名"，當為"馬行皃"之誤。《詳校篇海》卷三《馬部》："馺，魚及切，舊音乙。馬名；又馬行皃。"（152 上）《篇海類編》同。《詳校篇海》《篇海類編》訓"馺"為"馬名"，皆因承襲《篇海》之謬而誤。《大字典》"馺"字下據《篇海類編》之誤而收錄"馬名"這一義項，應刪。

93. 獟：《新修玉篇》卷二十三《犬部》引《廣集韻》："獟，許嬌切。犬黃白色。"（194 下左）

按：《篇海》卷二《犬部》引《奚韻》："獟，許嬌切。狂犬。"（605 上）"獟"字，《新修玉篇》與《篇海》引書、義訓皆不同，疑當以《新修玉篇》為是。《名義·犬部》："獟，呼苗反。犬黃白［色］。"（235 下）箋注本《切韻》（斯 2071）平聲宵韻［許高反］："獟，犬黃白色。"（119）故宮本《王韻》平聲宵韻許高反："獟，犬黃白色。"（456）《廣韻》《集韻》並同。故《篇海》訓"獟"為"狂犬"，當為從犬、嚣為說，非是。《大字典》《字海》"獟"字下皆據《篇海》之誤而收錄"狂犬"這一義項，疑並非是。"獟"即"獥"之異體字。《玉篇·犬部》："獥，許苗切。犬黃［白］色也"（110 下左）"獟"與"獥"音義並同，故"獟"當即"獥"之異體字。又《正字通·犬部》："獥，虛交切，音囂。犬黃［白］色。一曰羣吠聲。"（668 下）《正字通》又訓"獥"為"羣吠聲"，於前代字韻書皆無徵，亦當為從"嚣"為說，亦非。《大字典》"獥"字下據《正字通》之謬而收錄"群犬吠聲"這一義項，疑亦非是。

94. 䶂：《新修玉篇》卷二十四《隹部》引《餘文》："䶂，昨甘切。雛別名。"（202 下右）

按：《篇海》卷十一《隹部》引《餘文》："䶂，昨甘切。鶵別名。"（740 上）"䶂"字，《新修玉篇》與《篇海》義訓不同，當以《新修玉篇》為是。《集韻》平聲談韻財甘切："鷙雦，鳥名。《博雅》：'鷙、鵟，鵰也。'或从隹。"（285）"雦"同"鷙"，即指一種雕。又《集韻》入聲鐸韻逆各切："鶚雥，鵰屬。或从隹。"（730）故"雥"同"鶚"，義指一種雕。正如上文所言，"雦"同"鷙"，即指一種雕，《新修玉篇》"雦"訓"雥別名"，與《集韻》相同，其言是也。《篇海》"雦"字訓"鷁別名"，於《集韻》無征，"鷁"當為"鶚"字之誤。《直音篇》卷六《隹部》："雦，音慙。鷁別名。"（265）此亦其證也。《詳校篇海》卷四《鳥部》："雦，昨甘切，音慙。鷁別名。"（245下）《篇海類編》卷一一《隹部》："雦，昨甘切，音慙。鷁別名。"（124上）"雦"字，《詳校篇海》《篇海類編》皆訓"鷁別名"，此當因承襲《篇海》而誤。《大字典》"雦"字下據《篇海類編》增收"鷁。一種能高飛的水鳥"這一義項，亦誤。

95. 鮴：《新修玉篇》卷二十四《魚部》引《玉篇》："鮴，莫浮切。魚名。《韻》又莫杯切。魚名。"（203下左）

按：《篇海》卷三《魚部》引《玉篇》："鮴，莫浮切。魚名。"（614上）《玉篇·魚部》："鮴，莫浮切。魚。"（117上右）《集韻》平聲灰韻謀杯切："鮴，魚名。"（111）《直音篇》卷六《魚部》："鮴，音梅。魚行。"（266下）《直音篇》訓"鮴"為"魚行"，於前代字書、韻書皆無征，"魚行"當為"魚名"之誤。《詳校篇海》卷一《魚部》："鮴，莫浮切，音謀。魚名。或省作鮞、姆。又音梅。魚行。又魚名。"（63下）《直音篇》"鮴"字訓"魚行"，此即因承襲《直音篇》而誤。《字彙·魚部》："鮴，與鮞同。又模杯切，音梅。魚行貌。"（566上）《字彙》"鮴"字訓"魚行貌"，亦因承前而謬。《大字典》《字海》"鮴"字第二義項據《字彙》之誤分別訓為"魚行貌""魚游動的樣子"，俱失考證。

96. 蜼：《新修玉篇》卷二十五《蟲部》引《玉篇》："蜼，余季、余救二切。似猴而鼻仰，尾長五尺，雨則自懸於樹，以尾塞其鼻。《韻》又余水切。《爾雅》云：'蜼，仰鼻而長尾。'獸名。"（207下右）

按：《集韻》上聲旨韻愈水切："蜼，獸名。《爾雅》：'蜼，卬鼻而長尾。'"同一小韻下文又曰："蟘，蟲名。似蜥易（蜴），有文。"（319）《續考》（100）謂"蟘"當即"蜼"之部件易位字，楊師所言當是。《大字典》收錄"蜼"字，第二義項轉引《集韻》曰："《集韻·旨韻》：'蜼，蟲名。似蜥蜴，有文。'"據上文所引《集韻》可知，"蜼"字《集韻》本訓"獸名。《爾雅》：'蜼，卬鼻而長尾。'"《大字典》此誤當因誤植"蠻"字之義於"蜼"字之上所致的訓釋失誤。

97. 蠹：《新修玉篇》卷二十五《虫部》引《餘文》："蠹，丁故切。食禾蟲也。"（210上右）

按：《篇海》卷十三《虫部》引《餘文》："蠹，當故切。食禾蟲也。"（787上）"蠹"字，《篇海》本轉引自《餘文》，《大字典》卻謂《篇海》引《玉篇》，然《玉篇》未見收錄此字，《大字典》轉錄失真。"蠹"字，《新修玉篇》《篇海》皆訓"食禾蟲也"，疑非是。《集韻》去聲暮韻都故切："蠹螙蠧，《説文》：'木中蟲。或从木，[象]蟲在木中形。譚長説。'亦作蠹。"（499）據《集韻》可知，"蠹"即"螙"之異體字，本為"食木蟲"，而非"食禾蟲"。故《新修玉篇》《篇海》訓"蠹"為"食禾蟲也"，當為"食木蟲也"之誤。《大字典》"蠹"字下承襲《篇海》之誤而收錄"食禾蟲"這一義項，非是。

98. 蠾：《新修玉篇》卷二十五《虫部》引《玉篇》："蠾，市玉切。蝓蠾（蠾蝓），蜘蛛。《韻》又之欲切。蚤也。《方言》云：'蜘蛛，自關而東，趙魏之郊，謂之蠾蝓。'又音蜀。蠾蝓，蜘蛛也。"（210上右）

按：《廣韻》入聲燭韻之欲切："蠾，蚤也。《方言》云：'鼅鼄，自關而東，趙魏之郊，或謂之蠾蝓。'又音蜀。"（375）《廣韻》訓"蠾"為"蚤也"，疑非是。箋注本《切韻》（斯2071）入聲燭韻市玉反："蠾，蟲。"（141）敦煌本《王韻》入聲燭韻之欲反："蠾，蚕蠾。"（422）下文市玉反又曰："蠾，蟲。正作蠾。"（423）故宮本《王韻》入聲燭韻之欲反亦曰："蠾，蚕蠾。"（511）下文市玉反又曰："蠾，蟲也。"（511）故宮本《裴韻》入聲燭韻市玉反："蠾，蟲名。"（606）《唐韻》入聲燭韻市玉反："蠾，蟲。"（690）據此可知，《廣韻》之前的《切韻》系韻書皆未見有訓"蠾"為"蚤也"者，"蚤也"疑為"蟲也"之誤。《大字典》《字海》"蠾"字下皆據《廣韻》之誤而收錄"蚤"這一義項，疑並非是。

99. 貤：《新修玉篇》卷二十五《貝部》引《玉篇》："貤，余豉切。販也；益也。"（211上右）

按：《篇海》卷六《貝部》引《玉篇》："貤，余豉切。販也；益也。"（664下）"貤"字，《新修玉篇》與《篇海》義訓不同，《新修玉篇》所言是也。《名義·貝部》："貤，餘豉反。販也；益也。"（261上）

《玉篇·貝部》："貤，余豉切。貶也；益也。"（120下右）以上二書皆其證也。故《篇海》訓"貤"為"販也"，當為"貶也"之誤。《詳校篇海》卷二《貝部》："貤，以智切，音異。販也；益也；移與也。"（133下）《篇海類編》同。《詳校篇海》《篇海類編》亦訓"販也"，皆因承襲《篇海》之謬而誤。《大字典》《字海》"貤"字下承襲《篇海類編》之謬而收錄"販賣"這一義項，俱失考證。

100. 毲：《新修玉篇》卷二十六《毛部》引《玉篇》："毲，芳俱切。毲（當為字頭誤重）耗也。"（214上左）

按：《篇海》卷七《毛部》引《玉篇》："毲，芳俱切。毛解也。"（676下）《玉篇·毛部》："毲，芳俱切。毲（當為字頭誤重）耗也。"（122上右）《玉篇校釋》"毲"字下注："'耗也'者，應出《埤蒼》。《廣雅·釋詁一》：'毲，解也。'《切韻》：'毲，毛解也。'《集韻》曰：'鳥解毛曰毲。'本書《禾部》：'耗，敗也。'《廣雅》'毲'與'蛻''毸'同訓解，蛻毸猶脫墮。"（5169）胡氏所言是也。《名義·毛部》："毲，撫俱反。解也。"（265上）《新撰字鏡·毛部》："毲，無（撫）俱反。解也。"（142）"毲"字，《名義》《新撰字鏡》等訓"解也"，《玉篇》訓"耗也"，訓異義同。《廣韻》去聲號韻呼到切："耗，減也。俗作耗。"（328）故"毲"訓"耗也"，即指鳥毛減少，與"解也"義指鳥毛脫落訓異義同。《大字典》收錄"毲"字，以《玉篇》之訓作為第三個義項，訓"耗"，非是。第三義項應併入到第一義項"鳥解毛"之中去，方為妥當。

101. 觝：《新修玉篇》卷二十六《角部》引《玉篇》："觝，欣奇、欣元二切。角匕也。"（215上左）

按：《篇海》卷二《角部》引《玉篇》："觝，欣奇、欣元二切。角上皃。"（590上）"觝"字，《新修玉篇》與《篇海》義訓不同，《新修玉篇》所言是也。《說文·角部》："觝，角匕也。從角，亘聲。讀若讙。"（89上）《玉篇·角部》："觝，欣奇、欣元二切。角匕也。"（122下右）以上二書皆其證也。故《篇海》訓"觝"為"角上皃"，當為"角匕也"之誤。然此誤並非始於《篇海》，自《集韻》已然。《集韻》平聲支韻虛宜切："觝，角上也。"（37）然《廣韻》平聲支韻許羈切卻作："觝，角匕。又火元切。"（17）《集韻》訓"觝"為"角上也"，亦當為"角匕也"之誤。《大字典》"觝"字下承襲《集韻》之謬而收錄"角上"這一義項，亦非。

102. 觚：《新修玉篇》卷二十六《角部》引《餘文》："觚，直利切。履觚底也。"（215下左）

按：《篇海》卷二《角部》引《餘文》："觚，直利切。履底也。"（590上）《廣韻》去聲至韻直利切："鞕，履鞕底也。觚，上同。"（247）"履鞕底也"不辭，當為"鞕履底也"之誤倒。《集韻》去聲至韻直利切："鱉鞕觚，《字林》：'觚，刺履底也。'或从革、从角。"（477）"刺履底""鞕履底"義同，皆義指用針線縫製鞋底，俗稱納鞋底。此即其證也。故《新修玉篇》訓"觚"為"履觚底也"，當為"觚履底也"之誤倒；而《篇海》訓"觚"為"履底也"，當為"觚履底也"或"刺履底也"之脫誤。《大字典》收錄"觚"字，據《篇海》之誤而收錄"鞋底"這一義項，非是。

103. 靚：《新修玉篇》卷二十六《革部》引《玉篇》："靚，呼結切。繫牛脛也。"（217上右）

按：《集韻》入聲屑韻顯結切："靚，繫牛頸（脛）。一曰急也。"（703）《集韻》訓"靚"為"急也"，非是。《廣韻》入聲屑韻虎結切："靚，急繫。"（402）故《集韻》訓"靚"為"急也"，當為"急繫也"之脫誤。《大字典》"靚"字下據《集韻》之謬而收錄"急"這一義項，疑亦非是。

104. 鞺：《新修玉篇》卷二十六《革部》引《餘文》："鞺，音湯。盛皃。"（217下左）

按：《篇海》同。《新修玉篇》《篇海》訓"鞺"為"盛皃"，疑並非是。《集韻》平聲唐韻他郎切："鼞，《說文》：'鼓聲也。'引《詩》：'擊鼓其鼞。'或作閭、誂、闛、闛、鞺。"（220）據《集韻》，"鞺"即"鼞"之異體字，當訓"鼓聲"。《新修玉篇》《篇海》訓"鞺"為"盛皃"，當因從"堂"為說而誤。《文選·鍾會〈檄蜀文〉》："段谷侯和沮傷之氣，難以敵堂堂之陣。"李周翰注："堂堂，盛貌。"《大字典》"鞺"字下據《篇海》之謬而收錄"盛貌"這一義項，疑亦非是。

105. 韉：《新修玉篇》卷二十六《革部》引《玉篇》："韉，則前切。鞍韉。或从糸。"（217上左）

按：《篇海》卷二《革部》引《玉篇》："韉，則前切。韉替也。"（591下）"韉"字，《新修玉篇》與《篇海》義訓不同，《新修玉篇》所言是也。《玉篇·革部》："鞎，音賤。鞍鞎也。韅，同上。"（123下右）"韅"同"鞎"，當訓"鞍鞎"。《篇海》訓"韅"為"韅替也"，於前代字書無征，此訓非是。《大字典》"韅"字下據《篇海》之誤而收錄"替"這一義項，非是。

106. 鞲：《新修玉篇》卷二十六《革部》引《玉篇》："鞲，思危切。鞍邊帶。"（218上右）

按：《篇海》同。《名義·革部》："鞲，思危反。鞍邊帶。"（268下）《玉篇·革部》："鞲，思危切。鞍邊帶。"（123上左）故"鞲"即指馬鞍的絛飾。又《詳校篇海》卷七《革部》："鞲，素回切，音雖。鞍也；又鞍邊帶。或作鞲，譌。"（35上）《篇海類編》同。《詳校篇海》訓"鞲"為"鞍也"，於前代字書皆無征，此訓非是，然此誤由來已久，當始於《龍龕》"鞲"字義訓之誤。《龍龕》卷四《革部》："鞲，素回反。鞲（當為字頭誤重）鞍。"（448）《新修玉篇》卷二十六《革部》引《龍龕》："鞲，素回切。鞲鞍也。"（218上左）"鞲"，《廣韻》音"山垂切"，又音"素回切"。"鞲"與"鞲"音同，正如《集韻》"巂"或作"嶲"，"鞲"當即"鞲"字之俗。《龍龕》訓"鞲"為"鞲鞍"，"鞲鞍"之"鞲"當為字頭誤重，"鞍"後誤脫"邊帶"，遂致此誤。《新修玉篇》《篇海》訓"鞲鞍也"，此皆因承襲《龍龕》之謬而誤。《詳校篇海》《篇海類編》轉訓為"鞍也"，亦失考證。《大字典》"鞲"字下承襲《篇海類編》之誤而收錄"鞍"這一義項，應刪。

107. 綝：《新修玉篇》卷二十七《糸部》引《玉篇》："綝，他敢切。毳衣。《說文》曰：'帛騅色也。'引《詩》：'毳衣如綝。'"（221下右）

按：《篇海》卷七《糸部》引《玉篇》："綝，他敢切。雜（騅）色。今作菼、襑。"（688上）"綝"字，《新修玉篇》與《篇海》義訓不同，當以《篇海》為是。《說文·糸部》："綝，帛騅色也。从糸，剡聲。《詩》曰：'毳衣如綝。'"（275上）段玉裁注："騅者，蒼白色也。詳《馬部》。《釋言》曰：'菼，騅也。'《王風》毛傳曰：'菼，騅也，蘆之初生者也。'《艸部》曰：'菼者，萑之初生。一曰騅帛色如菼，故謂之騅色，謂之綝也，取其菼同音也。'"原本《玉篇·糸部》："綝，他敢反。《說文》：'帛騅色也。《詩》曰：毳衣如綝。'是也。《韓詩》為毯字，在《帛部》。今並為菼字，在《艸部》。"（607）《玉篇·糸部》："綝，他敢切。騅色。今作菼、襑。"（124下左）以上諸書皆其證也。然此誤由來已久，自《切韻》已然。敦煌本《王韻》上聲敢韻吐敢反："緂，毳衣。"（397）故宮本《王韻》、故宮本《裴韻》、《廣韻》並同。《切韻》訓"緂"為"毳衣"，當為誤截引文所致的訓釋失誤。《廣韻》訓"緂"為"毳衣"，當因承襲《切韻》之謬而誤。《新修玉篇》承襲《廣韻》之謬而訓"毳衣"，亦失考證。《大字典》"緂"字下據《廣韻》之謬而收錄"毳衣"這一義項，亦非。

108. 縴：《新修玉篇》卷二十七《糸部》引《餘文》："縴，古隘切。縴（當為字頭誤重）院（浣）衣。出《埤蒼》。"（222下右）

按：《篇海》卷七《糸部》引《餘文》："縴，古隘切。縴（當為字頭誤重）浣衣。出《埤蒼》。"（689上）《廣韻》去聲卦韻古隘切："縴，浣衣。出《埤蒼》。"（284）《集韻》去聲卦韻居隘切："縴，故衣也。"（523）"縴"字，《集韻》與《廣韻》及《新修玉篇》《篇海》所引《餘文》義訓皆不同，《集韻》所言非是。《莊子·人間世》："挫鍼治縴，足以糊口。"成玄英疏："縴，浣衣也。"此是其證也。故《集韻》訓"縴"為"故衣也"，當為"浣衣也"之誤，此當因傳抄誤刻而誤也。《大字典》"縴"字下據《集韻》之誤而收錄"故衣"這一義項，疑非是。

109. 牌：《新修玉篇》卷二十九《片部》引《玉篇》："牌，步祕切。牑模也。"（232下左）

按：《篇海》卷六《片部》引《玉篇》："牌，步祕切。～模也。"（667上）《名義·片部》："牌，蒲祕反。牑模。"（289上）《玉篇·片部》亦曰："牌，步祕切。牑模也。"（131下左）故宮本《王韻》去聲至韻平祕反："牌，牑模。"（491）《廣韻》去聲至韻平祕切亦曰："牌，牑模。"（245）"牑模"即指"床上的橫板"，故"牌"即義為"床上的橫板"。又《集韻》去聲至韻平祕切："牌，牑也；模也。一曰：牀橫桄。"（482）《集韻》訓"牌"為"牑也；模也"，於前代字書、韻書皆無征，當為"牑模也"之誤。"牑模也"與"牀橫桄"訓異義同，皆指"床上的橫板"。《大字典》《字海》"牌"字下皆承襲《集韻》之謬而收錄"窗戶""模"這兩個義項，疑並非是。

六　糾正認同之誤

《大字典》《字海》在溝通字際關係方面，作了很大的工作，也取得了很大的成績。然而，由於直音用字有誤、承襲謬說、誤識等原因的影

第四章 《新修玉篇》整理與研究的價值 / 151

響，《大字典》《字海》在溝通字際關係方面，也存在很多誤作認同的現象，將本不是異體關係的字誤認為異體字，從而給讀者的辨識帶來困難，也因此降低了其編纂質量與利用價值。通過對《新修玉篇》進行系統的整理與研究，也可以對這種失誤作出更正。

1. 亙：《新修玉篇》卷一《一部》引《玉篇》："亙，胡登切。常也；久也；亦州名。春秋時鮮虞國地，漢為恒山郡，周武帝置恒州，因山以為名。《爾雅》曰：'恒山為北嶽。'同作恒，古文。"（7下左）

按：《新修玉篇》卷一《二部》引《玉篇》亦曰："恒，何登切。常也。《易》曰：'恒，久也。'亦州名。春秋時鮮虞國地，漢為恒山郡，周武帝置恒州，因山以為名。《爾雅》曰：'恒山為北嶽。'又姓。楚有大夫恒思公也。恆，上同。恆亙，上《篇》下《韻》，並上同，古文。"（10下左）"亙"字，《篇海》《直音篇》《詳校篇海》《篇海類編》《字彙》《正字通》諸字書皆未收，《新修玉篇》謂引《玉篇》，然《玉篇》亦未收錄此字。據《新修玉篇》，"亙"當即"恒"字之俗，但非其古文。"恆"俗寫作"恒"後，其左邊"忄"旁受右邊所從之"日"類化影響，亦變作"日"，而後通過偏旁易位即形成"亙"字。《字彙補·二部》："亙，古文聖字。漢桂陽太守周府君碑：'懿賢后兮發亙莢。'"（4上）吳任臣據漢桂陽太守周府君碑而謂"亙"即古文"聖"字，所言非是。《隸釋·桂陽太守周憬功勳銘》："懿賢后兮發𡔿莢，閉不通兮治斯谿。"洪适注："𡔿，聖字。"（55）洪适謂"𡔿"即"聖"字，是也。"莢"當即"策"字隸書寫法，"𡔿莢"即"聖策"，"閉"即"閉"字之俗。《廣東通志》卷五十九、《日知錄》卷二十四引此文皆錄作"聖莢"，並非。然"𡔿"與"亙"字形區別甚明，且未見"聖"字俗寫有作"亙"者，故吳任臣《字彙補》以《桂陽太守周憬功勳銘》來證明"亙"即"聖"字，所言非是。《大字典》（29A）據吳任臣《字彙補》之說而謂"亙"同"聖"，並引《隸釋·桂陽太守周憬功勳銘》作："懿賢后兮發亙莢。"洪适注："亙，聖字。"然《隸釋》"聖"字俗字本作"𡔿"，而非作"亙"。《大字典》誤從《字彙補》之説，且妄改《隸釋》"聖"字俗寫字形，此種做法實不可取。《字海》（832B）沿襲《大字典》之誤而據《隸釋》謂"亙"同"聖"，亦失考證。

2. 玣：《新修玉篇》卷一《玉部》引《類篇》："玣，音瓷。"（8下右）

按："瓨"當即"瓨"之異體字。《說文·瓦部》："瓨，似罌，長頸，受十升。讀若洪。从瓦，工聲。"（269下）王筠《說文解字句讀》："瓨，字又作瓨。""瓨""瓨"音同形近，"瓨"當即"瓨"之俗訛字。又《篇海》卷三《玉部》引《類篇》："瓨，音瓷。"（621上）《新修玉篇》與《篇海》直音用字不同，當以《新修玉篇》所言為是。《字彙·玉部》："瓨，同瓷。"（286上）《正字通·玉部》："瓨，同瓷，改从玉，非。"（672上）"瓷"無緣變作"瓨"，《字彙》《正字通》之說皆不可據。《大字典》《字海》沿襲《字彙》之謬而謂"瓨"同"瓷"，俱失考證。

3. 琁：《新修玉篇》卷一《玉部》引《龍龕》："琁，音琁。"（9上左）

按：《篇海》卷三《玉部》引《龍龕》："琁，音琁。義同。"（622上）《新修玉篇》與《篇海》直音用字不同，《新修玉篇》所言是也。《龍龕》卷四《玉部》："璇琁，二或作；琁，正。似泉反。美石次玉也。"（434）"琁"當即"琁"字之俗。《字海》據《篇海》之誤而謂"琁"同"琁"，失考證。

4. 瓅：《新修玉篇》卷一《玉部》引《龍龕》："瓅，音歷。玉名。"（10下右）

按：《篇海》同，然查通行本《龍龕》未收"瓅"字。《詳校篇海》卷一《玉部》："璍，郎擊切，音歷。玉名。亦作瓅、歷。"（77上）《篇海類編·珍寶類·玉部》："璍，郎擊切，音歷。玉名。亦作瓅（瓅）、歷。"（199下）以上二書所言皆是也。"璍"即"璍"字之俗。《說文·玉部》："璍，玉也。"（4上）《玉篇·玉部》："璍，狼敵切。玉名。"（4下左）《集韻》入聲錫韻狼狄切："歷，玉名。"（753）"瓅""歷"與"璍"音義並同，並為異體字。"瓅"當即"璍"通過改換聲符而形成的異體字，"歷"又當即"瓅"字俗省。《字彙·玉部》："歷，同璍。"（290下）《正字通·玉部》："歷，俗璍字。"（682下）《正字通》此處轉承《字彙》之說而謂"歷"即"璍"字之俗，所言是也。然《正字通·玉部》下文又曰："瓅，俗瓅字。"（684上）《說文·玉部》："玓，玓瓅，明珠色。从玉，勺聲。"下字："瓅，玓瓅。从玉，樂聲。"（7上）"瓅"，《廣韻》音"郎擊切"。"瓅""瓅"儘管音同，但形義區別甚明，二字不可混同，故《正字通》此說非是。《大字典》（1226A）、《字海》（734A）

"瓅"字下承襲《正字通》之謬而增加一個義項謂"瓅"同"礫"，俱失考證。

5. 裀：《新修玉篇》卷一《示部》引《川篇》："裀，音困。成就。"（11下右）

按：《篇海》同。《字彙·示部》："裀，同捆。"（327下）《正字通·示部》："裀，捆字之譌。"（763下）《玉篇·示部》："捆，口衮切。取也；齊等也；織也；抒也；篡組也。"（31上左）"裀""捆"音近義別，二字不可混同，《字彙》之說非是。《正字通》沿襲《字彙》之說而謂"裀"即"捆"字之譌，亦非。《大字典》（2568B）、《字海》（985C）皆沿襲《正字通》之謬而謂"裀"即"捆"字之訛，俱失考證。"裀"當即"稇"字之譌。《方言》卷三："梱，就也。"周祖謨注："梱，戴本改作稇，字從禾，注內同。戴云：'《說文》：稇，絭束也。《玉篇》《廣韻》並云成熟，與郭注成就貌合。梱乃門橛，於義無取。'劉台拱云：'梱字俱當作稇，成就當作成熟。'"（23）"稇"，《說文》《廣韻》並作"稛"，"稇""稛"即異體字。"稇（稛）"，《廣韻》音"苦本切"。"裀"與"稇"音近義同，又"衤"旁、"禾"旁形近，俗寫常可訛混，故"裀"當即"稇（稛）"字之訛。

6. 圼：《新修玉篇》卷二《土部》引《龍龕》："圼，音堆。"（13下右）

按：《篇海》未收。《正字通·土部》："圼，同圮。舊本闕。"（190下）"圼"當即"坥"字俗寫。《說文·土部》："圮，東楚謂橋為圮。從土，巳聲。"（291上）"圮"，《廣韻》音"與之切"。"坥（圼）""圮"儘管形近，然讀音區別甚明，二字不應混同，《正字通》之說非是。《大字典》（463B）、《字海》（222C）皆據《正字通》之說而謂"圼"同"圮"，俱失考證。"圼"當即"堆"字之俗。《龍龕》卷二《土部》："塠塠坥圼，四俗；垖，通；堆，正。都回反。土聚丘阜也。六。"（245）此即其證也。

7. 㘿：《新修玉篇》卷二《土部》引《玉篇》："㘿㘿，二奴結切。塞也。上《韻》，下《玉篇》。"（13下左）

按：《玉篇·土部》："埒，奴結切。塞也。"（8下右）下文又曰："㘿，同埒。"（9上右）"㘿""㘿"當即同字異寫，"埒""埒"亦當即同字異寫，"㘿"同"埒（埒）"，"㘿"與"埒（埒）"亦為異體字。

《篇海》卷四《土部》引《玉篇》："𡎺，音埋。同義。"（635上）"𡎺"當即"𡏇"字俗寫，《玉篇》並未言"𡏇"音"埋"，義同"埋"。《玉篇·土部》："埋，莫階切。塵也；藏也；瘞也。與薶同。"（8下右）"𡎺（𡏇）"與"埋"音義俱別，二字不可混同，《篇海》之說非是。《大字典》（3240A）、《字海》（1263A）"𡎺"字下皆沿襲《篇海》之謬而謂"𡎺"同"埋"，俱失考證。

8. 𡎼：《新修玉篇》卷二《土部》引《龍龕》："𡎼，音既。"（15上右）

按：《篇海》卷四《土部》引《龍龕》："𡏀，古文暨字。"（636上）"𡎼""𡏀"音同形近，且位置相同，當即一字之變。"𡎼"字《新修玉篇》收於九畫之下，而"𡏀"字《篇海》亦收於九畫之下，然二字除掉部首之後皆不足九畫，且查通行本《龍龕》亦未見收錄此二字形。《龍龕》卷二《土部》："塈，俗；聖，通；壨，正。許既、其冀二反。仰泥（塗）也；又息也。三。"（250）《龍龕》卷二《土部》："𡏀，古文，音既。"（251）"𡎼""𡏀"與"𡏀"當即一字之變，"𡎼""𡏀""𡏀"與"塈"音同形近，當並即"塈"字俗寫之誤。"𡏀"與"暨"儘管音同，但二字字形區別甚明，"暨"字無緣變作"𡏀"，《篇海》之說非是。《字彙補·土部》："𡏀，古文壨字。"（34下）《字彙補》溝通"𡏀"與"壨（聖）"的字際關係，當是；然謂"𡏀"為"壨（聖）"字古文，不確。《大字典》（493A）"𡏀"字下據《篇海》之說而謂"𡏀"同"暨"，又以《字彙補》之說作為"一說"，失考證。《字海》（232A）"𡏀"字下直謂"𡏀"同"聖"，是也。

9. 䭹：《新修玉篇》卷二《里部》引《類篇》："䭹，音顛，又烏江切。"（17上右）

按：《篇海》同。《字海》（1408A）"䭹"字下謂"䭹"同"䭹"。"䭹"，《廣韻》音"章忍切"，又音"烏閑切"。"䭹"與"䭹"儘管形近，但讀音區別甚明，二字不應混同，故《字海》之說疑非是。"䭹"音"顛"，疑即"顛"字之俗。"䭹"又音"烏江切"，俟考。

10. 邨：《新修玉篇》卷二《邑部》引《龍龕》："邨，徒昆切。地名。"（17上左）

按：《篇海》同。《龍龕》卷四《邑部》："邨，徒昆反。地名。"（455）《字彙補·邑部》："邨，徒昆切。地名。又倉尊切。與邨同。"

(225下)《字彙補》所言是也。《說文·邑部》："邨，地名。从邑，屯聲。"(132下)段玉裁注："邨，本音豚，屯聚之意也。俗讀此尊切，又變字為村。"《玉篇·邑部》："邨，且孫切。地名。亦作村。又音豚。"(11下右)《新修玉篇》卷二《邑部》引《玉篇》："邨，徒渾切。地名。"(17上右)故"邨""邨"音義並同，又"屯"俗書常可寫作"乇"，"邨"即"邨"字之俗。朝鮮本《龍龕》卷七《邑部》："邨，徒昆切。地名。又音村。邨，亦作。"(66)此亦其證也。《大字典》(4003A)"邨"字下引《龍龕》作為第一個義項，又以《字彙補》之說作為第二個義項，失考證。《字海》(173B)"邨"字下據《字彙補》之說而直謂"邨"同"邨"，是也。

11. 畞：《新修玉篇》卷二《田部》引《玉篇》："畞，力救切。百畝也。《韻》居祐切。耕隴中。"(19下左)

按：《篇海》卷四《田部》引《玉篇》："畞，力救切，又居又切。百畝也。"(638下)《廣韻》去聲宥韻力救切："畞，百畝也。"(350)"畝""畝""畞"並字同。《玉篇·田部》："畞，力救切。古文堘字。"(9下左)《名義·田部》："畞，力救反。"(11上)可見原本《玉篇》亦已收錄"畞"字，且音"力救反"。敦煌本《王韻》去聲宥韻力救反："堘，塴。"(418)故宮本《王韻》同。《廣韻》去聲宥韻力救反："堘，塴土曰堘。"(350)"堘"訓"塴"，"塴"又訓為"隴"。《玉篇·土部》："塴，力陳切。隴也。"(8上右)此"隴"即指田界，與"畔"義同。《說文·田部》："畔，田界也。从田，半聲。"(292下)段玉裁注："田界者，田之竟處也。《左傳》：'子產曰：行無越思，如農夫之有畔，其過鮮矣。'一夫百畝，則畔為百畝之界也，引申為凡界之稱。"(696下)故"畔"本義當指"百畝之界"，後又引申為"凡界之稱"。"畔""隴"義同，"隴"亦可訓為"百畝之界"，故"堘"亦可訓為"百畝之界"。故《廣韻》《新修玉篇》及《篇海》皆訓"畞"為"百畝也"，亦或為以"百畝之界"之說而為辭也。"畞""堘"音義並同，二字當為通過結構變易而形成的異體字。故疑顧野王《玉篇》或已溝通"畞""堘"二字的異體關係，只是空海在編纂《名義》時刪去"畞"字義訓、書證、例證材料及說明字際關係的內容，遂致如今難以窺見顧野王原本《玉篇》"畞"字注釋原貌。胡吉宣《玉篇校釋》"畞"字下注："《廣韻》：'畞，百畝。'不與堘為一字，而以為顧字。"(298)胡氏所言非是。《玉篇·田部》:"頋,去穎切。百畞為頋。今作頃。"(9下左)胡吉宣未識"畂"字《廣韻》訓"百畞"是以"百畝之界"之說來解釋田界之義,而非百畝之田。"畂""頋"形音義俱別,二字不可混同,胡氏此說非是。"畂"音"居祐切",訓"耕隴中",亦同"堷"。《集韻》去聲宥韻居又切:"堷,耕隴中。或作畂。"(612)此是其證也。《正字通·田部》:"畂,畞字之譌。舊注:百畞也;耕隴中。與畞義近,改音溜、音救,並非。"(697上)《字彙·田部》:"畂,力救切,音溜。百畞也。又居又切,音救。耕隴中。"(297上)《說文·田部》:"晦,六尺為步,百步為晦。从田,每聲。畞,晦或从十、田、久。"(292上)"畞",《廣韻》音"莫厚切"。"畂"與"畞"儘管形近,但音義俱別,且未見"畞"之異體有寫作"畂"者,《正字通》直謂"畂"即"畞"字之訛,並謂"舊注"非,其說無據。《大字典》(2709B)既據《玉篇》之說而謂"畂"同"堷",又引《正字通》之說作為"一説",失當。《字海》(1039B)謂"畂"同"畞",亦失考證。

12. 仦:《新修玉篇》卷三《人部》引《龍龕》:"仦,音折。"(22上左)

按:《篇海》同。《龍龕》卷一《人部》:"仦,音折。"(40)朝鮮本《龍龕》卷一《人部》:"仦,音折。"下字:"扸,《方言》:'刻也。'謂相難[折]。"(33)"扸",《廣韻》音"丑例切"。"仦""扸"形音俱別,二字不可混同,朝鮮本《龍龕》亦未作認同。《字海》謂"仦"同"扸",非是。"仦"疑即"折"字之俗,"仦"字左旁所從之"亻"為"扌"旁俗訛,右旁所從之"刂"當即"斤"字俗訛。

13. 佛:《新修玉篇》卷三《人部》引《龍龕》:"佛,音佛。"(23上右)

按:《篇海》卷十五《人部》引《龍龕》:"佛,音佛。義同。"(828上)《龍龕》卷一《人部》:"佛,俗;佛,正。多叫反。~儅,不當(常)皃也。二。"(34)《龍龕》謂"佛"正,非是。"佛""佛"並即"佛"字之俗。《玉篇·人部》:"佛,丁叫切。佛儅,不常也。"(12下右)此是其證也。故"佛"即"佛"字之俗。《字彙補·人部》:"佛,古佛字。見《字義總略》。"(5下)"佛""佛"即同字異寫,"佛"亦當即"佛"字之俗。《字彙補》謂"佛"為古"佛"字,"佛"當即"佛"字誤刻。《大字典》(173B)、《字海》(70C)"佛"字下皆據《字彙補》

第四章 《新修玉篇》整理與研究的價值 / 157

之誤而謂"㑊"同"佛"，並非。

14. 俲：《新修玉篇》卷三《人部》引《川篇》："俲，音却。"（25下左）

按：《篇海》卷十五《人部》引《龍龕》："俲，音却。直視也。"（829下）"刦""却"即異體字，"俲"與"俲"音同，亦當為異體字；然《新修玉篇》與《篇海》引書不同，當以《新修玉篇》為是，通行本《龍龕》未見收錄此字；又《新修玉篇》義闕，《篇海》卻訓為"直視也"，疑為後人妄補，不足據。"俲"字有以下幾個來源：一、"俲"當為"御"字之俗。玄應《音義》卷二三《攝大乘論》第五卷："御眾，魚據反。駕御也。《廣雅》：'御，使也。'駈之內善也，謂指麾使馬也。"（57，p103b5）韓小荊《〈可洪音義〉研究》（797）"御"俗作"俲"，此亦其證也。二、"俲"當為"憎"字之俗。《可洪音義》卷九《月上女經》上卷："俲嚇，上許劫反，下呼格反。相恐也。正作憎也。上又音却，非也。"（59，p858a11）三、"俲"當為"卸"字之俗。《可洪音義》卷十《佛說菩薩投身餓虎起塔因緣經》一卷："俲捝，上思夜反。捝（挩）也。正作卸。又音却，悮。捝，他活反。"（59，p893b2）四、"俲"同"啒"。《可洪音義》卷六《樂瓔珞莊嚴經》下卷："十啒，丘迦反。《雜阿含經》云：'四斗為阿羅為獨籠那，十六獨籠那為一闍摩那，十六闍摩那烏摩屄，二十摩屄為佉梨，二十佉梨為一倉也。'又丘約反。或作俲。"（59，p762b5）"俲"同"啒""佉"，皆為佛經咒語譯音字，無實義。《字海》收錄"俲"字，謂同"御"，字見《直音篇》，然查《直音篇》未見收錄此字，《字海》此說疑誤。《說文·人部》："御，徼御，受屈也。从人，却聲。"（164上）"御"，《廣韻》音"其虐切"。儘管"俲"與"御"音同，且"却"同"卻"，然二字義別，且未見"御"字異體有作"俲"者，故《字海》謂"俲"同"御"，疑非是。

15. 㰀：《新修玉篇》卷三《人部》引《廣集韻》："㰀，胡邁切。石蜜膜也。"（26上左）

按：《新修玉篇》卷九《欠部》引《餘文》："㰀，胡邁切。石蜜膜也。"（86下右）《篇海》卷二《欠部》引《餘文》："㰀，音後。石蜜膜也。"（606上）《廣韻》去聲候韻胡遘切："㰀，石蜜膜也。"（352）"㰀""㰀""㰀"即同字異寫，當楷定作"㰀"。《考正》（237）謂"㰀"即"㰀"的書寫變易字，是也。《直音篇》卷三《欠部》："㰀，音侯。欽欨，氣出也。傲，同上。"（97 上）《集韻》平聲侯韻胡溝切："欽，欽欨，氣出也。"（267）"傲"與"欽"音義俱別，《直音篇》謂"傲"同"欽"，非是。《詳校篇海》卷一《欠部》："傲，胡遘切，音後。石蜜膜也。"（52 下）《詳校篇海》亦未溝通"傲""欽"二字，是也。《字彙·欠部》："**傲**，胡遘切，音後。石蜜膜也。又胡溝切，音侯。**傲**欨。欽，同上。"（229 下—230 上）《字彙》"**傲**"字"又胡溝切，音侯。**傲**欨。欽，同上"，此即為承襲《直音篇》之謬。《字海》（89A）"**傲**"據《字彙》之謬而謂"**傲**"同"欽"，失考證。

16. 儇：《新修玉篇》卷三《人部》引《龍龕》："**儇**，許緣切。智慧；口利也；亦疾也；又舞也。"（26 上左）

按：《篇海》卷十五《人部》引《龍龕》："儇，許緣切。智慧；口利也；亦疾也；又舞也。"（831 上）《字彙·人部》："儇，許緣切，音喧。智慧；口利也；又疾也；又舞也。"（43 下）"口利也"之"口"皆當為"了"字之誤。《龍龕》卷一《人部》："**儇**，許緣反。智慧；了利也；亦疾也；又舞也。"（24）"儇""**儇**"即同字異寫，當為"儇"字之俗。《方言》卷一："儇，慧也。"《說文·人部》："儇，慧也。從人，睘聲。"（159 下）《廣韻》平聲仙韻許緣切："儇，智也；疾也；利也；慧也；又舞兒。"（87）"儇""**儇**"與"儇"音義並同，"儇""**儇**"當即"儇"字之俗。《正字通·人部》："儇，俗眾字。眾橫目下從三人會意，復加人旁非。舊注改音喧，智慧；口利也；又疾也；又舞也，並非。"（60 上）"儇"即"儇"字翻刻之異，"眾""衆"即異體字。《說文·似部》："衆，多也。從似目眾意。"（167 上）"衆"，《廣韻》音"之仲切"。"儇"與"眾（衆）"儘管部分構字部件相同，然音義俱別，二字不可混同，故《正字通》之說非是。《大字典》《字海》收錄"儇"，皆承襲《正字通》之誤而謂同"衆"，俱失考證。

17. 傓：《新修玉篇》卷三《人部》引《龍龕》："傓，音移。笑傓傓也。《韻》同。"（26 上左）

按：《篇海》同。《龍龕》卷一《人部》："傓，音移。笑。"（26）《玉篇·欠部》："歋，以離切。人相笑也，相歋歈也。傓，同上。"（45 上右）"傓"當即"歋"之異體字，《大字典》（2300A）"傓"字據《玉篇》謂同"歋"，是也。《字海》兩收"傓"字，第一個"傓"字謂同"歋"，見《玉篇》，是也。第二個"傓"字謂同"詒"，見朝鮮本《龍龕》。此説非是。朝鮮本《龍龕》卷一《人部》："詒，與支切。贈言也。又徒亥切。相欺也。詬，或作。"下字："㰷，笑也。"（34）"㰷"與"詒"音義俱別，二字不可混同，朝鮮本《龍龕》亦未言"㰷"同"詒"，故《字海》此説非是。

18. 儜：《新修玉篇》卷三《人部》引《餘文》："儜，乃耕切。困也；弱也。"（26 上左）

按：《篇海》卷十五《人部》引《餘文》："儜，音儜。義同。"（832 上）《龍龕》卷一《人部》："儜，俗；儜，正。弱也；困也。二。"（23）"儜""儜"並即"儜"字之俗。《玉篇·人部》："儜，女耕切。困也；弱也。"（15 下左）箋注本《切韻》（斯 2071）平聲耕韻女耕反："儜，困。"（86）故宮本《王韻》同。《廣韻》平聲耕韻女耕切："儜，固（困）也；弱也。"（124）《集韻》平聲耕韻尼耕切："儜，弱也。通作嬣。"（236）晉王沈《釋時論》："指秃腐骨，不簡蚩儜。"《宋書·王微傳》："吾本儜人，加疹意惽，一旦聞此，便惶怖矣。"《敦煌變文集·晏子賦》："健兒論功，儜兒説苦。"《字彙補·心部》："懧，《戰國策》：'憒於憂，而性懧愚。'注云：'懧，當作懦。'"（72 下）《戰國策·齊策》："文倦於事，憒於憂，而性懧愚，沉於國家之事，開罪於先生。"宋鮑彪《戰國策校注》："'懧'當作'懦'。《集韻》：'弱也。'"（116）郭紹虞注："懧，同懦。"今案：以上諸家謂"懧"同"懦"，並非。《説文·心部》："懦，駑弱者也。从心，需聲。"（219 下）"懦"，《廣韻》音"人朱切"，《集韻》又音"奴臥切"。"懧"與"懦"儘管義同，但"懧"從寧，不可音"人朱切"，亦不可音"奴臥切"，故二字不可混同。"懧"與"儜"義同，二字聲符相同，又從人、從心義通，俗書常可換用，故"懧"當同"儜"，亦當音"女耕切"。西漢劉向集録《戰國策》注："鮑本'懧'，當作'儜'。《集韻》：'弱也。'"（397）范祥雍《戰國策箋證》："鮑彪云：'懧當作儜。《集韻》：弱也。横田本從之，改懧作儜。按：字書無懧字。儜字亦見《切韻》《廣韻》，注同《集韻》。"（625）以上諸説皆是也。《大字典》（2533A）、《字海》（610B）"懧"字（610B）皆承訛襲謬而謂"懧"同"懦"，俱失考證。

19. 儨：《新修玉篇》卷三《人部》引《龍龕》："**儨**，音質。正也。"（27 上左）

按：《篇海》同。"**儨**"訓"正也"，疑為"止也"之誤，此"**儨**"

當同"慣"。《字海》（1761C）謂同"質"，非是。（詳見下文"价"字注）

20. 价：《新修玉篇》卷三《人部》引《龍龕》："价，音質。正也。"（27下右）

按：《篇海》同。《龍龕》卷一《人部》："僋价，二俗。音質。正也。"（37）朝鮮本《龍龕》卷一《人部》："僋，俗。音質。正也。价，同。"（32）"僋"當即"價"字之俗，而"价"當即"慣"字之俗。韓小荊《〈可洪音義〉研究》（830）"慣"俗作"价"。《可洪音義》卷四："价，之日反。正作慣。應和尚《經音》作价，經文作价。郭氏音賀。"（59，p672c2）《可洪音義》卷三十："价，陟利、之日二反。止也。正作慣也。四本經音及上方本並作价。"（60，p597c9）此是其證也。唐神清撰、慧寶注《北山錄》卷第八《論業理》第十三："而有譸張忿价者，自謂得一之見，人莫吾之若也，所謂命矣，非業之由也。"注："譸，張誑也。忿价，怒也。"（T52，p620a4）此"价"即"慣"字之俗，此亦其證也。"价""慣"音同，又"亻"旁、"忄"旁形近，俗寫常可訛混，故"价"當即"慣"字之俗。《龍龕》訓"价"為"正也"，於文獻無征，"正也"當為"止也"。《廣雅·釋詁三》："慣，止也。"《玉篇·心部》："慣，之日切。止也；塞也；滿也。"（38下左）《廣韻》去聲至韻陟利切："慣，止也。"（246）以上諸書亦皆其證也。《字彙·人部》："价，職日切。音質。正也。"（45上）《正字通·人部》："价，與質通，經史並從質。"（64上）《正字通》承襲《字彙》之誤而謂"价"與"質"通，非是。《大字典》（275B）"价"字據《正字通》之謬說而謂"价"同"質"，失考證。《字海》（95B）沿襲《大字典》之謬而謂"价"同"質"，亦失考證。"价"又為佛經譯音用字，無實義。慧琳《音義》卷二四《佛說兜沙經》一卷："价提捨洹那（上音質，上方佛刹土名也）。"（T54，p459c06）後漢支婁迦讖譯《佛說兜沙經》一卷："上方極遠不可計佛刹有佛，佛名墮色，其刹名价提拾洹。"（T10，p445c22）宋曇摩蜜多譯《虛空藏菩薩神呪經》："阿彌隸奢阿彌隸奢迦留尼迦（一）遮羅遮羅（二）毘伽陀隸（三）摩憍呿復闍摩那伽留尼迦（四）真陀摩尼富羅移迦留尼迦（五）薩婆阿奢彌呬羅陂離移（六）阿清陀梨（七）破仇破仇（八）留坻脾脾伽仇（九）价致脾脾伽仇迦留尼迦（十）富隸移埵摩阿奢（十一）薩埵波呬羅遮阿輸迦竭抵莎呵（十二）"（T13，p664b18）以上"价"字皆為佛經咒語譯音用字，無實義。

第四章 《新修玉篇》整理與研究的價值 / 161

21. 俒：《新修玉篇》卷三《人部》引《餘文》："俒，五困切。戲也。"（27 上左）

按：《篇海》同。《集韻》去聲慁韻吾困切："俒，戲也。"（550）《字彙·人部》："俒，胡困切，魂去聲。戲也。"（45 上）《正字通·人部》："俒，舊注：魂去聲。戲也。一說本作翫，或借玩，俗作俒。翫十五畫，舊本附十六畫，誤。"（64 下）《正字通》"一說"是也。《說文·習部》："翫，習猒也。从習，元聲。"（69 上）"翫"本義指相習既久而生懈怠、玩忽，引申為戲狎、戲耍。《左傳·昭公二十年》："水懦弱，民狎而翫之，則多死焉。"《荀子·禮論》："厺則翫，翫則厭，厭則忘。"楊倞注："翫，戲狎也。""俒""翫"義同，"俒"當即"翫"之增旁俗字。"翫"字《廣韻》音"五換切"，"俒"字《集韻》音"吾困切"，"困"疑為"貫"字之訛。《大字典》（276A—B）"俒"音 wèn，並以《正字通》之說作為"一說"，疑失當。《字海》（95C）"俒"字直謂同"翫"，疑是。

22. 儸：《新修玉篇》卷三《人部》引《玉篇》："儸，筆委切。停儸。"（27 下右）

按：《篇海》卷十五《人部》引《玉篇》："儸，筆委切。停也。"（832 下）《字彙·人部》："儸，補委切，悖上聲。停也。"（45 上）《玉篇·人部》："儸，筆委切。停也。"（15 上左）《玉篇校釋》"儸"字下注："'停也'者，本書無'停'字，今補於部末。《水部》：'渟，水止也。'《馬部》：'䮘，馬住皃。'《廣韻》：'儸，停儸。'《集韻》以'儸'為'罷'之或體。本書《网部》：'罷，休也。'休即停也。"（537）胡氏所言是也。《玉篇·网部》："罷，皮解切。休也。"（76 下左）"罷"，《廣韻》音"薄蟹切"，又音"皮彼切"。"儸"與"罷"音近義同，"儸"當即"罷"字之俗。《正字通·人部》："儸，舊注：補委切，悖上聲。停也。按：停與罷義近，俗作儸。"（64 下）此說亦其證也。《大字典》（275B）"儸"字此義未溝通其與"罷"字的異體關係，失當。《字海》（95B）"儸"字直謂同"罷"，是也。

23. **偭**：《新修玉篇》卷三《人部》引《龍龕》："**偭**，音潤。"（27 下右）

按：《篇海》同。《龍龕》卷一《人部》："**偭偭**，二俗。音潤。"（35）"**偭**"與"**偭**""**偭**"音同形近，當同"**偭**""**偭**"。朝鮮本《龍龕》卷一《人部》："㑑，俗。音澗。㑑，同。"（29）此即其證也。《字海》（1761C）謂"㑑"即"㑑"的訛字，非是。"㑑"同"㑒"，並即"懶"字之俗（見韓小荊《〈可洪音義〉研究 142—143）。"㑑""㑑""㑑"疑並即"僩"字之俗。《説文·人部》："僩，武皃。从人，閒聲。《詩》曰：'瑟兮僩兮。'"（160 下）"僩"，《廣韻》音"下赧切"，又音"古限切"。"㑑""㑑""㑑"與"僩"音同，又"閒"俗書或可寫作"简"（見韓小荊《〈可洪音義〉研究 505），故疑"㑑""㑑""㑑"並即"僩"字之俗。

24. 㜺：《新修玉篇》卷三《女部》引《川篇》："㜺，音泉。好皃。"（30 上右）

按：《篇海》卷五《女部》引《川篇》："㜺，音旋。義同。"（656 上）"㜺""㜺"當即同字異寫，並當楷定作"㜺"。《新修玉篇》與《篇海》直音用字不同，《篇海》之説疑是。"㜺"疑即"嫙"字之俗。《説文·女部》："嫙，好也。"（262 上）"嫙"，《廣韻》音"似宣切"。"㜺"與"嫙"音義並同，"㜺"當即"嫙"字俗省。《大字典》（1141A）、《字海》（694C）據《篇海》錄作"㜺"，皆謂同"旋"，非是。"㜺"與"旋"儘管音同，然義訓區別甚明，且未見"旋"字俗書有寫作"㜺"者，故二字不可混同。《大字典》《字海》"㜺"字僅據《篇海》所妄補"義同"二字，即謂"㜺"同"旋"，俱失考證。

25. 媱：《新修玉篇》卷三《女部》引《餘文》："媱，烏皎切。媱孃，細弱也。"（31 上右）

按：《廣韻》上聲篠韻烏皎切："偠，偠㒟，好皃。"下文又曰："媱，媱孃，細弱。"（200）《玉篇·人部》："偠，於了切。偠㒟，細腰也。"（15 上右）"媱孃"同"偠㒟"。《集韻》上聲篠韻伊鳥切："偠，偠㒟，美皃。或从女。"（392）此即其證也。"細腰""細弱""美皃""好皃"異訓同實，皆指身材美好之義。故"媱""偠"即為異體字。《大字典》（1139A）"媱"字下第一義項引《廣韻》訓"媱孃，細弱"；第二義項據《集韻》之説謂同"偠"，失當。其實，應如《字海》（693C）直謂同"偠"，即妥。

26. 嬶：《新修玉篇》卷三《女部》引《龍龕》："嬶，女力切。姪嬶也。"（31 下左）

按：《篇海》卷五《女部》引《龍龕》："嬺嬶，二。女力切。姪~

也。"(656下）《龍龕》卷二《女部》："嫯嬺嬺，女力反。婬~也。三。"（284）"嬺"字，《大字典》（1161B）、《字海》（702B）皆校作"嬺"。"婬""嬺"義同。《廣雅·釋詁一》："婬，嬺也。"（104下）《字彙·女部》："嬺，女力切，音溺。婬嬺。"（109上）《正字通·女部》："嬺，女力切，音溺。婬嬺，凡相狎近者謂之嬺，與暱通。"（250上）"嬺"字，《正字通》之前諸字書皆訓"婬也"，《正字通》卻又增補"凡相狎近者謂之嬺"，並謂與"暱"通，其說無據，不可信。《爾雅·釋言》："暱，近也。"《說文·日部》："暱，日近也。从日，匿聲。《春秋傳》曰：'私降暱燕。'昵，暱或从尼。"（135下）"暱"，《廣韻》音"尼質切"。"嬺"與"暱"音近義別，二字不可混同，故《正字通》之說非是。今案："嬺""嫯""嬺"諸字並即"匿"之異體字。《玉篇·匸部》："匿，女直切。陰姦也；亡隱也。"（132上左）"匿"，《廣韻》音"女力切"。"陰姦也""婬也"義同，故"嬺"與"匿"音義並同，"嬺"當即"匿"之增旁俗字。韓小荊《〈可洪音義〉研究》（603）"匿"俗作"嬺"，此是其證也。《可洪音義》卷一二："婬嬺，女力反。隱~，陰奸也。正作匿也。"（59，p1006a12）《集韻》入聲職韻昵力切："嬺，女字。"（758）《集韻》訓"嬺"為"女字"，當為不識其為"匿"字之俗而妄補也。《大字典》（1146A）"嬺"字據《集韻》及《正字通》為訓，疑非是。《字海》（696B）"嬺"字據《正字通》之說而謂同"昵"，亦非。"嫯"當即"嬺"通過偏旁易位而形成的異體字，亦當即"匿"字之俗；"嬺"又當即"嬺"之繁化俗字，亦即"匿"字之俗。"嫯""嬺"二字，《大字典》未溝通其與"匿"字的正俗關係，《字海》皆謂同"昵"，俱失考證。

27. 躭：《新修玉篇》卷三《身部》引《龍龕》："䐶䐶躭躭躭，五。丁含切。好也；又酖也。"（33上左）

按：《篇海》卷十二《身部》引《龍龕》："䐶䐶躭躭躭，五。丁含切。好也；酖也。"（750上）《龍龕》卷一《人部》："䐶䐶躭躭躭，五俗；躭，正。丁含反。好也；酖也。六。"（160）"躭""躭""躭"即同字異寫，並即"躭"字之俗。《康熙字典·身部》："躭，《篇》《韻》同軃。"（1296下）《康熙字典》謂"躭"字《篇》《韻》同"軃"，此說於前代字書、韻書皆無征，非是。《大字典》（4061A）、《字海》（1430C）皆沿襲《康熙字典》之誤而謂"躭"同"軃"，俱失考證。

28. 靦：《新修玉篇》卷四《面部》引《餘文》："靦，乃板切。色慙皃。"（34上右）

按：《篇海》同。《集韻》上聲潸韻乃版切："醶，酢醶，色慙。或作靦。"（372）"靦""醶"即同字異寫。《字彙·面部》："靦，乃板切，音赧。色慙貌。"（530上—下）《正字通·面部》："靦，俗赧字。因《說文》'赧'訓'面慙'从面作靦，非。"（1269上）《正字通》所言是也。《說文·赤部》："赧，面慙赤也。从赤，㞋聲。"（212下）"赧"，《廣韻》音"奴板切"。"靦""赧"音義並同，"靦"即"赧"之異體字。《大字典》（4689A）"靦"字分為兩個義項：第一義項引《集韻》訓"酢醶"，也作"酢靦"，面色慙愧；第二義項據《正字通》之說謂同"赧"，失當。其實，應如《字海》（1593C）"靦"字下直謂同"赧"，即妥。

29. 顑：《新修玉篇》卷四《頁部》引《龍龕》："顑，音顖。"（36上右）

按：《篇海》卷十三《頁部》引《龍龕》："顑，音顖。義同。"（801上）《龍龕》卷四《頁部》："頓顑顖，三俗；顖，正。音信。腦會也，今呼～門也。四。"（486）朝鮮本《龍龕》卷五《頁部》亦曰："顖，正。音信。腦會也，今呼～門也。頓顑顖，俗。"（21）故"顑"當即"顖"字之俗。《直音篇》卷一《頁部》："顑，音譬。傾頭兒。"（30上）"顑"字，《直音篇》音"譬"，訓"傾頭兒"，於前代諸字書皆無征，其説非是。《篇海類編·身體類·頁部》："顡，匹計切，音譬。傾頭兒。顑，義同上。"（3上）"顡"當即"頢"之異體字。《正字通·頁部》："顡，頢字之譌。"（1287下）此説是也。《篇海類篇》承襲《直音篇》音訓之誤而謂"顑"同"顡"，亦非。《字彙·頁部》："顑，同顡。"（540上）《正字通·頁部》："顑，同顡。"（1288上）此皆因承訛襲謬而誤，俱非。《大字典》（4676A）"顑"字第一義項據《篇海類編》之説而謂同"顡（頢）"、《字海》（1588C）"顑"字徑據《篇海類編》之説而謂同"頢"，俱失考證。

30. 盰：《新修玉篇》卷四《目部》引《餘文》："盰，莫郎切，又蒲光切，又無放切。盰洋，仰視也。"（37上左）

按：《篇海》卷七《目部》引《餘文》："盰，莫郎、蒲光、無放三切。盰洋，仰視。"（690上）《集韻》去聲漾韻無放切："盰，盰洋，仰視兒。"（597）《莊子·秋水》："望洋向若而歎"盧文弨曰："今本盰作望。'洋'

音羊。司馬崔云：'盳洋，猶望洋，仰視皃。'"郭慶藩集釋："案《釋文》引司馬崔本作盳洋，云盳洋猶望羊仰視皃。今案：洋羊皆假借字，其正字當作陽。《論衡·骨相篇》'武王望陽'，言望視太陽也。太陽在天，宜仰而觀，故訓為仰視。"（561—563）故"盳洋"亦作"望洋""望羊""望陽"，皆訓"仰視皃"。《字彙·目部》："盳，謨郎切，音忙。盳洋，仰視貌。又巫放切，音妄。義同。又步光切，音傍。義同。"（311上）《正字通·目部》："盳，俗盲字。舊注：音忙。盳洋，仰視貌。又音妄、音傍。義同。並非。從亡、目失明也，何能仰視？宜刪。"（729上）《正字通》直謂"盳"即"盲"字之俗，且謂"舊注"非，然既無書證，亦無例證，其説不足為據。《説文·目部》："盲，目無牟子。從目，亡聲。"（67下）"盲"，《廣韻》音"武庚切"。"盳"與"盲"儘管構字部件相同，然音義俱別，且未見"盲"字異體有寫作"盳"者，二字不可混同，故《正字通》之説非是。《大字典》（2643A）、《字海》（1046C）"盳"字下皆據《正字通》之説而增收一個義項謂"盳"同"盲"，並誤。

31. 眆：《新修玉篇》卷四《目部》引《玉篇》："眆，芳往切。古彷彿，見似不諦。《韻》曰：微見也。"（37上右）

按：《篇海》同。《名義·目部》："眆，芳往反。仿字也。"（36下）《玉篇·目部》："眆，芳往切。古仿佛，見似不諦。"（22下右）"眆"當即"眆"之異體字，"眆"又當即"仿"通過改換義符而形成的異體字。《説文·人部》："仿，相似也。從人，方聲。"（161上）"仿"，《廣韻》音"妃兩切"。嚴章福校議議："今此'仿'下當依李注作'仿佛，相似，視不諟也。'"朱駿聲定聲："仿，俗亦作倣，經傳放效字皆以放為之。"《字彙·目部》："眆，妃兩切，音紡。眆眲，見似不諦。又與倣同。"（312）《正字通·目部》："眆，芳固切，音紡。眆眲，見似不諦。眆與仿、彷、髣通，倣或借放。"（731上）以上諸説皆是也。"眆"與"仿"音義並同，"眆"當即"仿"因用來指"見不真切"而改換義符"人"旁為"目"旁所形成的異體字。"眆"與"仿""彷""髣""倣"諸字互為異體字，"眆眲""仿佛""彷彿""髣髴"並同。《大字典》（2651B—2652A）"眆"字第一義項引《玉篇》"古仿佛"作"古眆佛"，引文失真。據此而謂"眆佛"也作"眆眲"，而未溝通"眆"與"仿"字的異體關係；第二義項據《篇海類編》而謂"眆"同"倣"，訓"仿效"。其實，這兩義項與"仿"音義並同，直謂"眆"同"仿"，即可。

《字海》（1048B）"眆"字直謂同"仿"，是也。

32. 睕：《新修玉篇》卷四《目部》引《廣集韻》："睕，丘亮切。睞睕，目病也。"（38下右）

按：故宮本《王韻》去聲漾韻丘亮反："睞，目病。"（505）"睞"字從"京"而音"丘亮反"，形音不諧，此字頭當誤。《廣韻》去聲漾韻丘亮切："睕，睞睕，目病。"（339）據《廣韻》，故宮本《王韻》"丘亮反"、訓"目病"這一音義字頭本當作"睕"，"睕"當合"睞"為"睞睕"這一疊韻連綿詞而訓"目病"。《名義·目部》："眼，理尚反。目病也。"（35上）下文又曰："睞，力餉反。目病也。"（35下）《玉篇·目部》："眼，理尚切。目病也。睞，同上。"（22上右）"睞"字，《名義》《玉篇》皆未見有"丘亮反"一音，此亦其證也。《集韻》去聲漾韻丘亮切："眼，目病。或作睞、睕。"（599）據《玉篇》，"眼"與"睞"即為異體字，當音"理尚切"，而《集韻》"眼"字音"丘亮切"，並謂"眼"或作"睞""睕"，亦非是。《集韻》音"丘亮切"、訓"目病"這一音義字頭亦當為"睕"，"睕"亦當連"睞"字為訓，"睞睕"或作"眼睕"，皆訓"目病"。《大字典》"睕"字據《集韻》之誤而音 qiǎng，並謂同"眼"、《字海》"睕"字亦據《集韻》之誤而音 qiǎng，俱失考證。

33. 瞶：《新修玉篇》卷四《目部》引《餘文》："瞶，明秘切。目合皃。"（38下左）

按：《篇海》同。《集韻》去聲至韻蜜二切："瞶，目合皃。"（482）《字彙·目部》："瞶，莫佩切，音媚。目合貌。"（315上）《正字通·目部》："瞶，瞑字之譌。舊注：音媚。目合貌。非。"（738下）《說文·目部》："瞑，翕目也。从目、从冥，冥亦聲。"（67上）"瞑"，《廣韻》音"莫經切"。"瞶"與"瞑"儘管義同，但形音俱別，二字不可混同，故《正字通》之說非是。"瞶"疑即"寐"之俗體會意字。《說文·寢部》："寐，臥也。从寢省，未聲。"（150下）段玉裁注："俗所謂睡着也。""寐"，《廣韻》音"彌二切"。"目合"與"睡着"義可相通，故"瞶"疑即從"目""眉"會"寐"之"睡着""眼睛閉合"之義。《大字典》（2680）"瞶"字下以《正字通》之說作為"一說"，非是。

34. 瞾：《新修玉篇》卷四《目部》引《川篇》："瞾，音梨。目耴。"（39下右）

按：《篇海》卷七《目部》引《川篇》："瞾，自耴。"（692下）《新

第四章 《新修玉篇》整理與研究的價值 / 167

修玉篇》"目耴"之"耴"當即"耴"字之誤；而《篇海》"自耴"之"自"當即"目"字之誤，"目耴"即指"目垂"之義。"瞲"當即"瞜"之異體字。《廣韻》平聲齊韻郎奚切："瞜，瞜視。"(48)《文選·傅毅〈武賦〉》："瞜眆而拜，曲度究畢。"李周翰注："瞜眆，斂容也。"《詳校篇海》卷三《目部》："瞜，隣溪切，音梨。視也。或作瞲。"(172下)"目垂"與"斂容"義亦可通，故"瞲"與"瞜"音同義通，"瞲"當即"瞜"通過改換聲符而形成的異體字。《字彙補·目部》："瞲，力其切，音梨。目耴也。"(142下)"目耴"之"耴"即"耴"字之訛。《大字典》(2688A)"瞲"字分為兩個義項：第一個義項謂同"瞜"；第二個義項沿襲《字彙補》之誤而訓為"目耴"，非是。《字海》(1060C)"瞲"字直謂同"瞜"，是也。

35. 曖：《新修玉篇》卷四《目部》引《玉篇》："曖，烏蓋切。隱也。"(39下左)

按：《篇海》同。此字《名義》《切韻》皆未收，《龍龕》始收之，當即唐人據俗書所增。《龍龕》卷四《目部》："曖，於蓋反。~隱也。"(422)《玉篇·目部》："曖，烏蓋切。隱也。"(22下左)《玉篇校釋》"曖"字下注："'隱也'者，《廣韻》同。《切韻》：'曖，隱也。'《爾雅·釋言》：'薆，隱也。'《詩·蒸民》：'愛莫助之。'毛傳：'愛，隱也。'本書《艸部》：'薆，隱也。'《竹部》：'箋，隱也；蔽也。'《人部》：'僾，隱也。'《日部》：'曖，晻曖，暗皃。'《雲部》云：'霴靆，不明皃。'皆隱蔽之義也。"(849)"曖"當即"曖"字之俗。《名義·日部》："曖，於戴反。暗也。"(205上)故宮本《裴韻》去聲泰韻於蓋反："曖，隱。"(591)《唐韻》去聲代韻烏代反："曖，晻曖，暗皃。"(657)《後漢書·申屠蟠傳贊》："韜伏明姿，甘是堙曖。"李賢注："曖，猶翳也。"南朝謝靈運《會吟行》："滮池溉稉稻，輕雲曖松杞。"黃節注："曖，闇昧貌也。""曖"與"曖"音義並同，從日、從目形近，俗書常可訛混，故"曖"當即"曖"字之俗。《正字通·目部》："曖，曖字之譌。"(741下)《正字通》所言是也。又"曖"與"薆""僾""箋"諸字音義並同，即為異體字。《大字典》(2696B)"曖"字下以《正字通》之說作為"一說"、《字海》(1063C)"曖"字未溝通其與"曖"字的字際關係，俱失當。

36. 瞁：《新修玉篇》卷四《眀部》引《玉篇》："瞁，居于切。目邪

也。《韻》許極切。斜視。"（42 上右）

按：《篇海》卷七《目部》引《玉篇》："奭，辛朱切。目邪也。"（693 下）《玉篇·䀠部》："奭，居于切。目邪也。"（23 上右）《玉篇校釋》"奭"字下注："'奭'應依《說文》作'奭'。"（867）胡氏所言是也。《說文·䀠部》："奭，目袤也。从目，从大。"（68 下）《名義·䀠部》："奭，居虞反。目邪也。"（38 上）敦煌本《王韻》平聲虞韻舉虞反："奭，目邪也。又許力反。"（363）故宮本《王韻》（444）同。《廣韻》平聲虞韻舉朱切："奭，《說文》：'目邪也。'"（43）又入聲職韻許極切："奭，斜視。"（425）"奭"與"奭"音義並同，且《名義》《玉篇》之"奭"與《說文》之"奭"位置相同，《說文》只收錄"奭"字而未收錄"奭"字，《名義》《玉篇》只收錄"奭"字而未收錄"奭"字，故"奭"即"奭"字之俗。《玉篇·大部》又曰："奭，舉朱切。邪視皃。"（99 下右）此即《䀠部》之"奭"又誤重於此。《集韻》入聲職韻迄力切："奭奭，斜視皃。或省。"（759）《集韻》溝通"奭""奭"二字，是也；然謂"奭"為"奭"字俗省，正俗顛倒，非是。《大字典》（2670B）"奭"字下第（三）義項據《集韻》"迄力切"而音 xì，並謂同"奭"，訓"邪視貌"。《大字典》（2677A）又於"奭"字下據《廣韻》"許極切"而音 xì，訓"邪視貌"。《大字典》這樣處理"奭"與"奭"二字的字際關係，不妥。《大字典》應於"奭"字第（一）義項下將《廣韻》"許極切"或《集韻》"迄力切"以"又音"的形式置於《廣韻》"舉朱切"之後，同時刪去第（三）義項；而於"奭"字之下據《集韻》之說而謂"奭"同"奭"。《字海》（1056B）"奭"字謂同"奭"，是也。

37. 覗：《新修玉篇》卷四《見部》引《龍龕》："覗，音覰。"（42 下右）

按：《篇海》卷二《見部》引《龍龕》："覗，音親。義同。"（588 上）"覗"字，《新修玉篇》與《篇海》直音用字不同，《新修玉篇》所言是，《篇海》所言非。《龍龕》卷三《見部》："覗，或作；覰，正。音契。見也。二。"（346）故"覗"即"覰"字之俗，當音"覰"。《篇海》音"親"，"親"當即"覰"字之訛。《字彙補·見部》："覗，同親。"（204 上）《字彙補》謂"覗"同"親"，此即因承訛襲謬而誤。《大字典》（3911B—3912A）"覗"字第二義項、《字海》（1402B）"覗"字第一義項皆據《字彙補》之誤而謂同"親"，俱失考證。

第四章　《新修玉篇》整理與研究的價值　/　169

38. 叺：《新修玉篇》卷五《口部》引《餘文》："叺，北角切。放杖聲。"（43下左）

按：《篇海》卷二《口部》引《餘文》："叺，北角切。放杖聲。"（594下）《廣韻》入聲覺韻北角切："嚗，李頤注《莊子》云：'嚗，放杖聲。'"（378）《集韻》入聲覺韻北角切："嚗，怒聲。或作叺。"（658）《字彙·口部》："叺，北角切，音撥。放杖聲。"（70下）《正字通·口部》："叺，同嚗省。《集韻》：'嚗，或作叺。'舊注放杖聲，與嚗訓同，改音撥，非。"（134上）"叺"與"嚗"音義並同，"叺"當即"嚗"通過改換聲符而形成的異體字。《大字典》（630B）"叺"字第一義項據《集韻》謂同"嚗"，訓"怒聲"；第二義項據《篇海》訓"放杖聲"。其實，第二義項亦同"嚗"。《大字典》此義未溝通其與"嚗"字的異體關係，失當。《字海》（382A）"叺"字直謂同"嚗"，是也。

39. 叫：《新修玉篇》卷五《口部》引《川篇》："叫，居肖切。叫喚也。"（43下左）

按：《篇海》卷二《口部》引《川篇》："叫，居肖切。~喚也。"（594下）"叫""叫"即同字異寫。《字彙·口部》："叫，居肖切，音交。喚也。"（70上）《正字通·口部》："叫，叫字之譌。舊注：音交。喚也。按：叫俗作叫，因叫誤作叫，非。叫與叭別，《篇海類編》作叫，非。"（133上）《正字通》所言是也。《說文·口部》："叫，嘑也。从口，丩聲。"（28上）"叫"，《廣韻》音"古弔切"。"叫（叫）"與"叫"音義並同，"叫（叫）"即"叫"字之俗。《大字典》（619A）"叫"字據《篇海》訓"呼喊"，以《正字通》之說作為"一說"，失當。《字海》（380C）"叫"字下謂"叫（叫）"的訛字，亦失當。"叫"本又"叫"字之俗，《大字典》《字海》直謂"叫"即"叫"字之訛，即可。

40. 唶：《新修玉篇》卷五《口部》引《龍龕》："唶，丁結、陟栗二切。（唶）呭，叱呵也。"（47上左）

按：《篇海》卷二《口部》引《龍龕》："唶，丁結、陟栗二切。唶呭，叱呵也。"（598上）《字彙·口部》："唶，陟栗切，音質。叱呵也。又丁結切，顛入聲。義同。"（78）《正字通·口部》："唶，嘖字之譌。舊注叱呵與嘖義近，改音質，又顛入聲，義同，並非。六書口、頁二部無唶字。"（157下）《說文·口部》："嘖，大呼也。从口，責聲。讀，嘖或从言。"（34上）"嘖"，《廣韻》音"側革切"。"唶"與"嘖"音義俱別，二字不可混同，《正字通》之說非是。《大字典》《字海》沿襲《正字通》之謬而謂"唃"即"嘖"的譌字，亦失考證。今考"唃"當即"喧"字之俗。《廣雅·釋言》："喧，咄也。"王念孫疏證："喧之言叱也。"《玉篇·口部》："喧，知栗切。《廣雅》云：'喧，咄也。'"（27上左）《龍龕》卷二《口部》曰："唃喧，二俗；喧，正。丁結、陟栗二反。喧咄，叱呵也。三。"（276）此即其證也。故"唃"即"喧"通過改換聲符而形成的異體字，《大字典》《字海》應據以溝通"唃"與"喧"的異體關係。

41. 齾：《新修玉篇》卷五《齒部》引《餘文》："齾，五咸切。齒高皃。"（51上右）

按：《篇海》同。《集韻》平聲咸韻魚咸切："齾，齒高皃。"（295）《字彙·齒部》："齾，魚咸切，音近言。齒高貌。"（591上）《正字通·齒部》："齾，同齺。舊注音言，別訓齒高貌，分齾、齺為二，誤。《説文》本作齺。"（1411下）《説文·齒部》："齺，齧也。從齒，咸聲。"（39上）"齺"，《廣韻》音"苦恰切"，又音"古洽切"，《集韻》音"居咸切"。"齾"與"齺"儘管構字部件相同，但二字音義俱別，不應混同，故《正字通》之説非是。《大字典》（5114A）、《字海》（1752A）"齾"字皆據《正字通》之説而謂同"齺"，俱失考證。"齾"疑同"齺"。《集韻》平聲銜韻魚銜切："齺，齾齺，齒高。"（297）"齾"與"齺"音義並同，二字當為異體字。

42. 捓：《新修玉篇》卷六《手部》引《餘文》："捓，博江切。土精，如手，在地中，食之無病。"（55下右）

按：《篇海》同。《廣韻》平聲江韻博江切："埲，土精，如手，在地中，食之無病。"（13）"捓"當即"埲"字之訛。《玉篇·土部》："埲，博龙切。土精也。"（9上右）《集韻》平聲江韻悲江切："埲，土精謂（如）手謂之埲。"（23）"捓"與"埲"音義並同，又"扌"旁、"土"旁形近，俗寫常可訛混，故"捓"即"埲"字俗訛。《字彙·手部》："捓，博江切，音邦。土精，如手，在地中，食之無病。亦作埲。"（176下）此説是其證也。《正字通·手部》："捓，俗搒字。舊注：音邦。土精，如手。亦作埲。混埲、捓為一，非。"（407下）《説文·手部》："搒，掩也。從手，旁聲。"（258上）"搒"，《廣韻》音"薄庚切"。"捓"與"搒"音義俱別，二字不可混同，故《正字通》之説非是。《大

第四章 《新修玉篇》整理與研究的價值 / 171

字典》《字海》"挷"字下皆承襲《正字通》之謬而謂同"搒"，俱失考證。

43. 揬：《新修玉篇》卷六《手部》引《玉篇》："揬，子結切。斷絕也。"（56下左）

按：《新修玉篇》卷六《手部》"揬"字上文又引《玉篇》："搟，子結切。斷絕也。又寺絕切。拈也。"（56下左）《篇海》卷十二《手部》引《玉篇》："搟，子結切。斷絕也。"（760上）《玉篇·手部》："搟，子結切。斷絕也。"（32下右）"搟"即"搟"字之俗，"搟"與"㔾""㔾""哲"諸字音義並同，並為異體字。（詳見下文"搟"字注）"揬"與"搟"音義並同，"揬"當即"搟"字俗寫之誤，亦即"搟"字。《龍龕》卷二《手部》："搣揬，二或作。似絕反。拔也。二。"（218）此"搣""揬"與"搟"音同義近，"搣""揬"亦當即"搟"字之俗。《大字典》"揬"字下謂："同'搣'。《龍龕手鑑·手部》：'揬'，同'搣'。（'搣'為'搣'的訛字）"（2034B）《字海》"揬"字下謂："同'搣'。字見《龍龕》。"（351A）《說文·手部》："搣，批也。从手，威聲。"（253上）《玉篇·手部》："搣，民烈切。摩也。《莊子》曰：'揃搣，拔除也。'"（29下左）"揬""搣"與"搣"儘管義同，但形音俱別，"揬""搣"與"搣"不可混同，故《大字典》《字海》謂"揬"同"搣"，非是。《字海》（358B）"搣"字下謂同"搣"，亦非。

44. 搣：《新修玉篇》卷六《手部》引《龍龕》："搣，似絕切。拔也。"（58下右）

按：《篇海》卷十二《手部》引《龍龕》："搣，似絕切。拔也。"（761上）"搣""搣"音義並同，且位置相同，當即同字異寫，"搣""搣"當並即"搣"字之俗。《龍龕》卷二《手部》："搣揬，二或作。似絕反。拔也。二。"（218）"搣""揬"即"搟"字之俗（詳見上文"搟"字注），"搣""搣"亦當即"搟"字之俗。《康熙字典·手部》："搣，《篇海》義同搣，音與揬混。按：搣字之譌。"（425上）《康熙字典》謂"搣"為"搣"字之譌，非是。《大字典》（2058B）、《字海》（358A）"搣"字下皆據《康熙字典》之謬而謂"搣"為"搣"的訛字，並非。

45. 拜：《新修玉篇》卷六《手部》引《龍龕》："拜，音拜。"（57下左）

按：《篇海》卷十二《手部》引《龍龕》："拜，《説文》同拜。"

(760下)"拜""拜"即同字異寫，並即"拜"之異體字。《龍龕》卷二《手部》："拜，《說文》同拜。"（215）《可洪音義》卷五《正法華經》第三卷："拜，卜介反。正作拜、拜。"（59，p707c1）以上二書皆其證也。故"拜"當即"拜"之增旁俗字。《字海》（350A）"拜"字下謂同"擺"，於歷代字書無征，此說非是。

46. 掻：《新修玉篇》卷六《手部》引《龍龕》："掻，素老切。掻除也。"（57下左）

按：《篇海》卷十二《手部》引《龍龕》："掻，素老切。掃除也。"（760上）《龍龕》卷二《手部》："掃，俗；掻，正。桑老反。～除也。"（211）《玉篇·手部》："掃，蘇道切。除也。《禮記》曰：'汜掃曰掃。'作埽同。"（31下左）"掃"，《廣韻》又音"蘇老切"。"掻""掃"音義並同，"掻"當即"掃"字之俗。《龍龕》溝通"掻"與"掃"二字字際關係，是；然謂"掃"俗、"掻"正，正俗顛倒，非是。《字彙·手部》："掻，同掃。"（181上）此說亦其證也。《正字通·手部》："掻，同授。"（418上）《集韻》去聲沁韻子鴆切："掻敊，擊也。或從攴。"（621）"掻"與"授"儘管形近，然音義俱別，二字不可混同，《正字通》之說非是，"授"當即"掃"字之誤。《大字典》（2053A）"掻"字下既據《龍龕》謂同"掃"，又以《正字通》之說作為"一說"，非是。《字海》（357A）"掻"字據《正字通》之說直謂同"授"，亦非。

47. 罩罩：《新修玉篇》卷六《廾部》引《龍龕》："罩，音言。古文。"（60下左）

按：《篇海》卷二《廾部》引《龍龕》："罩，古文言字。"（587下）"罩""罩"當即同字異寫，其正字俟考。《新修玉篇》謂"罩"音言，古文，並未言"罩"為古文"言"字，《篇海》直謂"罩"為古文"言"字，然查"言"字古文俗體卻未見有作"罩"者，故《篇海》此說非是。《龍龕》卷四《廾部》亦曰："罩，古文。音言。"（527）此亦其證也。《大字典》《字海》"罩"字皆據《篇海》之說謂同"言"、《字海》"罩"字亦謂同"言"，俱失考證。

48. 踜：《新修玉篇》卷七《足部》引《餘文》："踜，力沒切。踜踜，行不進也。"（63上左）

按：《篇海》卷九《足部》引《餘文》："踜，力沒切。踜踜，行不進也。"（712下）《集韻》入聲沒韻他骨切："踜，踜踜，前不進也。一

第四章 《新修玉篇》整理與研究的價值 / 173

曰踩也。"（683）《名義·足部》："踈，他忽切。踩也。"（62下）《玉篇·足部》："踈，他忽切。踩也。"（34上左）箋注本《切韻》（斯2071）他骨反："踈，踩。"（143）敦煌本《王韻》、故宮本《王韻》、故宮本《裴韻》、《唐韻》同。《廣韻》入聲没韻他骨切："踈，踩也。踈踩，前不進也。"（390）又下文勒没切曰："踩，踩踈，前不進也。"（391）連綿詞詞無定序，前後位置或可顛倒，故"踩踈""踈踩"同。"踩跬"與"踈踩"音義並同，"踩跬"當即"踈踩"之俗，"跬"即"踈"字俗寫。《龍龕》卷四《足部》："踈，俗；跬，正。他骨反。踩~，前不進也。又~蹋也。二。"（464）《龍龕》謂"踈""跬"同，是其證；然謂"踈"為俗而"跬"為正，非也。《集韻》入聲没韻勒没切又曰："踩跬，踩踈，不進。或从聿。"（683）"跬"與"踩"形音俱別，二字本連用為疊韻連綿詞，而非異體，故不可誤認為"跬"與"踩"即異體字。正如上文所言，"踩跬"與"踈踩"音義並同，"踩跬"當即"踈踩"之俗，"跬"即"踈"字俗寫。故《集韻》此處"或从聿"之前當脱落"踈"字，遂造成"跬"與"踩"誤作認同。《正字通·足部》："跬，與《辵部》'逮'同。"（1119下）《玉篇·辵部》："逮，余述切。分布也；又行皃。"（50上左）"跬"與"逮"音義俱别，二字不可混同，故《正字通》此説非是。《大字典》（3950B）、《字海》（1414B）"跬"字皆沿襲《集韻》之誤而謂同"踩"，俱失考證。

49. 蹴：《新修玉篇》卷七《足部》引《龍龕》："蹴，子六切。迫也；急也；近也。"（65下左）

按："蹴"當即"蹙"字之俗。《龍龕》卷四《足部》："𧿨蹴跥蹴蹴蹴蹴，七俗；蹙，正。子六反。迫也；急也；近也。八字。"（466）此即其證也。故"蹴"即"蹙"字之俗。《字海》（1428C）"蹴"字謂同"蹴"。《集韻》入聲屋韻七六切："蹴，《説文》：'躡也。'或作蹙。"（642）"蹙"與"蹴"僅在"踐踏"之義上為異體字，而在其它意義上並非異體字，且從字形上來説，"蹴"當即"蹙"字異體"蹴"字俗寫之誤，而非"蹴"字之俗，故《字海》之説非是。

50. 劵：《新修玉篇》卷七《力部》引《龍龕》："劵，音券。"（72上右）

按：《篇海》卷十五《力部》引《龍龕》："劵，音券。義同。"（825上）《龍龕》卷四《力部》："劵，俗；券，正。去願反。約也；契也。又大曰券，小曰契也。二。"（517）故"劵"當即"券"字之俗。《字海》

據《篇海》收錄"勪"字，謂同"倦"，非是。

51. 愁：《新修玉篇》卷八《心部》引《玉篇》："愁，士尤切。憂也。《韻》又悲也；苦也。《韻》又即由切。聚也。同作揂。"（73上左）

按：《集韻》平聲尤韻將由切："楢，《說文》：'聚也。'或作愁。"（262）此"楢"當即"揂"字誤刻。《說文·手部》："揂，聚也。从手，酋聲。"（254下）《廣韻》平聲尤韻即由切："揂，聚也。"（136）以上諸書皆其證也。《新修玉篇》引《集韻》作"揂"，是也。《大字典》"愁"字第三義項承襲誤本《集韻》之謬而謂同"楢"，失考證。

52. 忰：《新修玉篇》卷八《忄部》引《龍龕》："忰，七小切。憂皃；又心無聊。"（74下右）

按：《篇海》同。"忰"即"悄"字之俗。《龍龕》卷一《忄部》："忰，俗；悄悄，二正。七小反。憂皃；又心無聊也。三。"（57）此即其證也。《字海》（588B）"忰"字下謂"同'莝'。見《龍龕》"，非是。

53. 忬：《新修玉篇》卷八《忄部》引《龍龕》："忬，羊恕切。安[也]，悅也。"（74下左）

按：《篇海》同。"忬"當即"忬"字之俗。《龍龕》卷一《忄部》："忬，俗；忬，正。羊恕反。安也；悅也。二。"（60）此即其證也。《字彙補·心部》："忬，與悆同。見《說文長箋》。"（71上）《說文·心部》："懃，勉也。从心，棥聲。《虞書》曰：'時惟懃哉。'悆，或省。"（218）"懃（悆）"，《廣韻》音"莫候切"。"忬"與"悆"儘管構字部件相同，然音義俱別，二字不可混同，故《字彙補》據《說文長箋》之謬而謂"忬"同"悆"，非是。《大字典》《字海》"忬"字皆沿襲《字彙補》之謬而謂同"悆"，俱失考證。

54. 愐：《新修玉篇》卷八《忄部》引《玉篇》："愐，於驗切。《韻》又於豔切。快也。又依儉切。《博雅》：'愛也。'同作愐。"（76下右）

按：《玉篇·心部》："愐，於檢切。愛也。愐愐，多意氣也。又甘心也。愐，同上。"（39下左）《集韻》上聲琰韻衣檢切："愐，《博雅》：'愛也。'或作愐。"（453）據《玉篇》《集韻》，"愐"與"愐"音義並同，即為異體字。《大字典》《字海》俱收"愐"字，皆分為兩個義項：第一個義項據《廣韻》而音 yàn，訓"快"；第二個義項據《廣韻》《集韻》而音 yǎn，謂同"愐"，訓"愛"。其實，"愐"訓"快"，亦同"愐"。敦煌本《王韻》去聲豔韻於豔反："愐，快。又於驗反。"同一小韻下文於驗反："憸，又於黶反。或作俺。"（419）故宫本《裴韻》去聲艷韻於艷反："憸，快。又於驗反。"（602）《唐韻》去聲豔韻於艷反："憸，快也。又於驗反。"（681）《廣韻》去聲豔韻於豔切："憸，快也。又於驗切。"（359）"俺"字，《玉篇》又訓"甘心也"，"甘心"與"快"義同。《左傳·莊公九年》："管、召，讎也，請受而甘心焉。"杜預注："甘心，言快意戮殺之。"此是其證也。故"憸"訓"快"，與"俺"音義並同，即為異體字。《大字典》《字海》"憸"字第一義項皆未溝通其與"俺"字的異體關係，俱失妥當。

55. 㥠：《新修玉篇》卷八《忄部》引《餘文》："㥠，莫計切。㥠也。《韻》又莫兮切。心惑也。"（76下右）

按：《集韻》平聲齊韻緜批切："㳽㳽，心惑也。或从迷。"（101）《字彙·心部》："㥠，緜兮切，音迷。心惑也。"（163下）《正字通·心部》："㥠，俗迷字。舊注：音迷。心惑。分為二字，非。"（377下）《正字通》所言是也。《爾雅·釋言》："迷，惑也。"《廣韻》平聲齊韻莫兮切："迷，惑也。"（51）"㥠"與"迷"音義並同，"㥠"當即"迷"之增旁俗字，"㳽"又當即"㥠"字俗省。《大字典》"㥠"字第二義項以《正字通》之說作為"一說"，《字海》"㥠"字第二義項未溝通其與"迷"字的字際關係；又《大字典》"㳽"字第二義項、《字海》"㳽"字第一義項皆未溝通其與"迷"字的字際關係，俱失當。

56. 㦄：《新修玉篇》卷八《忄部》引《龍龕》："㦄，音盍。正作㷊。吹火㦄也。"（77上右）

按：《篇海》卷十《心部》引《龍龕》："㦄，音盍。正作㷊。吹火㷊也。"（732上）"㦄"字，《新修玉篇》與《篇海》正字不同，《新修玉篇》所言當是。《龍龕》卷一《忄部》："㦄，俗。胡塔反。正作㷊。吹火~也。"（63）此是其證也。故"㦄"當即"㷊"字俗訛。《廣韻》入聲盍韻胡臘切："㷊，吹火也。"（433）《集韻》同。從義訓來看，"㷊"為名詞，當為吹火用具，而"㷊"為動詞，即為吹火，故"㷊"與"㷊"疑非一字。《字彙補·心部》："㦄，與㷊同。吹火㷊也。"（72上）《字彙補》謂"㦄"同"㷊"，此為《篇海》所誤。《大字典》《字海》"㦄"字皆據《字彙補》之誤而謂同"㷊"，此皆因承訛襲謬而誤。

57. 憪：《新修玉篇》卷八《忄部》引《玉篇》："憪，許的切。惶恐。"（78上左）

按：《篇海》卷十《心部》引《玉篇》："憪，音愬。同。"（734上）《玉篇·心部》："愬，許激切。心不安。憪，同上。"（40下右）《廣韻》入聲錫韻許激切："愬，心不安也。"（424）同一小韻下文又曰："憪，惶恐。"（424）"心不安"與"惶恐"訓異義同，《玉篇》謂"憪"同"愬"，是也。《大字典》收錄"憪"字，第一義項據《廣韻》訓"惶恐"；第三義項據《玉篇》謂同"愬"，訓"心不安"。《大字典》這樣處理"憪"與"愬"的字際關係，是失當的。其實，正如上文所言，"心不安"與"惶恐"訓異義同，故第一義項合併到第三義項中去即妥。《字海》收錄"憪"字，未溝通其與"愬"字的異體關係，亦失妥當。

58. 憖：《新修玉篇》卷八《忄部》引《餘文》："憖，於謹切。謹也。"（78上左）

按：《篇海》卷十《心部》引《餘文》："憖，音隱。謹也。"（734上）此字《説文》《玉篇》皆未收，《廣韻》亦不錄，《集韻》收之，當即丁度等人據俗書所增。《集韻》上聲隱韻倚謹切："憖，憂病也；哀也。或作憖。"（358）《字彙·心部》："憖，於謹切，音隱。謹也。"（168上）《正字通·心部》："憖，俗憖字。"（387下）《説文·心部》："憖，謹也。从心，䚩聲。"（217下）"憖"，《廣韻》音"於謹切"。"憖"與"憖"音義並同，"憖"當即"憖"之繁化俗字。《大字典》《字海》"憖"字皆分為兩個義項：第一義項據《類篇》訓"憂愁；哀傷"；第二義項據《正字通》之説謂同"憖"。《大字典》《字海》這樣處理二者的字際關係，皆有未當。據上文可知，"憖"當即"憖"之異體字，《大字典》《字海》直謂"憖"同"憖"即可。

59. 懞：《新修玉篇》卷八《忄部》引《玉篇》："懞，呼孔切。心神恍惚兒。"（78下右）

按：《篇海》同。此字《切韻》《玉篇》皆未收，《廣韻》《集韻》收之，故《新修玉篇》《篇海》謂"懞"字引《玉篇》，當皆為《餘文》之誤。《廣韻》上聲董韻呼孔切："懞，懞懞，心神恍惚兒。"（159）《集韻》上聲董韻虎孔切："懞憒，心恍惚曰懞。或省。"（302）《字彙·心部》："懞，虎孔切，音烘上聲。心神恍惚貌。"（168下）《正字通·心部》："懞，與戇同。舊注音烘上聲，訓心神恍惚，誤。"（388上）《正字通》謂"懞"同"戇"，所言疑是。《説文·心部》："戇，愚也。从心，贛聲。"（219下）《玉篇·心部》："戇，陟絳切。愚戇。"（41下右）玄應《音義》卷二三《攝大乘論》第十卷："愚戇，都絳反。《三蒼》：'愚無所知也；亦鈍也。'《廣雅》：'戇，玩嚚者也。'《說文》：'愚，癡也。戇，愚也。'"（57，p104b1）慧琳《音義》卷一七《如幻三昧經》上卷："愚戇，卓降反。《考聲》云：'戇，精神不爽也。'《淮南子》云：'從管仲視伯夷，則謂之戇矣。'《說文》：'戇，愚也。從心，贛聲。'贛，音貢。"（57，p728a1）"戇"，《可洪音義》音"陟降、呼貢二反"（見韓小荊《〈可洪音義〉研究》第838頁）。故"懴"與"戇"音義並近，"懴"當即"戇"通過偏旁易位而形成的異體字。《大字典》《字海》俱收"懴"字，皆分兩個義項：第一義項據《集韻》而音 hǒng，分別訓"心神恍惚貌""神情恍惚"；第二義項據《正字通》之說而音 zhuàng，謂同"戇"。《大字典》《字海》這樣處理"懴"與"戇"的字際關係是失當的，據上文考證，"懴"當即"戇"字之俗。《大字典》《字海》於"懴"字下直謂同"戇"即可。

60. 訨：《新修玉篇》卷九《言部》引《廣集韻》："訨，如林切。信也；念也。從任，誤。"（79下左）

按：《龍龕》卷一《言部》："訨，如林反。信也；念也。"（42）《集韻》平聲侵韻如林切："誑，信也。"同一小韻下文又曰"誑，念也。"（276）"訨"當即"誑"之異體字。《廣韻》平聲侵韻如林切："誑，信也；念也。"（145）"訨"與"誑"音義並同，"訨"當即"誑"之異體字。《康熙字典·言部》："訨，《集韻》如林切，音壬。念也。按：音義與誑同。《玉篇》《廣韻》《類篇》俱有'誑'無'訨'，《集韻》分'誑''訨'為二，非。"（1199上）《康熙字典》所言是也。《大字典》"訨"字下以《康熙字典》之說作為"一說"、《字海》"訨"字未溝通其與"誑"字的異體關係，皆有未當。

61. 諳：《新修玉篇》卷九《言部》引《玉篇》："諳，烏含切。記也；憶也。《韻》又烏紺切。背誦也。"（82下左）

按：《篇海》卷三《言部》引《玉篇》："諳，音諳。義同。"（612上）原本《玉篇·言部》："諳，於含反。《東觀漢記》：'圍陵樹蘖，皆諳其數。'《廣雅》云：'諳，諷也。'《埤倉》：'誦也。'《說文》：'大聲也。'或為暗字，在《口部》。諳，《字書》亦諳字也。"（293）《玉篇·言部》："諳，烏含切。記也；知也；誦也；大聲也。或作暗。諳，同上。"（43下右）故"諳"即"諳"之異體字。《集韻》平聲覃韻烏含切："諳，《説文》：'悉也。'或作䛾。"（283）又下文去聲勘韻烏紺切："䛾，背誦。或作諳。"（623）此亦其證也。《大字典》《字海》收錄"䛾"字，第一義項音 ān、訓"熟悉"，謂同"諳"；第二義項音 àn、訓"背誦"。第二義項之"䛾"亦同"諳"，然《大字典》《字海》卻於此義項皆未加溝通，俱失當。

62. 歔：《新修玉篇》卷九《欠部》引《類篇》："歔，音虛。"（87 上右）

按：《篇海》同。"歔"當即"歔"字之俗。《説文·欠部》："歔，欷也。从欠，虛聲。一曰出氣也。"（177 上）"歔"，《廣韻》音"朽居切"。"歔"與"歔"音同，"歔"疑即"歔"字之俗。《字彙補·欠部》："歔，許居切，音虛。義與歔同。"（101 下）此説是其證也。故"歔"當即"歔"字之俗。《大字典》《字海》收錄"歔"字，皆據《字彙補》而謂同"歔"，然《字彙補》本謂"歔"同"歔"，《大字典》《字海》俱因轉錄失真而誤。

63. 餯：《新修玉篇》卷九《食部》引《餘文》："餯，胡怪切。食敗也。"（88 下左）

按：《篇海》同。《集韻》去聲怪韻胡怪切："餯，食敗也。"（525）《字彙·食部》："餯，華賣切，音壞。食敗。"（547 下）《正字通·食部》："餯，俗餲字。舊注食敗，訓同餲，改音壞，非。"（1306 上）《正字通》所言非是。《説文·食部》："餲，飯餲也。从食，曷聲。《論語》曰：'食饐而餲。'"（103 上）《玉篇·食部》："餲，於利、於介二切。飯臭也。"（46 上左）"餯"與"餲"儘管義同，然形音俱別，二字不可混同，故《正字通》之説非是。《大字典》"餯"字下以《正字通》之説作為"一説"，亦非。今案："餯"當本作"壞"。《説文·土部》："壞，敗也。从土，褱聲。"（290 下）"壞"，《廣韻》音"胡怪切"。"餯"與"壞"音同義通，"餯"當即"壞"因用來指食物變壞而改換義符"土"旁為"食"旁所形成的分化字。

64. 徥：《新修玉篇》卷十《彳部》引《玉篇》："徥，于習切。古文。"（90 上左）

按：《篇海》卷五《彳部》引《玉篇》："徥，古文。子（于）習切。"（651 上）《直音篇》卷三《彳部》："徥，古文步字。"（104 上）"步"之古文作"䇑"，見《汗簡》（6 下）。《直音篇》謂"徥"為古文

第四章 《新修玉篇》整理與研究的價值 / 179

"步"字，非是。《字海》沿襲《直音篇》之誤而謂"復"同"步"，亦非。《玉篇·彳部》："復，雨阮切。古文遠字。"（47下左）《説文·辵部》："遠，遼也。从辵，袁聲。復，古文遠。"（36上）《汗簡·止部》："復，遠。石經。"（6下）"復"與"復"形近，且"復"字《新修玉篇》《篇海》皆謂引《玉篇》，故"復"當即"復"字之俗，亦即"遠"字。"復"字，《新修玉篇》音"于習切"，疑誤。

65. 夏：《新修玉篇》卷十《夊部》引《川篇》："夏，音復。"（91上左）

按：《篇海》卷十《夊部》引《川篇》："夏，音夏。"（734下）"夏""夏"即同字異寫，當為一字之變。《新修玉篇》與《篇海》直音用字不同，《新修玉篇》所言疑是。"夏""夏"疑即"夏"字之俗。《説文·夊部》："夏，行故道也。从夊，富省聲。"（107下）《玉篇·夊部》："夏，扶菊切。行故道也。今作復。"（48上左）"夏""夏"與"夏"音同形近，"夏""夏"當即"夏"字之俗。故《篇海》"音夏"當為"音復"之誤。《字彙補·夊部》："夏，同夏。"（39上）"夏"字未見有作"夏"者，《字彙補》承襲《篇海》音誤而謂"夏"同"夏"，非是。《字海》（512B）"夏"字據《字彙補》之誤而謂同"夏"，亦非。

66. 逪：《新修玉篇》卷十《辵部》引《玉篇》："逪，側伯切。姓也。"（94下右）

按：《篇海》卷五《辵部》引《餘文》："逪，側革切。姓也。"（649上）"逪"字，《新修玉篇》與《篇海》引書不同，《篇海》所言是也。今本《玉篇》未見收錄此字，《集韻》收錄了此字。《集韻》入聲陌韻側格切："逪，姓也。"（736）《字彙·辵部》："逪，陟格切，音責。姓也。"（490下）《正字通·辵部》："逪，俗迮字。"（1158下）《正字通》所言是也。《説文·辵部》："迮，迮迮，起也。从辵，作省聲。"（34上）"迮"本義指"起"，引申義可指"姓"。《萬姓統譜·陌韻》："迮，本朝迮原霖，洪武中任翰林編修。""迮"，《廣韻》音"側伯切"。故"逪"與"迮"音義並同，"逪"當即"迮"字之俗。《大字典》收錄"逪"字，分為兩個義項：第一義項據《正字通》之説謂同"迮"；第二義項據《集韻》訓"姓"。《大字典》這樣處理"逪"與"迮"的字際關係是失當的，《正字通》本謂"逪"訓"姓"即"迮"字之俗，《大字典》應如《字海》直謂"逪"同"迮"即妥。

67. 遺：《新修玉篇》卷十《辵部》引《類篇》："遺，音退。"（95上左）

按：《篇海》同。《字彙補·辵部》："遺，與退音義同。"（223上）"遺"字，雖然《新修玉篇》《篇海》皆音"退"，然並未言"遺"與"退"義同，且從字形演變來看，"退"無緣變作"遺"，故《字彙補》謂"遺"與"退"音義同，非是。《字海》收錄"遺"字，謂同"退"，亦非。今案："遺"當即"霱"字之俗。《集韻》去聲隊韻徒對切："霴霱霱，霱霴，雲皃。或從隊、從退。"（529）"退"即"退"字之俗，故"霱"亦可楷定作"霱"。《字彙補·雨部》："霱，《集韻》與霴同。或作霱。"（243上）《字彙補》即楷定作"霱"，此是其證也。"遺"與"霱"形音皆近，"遺"當即"霱"通過偏旁易位而形成的俗字。又《大字典》收錄"霱"字，分為兩個義項：第一義項據《字彙補·雨部》之說而謂"霴霱"也作"霴霱""霱霴"；第二義項據《字彙補·辵部》之說而謂"霱"同"退"。據上文可知，《字彙補·辵部》本作"遺"，而非作"霱"，而且"遺"當為"霱"字之俗，而非"退"之異體字，故《大字典》"霱"字第二義項應刪。《字海》亦收"霱"字，也分為兩個義項：第一義項謂同"退"，見《篇海》；第二義項謂同"霴"，見《字彙補》。據上文亦可知，《篇海》亦本作"遺"，而非作"霱"，而且"遺"當為"霱"字之俗，而非"退"之異體字，故《字海》"霱"字第一義項亦應刪。

68. 遺：《新修玉篇》卷十《辵部》引《龍龕》："遺，音隊。"（95上左）

按：《篇海》同。《龍龕》卷四《辵部》："遺，俗。徒對反。"（492）《字海》收錄"遺"字，謂同"霱（退）"。《字海》謂"遺"同"霱"，是也；然謂"遺"同"退"，非是。《集韻》去聲隊韻徒對切："霴霱霱，霱霴，雲皃。或從隊、從退。"（529）正如上文所言，"霱"可楷定作"霱"。"遺"與"霱"音同形近，"遺"亦當即"霱"字之俗。"遺"與"退"儘管音近，然從字形演變來看，"退"無緣變作"遺"，故《字海》謂"遺"同"退"，非是。

69. 叜：《新修玉篇》卷十《𭕄部》引《川篇》："叜，方月切。古文。"（95下右）

按：《篇海》卷六《辵部》引《川篇》："叜，方丹切。古文。"（666

第四章 《新修玉篇》整理與研究的價值 / 181

下）《詳校篇海》卷二《癶部》："䂿，方丹切，音班。古文。"（136下）《字彙·癶部》："䂿，古文班字。"（306上）《正字通·癶部》："䂿，舊注：古文班字。按：'班'通作'頒''般'，《集韻》或作'辨''斑'，或作'璊'，《說文》本作'辬'。《易·賁卦》陸氏釋文：'賁，古班字。'今改作䂿，非。"（718下）《正字通》所言當是。"䂿"字，《新修玉篇》與《篇海》讀音不同，《新修玉篇》所言當是。"班"字古文未見有作"䂿"者，《篇海》音"方丹切"，當為"方月切"之誤。《詳校篇海》"䂿"字亦音"方丹切"，此為《篇海》所誤。《字彙》謂"䂿"為古文"班"字，此亦因承訛襲謬而誤作認同。《大字典》《字海》"䂿"字皆沿襲《字彙》之誤而謂同"班"，俱失考證。"䂿"疑即"發"字之俗。《說文·弓部》："發，䠶發也。从弓，癹聲。"（270下）"發"，《廣韻》音"方伐切"。"䂿"與"發"音同形近，"䂿"當即"發"字俗訛。《直音篇》卷二《癶部》："發，音髮。起也。䂿，同上。"（62上）此即其證也。韓小荊《〈可洪音義〉研究》（365）"撥"俗作"挭"，"挭"字右旁所從與"䂿"形近，此亦為"䂿"當即"發"字之俗提供一條佐證材料。

70. 音：《新修玉篇》卷十《立部》引《川篇》："音，音憶。快也。"（96下右）

按：《篇海》卷十五《立部》引《川篇》："音，音憶。快也。"（826上）"音"當即"噫"字之俗。《說文·言部》："噫，快也。从言，从中。"（46上）"噫"，《廣韻》音"於力切"。"音"與"噫"音義並同，"音"當即"噫"字之俗。《中華大字典·立部》："音，啻譌字。攷《玉篇》《廣韻》皆作啻，音訓同。此字實為啻譌字。"《說文·口部》："啻，語時，不啻也。从口，帝聲。一曰：啻，諟也。"（27上）"啻"，《廣韻》音"施智切"。"音"與"啻"儘管形近，然音義俱別，二字不可混同，故《中華大字典》謂"音"為"啻"字之訛，非是。《大字典》《字海》皆沿襲《中華大字典》之誤而謂"音"為"啻"的訛字，俱失考證。

71. 屑：《新修玉篇》卷十一《尸部》引《廣集韻》："屑，職雉切。《說文》云：'美也。'古文。又苦計切。《廣雅》：'臀也。'"（98上右）

按：《龍龕》卷一《尸部》："屑，音棄。身欹坐。一曰尻。"（164）"屑"當即"屑"字之俗。《說文·尸部》："屑，尻也。从尸，旨聲。"（172上）《廣韻》去聲至韻詰利切："屑，身欹坐。一曰尻。"（247）故

"屌"與"屆"音義並同,"屌"當即"屆"字之俗。《字彙補·尸部》:"屌,口冀切,音棄。身欹坐也。亦作屆。"(54下)《字彙補》所言是也。《大字典》收錄"屆"字,分為兩個義項:第一義項據《集韻》音zhǐ,並謂同"旨",是也;第二義項據《龍龕》音qì,又分為兩個義項:第①義項訓"身欹坐",第②義項謂同"屆",訓"臀"。據上文可知,《大字典》第二義項這樣處理"屌"與"屆"的字際關係是失當的。其實,第①義項訓"身欹坐"之"屆"亦即"屆"字之俗。

72. 屌:《新修玉篇》卷十一《尸部》引《龍龕》:"屌,古文申字。"(98上左)

按:《篇海》卷十二《尸部》引《龍龕》:"屌,古文。失人切。"(751上)《龍龕》卷一《尸部》:"屌,古文。失人反。"(163)《字彙補·尸部》:"屌,失人切,音身。古文。"(54上)《康熙字典·尸部》:"屌,《字彙補》與身同。"(255上)"身"字古文未見有作"屌"者,且《字彙補》亦未言"屌"同"身",《康熙字典》徑謂"屌,《字彙補》與身同",此説無據。《大字典》"屌"字據《康熙字典》之誤而謂同"身",非是。《字海》"屌"字承襲《大字典》之謬而謂同"身",亦非。《新修玉篇》謂"屌"為"申"之古文,所言當是。《說文·申部》:"申,神也。七月陰氣成,體自申束。从臼,自持也。吏臣餔時聽事,申旦政也。凡申之屬皆从申。𢑚,古文申。昌,籒文申。"(313上)"申",《廣韻》音"失人切"。"屌"疑即"申"字《說文》籒文"昌"字俗訛。

73. 屖:《新修玉篇》卷十一《尸部》引《類篇》:"屖,音犀。"(98上左)

按:《篇海》卷十二《尸部》引《奚韻》:"屖,音犀。"(751上)"屖"字,《新修玉篇》與《篇海》引書不同,《新修玉篇》所言是也。因《篇海》誤脫《類篇》引書符號,遂致此誤。"屖"音"犀",當即"犀"字之俗。《字海》(666A)"屖"字下謂同"群",字見《龍龕》。然查通行本《龍龕》,未見收錄此字,故《龍龕》當為《篇海》之誤。《字海》謂"屖"同"群",此説無據,亦非。

74. 宔:《新修玉篇》卷十一《宀部》引《龍龕》:"宔,與照切。"(99上右)

按:《篇海》卷七《宀部》引《龍龕》:"宔,與昭(照)切。"(673上)《龍龕》卷一《宀部》:"宔,與照反。"(158)《直音篇》卷三《宀部》："宩，音宲。同。宲，同上。"（124 上）《六書故·宀部》："宩，博抱切。又作𡨄。"（616 下）"宩"即"宋""寶"之異體字。"宲"與"宩"音別，《直音篇》謂"宩"音"宲"，且謂"宲"同"宩"，並誤。《字海》（617C）"宲"字承襲《直音篇》之誤而謂"宲"同"寶"，亦非。今案："宲"當即"窑"字之俗。《廣韻》平聲宵韻餘昭切："窯，燒瓦窯也。窑，上同。"（93）"窑"俗作"窒"。宋岳珂《桯史》："吾冶方乏炭，此可以得窒貲。"此"窒"即"窑"字之俗。"窯"，《集韻》又音"弋笑切"。"宲"與"窒"音同，又"宀"旁、"穴"旁俗書常可訛混，故"宲"當即"窒"字俗省，亦即"窑"字。

75. 閚：《新修玉篇》卷十一《門部》引《龍龕》："閚，便亦切。開也；啟也。"（100 上左）

按：《篇海》同。《龍龕》卷一《門部》："閚，古；闢，今。便亦反。開也；啟也。二。"（95）《説文·門部》："闢，開也。从門，辟聲。閜。《虞書》曰：'闢四門。'从門，从廾。"（249 上）"閚"當即"闢"字《説文》或體"閜"字俗訛。《大字典》謂"閚"同"闢"，是也；然《字海》謂"閚"同"開"，非是。"閚"與"開"音義俱別，二字不可混同，"開"當為"闢"字誤刻。

76. 闓：《新修玉篇》卷十一《門部》引《龍龕》："闓，《經音》作闡，于彼切。開也。郭逡俗音普耕切。門聲也。"（100 下右）

按：《篇海》同。玄應《音義》卷七《正法華經》第四卷："闓，又作闡，同于彼反。《字林》：'闓，開也；闢也。'經文作閜，誤也。"（56，p923c3）慧琳《音義》卷二八《正法華經》卷四："闓，又作闡，同。于彼反。《字林》：'闓，開也；闢也。'《經》亦作闡，誤也。"（57，p998b2）《龍龕》卷一《門部》："闓，誤。《經音》作闡，于彼反。開也。郭逡俗音普耕反。門聲也。"（93）《新撰字鏡·門部》亦云："闡闓，同。夷彼反，上。開也；闢也。闡，上字誤作。"（246）"闓""闡"當即同字異寫。又韓小荊《〈可洪音義〉研究》（378）"闡"字俗亦作"闓"。可洪《音義》卷二五："闓，尺演反。見《藏》作闡也，應和尚以闓字替之，非也。闓，于彼反。"（60，p359c5）"闓"玄應以為"闡"字，可洪以為"闡"字，二者皆源於《正法華經》。對應大正藏《正法華經》經文作："願轉法輪，光闡心目，無數億劫，難得值遇，惟垂示現，往古根力，加哀開闡，甘露法門，普等法眼，分別慧誼，宣揚群典，若干品類。"

(T09，p0093b)"開闓""開闡"義皆可通。就字形而言，"為"字草書作"ぢ""ど""为""ぢ""あ""る"等形（見《草書大字典》823—825），據"為"字草書楷化或可作"丙"，故"閛"當是"闓"之草書楷化。"閛"字，俗音普耕反，訓為"門聲也"，皆為郭逯之誤，不足據。《字彙·門部》："閛，披經切，聘平聲。閉門扉聲。《揚子》：'閉之閛然。'閛，同上。"（514 上）《正字通·門部》："閛，俗閛字。舊注同閛，非。《篇海》閛音烹，又作閛，于彼切，開也，合閛、閛為一，尤非。"（1224 下）《字彙》《正字通》之説並非。《字彙》《正字通》謂"閛"即"閛"之異體字，當即為郭逯所誤也。"閛"字，郭逯俗音普耕反，因與"閛"音同，又訓為"門聲也"，非是。《大字典》《字海》皆沿謬而謂"閛"同"閛"，俱失考證。

77. 闃：《新修玉篇》卷十一《門部》引《川篇》："闃，魚列切。門闃。"（101 上左）

按：《篇海》同。"闃"當即"闑"字之俗。《説文·門部》："闑，門梱也。从門，臬聲。"（248 下）"闑"，《廣韻》音"魚列切"。"闃"與"闑"音同形近，"闃"當即"闑"字俗訛。《大字典》"闃"字下注："闃"當為"闑"字異體，所言是也。《字海》"闃"字下注：同"闃"。《説文·門部》："闃，靜也。从門，狊聲。"（250 上）"闃"，《廣韻》音"苦鶪切"。"闃"與"闃"音義俱別，二字不可混同，"闃"當即"闑"字誤刻。

78. 歺：《新修玉篇》卷十一《歹部》引《川篇》："歺，音厥。短也。"（102 上右）

按：《篇海》卷三《歹部》引《川篇》："歺，音厥。短也。"（624 上）《字彙·歹部》："歺，居月切，音厥。短也。"（232 下）《正字通·歹部》："歺，同夕。舊注泥。《篇海》音厥，訓短，誤。"（557 上）《字彙·歹部》："死，想子切，私上聲。殂也；歿也；終也；盡也。歺，同上。"（223 上）"夕"即"死"之異體字。"歺"與"夕"音義俱別，二字不可混同，《正字通》之説疑可商榷。《大字典》《字海》"歺"字據《正字通》之説而謂同"夕（死）"，疑並非是。今案："歺"疑即"厥"字之俗。《玉篇·厂部》："厥，居月切。短也。"（104 下左）"歺"與"厥"音義並同，"歺"疑即"厥"字之俗。

79. 殉：《新修玉篇》卷十一《歹部》引《龍龕》："殉，《隨函》云

第四章 《新修玉篇》整理與研究的價值 / 185

誤，合作歺，音［朽］。枯也。又俗鉤、苟二音。"（102 上左）

按：《篇海》卷三《歹部》引《龍龕》："殉，《隨函》云誤，合作歺，音朽。枯也。又俗鉤、苟二音。"（624 上）《龍龕》卷四《歹部》："殉殉，《隨函》云誤，合作歺，音朽。枯也。又俗鉤、苟二音。二。"（514）"殉"即"歺（朽）"之異體字。《字彙·歹部》："殉，《隨函》此字誤，合作歺，音朽。枯也。今俗鉤、苟二音。"（233 上）《正字通·歹部》："殉，舊注：《隨函》此字誤，合作歺，音朽。枯也。今俗鉤、苟二音。按：殉即殉字之譌。"（558 上）《玉篇·歹部》："殉，辭峻切。用人送死也；亦求也；營也；亡身從物為殉也。"（58 上右）"殉"與"殉"音義俱別，二字不可混同，《正字通》之說非是。《大字典》"殉"字據《龍龕》之說而謂"殉"同"歺"，是也；然又以《正字通》之說作為"一說"，非是。《字海》"殉"字據《龍龕》之說直謂同"歺"，是也。

80. 殗：《新修玉篇》卷十一《歹部》引《玉篇》："殗，於業切。殗殜，病。《韻》曰：殗殜，不動皃。通作掩、痷。"（103 上右）

按：《篇海》卷三《歹部》引《玉篇》："殗，於劫切。～殜。"（625 上）《玉篇·歹部》："殗，於劫切。殗殜，病。掩，同上。"（58 上左）《龍龕》卷四《歹部》："殗，或作；掩，正。於葉、於業二反。～殜，病也。二。"（516）《方言》卷二："掩殜，微也。宋魏之間曰掩，秦晉之間凡病而不甚曰掩殜。"（15）《廣韻》入聲業韻於業切："掩，掩殜，不動皃。"（441）《集韻》入聲業韻乙業切："掩，《博雅》：'病也。'或作殗、痷。"（785）"殗殜""掩殜"音義並同，"殗"當即"掩"之異體字。《大字典》"殗"字據《玉篇》訓"殗殜，病"，又據《集韻》之說謂"一說同'掩'"。《大字典》這樣處理"殗"與"掩"的字際關係是不當的。其實，"殗"字兩個義項並同"掩"。《大字典》應於"殗"字下直謂同"掩"，而後再分列兩個義項，方妥。《字海》"殗"字據《龍龕》之說直謂同"掩"，是也。

81. 叡：《新修玉篇》卷十一《老部》引《川篇》："叡，徒到切。"（103 下右）

按：《篇海》同。朝鮮本《龍龕》卷五《老部》："𦒳，徒到切。七十曰𦒳。今作悼。叡，同。"（84）朝鮮本《龍龕》謂"叡"同"𦒳"，是也。"叡"與"𦒳"音同形近，"叡"當即"𦒳"字之俗。然朝鮮本《龍龕》"𦒳"字訓"七十曰𦒳。今作悼"，此為承襲《玉篇》之誤。《玉篇·老部》："𦒫，徒到切。七年曰𦒫。今為悼。"（56上左）《玉篇校釋》"𦒫"字下改注文為"九十曰𦒫，今為𦒤"，並注曰："原誤作：'七年曰𦒫。今為悼。'茲訂正。《切韻》：'𦒫，年九十。'《廣韻》：'或作𦒤。'《集韻》：'一曰：七十曰𦒫，或作𦒤。'《廣雅·釋詁一》：'𦒫，老也。'本書《𦒤部》後增字：'𦒤，年九十曰𦒤。'"（2222）胡氏所言是也。《名義·老部》："𦒫，徒到反。九十也。七十（'十'當為'年'字之誤）曰悼也。"（108下）《禮記·曲禮》："八十、九十曰耄，七年曰悼。"《新修玉篇》卷十一《老部》引《玉篇》："𦒫，徒到切。九十曰𦒫。或作𦒫（𦒤）。"（103下左）以上諸書皆其證也，《玉篇》注文及或體之誤皆因誤為刪節原本《玉篇》所致。又《集韻》去聲号韻大到切："𦒫𦒤，《博雅》：'老也。'一曰：七年曰𦒫，或作𦒤。"（588）"七年"，宋刻《集韻》及揚州使院重刻本《集韻》俱作"七十"，皆誤。"七年""七十"皆為"九十"之誤。"𦒫"字，《玉篇》訓"七十曰𦒫。今為悼"，"七十"當為"九十"之誤，"悼"當為"𦒤"字之誤。《字海》"𦒫"字承襲朝鮮本《龍龕》"𦒫"字義訓之誤而謂同"悼"，非是。

82. 㾓：《新修玉篇》卷十一《疒部》引《餘文》："㾓，許江切。疾也。"（104上左）

按：《篇海》同。《集韻》平聲江韻虛江切："肛，《博雅》：'脝肛，腫也。'或作㾓。"（22）"疾也"與"腫也"訓異義同，"㾓"與"肛"音義並同，"㾓"即"肛"之異體字。《大字典》《字海》俱收"㾓"字，皆分為兩個義項：第一義項皆據《集韻》而謂同"肛"；第二義項皆據《篇海類編》而訓"疾"。據上文可知，"疾也"與"腫也"訓異義同，而非分為兩個義項，故第二義項應合並到第一義項中去，直謂同"肛"即妥。

83. 癵：《新修玉篇》卷十一《疒部》引《餘文》："癵，力為切。病疲也。"（106上左）

按：《篇海》同。《集韻》平聲支韻倫為切："癵，病疲也。"（31）"癵"當即"羸"字之俗。《說文·羊部》："羸，瘦也。从羊，羸聲。"（73上）"羸"，本義指"瘦瘠"，引申義可指"疲憊"。《禮記·問喪》："身病體羸，以杖扶病也。"鄭玄注："羸，疲也。""羸"，《廣韻》音"力為切"。"癵"與"羸"音義並同，"癵"當即"羸"因涉義增加義符"疒"旁所形成的增旁俗字。《字彙·疒部》："癵，俗羸字。"（306上）

《正字通·疒部》亦曰："癵，俗羸字。"（718上）以上二書所言皆是也。《大字典》"癵"字據《集韻》訓"病疲"，又以《字彙》之說作為"一說"；《字海》"癵"字分為兩個義項：一個義項據《集韻》訓"病疲"，一個義項據《字彙》之說謂同"羸"，訓"瘦弱"。以上二書這樣處理"癵"與"羸"的字際關係俱失當，應據《字彙》之說直謂"癵"同"羸"，並訓"病疲"，即妥。

84. 桃：《新修玉篇》卷十二《木部》引《類篇》："桃，音桃。"（110下右）

按：《篇海》卷七《木部》引《類篇》亦曰："桃，音桃。"（694下）正如"逃"俗作"迯"，"桃"當即"桃"字之俗。《字海》"桃"字下謂："同'柳'。字見《篇海》。"此說非是，不足據。

85. 楋：《新修玉篇》卷十二《木部》引《餘文》："楋，姊末切。笡也。"（111下左）

按：《篇海》同。《集韻》入聲曷韻子末切："楋，笡也。"（688）《類篇·木部》："楋，子末切。笡也。"（215下）《字彙·木部》："楋，子末切，音繓。笡也。"（214上）《正字通·木部》："楋，舊注：音繓。笡也。按：指刑，俗呼楋子，穿小木以繩繫十指間束縛之，讀若晷。楋即捽之譌。"（507上）《正字通》溝通"楋""捽"二字的字際關係是也，然非探本之論。今案："楋""捽"並即"捽"字之俗。《玉篇·手部》："捽，子葛切。逼捽也。"（32上左）《廣韻》入聲末韻姊末切："捽，逼捽。"（394）《集韻》入聲末韻子末切："捽，逼也。"（688）"逼""笡"義同，故"楋""捽"與"捽"音義並同，"楋""捽"當即"捽"字俗訛。《大字典》"楋"字下分為兩個義項：第一義項據《類篇》訓"笡"；第二義項據《正字通》之說謂同"捽（捽）"。《字海》"楋"字謂同"捽"。《大字典》《字海》這樣處理"楋"與"捽（捽）"的字際關係，俱失當。《大字典》《字海》直謂"楋"即"捽"字之訛，即妥。

86. 種：《新修玉篇》卷十二《木部》引《餘文》："種，昌用切。木柷也。"（113下右）

按：《篇海》同。《集韻》去聲用韻昌用切："種，木柷也。"（465）《字彙·木部》："種，丑用切，音銃。木柷也。"（218上）《正字通·木部》："種，同橦。俗省。舊注：音銃。木柷也。誤。"（518下）《說文·木部》："橦，帳柱也。从木，童聲。"（117上）《廣韻》平聲東韻徒紅切：

"橦，木名。花可為布。出《字書》。又鍾、幢二音。"（2）"種"與"橦"音義俱別，二字不可混同，《正字通》謂"種"同"橦"，非是。《大字典》《字海》"種"字下皆承襲《正字通》之誤而增加一個義項謂同"橦"，並非。"種"疑即"㮔"之異體字。《集韻》去聲送韻充仲切："㮔，木種也。"（463）"種"與"㮔"音義並同，"種"當即"㮔"之異體字。

87. 㭨：《新修玉篇》卷十二《木部》引《廣集韻》："㭨，以遮切。《説文》：'木名，皮可以為席。'通作䕧。"（114下左）

按：《篇海》卷七《木部》引《龍龕》："㭨，以遮切。《説文》：'木名，皮可以為蓆。'通作䕧。"（699上）"㭨"字，《新修玉篇》與《篇海》引書不同，《新修玉篇》所言當是，通行本《龍龕》未見收錄此字。《集韻》平聲麻韻余遮切："䕧，木名，可以為席。或作䕧。"（207）"㭨"即"䕧"通過偏旁易位而形成的異體字，同"䕧"。《正字通·木部》："㭨，椰、柶並俗梛字。舊本音切同梛，木名，誤分為二。"（535上）《廣韻》平聲麻韻似嗟切："椰，椰子，木名，出交州，其葉背面相似。"（106）《集韻》平聲麻韻余遮切："枒，木名，出交趾，高數丈，葉在其末。或從邪、或從耶。"（207）"㭨"與"椰"音同義別，二字不可混同，故《正字通》之説非是。《字海》據《正字通》之説而謂"㭨"同"椰"，失考證。

88. 苜：《新修玉篇》卷十三《艸部》引《川篇》："苜，亡結切。目不正。"（118下左）

按：《篇海》同。《集韻》入聲屑韻莫結切："苜，目不正。或書作苜。"（707）《説文·苜部》："苜，目不正也。从屮，从木。莧從此，讀若末。"（72上）"苜"，《廣韻》音"莫撥切"，《集韻》音"徒結切"，又音"莫結切"。《玉篇·艸部》："苜，莫六切。苜蓿。《漢書》：'罽賓國多苜蓿，宛馬所嗜。'本作目宿。"（65下右）"苜"與"苜"音義並同，"苜"當即"苜"字之俗，而"苜"與"苜"音義俱別，二字不可混同，故《集韻》此處訓"目不正"之"苜"當即"苜"字傳刻之誤。又從字形上來看，"苜"當為"苜"字傳刻之誤，其上部所從之"艸"當為"屮"字誤刻。"苜"字，第一版《大字典》校作"苜"，是也；然謂同"苜"，亦誤。第二版《大字典》《字海》皆承襲《集韻》之誤錄作"苜"，並謂同"苜"，俱失考證。

第四章 《新修玉篇》整理與研究的價值 / 189

89. 茚：《新修玉篇》卷十二《艸部》引《餘文》："茚，子結切。艸約也。"（121 上右）

按：《篇海》同。此字《説文》《玉篇》皆未收，《廣韻》亦不録，《集韻》收之，當即丁度等據俗書所增。《集韻》入聲屑韻子結切："茚，艸約也。"（700）"茚"當即"節"字之俗。《説文·竹部》："節，竹約也。从竹，即聲。"（90 下）"節"，《廣韻》音"子結切"。"茚"與"節"音同，又"艸"旁、"竹"旁形近，俗書常可訛混，故"茚"當即"節"字之俗。《干禄字書》："茚節，上俗，下正。"（46）韓小荆《〈可洪音義〉研究》（514）"節"俗書亦作"茚"。以上二書皆其證也。故"茚"當即"節"字之俗。《集韻》訓"茚"為"艸約也"，當為見其從"艸"而妄改；《篇海類編》轉訓為"草茚"，亦非。《大字典》《字海》收録"茚"字，皆分為兩個義項：一個義項謂同"節"；一個義項訓"草節"。《大字典》《字海》這樣處理"茚"與"節"的字際關係是失當的，應刪去"草節"這一義項，直謂"茚"同"節"即妥。

90. 蒹：《新修玉篇》卷十三《艸部》引《龍龕》："蒹，音夷。苹蒹。"（122 上右）

按：《篇海》卷九《艸部》引《餘文》："蒹，音夷。艸名。《爾雅》：'蕪~，薽蘠也。'"（720 上）"蒹"字，《新修玉篇》與《篇海》引書不同，《篇海》所言當是，通行本《龍龕》未見收録此字。《爾雅·釋草》："苹荑，薽蘠。"郭璞注："一名白賁。"《集韻》平聲脂韻延知切："荑，艸名。《爾雅》：'苹荑，薽蘠。'一名白賁。"（46）"苹蒹""苹荑"同，"蒹"當即"荑"字之俗。又《集韻》平聲脂韻延知切："洟漢，鼻液。或從夷。"（46）"洟"之或體，《集韻》本作"漢"，《大字典》《字海》誤録作"蒹"，遂致"蒹"與"洟"誤作認同，且致使"漢"字失收。

91. 蔑：《新修玉篇》卷十三《艸部》引《龍龕》："蔑，莫結切。目不明。"（122 上右）

按：《篇海》同。《龍龕》卷二《艸部》："薎薨，二俗；蔑，月（目）不明也。"（263）"薎""薨""蔑"音義並同，當即一字之變，疑皆為"瞢"字之俗。《説文·目部》："瞢，目眵也。从目，蔑省聲。"（67 下）"目眵"即指"目病"，"目病"與"目不明"義可相通。"瞢"，《廣韻》音"莫結切"。故"薎""薨""蔑"與"瞢"音義並同，"薎""薨""蔑"當並即"瞢"字之俗。又《字彙補·艸部》："薈，莫結切，音滅。目不明也。蔜，同上。"（183下）《龍龕》卷二《艸部》："薔萺蒼，三俗；蔐，古；薔，正。莫登反。目不明也。又音夢。雲～也。五。"（257）朝鮮本《龍龕》卷四《艸部》亦曰："薔，莫登切。目不明也。又音夢。雲～也。蔐，古；蒼萺薔，三俗。"（52）故"蒼"當即"薔"字之俗。《字彙補》謂"蔜"同"蒼"，非是；然《字彙補》此誤由來已久，當始於《篇海》。《新修玉篇》卷十三《艸部》引《龍龕》："蒼，莫結切。目不明。"（122上右）《篇海》同。據《龍龕》，《新修玉篇》《篇海》"蒼"字讀音皆誤。故"蔜"與"蒼"儘管義同，然形音俱別，二字不可混同。《字彙補》"蒼"字承襲《篇海》讀音之誤而謂"蔜"同"蒼"，非是。《大字典》"蔜"字承襲《字彙補》之誤而謂同"蒼"，失考證。《字海》"蔜"字據《字彙補》之誤而謂同"薔"，亦失考證。

92. 竽：《新修玉篇》卷十四《竹部》引《川篇》："竽，音子。笙也。"（127下左）

按：《篇海》同。《字彙·竹部》："竽，竹此切，音子。笙別名也。"（340下）《正字通·竹部》："竽，竽字之譌。舊注：音子。笙別名。誤。"（790下）《正字通》謂"竽"為"竽"字之譌，所言當是。《說文·竹部》："竽，管三十六簧也。从竹，于聲。"（93上）《廣韻》平聲虞韻羽俱切："竽，笙竽。《世本》：'隨作竽。'"（38）《漢書·禮樂志》："竽工員三人，一人可罷。"顏師古注："竽，笙類也，三十六簧。"《急就篇》卷三："竽瑟箜篌琴筑箏，鐘磬鞀簫鼙鼓鳴。"顏師古注："竽，笙類也。""竽"與"竽"義同，又"子"旁、"于"旁形近，俗寫常可訛混，故"竽"當即"竽"字俗訛。"竽"譌作"竽"，後人不識，見其從"子"，遂改其讀為"音子"，此當即望形生音。《大字典》《字海》俱收"竽"字，《大字典》以《正字通》之說作為"一說"，《字海》未溝通其與"竽"字的字際關係，皆有未當。

93. 秩：《新修玉篇》卷十五《禾部》引《玉篇》："秩，方無切。再生稻。《韻》曰：里秩。"（135上左）

按：《篇海》卷十三《禾部》引《玉篇》："秩，方無切。再生稻也。"（795下）《玉篇·禾部》："秩，方無切。再生稻。"（74下右）《廣韻》平聲虞韻甫無切："秩，里秩。《玉篇》云：'再生稻也。'"（42）《古今韻會舉要》平聲虞韻風無切："秩，稻再生。《廣韻》：'黑稻也。'"（78上）"秩"字，《廣韻》本訓"里秩"，《古今韻會舉要》轉引卻改訓為"黑稻"，未知何據，俟考。《正字通·禾部》："秋，俗稃字。舊注：音孚。再生稻。非。"（770 上）《説文·禾部》："稃，䅌也。从禾，孚聲。粰，稃或从米，付聲。"（142 上）又《説文·禾部》："䅌，糠也。从禾，會聲。"（142 上）"稃"，《廣韻》音"芳無切"。故"秋"與"稃"音同義別，二字不可混同，《正字通》之説非是。《大字典》《字海》"秋"字下皆據《正字通》之説而收錄一個義項謂同"稃"，疑並非是。

94. 䊚：《新修玉篇》卷十五《米部》引《龍龕》："䊚，音面。屑米。"（138 上右）

按：《篇海》同。《龍龕》卷二《米部》："䊚，俗；䊚，正。音西（面）。屑米也。二。"（305）故"䊚"當即"䊚"之異體字。又《字彙·米部》："䊚，俗麪字。"（351 下）《説文·麥部》："麪，麥末也。从麥，丏聲。"（107 上）"麪"，《廣韻》音"莫甸切"。"䊚"與"麪"音同義別，二字不可混同，故《字彙》之説非是。《大字典》"䊚"字下據《龍龕》之説而謂"䊚"同"䊚"，是也；然又以《字彙》之説作為"一説"，非是。

95. 穦：《新修玉篇》卷十五《耒部》引《餘文》："穦，昌力切。《字統》云：'耕也。'"（138 下左）

按：《篇海》同。《唐韻》入聲職韻□□□："穦，《字林》云：'耕也。'"（728）《廣韻》入聲職韻昌力切："穦，昌力切。《字統》云：'耕也。'"（728）據《唐韻》，可知《廣韻》謂"穦"字引《字統》當為《字林》之誤。"穦"當為"耛"之異體字。《廣雅·釋地》："耛，耕也。"《名義·耒部》："耛，餘力反。耕也。"（147 上）《玉篇·耒部》："耛，余力切。耕也。"（75 上右）"穦"與"耛"音近義同，又《廣韻》有"穦"無"耛"，而《玉篇》有"耛"而無"穦"，故"穦""耛"當為同字異體。《正字通·耒部》："穦，同耛。舊注耛、穦並訓耕，改音尺，非，從翼無尺音。"（863 下）王念孫疏證："耛，字或作穦。《廣韻》引《字統》云：'穦，耕也。'"以上二説皆其證也。故"穦"當即"耛"之異體字。《大字典》收錄"穦"字，分為兩個義項：第一義項據《廣韻》而音 chì，訓"耕"；第二義項據王念孫、張自烈之説而音 yì，並謂同"耛"。其實，王念孫、張自烈本謂《廣韻》所收之"穦"即"耛"之異體字。《大字典》應刪去第一義項，直謂"穦"同"耛"即妥。

96. 冕：《新修玉篇》卷十五《网部》引《龍龕》："冕，音柳。魚梁。"（141上左）

按：《篇海》同。《龍龕》卷二《网部》："罶罶冕，音柳。魚梁也。三同。冕，同上。"（329—330）《説文・网部》："罶，曲梁，寡婦之笱，魚所留也。从网、留，留亦聲。罶，罶或从婁。《春秋》、《國語》曰：'溝眔罶。'"（154下）"罶""罶"，《廣韻》皆音"力久切"。《廣雅・釋器》："曲梁謂之罶。"《集韻》上聲有韻力九切："罶罶罶，《説文》：'曲梁，寡婦之笱，魚所留也。'或省，亦作罶。"（435）"罶""罶""罶"三字音義並同，即為異體字。"罶"與"罶"音同形近，"罶"當即"罶"字之俗；"罶"與"罶"音同形近，"罶"又當即"罶"字之俗。"罶""罶""罶"三字，《龍龕》訓"魚梁也"，當為"曲梁也"之誤。"冕"與"罶""罶""罶"三字同，"冕"當即"罶"字俗寫，亦當即"罶"字之俗。《康熙字典・网部》："冕，《字彙補》音義同罶。按：即罶字之譌。"（972下）《康熙字典》所言是也。《大字典》"冕"字以《字彙補》作為書證訓"魚梁"，並以《康熙字典》之説作為"一説"，失當。《字海》"冕"字下直謂同"罶"，是也。

97. 裏：《新修玉篇》卷十五《网部》引《龍龕》："裏，音孤。舩上魚網。"（141上左）

按：《篇海》同。《龍龕》卷二《网部》："裏罛，二俗；罛，正。音孤。舩上魚網也。三。"（329）《説文・网部》："罛，魚罟也。从网，瓜聲。《詩》曰：'施罛濊濊。'"（154下）《玉篇・网部》："罛，古吳切。舟上网。"（77上右）《集韻》平聲模韻攻乎切："罛罛，《説文》：'魚罟也。'或从孤。"（90）"罛"與"罛"音義並同，"罛"當即"罛"字之俗。"罛"與"罛（罛）"音義並同，"罛"當即"罛（罛）"字之俗。"裏"即"罛"字俗寫，亦當即"罛"字之俗。《正字通・网部》："裏，罛字之譌。舊注：音孤。船上魚網。與罛義近，分二字，非。从衣無孤音，別作罛，亦非。"（845上）"裏"即"罛"字異寫，《正字通》所言是也。《大字典》"裏"字據《篇海類編》訓"船上魚網"，又以《正字通》之説作為"一説"，失當。《字海》"裏"字謂同"罛"，而於"裏"字下又謂"罛"的訛字，是也。

98. 覒：《新修玉篇》卷十五《西部》引《類篇》："覒，音覒。"（142上左）

按：《篇海》卷十《西部》引《搜真玉鏡》："䨳，音䰨。"（734下）"䨳"字，《新修玉篇》與《篇海》引書不同，疑當以《新修玉篇》為是。又"䨳"字《新修玉篇》與《篇海》直音用字不同，疑亦當以《新修玉篇》為是。從字形來看，"䨳"當即"䨳"字俗訛。"䨳"與"䰨"字形區別甚明，二字不易混同，故《篇海》"音䰨"當為"音䨳"之誤。《直音篇》卷三《鬼部》："魄，音拍。魂魄。䰨䨳，同上。"（118下）《直音篇》據《篇海》讀音之誤而謂"䨳"同"䰨""魄"，疑非是。《字海》"䨳"字據《直音篇》之說而謂同"䰨"，疑亦非是。

99. 瓺：《新修玉篇》卷十六《瓦部》引《玉篇》："瓺，胡瓦切。甖大口曰瓺。《韻》又胡管切。瓦器大口也。"（145上右）

按：《篇海》卷三《瓦部》引《玉篇》："瓺，胡寡切。大口也。"（619下）《名義·瓦部》："瓺，胡寡反。大口。"（161下）《玉篇·瓦部》："瓺，胡寡切。大口也。"（78下左）《玉篇校釋》"瓺"字下注："'大口也'者，《切韻》：'啝，大口。''啝'與'瓺'同，並當云：'大口甖也。'字涉大口而作啝。《集韻》云：'大口曰啝。或省作瓺。'又收緩韻：'瓺，瓦器大口。'應此即《燕禮》之'瓦大'。《三禮圖》云：'瓦大受五斗，口徑尺。'高誘注《淮南·氾論》云：'甄，武也，幽州曰瓦。''瓦武'即'瓺甀'也。"（3122）胡吉宣謂"'啝'與'瓺'同，並當云：'大口甖也。'字涉大口而作啝"，此說是也；然又謂"又收緩韻：'瓺，瓦器大口。'應此即《燕禮》之'瓦大'"，此說疑可商榷。正如胡氏所說，"瓺""啝"訓"大口也"，當即"大口甖也"之省，"啝"當即"瓺"因涉義增加義符"口"旁所形成的增旁俗字。《集韻》"瓺"字又收緩韻之下訓"瓦器大口"，其實，"甖大口也"與"瓦器大口"訓異義同，因為"甖"本身也是一種瓦器，故"甖大口也""瓦器大口"皆義指一種大口的瓦器。《大字典》"瓺"字分為兩個義項：第一義項音 huàn，訓"大口瓦器"；第二義項音 huà，謂同"啝"，訓"大口的盛酒器"。《大字典》這樣處理"瓺"字音義及其與"啝"字的字際關係是失當的，正如上文所述，"甖大口"與"瓦器大口"意義相同，亦指"大口的瓦器"，而非指"大口的盛酒器"。故《大字典》"瓺"字應該這樣處理它的音義及其與"啝"字的字際關係：讀音應應據《玉篇》"胡寡切"及《集韻》"戶瓦切"而音 huà，而《集韻》"戶管切"一音應以"又音"的形式出現在《集韻》"戶瓦切"一音之後，並據《集韻》謂同

"甌"，訓"大口瓦器"。

100. 斛：《新修玉篇》卷十六《斗部》引《類篇》："斛，音酌。"（146下左）

按：《篇海》同。《字彙補·斗部》："斛，照削切，音酌。義闕。"（84下）《康熙字典·斗部》："斛，《篇韻》與斠同。"（451下）"斛"字，《康熙字典》以前諸字書皆音"酌"，義闕，《康熙字典》卻謂"斛"同"斠"，然"斛"與"斠"字形相去甚遠，二字不應混同，其説疑不可據。從字形來看，"斛"疑即"斞"字俗訛。《説文·斗部》："斞，量也。从斗，臾聲。"（301下）《玉篇·斗部》："斞，余甫切。量也。今作庾。"（79下右）"臾"俗書常可寫作"申"，正如韓小荊《〈可洪音義〉研究》"臾"俗作"申"、"腴"俗作"䏐"等，"斛"疑即"斞"字俗訛。"斛"音"酌"，形音不諧，疑為後人妄補。《大字典》《字海》"斛"字皆據《康熙字典》之説而謂同"斠"，疑亦非是。

101. 𠤎：《新修玉篇》卷十六《几部》引《類篇》："𠤎，音怡。古文。"（147上右）

按：《篇海》卷二《几部》引《類篇》："𠤎，音怡。古文。"（587上）"𠤎""𠤎"當即一字之變。朝鮮本《龍龕》卷五《几部》："𠤎，古文怡字。"（75）《字彙補·几部》："𠤎，古始字。"（14下）《叢考》"𠤎"字下注："《字彙補·几部》：'𠤎，古始字。'（277B）但朝鮮本《龍龕》卷五几部'今增'字：'𠤎，古文怡字。'（75）與《篇海》讀音相合。據此或當以定作'怡'字為是。《字彙補》所云，前無所本，疑為傳刻之誤。"（857）《叢考》謂《字彙補》所云疑為傳刻之誤，所言當是；然謂當以定作"怡"字為是，疑可商榷。"𠤎"字，《篇海》謂"音怡。古文"，並未言"𠤎"為"怡"字古文，朝鮮本《龍龕》直謂"𠤎"為古文"怡"字，然"𠤎"與"怡"字形相去甚遠，且未見"怡"字古文或俗體有作"𠤎"者，故此説疑不可據。今案："𠤎""𠤎"當並即"甌"字俗訛。《廣雅·釋宮》："甌，甎也。"《廣韻》平聲之韻與之切："甌，甌甌，甎也。"（27）"𠤎""𠤎"與"甌"音同形近，"𠤎""𠤎"左旁皆為"甌"字左旁所從"臣"字俗寫，又"瓦"字或"瓦"旁俗寫與"几"形近，俗書常可訛混，如"瓮"俗作"兾"、"瓬"俗作"𠘧"、"瓼"俗作"𠘩"、"瓶"俗作"𠘨"（見《叢考》89—90"𠘨"字注）等，"𠤎""𠤎"疑並即"甌"字俗訛。《大字典》"𠤎"字引《篇海》

徑謂同"怡"，《字海》"凯"字據《字彙補》之誤而謂同"始"，疑皆非是。

102. 匼：《新修玉篇》卷十六《匸部》引《餘文》："匼，疾緣切。籅也。又徂紅切。盛米器也。《省韻》又旬宣切。"（147 上左）

按：《篇海》卷八《匸部》引《餘文》："匼，音全。籅也。又徂紅切。盛米器。"（704 上）《集韻》平聲僊韻旬宣切："匼，籅也。"（170）方成珪謂："《廣雅・釋器》'匼'作'匨'。"此説是也。又《集韻》平聲東韻徂聰切："匼，盛米器。"（9）"盛米器"與"漉米籅"訓異義同，此"匼"亦當為"匨"字之俗。《玉篇・匸部》："匨，似沿切。漉米籅也。"（79 下左）"匨"即"匨"字異寫。《名義・匸部》："匼，似治（沿）反。漉米籅。"（164 下）《新撰字鏡・匸部》："匼，似沿反。漉米籅也；盛也。"（685）以上二書之"匼"與"匨"音義並同，並即"匨"字之俗，此是其證也。"匨"俗作"匼"，後人不識，見其從"公"，遂改其讀為"徂聰切"，此當即望形生音也。《大字典》"匼"字下分為兩個義項：第一義項音 cóng，訓"盛米器"；第二義項音 xuán，訓"筲箕"，謂也作"匨"。《大字典》這樣處理是有失妥當的。《大字典》"匼"字下應如《字海》直謂同"匨"，即可。

103. 穮：《新修玉篇》卷十七《矛部》引《奚韻》："穮，名移切。矛也。"（150 上左）

按：《篇海》卷七《矛部》引《奚韻》："穮，名移切。矛也。"（678 上）"穮""穮"當即同字異寫。《廣韻》平聲支韻武移切："穮，矛也。"（20）《集韻》平聲支韻民卑切："穮，矛屬。"（34）"穮""穮"與"穮"音義並同，"穮""穮"當即"穮"字之俗。《字海》"穮"字謂同"鑹"。《廣韻》去聲換韻七亂切："鑹，小矟。"（309）"穮"與"鑹"儘管義近，然形音俱別，二字不可混同，故《字海》謂"穮"同"鑹"，非是。

104. 剌：《新修玉篇》卷十七《刀部》引《玉篇》："剌剌，良質切。斷也；又削也。"（152 上左）

按：《篇海》卷四《刀部》引《玉篇》："剌剌，二力一切。"（627 下）《玉篇・刀部》："剌，力一切。斷也；削也。剌，同上。"（82 上右）"剌"當即"剌"字之俗。"剌"即"剌"之異寫字，亦當即"剌"字之俗。《直音篇》卷五《刀部》："剌，音栗。斷也；削也。剌剌剌，並同上。"（189下）《詳校篇海》卷二《刀部》："剚剌，二力質切，音栗。剕也。或作剠。"（82下）以上二書皆其證也。《篇海類編・器用類・刀部》："剚剌，二力質切，音栗。剕也。或作剠。"（225下）《篇海類編》亦同前代字書謂"剚""剌"同"剠"。第一版《大字典》、《字海》"剚"字下卻據《篇海類編》而謂同"剽"，"剽"皆當為"剠"字誤刻。第二版《大字典》"剚"字下校作同"剌（剠）"，是也。

105. 鍄：《新修玉篇》卷十八《金部》引《餘文》："鍄，胡孔切。鍾聲。"（155上右）

按：《篇海》同。此字《玉篇》未收，《廣韻》亦不錄，《集韻》收之，當即丁度等據俗書所增。《集韻》上聲董韻戶孔切："鍄，鍾聲。"（303）《字彙・金部》："鍄，烏孔切，洪去聲。鐘聲也。"（505下）《正字通・金部》："鍄，俗汞字。汞，同澒。《正韻》一董有汞、澒，無鍄。舊注烏孔切，鐘聲，誤。"（1199下）《玉篇・水部》："汞，戶孔切。水銀滓。"（91下左）《集韻》上聲董韻戶孔切："澒，《説文》：'丹砂所化為水銀也。'或作汞。"（302）"鍄"與"汞"音同義別，二字不可混同，《正字通》之説非是。《大字典》《字海》"鍄"字下皆承襲《正字通》之誤而增加一個義項謂同"汞"，俱失考證。今案："鍄"當即"唝"字之俗。《玉篇・口部》："唝，胡孔切。鳴聲唝唝也。"（27上右）《廣韻》上聲董韻胡孔切："唝，鳴聲唝唝也。"（159）《集韻》上聲董韻戶孔切："唝，唝唝，聲也。"（302）"鍄"與"唝"音義並同，"鍄"當即"唝"通過改換義符而形成的異體字。

106. 鉇：《新修玉篇》卷十八《金部》引《龍龕》："鉇，失支切。短矛。又視遮切。"（156上右）

按：《篇海》同。《龍龕》卷一《金部》："鉇，誤；鉈，正；鈰鉇，二今。失支反。短矛也。又俗視遮反。四。"（13）《正字通・金部》："鉇，俗鉈字。亦作鈰。"（1203上）故"鉇"與"鉈""鈰""鉇"即為異體字。《大字典》收錄"鉇"字，據《正字通》之説謂同"鉈"，然《正字通》本謂"鉇"同"鉈"，故《大字典》此説當因轉錄失真而誤；《大字典》又據《龍龕》之説而謂："一説'鉈'的訛字。"下引《龍龕》曰："鉇，誤；鉈，正。"然據上文所引《龍龕》可知，"鉈"當為"鉈"字轉錄之誤。《字海》直謂"鉇"同"鉈"，是也。

107. 轈：《新修玉篇》卷十八《車部》引《玉篇》："轈，音木。車

轅名也。"（162下左）

按：《篇海》卷十一《車部》引《餘文》："轈，音木。車轅名。"（743下）"轈"字，《新修玉篇》與《篇海》引書不同，《篇海》所言是也，今本《玉篇》未見收錄此字。《集韻》入聲屋韻莫卜切："𨎌𨎌轈，《說文》：'車軸束也。'或从車，亦作轈。"（636）《玉篇·車部》："𨎌，莫卜切。轅也。"（87上左）《廣韻》入聲屋韻莫卜切："𨎌，車轅之名也。"（369）故"轈"訓"車轅名也"，與"𨎌"音義並同，此"轈"當即"𨎌"之異體字。《大字典》"轈"字此義項未與"𨎌"字溝通，失當。《字海》"轈"字直謂同"𨎌"，是也。

108. 轟：《新修玉篇》卷十八《車部》引《玉篇》："轟，張流切。車轅也。"（163上右）

按：《篇海》卷十一《車部》引《玉篇》："轟，音輈。義同。"（744上）《說文·車部》："輈，轅也。从車，舟聲。轟，籀文輈。"（303下）《玉篇·車部》："輈，竹留切。轅也。轟，籀文。"（86下右）故"轟"當即"輈"之異體字。《直音篇》卷五《車部》："輖，音周。重載也；車轅也。輈轟，並同上。"（198下）《說文·車部》："輖，重也。从車，周聲。"（304上）《玉篇·車部》："輖，之由切。重載也。"（86下右）據《說文》《玉篇》可知，"輖"並無"車轅也"之義，《直音篇》又訓"輖"為"車轅也"，非是。"輈""轟"與"輖"音同義別，不可混同，故《直音篇》謂"輈""轟"同"輖"，非是。《大字典》"轟"字下承襲《直音篇》之誤而收錄一個義項謂同"輖"，亦失考證。

109. 冰：《新修玉篇》卷十九《水部》引《龍龕》："冰，音冰。"（164下左）

按：《篇海》同。《龍龕》卷二《水部》："冰，音水。"（228）"氷""冰"即異體字，並即"仌"字之俗。"冰"音"冰"，"冰"當即"冰"字之俗。韓小荊《〈可洪音義〉研究》（364）"仌"俗作"冰"，此是其證也。《直音篇》卷五《水部》："溺，音匿。況沒。又奴弔切。冰伏灸，並同上。溺，俗。"（209上）"冰"與"溺"音義俱別，《直音篇》謂"冰"同"溺（溺）"，於前代字書無徵，其說非是。《字海》（533B）"冰"字據《直音篇》之誤而謂同"溺"，亦失考證。

110. 塗：《新修玉篇》卷十九《水部》引《玉篇》："塗，屋姑切。塗江，項羽渡船處。《韻》注：染（塗）也。《說文》：'穢也。'又烏故

切。"（167下右）

按：《篇海》卷十二《水部》引《玉篇》："洿，屋姑切。洿江，項羽渡船處。"（767上）《玉篇·水部》："洿，屋姑切。洿江，項羽渡船處也。"（91上左）《玉篇校釋》"洿"字下注："案《史》《漢》並作'烏江'。本書《木部》'檥'下引《史記》曰：'烏江亭長檥舟待項羽。'字亦止作'烏'。"（3791）胡吉宣所言是也。故此"洿"與"烏"音義並同，當即"烏"之異體字。又《集韻》去聲暮韻烏故切："汙，《說文》：'穢也。一曰小池為汙。一曰涂也。'或作洿。"（501）故此"洿"當即"汙"之異體字。又《詳校篇海》卷四《水部》："洿，音烏。與滃同。盤～，旋流。又～江，項羽渡船處。又去聲，音污。與汙同。"（286下）《篇海類編》同。據以上諸字韻書可知，"洿"字並未有"旋流"之義。《廣韻》平聲模韻哀都切："滃，盤滃，旋流也。又憂俱切。"（47）《集韻》平聲虞韻邕俱切："滃，盤滃，旋流也。"（74）"洿"與"滃"儘管字形相近，"汙"俗書也可寫作"污"，然二字音義俱別，不可混同，故《詳校篇海》謂"洿"同"滃"，非是。《篇海類編》承襲《詳校篇海》之謬而謂"洿"與"滃"，失考證。"洿"字，《大字典》《字海》皆轉錄作"洿"。《大字典》"洿"字下承襲《篇海類編》之誤而收錄一個義項謂"洿"同"滃"，《字海》直謂"洿"同"滃"，俱失考證。

111. 浛：《新修玉篇》卷十九《水部》引《龍龕》："浛，胡感切。和泥也；又深也。"（166下左）

按：《篇海》同。《龍龕》卷二《水部》："涵，胡感反。水入舩也。又胡南反。～氷也。"下字曰："浛湢，二同上。和泥也；又深也。"（230）《龍龕》謂"浛""湢"二同上，是指此二字讀音同上，當音"胡感反"。"浛""湢"當即"浛"字之俗。《說文·水部》："浛，泥水浛浛也。从水，䜭聲。"（234上）《玉篇·水部》："浛，胡感切。浛泥也。"（89上右）"浛""湢"並即"浛"字之俗。《大字典》據《龍龕》收入"浛"字，謂同"滔"，然《龍龕》"滔"字本作"湢"，"滔"字俗書雖然可寫作"浛"，但《龍龕》"浛""湢"二字並即"浛"字之俗，而非"滔"字之俗，故《大字典》"浛"字據《龍龕》謂同"滔"，非是。"滔"當即"湢"字轉錄之誤，《龍龕》"浛""湢"二字並即"浛"字之俗。

112. 漩：《新修玉篇》卷十九《水部》引《川篇》："漩，音旌。水

名。"（171上左）

按：《篇海》卷十二《水部》引《川篇》："瀡，音旌。義同。"（770下）"瀡"字，《新修玉篇》訓"水也"，《篇海》卻謂"義同"，《新修玉篇》所言是也。《字海》"瀡"字下據《篇海》"義同"，即謂"瀡"同"旌"，非是。《集韻》平聲清韻咨盈切："濴濴，水名，在南郡。或从旌。"（238）"瀡"與"濴"音義並同，"瀡"當即"濴"字之俗。此是其證也。

113. 渰渰：《新修玉篇》卷二十《氵部》引《龍龕》："渰渰，二於禁切。"（175上右）

按：《篇海》卷六《氵部》引《龍龕》："渰渰，二於禁切。古文。"（663下）《龍龕》卷一《氵部》："渰渰，二古文。於禁反。"（187）朝鮮本《龍龕》卷三《氵部》："渰，古文。於禁切。渰，同上。"（58）《字彙補·氵部》："渰，古文印字。"（14上）"渰"與"印"字形相去甚遠，且"印"字古文未見有作"渰"者，《字彙補》直謂"渰"為古文"印"字，既無書證，亦無例證，此說無據。《大字典》《字海》"渰"字承襲《字彙補》之謬而謂同"印"，非是。《字海》收入"渰"字，亦謂同"印"，亦非。今案："渰""渰"當即"飲"字之俗。《可洪音義》卷七《佛說孔雀王咒經》下卷："淡潊，上徒甘反，下於禁反。"（59，p797c14）韓小荊《〈可洪音義〉研究》"潊"字下注："被釋字'潊'當是'飲'的增旁俗字，'飲'字受'淡'字影響，俗書增水旁作'潊'，經中用同'痰癊'之'癊'。"（26）韓氏所言是也。"渰""渰"與"潊"音同形近，"渰""渰"當即"潊"字之俗，亦即"飲"字。

114. 霄：《新修玉篇》卷二十《雨部》引《龍龕》："霄，于敏切。齊人謂雷為霄也。"（175上左）

按：《龍龕》卷二《雨部》："霄霄，二俗；霣，正。于敏反。齊人謂雷為～也。三。"（307）《說文·雨部》："霣，雨也。齊人謂靁為霣。从雨，員聲。"（241上）"霣"，《廣韻》"于敏切"。"霄""霄""霣"與"霣"音義並同，並即"霣"字之俗。《字海》收入"霄"字，謂同"霄"，"霄"當即"霄"之楷定字，然《字海》並未收錄"霄"字，據《字海》讀者仍不明"霄"之正字為何，故此字字際關係等於未作認同。《字海》"霄"字下應直謂同"霣"，即妥。

115. 雷：《新修玉篇》卷二十《雨部》引《龍龕》："雷，士甲切。

雨大下也。"（175下右）

按：《篇海》同。《龍龕》卷二《雨部》："霄，俗；雷，正。士甲反。雨大下也。二。"（309）故"霄"當即"雷"字之俗。《中華大字典·雨部》："霄，電本字。見《說文》。"（2594上）"霄"字，《中華大字典》謂"電"本字，見《說文》，然《說文》"電"字作"𩇓"，非作"霄"，故《中華大字典》之說非是。《大字典》收入"霄"字，據《龍龕》謂同"雷"，訓"大雨"，是也；然又以《中華大字典》之說作為"按語"，非是。《字海》亦收"霄"字，謂同"電"，見《正字通》。查《正字通》未收"霄"字，收錄了"電"字，謂"電"本字。"雷"與"電"並非同字，故《字海》亦誤。

116. 氤：《新修玉篇》卷二十《气部》引《奚韻》："氤，於真切。氤氲，元氣盛也。"（177下右）

按：《篇海》卷二《气部》引《龍龕》："氤，於真切。～氲，元氣盛也。"（605上）《新修玉篇》與《篇海》引書不同，通行本《龍龕》未見收錄此字，當以《新修玉篇》為是。《玉篇·气部》："氲，於人切。氲氲，元氣。"（94下右）《龍龕》卷三《气部》："氲氲，上音因，下於君反。～～，元氣也，如雲非雲，似煙不煙，祥瑞氣也。"（369）"氤"與"氲"音義並同，"氤"當即"氲"之異體字。《直音篇》卷五《气部》："氲，音因。氲氲，元氣。氤氤，並同上。"（217上）此即其證也。《字彙·气部》："氤，同陰。"（239上）《玉篇·阜部》："陰，於今切。默也；影也；水南山北也；闇也。營天功明萬物謂之陽，幽無形深難測謂之陰。"（106上左）"氤"與"陰"音近義別，二字不可混同，故《字彙》之說非是。《正字通·气部》："氤，俗陰字，本作侌。"（571上）《正字通》承襲《字彙》之誤而謂"氤"為"陰"字之俗，亦非。《大字典》《字海》"氤"字下皆據《正字通》之誤而謂同"陰"，俱失考證。

117. 晘：《新修玉篇》卷二十《日部》引《餘文》："晘，戶板切。日出皃。"（179下右）

按：《篇海》同。《集韻》上聲濟韻戶版切："晘，日出皃。"（373）"晘"當即"晘"字之訛。《字彙·日部》："晘，戶板切，還上聲。日出貌。"（199下）《正字通·日部》："晘，俗旱字。"（467上）《正字通》所言當是。《說文·日部》："旱，不雨也。從日，干聲。"（135上）《字彙·日部》："旱，侯侃切，寒上聲。亢陽不雨。"（197下）"旱"本義即指"久晴不雨"。"晘"訓"日出皃",當指"日出不雨之皃",與"久晴不雨"訓異義同。"旱",《廣韻》音"胡笴切"。故"晘"與"旱"音義並同,"晘"當即"旱"之增旁俗字。《大字典》《字海》收入"晘"字,分為兩個義項:第一義項據《集韻》訓"日出貌";第二義項據《正字通》謂同"旱",失當。其實,《正字通》謂"晘"為"旱"字之俗,即就"晘"之"日出貌"這一意義而言。《大字典》《字海》"晘"字下直謂同"旱",即妥。

118. 晗:《新修玉篇》卷二十《日部》引《餘文》:"晗,許及切。日乾物也。"(180下左)

按:《篇海》同。此字《玉篇》《廣韻》皆未收,《集韻》收之,當即丁度等據俗書所增。《集韻》入聲緝韻迄及切:"晗,日乾物也。"(767)《龍龕》卷四《日部》:"吸,或作:曝,正。去及反。欲燥也。二。"(430)《玉篇・日部》:"曝,丘立切。欲乾也。"(95下左)《廣韻》入聲緝韻去急切:"曝,欲燥。"(430)"晗"與"吸""曝"音義並近,正如《廣韻》"吸"或作"唫","晗"當即"吸""曝"之異體字。《字海》收入"晗"字,謂同"晞"。《說文・日部》:"晞,乾也。从日,希聲。"(135下)"晞",《廣韻》音"香衣切"。儘管"晗"與"晞"義近,然"晗"為入聲緝韻字,而"晞"為平聲微韻字,二字不易混同,故《字海》之說疑不可據。

119. 硊:《新修玉篇》卷二十三《石部》引《餘文》:"硊,無匪切。砡硊,磨也。又無非切。磲硊,磨也。齊人語。"(184上右)

按:《篇海》同。《集韻》平聲微韻無非切:"硊,磲硊,磨也。齊人語。"(58)下文上聲尾韻武斐切又曰:"硊,砡硊,磨也。"(325)《字彙・石部》:"硊,無匪切,音尾。磲硊,磨也。齊人語。"(321下)《正字通・石部》:"硊,無匪切,音尾。磲硊,磨也。齊人語。又碨、磈、硊、磈並通,俗作硊。"(750下)《廣韻》上聲賄韻呼罪切:"磈,磈磊,石皃。硊,上同。"(183)同一小韻下文五罪切又曰:"磈,眾石皃。"又《廣韻》上聲尾韻於鬼切:"磈,磈硊,山皃;又危也。"(172)"硊"與"磈""磈""硊""磈"諸字音近義別,不可混同,《正字通》謂"磈""磈""硊""磈"俗作"硊",非是。《大字典》《字海》"硊"字下皆承襲《正字通》之誤而收錄一個義項謂同"磈",俱失考證。

120. 碇:《新修玉篇》卷二十二《石部》引《餘文》:"碇,杜兮切。

砧也。"（184下右）

按：《篇海》同。《集韻》平聲齊韻田黎切："碮，砧也。"（95）《字彙·石部》："碮，杜奚切，音提。碮（當為字頭誤重）砧也。"（323上）《正字通·石部》："碮，同隄。舊注改訓砧，非。"（754上）"碮"字，《正字通》之前諸字書皆訓"砧也"，《正字通》卻謂"舊注改訓砧，非"，其說無據，非是。《說文·𨸏部》："隄，唐也。从𨸏，是聲。"（307上）"隄"，《廣韻》音"都奚切"，又音"杜奚切"。"碮"與"隄"音同義別，二字不可混同，《正字通》之說非是。《大字典》《字海》"碮"字下皆據《正字通》增收一個義項，謂音 dī，同"隄"，俱失考證。

121. 騇：《新修玉篇》卷二十三《馬部》引《餘文》："騇，音產。馬名。"（189下左）

按：《篇海》同。《廣韻》平聲產韻所簡切："騇，馬名。"（194）《集韻》上聲產韻所簡切："騇，馬名。"（373）《字彙·馬部》："騇，所簡切，山上聲。馬名。"（553下）《正字通·馬部》："騇，俗產字。舊注馬名，非。"（1318下）《正字通》所言當是。《玉篇·馬部》："䮷，區勿切。〔䮷〕產，良馬。"（108下左）《集韻》入聲迄韻曲勿切："䮷，䮷產，良馬。通作屈。"（676）《左傳·僖公二年》："晉荀息請以屈產之乘與垂棘之璧假道於虞。"晉杜預注："屈地生良馬，垂棘出美玉，故以為名。"故"䮷產""䮷產"同，皆代指古屈地所產良馬名，本作"屈產"。"騇"訓馬名，亦本作"產"，因涉義增加義符"馬"旁，故而形成"騇"字。《大字典》收錄"騇"字，分為兩個義項：第一義項據《廣韻》訓"馬名"；第二義項據《正字通》之說而謂同"產"。《大字典》這樣處理"騇"與"產"字的字際關係，亦失妥當。《大字典》應於"騇"字下據《正字通》之說直謂同"產"，即可；而《字海》未溝通"騇"與"產"字的字際關係，亦失考證。

122. 牰：《新修玉篇》卷二十三《牛部》引《類篇》："牰，音邦。"（190下左）

按：《篇海》卷三《牛部》引《類篇》："牰，力董切。犉也。"（616下）"牰"字，《新修玉篇》與《篇海》讀音不同，當以《新修玉篇》為是。"牰"音"邦"，當即"邦"字俗訛。"邦"俗作"𨛕"，"牰"字左旁所從之"牛"當即"𨛕"字左旁所從之"丰"訛變所致。"牰"字，《篇海》音"力董切"，訓"犉也"，當為誤植"𤛿"字之義於此所致的訓釋失誤。《玉篇·牛部》："犥，力薑切。犥牛也。"（109上右）《大字典》收錄"犅"字，音義皆承襲《篇海》之誤，失考證。《字海》收錄"犅"字，據《篇海》音義之誤而謂同"犥"。據上文可知，"犅"與"犥"形音俱別，二字不可混同，《字海》承訛襲謬而謂"犅"同"犥"，亦失考證。

123. 犨：《新修玉篇》卷二十三《牛部》引《餘文》："犨，昨回切。牛白色。"（191上右）

按：《篇海》同。此字《説文》《玉篇》皆未收，《廣韻》亦不錄，《集韻》收之，當即丁度等據俗書所增。《集韻》平聲灰韻徂回切："犨，牛白色。"（110）《字彙·牛部》："犨，徂回切，音摧。牛白色。"（277下）《正字通·牛部》："犨，犨字之譌。舊注牛白色，與犨注同，改音摧，分二字，誤。"（654下）《正字通》所言是也。《説文·牛部》："犨，白牛也。从牛，隺聲。"（23上）"犨"，《廣韻》音"五角切"。"犨"與"犨"形近義同，正如《〈可洪音義〉研究》（650）"摧"俗作"搉"、"確"俗作"碻"等，"犨"當即"犨"字之俗。"犨"字，《集韻》音"徂回切"，當即望形生音。《玉篇校釋》"犨"字下注："《灰韻》：'犨，牛白色。''犨'為'犨'之譌分。"（4518）此亦其證也。故"犨"當即"犨"字俗訛。《大字典》"犨"字以《正字通》之説作為"一説"，《字海》"犨"字未溝通其與"犨"字的字際關係，皆有未當。

124. 狋：《新修玉篇》卷二十三《犬部》引《餘文》："狋，女夷、女氏二切。猗狋，物從風皃。"（192下左）

按：《篇海》同。《廣韻》上聲紙韻於綺切："猗，猗狋，猶窈窕也。又於羈切。"（163）下文女氏切又曰："狋，猗狋，從風皃。"（166）《集韻》上聲紙韻乃倚切："狋，猗狋，弱皃。"（312）《字彙·犬部》："狋，與狔同。又猗狋，猶窈窕也。"（279下）《字彙》所言當是。《廣韻》上聲紙韻於綺切："旖，旖旎，旌旗從風皃。"（163）下文女氏切又曰："旎，旖旎。"（166）《史記·司馬相如列傳》："紛容蕭蔘，旖旎從風。"司馬貞索引引張揖曰："旖旎，阿那也。"故"猗狋"同"旖旎"，"猗"當即"旖"之異體字，而"狋"當即"旎"之異體字。《正字通·犬部》："狋，同貎。舊注與狔同。又猗狋，猶窈窕也。誤。"（658下）《廣韻》平聲脂韻女夷切："貎，獸名。"（24）"狋"與"貎"儘管音同，且"豸"旁俗書亦可寫作"犭"，然"狋"與"貎"意義區別甚明，二字不可混同，故《正字通》之説非是。《大字典》《字海》"狋"字下皆據

《正字通》之誤而收錄一個義項謂同"貑"，並非。

125. 獓：《新修玉篇》卷二十三《犬部》引《餘文》："獓，五勞切。《山海經》曰：'三危之山有獸焉，其狀［如］牛，［白］身，四角，豪如披蓑，名曰獓狼，是食人。'"（194上右）

按：《篇海》同。《集韻》平聲豪韻牛刀切："獓，《山海經》：'三危之山有獸焉，其狀［如］牛，［白］身，四角，豪如披蓑，名曰獓狼，是食人。'"（191）《字彙·犬部》："獒，牛刀切，音敖。《説文》：'犬知人心可使者。《左傳》：公嗾夫獒焉。'又犬四尺為獒。《周書》：'旅獒。'又《山海經》：'三危之山有獸，其狀如牛，四角，毛如披蓑，名曰獓狼，食人。'獓，同上。"（282下）《爾雅·釋畜》："狗四尺為獒。"《説文·犬部》："獒，犬如（知）人心可使者。从犬，敖聲。《春秋傳》曰：'公嗾夫獒。'"（203下）"獓"，《廣韻》音"五勞切"。又《山海經》本作"㺅"，王念孫校作"獓"，而非作"獒。"故"獓"與"獒"儘管音同，且構字部件相同，然意義區別甚明，二字不可混同，故《字彙》謂"獓"同"獒"，非是。《正字通·犬部》："獓，同獒。"（665下）《正字通》謂"獓"同"獒"，此當因承襲《字彙》之謬而誤。《大字典》《字海》"獒"字下皆據《正字通》之謬而收錄一個義項謂同"獒"，俱失考證。

126. 鴛：《新修玉篇》卷二十四《鳥部》引《餘文》："鴛，無分切。鳥名。《山海經》：'玄丹之山有青鴛。'"（198下右）

按：《篇海》同。《廣韻》平聲文韻無分切："鳼，鳥也。《爾雅》：'鶉子鳼。'"（65）《爾雅·釋鳥》："鶉子鳼，鴽子鸋。"（152）《集韻》平聲文韻無分切："鴛，鳥名。《山海經》：'玄丹之山有青鴛。'"（128）《山海經·大荒西經》："有玄丹之山，有五色之鳥，人面有髮。爰有青鴛、黃鶩，青鳥、黃鳥，其所集者其國亡。"（342）故"鴛"與"鳼"儘管音同，且構字部件相同，然意義區別甚明，故二字不可混同。《正字通·鳥部》："鳼，無焚切，音文。《爾雅》：'鶉子鳼。'或作鴛、鴍。又《山海經·大荒［西經］》：'玄丹之山，有五色鳥，人面有髮，名青鴛。'與《爾雅》'鳼'別一種。"（1360上）《正字通》謂"鳼"或作"鴛""鴍"，卻又於下文謂《山海經》之"鴛"與《爾雅》之"鳼"不同。《正字通》謂《山海經》之"鴛"與《爾雅》之"鳼"不同，是也；然謂"鳼"或作"鴛""鴍"，於文獻無征，此説疑誤。《大字典》《字海》"鴛"字下皆據《正字通》之説而收錄一個義項謂同"鳼"，訓"幼鶉"，疑並非是。

127. 鴥：《新修玉篇》卷二十四《鳥部》引《川篇》："鴥，音域。"（199下左）

按：《篇海》同。《字彙補·鳥部》："鴥，余六切，音域。鳥名。"（265下）"鴥"當即"鴥"字之俗。《玉篇·鳥部》："鴥，音域。戴鳬。"（113下左）"鴥"與"鴥"音義並同，正如"鴨"俗作"䳕"、"勛"俗作"勋"、"鵝"俗作"彙"等，"鴥"當即"鴥"之偏旁易位俗字。《中華大字典·鳥部》："鴥，音域，職韻。鳥名。見《川篇》。按：即鴥字。"（67）此説是也。故"鴥"當即"鴥"字之俗。《大字典》收録"鴥"字，以《中華大字典》之説作為"一説"，失當。《字海》"鴥"字下直謂同"鴥"，當是。

128. 雓：《新修玉篇》卷二十四《隹部》引《餘文》："雓，武夫切。鶄鶭，鳥名，鴛也。"（202上左）

按：《篇海》同。《集韻》平聲虞韻微夫切："鶍，鶄鶍，鳥名，鴛也。或作鶭、雓。"（79）故"雓"同"鶍""鶭"，即指一種鶄鶭類的鳥名。《字彙·鳥部》："雓，同鶍。"（523下）此亦其證也。又《正字通·隹部》："雓，俗鶭字。"（1252下）《説文·鳥部》："鶭，鸚鶭也。从鳥，母聲。"（76下）《廣韻》上聲麌韻文甫切："䳇，鸚䳇，鳥名，能言。鶭，上同。"（176）"鸚鶭"同"鸚䳇"，故"鶭"同"䳇"。"雓"與"鶭"音義俱别，二字不可混同，《正字通》謂"雓"為"鶭"字之俗，非是。《大字典》"雓"字下以《正字通》之説作為"一説"，亦失考證。

129. 蚺：《新修玉篇》卷二十五《虫部》引《餘文》："蚺，余昭切。蟲名。"（207上右）

按：《篇海》同。《集韻》平聲宵韻餘招切："蚺，蟲名。"（182）《字彙·虫部》："蚺，餘昭切，音姚。蟲名。"（424上）《正字通·虫部》："蚺，俗珧字。舊注汎訓蟲名，誤。"（991上）《正字通》所言當是。《爾雅·釋魚》："蜃，小者珧。"郭璞注："珧，玉珧，即小蚌。"《廣韻》音"餘昭切"。"珧"即指一種海蚌，通稱"江珧"，是一種海甲蟲。故"蚺"與"珧"音義並同，"蚺"當即"珧"通過改換義符而形成的異體字。《大字典》《字海》俱收"蚺"字，分為兩個義項：第一義項據《類篇》分别訓為"蟲名""一種蟲"；第二義項據《正字通》之説謂同"珧"，皆失當。《大字典》《字海》"蚺"字下應據《正字通》之説直謂同"珧"，即妥。

130. 蠚：《新修玉篇》卷二十五《蟲部》引《龍龕》："蠚，香謁切。螫人蟲也。"（210下右）

按：《篇海》同。《龍龕》卷二《虫部》："蠚，俗；蠍，正。香謁反。螫人蟲也。二。"（224）"蠍"同"蝎"，故"蠚"即"蝎（蠍）"字之俗。又《直音篇》卷六《蟲部》："蠚，與蚊同。"（275下）《直音篇》謂"蠚"同"蚊"，然"蠚"為屑韻字，而"蚊"為文韻字，二字不可混同，故《直音篇》此說非是。《直音篇》此誤當因涉上文"蠢"同"蚊"而誤也。《大字典》《字海》"蠚"字下皆承襲《直音篇》之誤而收錄一個義項謂同"蚊"，並非。

131. 賭：《新修玉篇》卷二十五《貝部》引《餘文》："賭，丁姑切。賭勝。出《新字林》。"（212上左）

按：《篇海》同。此字《説文》《玉篇》皆未收，《切韻》亦不錄，《廣韻》收之，當即陳彭年等據俗書所增。《廣韻》平聲模韻當孤切："賭，賭勝。出《新字林》。"（47）《集韻》平聲模韻東徒切："賭，賭勝曰賭。"（86）《字彙·貝部》："賭，當孤切，音都。賭勝也。"（467下）《正字通·貝部》："賭，俗賭字。加阝無義，舊注改音都，賭勝，誤分為二。"（1106下）《正字通》所言當是。《説文新附·貝部》："賭，博簺也。从貝，者聲。"（127下）《名義·貝部》："賭，都古反。賻也。"（262上）《玉篇·貝部》："賭，丁古切。賻也。"（120下左）"賭"即指以財物作注比較輸贏。"賭"與"賭"音義並近，"賭"當即"賭"字之俗。《大字典》"賭"字下以《正字通》之說作為"一說"，《字海》"賭"字未溝通其與"賭"字的字際關係，疑皆有未當。

132. 䁪：《新修玉篇》卷二十六《至部》引《廣集韻》："䁪，之日切。視也。又徒的切。見也。同作覿。"（214上右）

按：《集韻》入聲質韻職日切："䁪䁪，視也。或從目。"（662）又《廣韻》入聲錫韻徒歷切："覿，見也。䁪，同上。"（422）《集韻》入聲錫韻他歷切："覿，《爾雅》：'見也。'或作覿、䁪。"（751）故"䁪"字有兩個音義：一、音zhì，訓"視"，為"眣"之異體字；二、音dí，訓"見"，為"覿"之異體字。《詳校篇海》卷一《見部》："䁪，音質。視也。同作眣。又音狄。"（29上）《字彙·見部》："䁪，同眣。"（444下）《說文·目部》："眣，目不正也。从目，失聲。"（67下）"眣"，《廣韻》

音"徒結切",又音"丑栗切"。"䙺"與"眣"音義俱別,二字不可混同,《字彙》謂"䙺"同"眣","眣"當為"眰"字誤刻。《正字通·見部》:"䙺,同眣。"(1042上)《正字通》承襲《字彙》之誤而謂"䙺"同"眣",失考證。《大字典》"䙺"字下據《正字通》之誤而增收第三義項:音chì,同"眣",亦失考證,此條義項當刪。

133. 毢:《新修玉篇》卷二十六《毛部》引《龍龕》:"毢,奴加、人諸二切。正作挐、毦二字。"(214上左)

按:《篇海》同。《龍龕》卷一《毛部》:"毢,俗。奴加、人諸二反。正作挐、毦二字。"(134)故"毢"字有兩個來源:一音ná,為"挐"字之俗;一音rú,為"毦"字之俗。《大字典》《字海》"毢"字下徑謂同"毦",失當。

134. 𣯶:《新修玉篇》卷二十六《毛部》引《川篇》:"𣯶,音得。少毛。"(214下右)

按:《篇海》卷七《毛部》引《川篇》:"𣯶,音得。毛少。"(677上)"少毛""毛少"義同,"𣯶"當即"𣯦"字俗訛。《玉篇·毛部》:"𣯦,多則切。毛少也。"(122上右)"𣯶"與"𣯦"音義並同,"𣯶"當即"𣯦"字俗訛。《字彙補·毛部》:"𣯶,𣯦字之譌。"(105下)《字彙補》所言是也。《大字典》收錄"𣯶"字,以《字彙補》之說作為"一說",不確。《字海》據《字彙補》之說直謂"𣯶"即"𣯦"的訛字,是也。

135. 觸:《新修玉篇》卷二十六《角部》引《龍龕》:"觸,尺玉切。突也。"(215下左)

按:《篇海》卷二《角部》引《龍龕》:"觸,尺玉切。突也。正作觸。"(590上)《龍龕》卷四《角部》:"觸,俗;牐觩,二或作;觕觸,二正。尺玉反。突(揬)也。五。"(512)《字彙·角部》:"觸,同觩。"(447上)《古俗字略·沃韻補》:"鸞觸,並同觸。"(153下)故"觸"當即"觸"之異體字。《正字通·角部》:"觸,俗觓字。舊注同觓,非。"(1049上)《說文·角部》:"觓,角兒。从角,丩聲。"(93下)《玉篇·角部》:"觓,奇幽、居幽二切。角兒。"(122上左)"觸"與"觓"音義俱別,二字不可混同,故《正字通》謂"同觓"之"觓"當為"觩"字誤刻。第一版《大字典》、《字海》皆據《正字通》之誤而謂"觸"同"觓",並非。第二版《大字典》雖據《古俗字略》之說謂"觸"同

"觸"，卻仍沿襲《正字通》之誤又謂"鱲"同"魝"，亦失考證。

136. 韔：《新修玉篇》卷二十六《革部》引《玉篇》："韔，持尚、丑尚二切。弓發也。亦作韔。"（217 上左）

按：《篇海》卷二《革部》引《玉篇》："韔，持尚、丑尚二切。弓發也。亦作張。"（591 下）"韔"字，《新修玉篇》與《篇海》字際關係認同不同，當以《新修玉篇》為是。《玉篇·革部》："韔，持亮、丑亮二切。弓衣也。亦作韔。"（123 下右）敦煌本《王韻》去聲漾韻丑亮反："韔，弓衣。又直亮反。亦作韔。"（416）故宮本《王韻》、《唐韻》、《廣韻》同。以上諸書皆其證也。故"韔"即"韔"之異體字，而非"張"之異體字。又《新修玉篇》《篇海》皆訓"韔"為"弓發也"，疑亦非是。《廣雅·釋器》："韔，弓藏也。"《名義·革部》："韔，治高（亮）反。弓弢也。"（269 上）"弢"當為"弢"字之譌。《集韻》去聲漾韻力讓切："韔，弢也。《詩》言：'韔其弓。'沈重讀。"（599）故《名義》訓"韔"為"弓弢也"，當為"弓弢也"之誤。"弓藏也""弓衣也""弓弢也"義同，皆義指"弓袋"。《說文·弓部》："弢，弓衣也。从弓，从𠬶。𠬶，垂飾，與𠬶同意。"（270 下）《新修玉篇》《篇海》訓"韔"為"弓發也"，於前代字書、韻書皆無徵，疑為"弓弢也"之誤。《大字典》"韔"字下據《篇海》之誤而收錄一個義項訓"弓發"，並謂"也作'張'"，非是。

137. 韄：《新修玉篇》卷二十六《韋部》引《餘文》："韄，居縛切。韄韄，刀靶韋。"（218 下右）

按：《篇海》同。《集韻》入聲藥韻厥縛切："韄，韣韄，刀靶韋。"（722）《字彙·韋部》："韄，厥縛切，音攫。韣（韣）韄，刀靶韋也。"（535 下）《正字通·韋部》："韄，韣字之譌。舊注：音攫。韣（韣）韄，刀靶韋。誤。"（1279 上）《正字通》所言當是。《名義·韋部》："韄，於虢反。［韣韄，］刀把中韋。"下字曰："韣，曰（直）白反。韄［韣］。"（270 上）《玉篇·韋部》："韄，於白切。韣韄，刀飾。"下文又曰："韣，直白切。韣韄。"（124 上右）《廣韻》入聲陌韻場白切："韣，韣韄，刀飾。"同韻下文一號切又曰："韄，［韣韄，］刀飾，把中皮也。"（415）"韣韄"同"韣韄"，"韣韄"與"韣韄"義同，又"蒦"旁俗書或可寫作"蒦"，如：鄧福祿、韓小荊《考正》（284）"曤"俗作"曤"、韓小荊《〈可洪音義〉研究》（492）"鑊"俗作"鑊"、梁春勝《楷書異體俗體部件例字表》"嬬"俗作"嫽"、"箟"俗作"䈇"等,"黵"當即"黷"字俗訛。"黵"字,《集韻》音"厥縛切",此當因丁度等不識其為"黷"字俗訛,又見其從"矍"而妄改,此當即望形生音。《大字典》"黵"字下以《正字通》之説作為"一説",《字海》"黵"字未溝通其與"黷"字的字際關係,疑皆有未當。

138. 纈:《新修玉篇》卷二十七《糸部》引《川篇》:"纈,音須。頭纈也。"(221 上左)

按:《篇海》卷七《糸部》引《川篇》:"纈,音須。頭纈。"(688 上)"纈"當即"須"字之俗。《説文·須部》:"須,面毛也。从頁,从彡。"(182 上)"須"即指"胡須",《新修玉篇》《篇海》訓"纈"為"頭纈","頭纈"亦當指"胡須","纈"與"須"音義並同,"纈"當即"須"字之俗。《字海》收錄"纈"字,謂同"絸"。《集韻》上聲虞韻聳取切:"絸絸,《説文》:'絆前兩足也。漢令,蠻夷卒有絸。'或省。"(335)"纈"與"絸"儘管形近,然音義俱別,二字不易混同,《字海》之説疑非是。

139. 纝:《新修玉篇》卷二十七《素部》引《龍龕》:"纝,音絲。"(223 上左)

按:《篇海》同。《龍龕》卷四《雜部》:"纝,音絲。"(544)朝鮮本《龍龕》卷七《糸部》:"絕,才悅切。斷也;滅也;最也。𢇍,古文。纝,同。"(25)"纝"與"絕"音別,二字不可混同,朝鮮本《龍龕》謂"纝"同"絕",於前代字書無徵,其説非是。《字海》收錄"纝"字,據朝鮮本《龍龕》之誤而謂同"絕",失考證。"纝"音"絲",疑即"絲"字之俗。

140. 裛:《新修玉篇》卷二十八《衣部》引《類篇》:"裛,音褻。"(226 上左)

按:《篇海》卷十三《衣部》引《類篇》:"裛,音褻字。"(805 上)"裛"當即"褻(裔)"字之俗。《集韻》去聲祭韻以制切:"裔,《説文》:'衣裾也。'一曰邊也,末也。或作褻。"(515)"裛"與"褻(裔)"音同形近,"裛"當即"褻(裔)"字之俗。《字海》"裛"字下謂同"裯"。"裯"即"禍"之俗訛字。"裛"與"裯"儘管構字部件相同,然讀音相去甚遠,二字不可混同,故《字海》之説非是。

141. 襆:《新修玉篇》卷二十八《衣部》引《餘文》:"襆,母官切。

胡衣。"（227 上右）

按：《篇海》同。《集韻》平聲桓韻謨官切："褎，胡衣。"（149）《字彙·衣部》："褎，莫官切，音謾。胡衣也。"（440 下）《正字通·衣部》："褎，俗幔字。"（1033 下）《玉篇·巾部》："幔，亡旦切。帳幔也。"（126 下左）"褎"與"幔"音義俱別，二字不可混同，《正字通》之説非是。《大字典》《字海》"褎"字下皆承襲《正字通》之謬而增加一個義項謂同"幔"，俱失考證。

142. 圇：《新修玉篇》卷二十九《囗部》引《川篇》："圇，苦本切。"（232 上左）

按：《篇海》卷十四《囗部》引《川篇》："圇，苦本切。束也。"（814 上）"圇"當即"圐"字之俗。《玉篇·囗部》："圐，口本切。束也。"（131 下右）"圇"與"圐"音義並同，"圇"當即"圐"字之俗。朝鮮本《龍龕》卷三《囗部》："圐，口本切。束也。圇，同上。"（43）此即其證也。《字海》收錄"圇"字，謂同"捆"。"捆"雖同"圐"，然從字形演變來看，"捆"無緣變作"圇"，故《字海》之説不確。

143. 牐：《新修玉篇》卷二十九《片部》引《龍龕》："牐，音革。"（233 上右）

按：《篇海》同。《龍龕》卷三《片部》："牐，音革。"（362）《字彙補·片部》："牐，古客切，音革。義與隔同。"（123 下）《字彙補》直謂"牐"與"隔"義同，於前代字書無征，其説不足據。《大字典》《字海》皆據《字彙補》之説直謂"牐"字同"隔"，疑並非是。今案："牐"疑即"楅"字俗訛。《説文·木部》："楅，大車軶。从木，畐聲。"（119 下）"楅"，《廣韻》音"古核切"。"牐"與"楅"音同，正如"析"俗作"斦"、"枯"俗作"姑"、"棟"俗作"倲"、"榜"俗作"膀"、"檮"俗作"燾"等，"牐"疑即"楅"字俗訛。

144. 䰱：《新修玉篇》卷二十九《片部》引《龍龕》："䰱，音籠。"（233 上右）

按：《篇海》同。《龍龕》卷三《片部》："䰱，音籠。"（361）《字彙·龍部》："䰱，同籠。"（593 上）《正字通·龍部》："䰱，同籠。"（1413 下）"䰱"音"籠"，未必同"籠"。"䰱"儘管與"籠"音同，然從字形演變規律來看，"籠"無緣變作"䰱"，《字彙》《正字通》之説疑不可據。《大字典》《字海》分別據《字彙》《正字通》之説謂"䰱"字同"籠"，疑並非是。今案："櫳"疑即"櫳"字俗訛。《説文·木部》："櫳，檻也。从木，龍聲。"（121上）"櫳"，《廣韻》音"盧紅切"。"櫳"與"櫳"音同，正如上文所言"析"俗作"斨"、"枯"俗作"帖"、"棟"俗作"陳"、"榜"俗作"牓"、"檣"俗作"牆"等，"櫳"疑即"櫳"字俗訛。

145. 戠：《新修玉篇》卷二十九《弋部》引《龍龕》："戠，側吏切。大臠也。或从戈。"（233下左）

按：《篇海》同。《龍龕》卷四《弋部》："戠，俗；胾戠，二正。側吏反。大臠也。或從戈作戠。三。"（526）《玉篇·肉部》："胾，側吏切。大臠也。"（36上左）"戠"當即"胾"字俗訛。《字彙補·田部》："戠，同載。"（134下）"戠"與"戠"形近，"戠"亦當即"胾"字俗訛。《字彙補》謂"戠"同"載"，然未見"載"字俗體有作"戠"者，《字彙補》之説疑非是。《大字典》《字海》收錄"戠"字，皆據《字彙補》之説謂同"載"，疑亦非是。

146. 个：《新修玉篇》卷二十九《厶部》引《川篇》："个，乖買切。"（234下左）

按：《篇海》同。"个"當即"丫"字之俗。《説文·丫部》："丫，羊角也。象形。讀若乖。"（72上）"丫"，《廣韻》音"乖買切"。"个"與"丫"音同，又"丫"字《説文》篆文作"丫"，"个"當即"丫"字《説文》篆文"丫"字俗寫之誤。《字海》收錄"个"字，謂同"拐"。"丫"字方言雖用同"拐"，但從字形演變來看，"拐"無緣變作"个"，故《字海》"个"字下謂同"拐"非是，同"拐"之"拐"應校作"丫"。

147. 甈：《新修玉篇》卷三十《九部》引《龍龕》："甈，古文挍字。"（236上左）

按：《篇海》卷二《九部》引《龍龕》："甈，古文校字。"（586下）"甈""甈"當即同字異寫，而"挍""校"即為異體字。《龍龕》卷二《九部》："甈，古文。音挍。"（333）《龍龕》謂"甈"音"挍（校）"，而非謂"甈"即"挍（校）"字古文。"甈"與"挍（校）"字形相去甚遠，未見"校"字古文有作"甈"者，故《新修玉篇》《篇海》謂"甈""甈"為古文"挍（校）"，皆非是。《字彙補·田部》："甈，古文校字。"（135上）"甈"與"甈""甈"音同形近，亦當為一字之變，《字彙補》承襲前代字書之誤而謂"甈"為古文"校"字，亦非。《大字典》《字海》收錄“⿰⿱䒑角冘”字，皆據《字彙補》之誤而謂同“校”，俱失考證。今案：“⿰⿱䒑角冘”“⿰⿱䒑言冘”“⿰⿱䒑魚冘”疑即“斠”字之俗。《説文·斗部》：“斠，平斗斛也。从斗，冓聲。”（302上）“斠”，《廣韻》音“古岳切”，《集韻》又音“居效切”。“⿰⿱䒑角冘”“⿰⿱䒑言冘”“⿰⿱䒑魚冘”與“斠”音同形近，又“斠”字《説文》篆文作“[illegible]”，“⿰⿱䒑角冘”“⿰⿱䒑言冘”“⿰⿱䒑魚冘”疑即“斠”之《説文》篆文“[illegible]”字楷定之俗。

148. ⿱竹酓：《新修玉篇》卷三十《酉部》引《川篇》：“⿱竹酓，音飲。酒也。”（239下左）

按：《篇海》同。“⿱竹酓”當即“㱃”字之俗。《説文·㱃部》：“㱃，歠也。从欠，酓聲。”（178上）《玉篇·欠部》：“㱃，一錦切。古文飲。”（45下左）“⿱竹酓”當即“㱃”之偏旁易位俗字。《新修玉篇》《篇海》“⿱竹酓”字皆訓“酒也”，當為“飲酒也”之脱誤。《字彙補·酉部》：“⿱竹酓，《字學指南》：‘與飲同。’又《篇韻》酒也。”（228下）《字彙補》引《字學指南》之説而謂與“飲”同，是也；然又承襲前代字書而訓“酒也”，不確。《大字典》收錄“⿱竹酓”字，第一義項據《篇海》訓“酒”；第二義項據《字彙補》之説而謂同“飲”。《大字典》這樣處理是不當的，應如《字海》於“⿱竹酓”字下直謂同“飲（㱃）”，即妥。

149. **⿰卓周**：《新修玉篇·龍龕餘部·卓部》引《川篇》：“**⿰卓周**，張流切。”（242上右）

按：《篇海》卷十一《卓部》引《川篇》：“**⿰卓周**，張流切。”（741下）《直音篇》卷三《卓部》：“**⿰卓周**，音棹，又音輈也。”（137上）“**⿰卓周**”字，《新修玉篇》《篇海》皆音“張流切”，《直音篇》又增補“音棹”一音，於前代字書無征，疑非是。《字海》收錄“**⿰卓周**”字，據《直音篇》音“棹”而謂同“艁”，疑不可據。今案：“**⿰卓周**”當即“輖”字俗訛。《説文·車部》：“輖，重也。从車，周聲。”（304上）“輖”，《廣韻》音“職流切”。“**⿰卓周**”與“輖”音同形近，“**⿰卓周**”當即“輖”字俗訛。

150. ⿰卓舟：《新修玉篇·龍龕餘部·卓部》引《川篇》：“⿰卓舟，直遙切。”（242上右）

按：《篇海》卷十一《卓部》引《川篇》：“⿰卓舟，直遙切。”（741下）朝鮮本《龍龕》卷八《卓部》：“⿰卓舟，直遙切。”（71）“⿰卓舟”當即“朝”字俗訛。《廣韻》平聲宵韻直遙切：“朝，朝廷也。”（92）“⿰卓舟”與“朝”音同形近，“⿰卓舟”當即“朝”字俗訛。《直音篇》卷三《卓部》：“⿰卓舟，音潮。朝同。"（137 上）此即其證也。《字海》收錄"朝"字，謂同"艀"。《集韻》去聲效韻直教切："櫂，行舟也。或作棹、艀。"（585）"朝"與"艀"儘管構字部件相同，然讀音區別甚明，二字不可混同，《字海》之說疑誤。

151. 㝕：《新修玉篇》引《龍龕雜部》："㝕，古文。音辛。"（242 上左）

按：《龍龕》卷四《雜部》："㝕，古文。音新。"（545）"㝕"與"辛"音同形近，"㝕"疑即"辛"字俗訛。《字彙補・工部》："㝕，古文新字。"（59 上）"㝕"與"㝕"音同形近，"㝕"亦當即"辛"字之俗。"㝕"與"新"儘管音同，然字形區別甚明，二字不可混同，《字彙補》之說疑不可據。《大字典》《字海》收錄"㝕"字，皆據《字彙補》之說而謂同"新"，疑並非是。

152. 毚：《新修玉篇》卷尾引《龍龕雜部》："毚毚，二籀文。人朱、渠轉二切。柔皮也。"（242 上左）

按：《叢考》"毚"字下注："此字當是'毚'的訛俗字。"（578）下文"毚"字下又注曰："《篇海》卷六比部引'併了部頭'：'毚毚，二人朱、渠轉二切。柔毛也。'（6）《正字通》以'毚'為'毚'字之訛，極是。《龍龕》卷四雜部：'毚，俗；毚，籀文；毚（毚），今。人朱、渠轉二反。柔皮也。'（545）殆即《篇海》所本。《篇海》注文'柔毛'當是'柔皮'刻訛。'毚'字《說文》篆文作'𠻘'，籀文作'𠻗'（67），'毚'當是籀文'𠻗'隸變之訛，而'毚'則當是篆文、籀文交互影響產生的訛俗字。"（578）《叢考》所言是也。《正字通・比部》："毚，俗毚字。舊注同毚，不知毚亦毚之譌。毚，柔皮革。"（565 下）《說文・毚部》："毚，獸也。似兔，青色而大。象形。頭與兔同，足與鹿同。"（202 上）"毚"，《廣韻》音"丑略切"。"毚"與"毚"儘管形近，然音義俱別，二字不可混同，《正字通》徑謂"毚"為"毚"字之俗，所言非是。《大字典》"毚"字下據《正字通》之誤而增收一個義項：音 chuò，並謂同"毚"，訓為"一種象兔而比兔大的青色的獸"，非是。《字海》收錄"毚"字，承襲《正字通》之誤而謂同"毚"，亦非。

153. 𢪇：《新修玉篇》卷尾引《龍龕雜部》："𢪇𢪇，二力脂切。微盡（畫）也。"（242 上左）

按：《龍龕》卷四《雜部》："𢪇，引也。𢪇，力脂反。微盡（畫）

也。二。叜，同上。"（546）此處"二"非指"𡤾"與"叜"為異體字，而是指"𡤾"與"叜"讀音相同，同音"力脂反"。"𡤾"與"叜"儘管讀音相同，然義訓不同，本非一字，《新修玉篇》將二字排列在一起，同訓"微盡（畫）也"，非是。今案："𡤾"當即"㕧"字之俗。《說文·又部》："㕧，引也。从又，𠂹聲。"（59上）"㕧"，《廣韻》音"里之切"。"𡤾"與"㕧"音義並同，故"𡤾"當即"㕧"字之俗。"叜"當即"斄"字之俗。《說文·文部》："斄，微畫也。从文，𠂹聲。"（182下）"斄"，《廣韻》音"里之切"。"叜"與"斄"音義並同，故"叜"當即"斄"字之俗。"叜"同"𡤾"，亦當即"斄"字之俗。《字海》據《龍龕》收錄"叜"字，"叜"當即"叜"之楷定字，亦當即"斄"字之俗。《字海》謂"叜"同"叜"，非是。

154. 叜：《新修玉篇》卷尾引《龍龕雜部》："𡤾叜，二力脂切。微盡（畫）也。"（242上左）

按：《龍龕》卷四《雜部》："𡤾，引也。叜，力脂反。微盡（畫）也。二。叜，同上。"（546）"叜"當即"斄"字之俗（詳見上文"叜"字注）。《字海》收錄"叜"字，謂同"氂"。《說文·犛部》："氂，彊曲毛。可以箸起衣。从犛省，來聲。𣬉，古文氂省。"（24上）"氂"，《廣韻》音"里之切"。"叜"與"氂"儘管音同，然形義俱別，二字不可混同，故《字海》之說非是。

155. 朤：《新修玉篇·龍龕雜部》引《類篇》："朤，音窗。"（242下右）

按：《篇海》卷九《子部》引《搜真玉鏡》："朤，音朗。"（709下）"朤"字，《新修玉篇》與《篇海》讀音不同，疑以《新修玉篇》為是。《字彙補·子部》："朤，音義與朗同。"（49上）《字彙補》據《篇海》直音用字而謂"朤"與"朗"同，疑非是。《大字典》《字海》收錄"朤"字，皆據《字彙補》之說而謂同"朗"，疑亦非是。今案："朤"疑即"窗"字之俗。《說文·穴部》："窗，通孔也。从穴，悤聲。"（149下）《玉篇·穴部》："窗，初雙切。助戶明也。在牆曰牖，在屋曰窗。"（58下右）"朤"音"窗"，疑即"窗"之俗體會意字。

156. 驫：《新修玉篇·龍龕雜部》引《類篇》："驫，音泉。"（242下右）

按：《篇海》卷九《泉部》引《搜真玉鏡》："驫，音水。"（726下）

"藑"字，《新修玉篇》與《篇海》讀音不同，疑以《新修玉篇》為是，《篇海》"音水"疑即"音泉"之誤。《字彙補·水部》："藑，音義與水同，見《篇韻》。"（110上）《字彙補》據《篇海》直音用字而謂"藑"與"水"同，疑非是。《大字典》《字海》收錄"藑"字，皆據《字彙補》之說而謂同"水"，疑亦非是。今案："藑"疑即"泉"字之俗。《説文·泉部》："泉，水原也。象水流出成川形。"（239下）《爾雅·釋水》："井。"邢昺疏："《説文》云：'井，鑿地取水也。'""藑"疑即"泉"之增旁俗字。

157. 帟：《新修玉篇》卷尾引《龍龕雜部》："帟，古文。音亦。小幈（幕）曰～。"（243上右）

按：《龍龕》卷一《巾部》："帟，音亦。小幕曰～。"又下文曰："帟，俗；帟，或作。音亦。二。"（139）"帟""帟"即為一字之變，當即"帟"字之俗。《龍龕》卷四《雜部》："帟，古文。音亦。小幕曰～。"（555）"帟"當即"帟"字之俗。《釋名·釋牀帳》："小幕曰帟，張在人上，帟帟然也。"《廣韻》入聲昔韻羊益切："帟，小幕曰帟。"（418）"帟"與"帟"音義並同，"帟"當即"帟"字之俗。《字彙補·巾部》："帟，與亦同。"（59下）"帟"與"亦"儘管音同，然形義俱別，二字不可混同，《字彙補》之説非是。《大字典》承襲《字彙補》之謬而謂"帟"同"亦"，亦失考證。

七 提供適當例證

例證是字典辭書中的一項重要內容，理想的字典，是字典編纂者為每一個字的每一個義項都找到適當的例證，最好是最早的例證。但由於主客觀等原因的制約，傳統字書大都不太注意為其所收字形提供例證。現代大型字書，如《大字典》，在這方面作了大量的工作，它有一個顯著的進步就是盡量為每一個字的每一個義項提供適當的例證。然而，《大字典》對其所收的大量疑難字卻未能提供例證。沒有文獻用例的字稱為死字，有文獻用例的字稱為活字，因此，在考釋與研究《新修玉篇》疑難字的過程中，應盡量利用各種檢索工具與方法，盡可能地為一些疑難字找到適當的例證，並為一些例證較為滯後的字形提供更早的例證。通過這些研究，可以使《新修玉篇》所收的一些疑難字與文獻用字激活，從而也可以為《大字典》的修訂與完善提供借鑒。

1. 琍：《新修玉篇》卷一《玉部》引《龍龕》："琍，音梨。"（9上右）

按：《篇海》同。《龍龕》卷四《玉部》："琍瓈，二俗。音梨。"（434）《大字典》收錄"琍"字，謂同"璃"，是也，然未提供例證，佛經有其用例，提供如下：《卍新纂續藏》本唐澄觀別行疏、宗密隨疏鈔《大方廣佛華嚴經普賢行願品別行疏鈔》卷第三："言善財者謂此童子，初入胎時於其宅內自然而出七寶樓閣，其樓閣下有七伏藏，於其藏上生七寶芽，所謂金銀、琉璃、玻琍、赤珠、硨磲、碼碯。善財童子處胎十月，然後誕生，形體端正，支分具足。"下文又曰："玻琍器中盛滿硨磲，硨磲器中盛滿玻琍，碼碯器中盛滿赤珠。"故"玻琍"當同"玻璃"，"琍瓈"當同"璃"。

2. 塼：《新修玉篇》卷一《玉部》引《餘文》："塼，朱遄切。美石次玉也。"（9下左）

按：《篇海》同。《集韻》平聲仙韻朱遄切："塼，玉名。"（170）佛經有此字用例，提供如下：《大正藏》本唐定賓撰《四分比丘戒本疏》卷下："既淋外訖復盪罐內方得置罐於地，取漉竟水置新漆器中安豎塼上，或別作觀水之臺以手掩口，良久觀之，若見有虫更如法漉，漉已翻羅入放生罐，罐法現驗不暇備陳，放罐入井再三入水然後抽出，井上翻羅上激下衝必損虫命。"又《卍新纂續藏》本唐定賓撰《四分律疏飾宗義記》卷第六本《虫水戒》作："於是取先濾竟之水，置新漆器安豎塼，或可別作觀水之臺，以手掩口。良久視之，若見有虫，倒寫水中，以餘淨水盪觀水器，使虫淨盡，且翻虫羅以水淋淨，應准論律二三重漉。"《卍新纂續藏》本宋宗頤集《重雕補註禪苑清規》第十卷作："可於白淨銅盞或螺盃漆器中㪺取掬許，安豎甎上，或可別作觀水之水，以手掩口，良久視，或於盆中看之，亦得蟲若毛端，必須存念，若見蟲者，倒瀉瓶中，更於餘水再三滌器，無蟲方罷。""豎塼""豎塼""豎甎"並同，"塼""甎"即異體字，義指用黏土燒製成的建築材料。《廣韻》平聲仙韻職緣切："甎，甎瓦。《古史考》曰：'烏曹作甎。'"（88）《玉篇·土部》："塼，煮緣切，甎甎。亦作塼。"（9上右）"塼"當即"塼"字之俗，《集韻》訓為"玉名"，當為後人不識其為"塼"字之俗而見其從"玉"所妄補。《新修玉篇》轉訓為"美石次玉也"，亦非。

3. 埇：《新修玉篇》卷二《土部》引《餘文》："埇，竹用切。池塘

塍埂。”（14 下左）

按：《篇海》同。《集韻》去聲用韻竹用切：“堹，池塘塍埂也。”（465）此字《大字典》缺乏例證，佛經有之，提供如下：《嘉興藏》本明袾宏著《雲棲法彙》（選錄）《山房雜錄》卷一《重修上方寺鑿放生池記》：“畚者、梩者，枯横泉之撓而戽者。桲者、埭者，固隄防之浸淫崩頹而埤者。堹者、礲者、礳者，捍貍與獺而蔽者，閑其外侮而版築者，憂其暑寒而上為之庶。”

4. 塝：《新修玉篇》卷二《土部》引《餘文》：“塝，蒲浪切。地畔也。”（15 上左）

按：《篇海》同。《集韻》去聲宕韻蒲浪切：“塝，地畔也。”（601）此字《大字典》缺乏例證，佛經有之，提供如下：［原］佛蘭西國民圖書館藏燉煌本《普賢菩薩説證明經》：“日出之時，閻浮履地，草木燋燃，山石剝烈，山峪堤塝地平融盡。”“峪”，甲本作“谷”；“塝”，甲本作“坊”，乙本作“塘”。下文又曰：“閻浮履地宮殿樓閣樓櫓却敲，神珠明月卦著城塝，無晝夜，不須火光。”“敲”，甲本作“殿”；“卦”，甲本作“排”，乙本作“桂”；“塝”，甲本作“坊”，乙本作“傍”。

5. 侽：《新修玉篇》卷三《人部》引《龍龕》：“侽，女咸切。”（24 上左）

按：《篇海》同。《龍龕》卷一《人部》：“侽㑲，二俗。女咸反。”（28）佛經有“侽”字用例，提供如下：《大正藏》本《陀羅尼雜集》卷第五《除一切恐畏毒害伏惡魔陀羅尼》：“薩利婆浮多侽（宋、元、明本作“喃夜”） 地婆嚂 薩利婆伏陀侽 摩囉多侽遮 夜地婆嚂 薩肇利摩拕遮 坻袛那 薩利鞞闍婆咩波跛迦 莎婆呵 行此呪法”又《大正藏》本唐道世撰《法苑珠林》卷第六十《陀羅尼集經》：“那摸薩利婆伏陀侽 鼻悉侈喍拏 哆地夜 他 至利彌注路彌 禰儞跛禰儞 莎婆訶帝使任兜 路地嚂 婆帝劍 裨帝劍絁儞沙咩劍娑禰婆帝劍 薩利婆伏陀侽 坻袛那 帝使任兜 路地濫 磨娑羅婆兜 末伽羅兜 摩婆呵兜 莎婆呵”故“侽”當為佛經咒語譯音字，無實義。“㑲”同“侽”，亦當為佛經咒語譯音字，無實義。此“㑲”與《字海》所收同“備”之“㑲”即為同形字。《字彙·人部》：“侽，即男字。見《釋典》。”（36 下）《字彙》謂“侽”即“男”字，於前代字書無征，其説非是。《正字通·人部》：“侽，俗男字。”（42 上）《正字通》承襲《字彙》之謬而謂“侽”

即"男"字之俗，失考證。《大字典》《字海》收錄"俒"字，皆承襲《字彙》之謬而謂"俒"同"男"，俱失考證。

6. 呯：《新修玉篇》卷五《口部》引《餘文》："呯，皮兵切。呯呯，聲也。"（44下左）

按：《篇海》卷二《口部》引《餘文》："呯，音平。呯（呯）~，聲也。"（595下）此字《玉篇》《廣韻》皆未收，《集韻》錄之，當即丁度等人據俗書所增。《集韻》平聲庚韻蒲兵切："呯，呯呯，聲也。"（231）此字《大字典》缺乏例證，佛經有之，提供如下：《卍新纂續藏》本明通潤箋《法華經大窾》："世尊入定，天驚地震，故天雨四華，地搖六震也。曼陀羅，此云柔頓。曼殊沙，此云適意。散四華者，翻破四大故。六震者，謂動起踊震吼擊也。搖颺不安曰動，自下升高曰起，忽然騰舉曰踊，隱隱有聲曰震，雄聲抑揚曰吼，呯嗑發響曰擊。震即是聲，動即是形。聲兼吼擊，動兼起踊。地六震者，翻破根結故。"（X31，p0689a02）

7. 呬：《新修玉篇》卷五《口部》引《類篇》："呬，地夜切。出呪。"（45下右）

按：《篇海》卷二《口部》引《類篇》："呬，地夜切。出呪中。"（596上）此字《大字典》缺乏例證，佛經有之，提供如下：《大正藏》本元魏曇曜譯《大吉義神咒經》卷第一："婆那弢　婆囉婆那弢　阿施阿賒施　阿那囉脾　婆囉婆囉泥　者羅　者梨尼　毘者羅涅唎　婆陀地　阿婆陀地　伊吒陀地　阿吒吒唎　阿那吒囉呬　吒䵃　伊吒䵃　者䵃　毘荼脾　毘囉婆囉陀　摩呵囉涅唎　婆囉陀唎　波羅陀唎波伽陀利　跛那跛那　尼吒唎尼寐"又《大正藏》本失譯《陀羅尼雜集》卷第六："思提梨　闍梨闍梨　闍利潭　郁羇利　目羇利　庭迦斯　具利　乾陀梨　陀羅郊呬　摩蹬祇　福迦羅斯　豆離　豆豆離　曇彌　曇彌曇彌潭　羶坻羶多摩那斯""呬"，宋、元、明本作"呬"。《可洪音義》卷二二《陀羅尼雜集》第六卷："呎呬，上毗必反，下音地，借為亭夜反。《七佛呪》作郊呬，《江西音》作徒解反。又郭氏音誕。又呬字，郭氏作丁吏反，非也。《川音》作呬，音呬，非也。今定取地字呼。"（60，p289c7）"呬"同"呬""呬"，皆為佛經咒語譯音字，無實義。

8. 咶：《新修玉篇》卷五《口部》引《餘文》："咶，呼訝切。笑聲。《餘文》又呼格切。亡，非是。"（45下左）

按：《篇海》卷二《口部》引《餘文》："咻，呼訝切。笑聲。又呼格切。"（596下）《集韻》去聲禡韻虛訝切："嚇赫咻，以口距人謂之嚇。或作赫，亦省。"（595）《大字典》收錄"咻"字，沒有提供用例，佛經有此字用例，提供如下：《大正藏》本元魏毘目智仙譯《三具足經優波提舍翻譯之記》一卷："下賤官人恐咻他等，博戲等人拗力相撲。"又《大正藏》本宋知禮撰《四名十義書》卷下《不善消文》："且答疑書，自云不以法性融故，合有觀心觀前十法。何時曾云合立觀心觀於三教三軌？何曾云觀於援引文相？如斯謾説，欲咻三歲孩兒，還肯信否？"又《卍新纂續藏》本唐大覺撰《四分律行事鈔批》第八本："如有賊盜比丘物將去，比丘心絕。賊於前路，或被人咻，或被人趂逐，遂放此物而去，此物正是無主，後忍有人捉得，即屬此人。"以上"咻"字皆為"恐嚇""使人害怕"之義。

9. 嘍：《新修玉篇》卷五《口部》引《龍龕》："嘍，音婆。在呪中。"（48上左）

按：《篇海》同。《龍龕》卷二《口部》："嘍，音婆。在呪中。"（265）此字《大字典》缺乏例證，佛經有之，提供如下：《大正藏》本北涼曇無讖譯《大方等大集經》卷第十九："婆呵羅　婆呵羅　婆羅婆呵囉　摩利至嘍羅呵　薩陀婆囉呵阿摩"《大正藏》本隋闍那堀多譯《合部金光明經》卷第六"欝多波馱泥　阿婆那摩泥　阿鼻師馱泥　阿鼻婢耶訶囉　首婆嘍帝　修泥尸利多"

10. 噵：《新修玉篇》卷五《口部》引《餘文》："噵，徒皓切。説也。通作道。"（48下左）

按：《篇海》同。《集韻》上聲晧韻杜晧切："噵，説也。通作道。"（402）此字《大字典》缺乏例證，佛經有之，提供如下：《大正藏》本元魏慧覺等譯《賢愚經》卷第九《善事太子入海品》第三十七："使到王所，具噵其事。""噵"，宋、元、明本作"道"。又《大正藏》本元魏曇曜譯《雜寶藏經》卷第七《佛在菩提樹下魔王波旬欲來惱佛緣》："魔言：'瞿曇！汝道我昔，一日持戒，施辟支佛食，信有真實，我亦自知，汝亦知我；汝自噵者，誰為證知？'""噵"，宋、元、明本亦作"道"。又《大正藏》本唐義淨譯《根本説一切有部毘奈耶破僧事》："熊即報曰：'汝但勿向外人噵説。我在此住者。即為報恩。'"

11. 髻：《新修玉篇》卷五《髟部》引《廣集韻》："髻，普巴切。髻

皃。又白駕切。髩鬡，髮亂皃。"（52 上右）

按：《集韻》去聲禡韻步化切："髩，髩鬡，髮亂皃。"（592）《大字典》"髩"字此義下沒有提供用例，佛經有之，提供如下：《嘉興藏》本清明照等編《古宿尊禪師語錄》卷之四《文殊大士像》："髩鬡其髮，髶鬈其鬚。手持貝葉，腳踏狻猊。時人罔識，我確知伊。畢竟是誰，覃本非賣。弄風顛漢，固是當初七佛師。"

12. 挵：《新修玉篇》卷六《手部》引《餘文》："挵，力貢切。《說文》：'玩也。'"（55 下右）

按：《篇海》卷十二《手部》引《餘文》："挵，力貢切。《說文》：'玩戲也。'"（758 上）《集韻》去聲送韻鹿貢切："弄挵，《說文》：'玩也。'或從手。"（461）此字《大字典》缺乏例證，佛經有之，提供如下：《大正藏》本唐窺基撰《妙法蓮華經玄贊》卷第九《提婆達多品》："或見卑下引接恩慧普滋，便謂欺誑諂曲。或見能善言論，便謂恃此小智憍慢。或見質直無偽，便共欺誑調挵，將為癡鈍陵辱。"又《大正藏》本唐道宣撰《續高僧傳》卷第二十五："大業五年，天下清晏。逸與諸群小戲於水側，或騎橋檻，手挵之云：'拗羊頭！捩羊頭！'眾人倚看笑其所作，及江都禍亂，咸契前言，不知所終。"

13. 摗：《新修玉篇》卷六《手部》引《餘文》："摗，息侯切。摟摗，取也。出陸氏《字林》。"（58 上左）

按：《篇海》同。《廣韻》平聲侯韻速侯切："摗，摟摗，取也。出陸氏《字林》。"（142）《集韻》平聲侯韻先侯切："摗，摟摗，取也。"（270）此字《大字典》缺乏例證，佛經有之，提供如下：《大正藏》本宋蘊聞編《大慧普覺禪師住育王廣利禪寺語錄》卷第五："師云：'此是香林語，堂頭今日舉育王隨摟摗也，未敢相許，因甚麼未敢相許？選佛若無如是眼，假饒千載又奚為？'"又下文卷第九："師云：'舜老夫是則也是，未免隨摟摗。'秉拂上座，不惜眉毛，為諸人說破，聲不是聲，色不是色，馬後驢前神出鬼沒，雪曲陽春和不齊，村歌社舞且湎湑。"

14. 肩：《新修玉篇》卷七《肉部》引《玉篇》："肩，古賢切。肩髆也……《韻》又戶恩、胡田二切。羸小皃。一曰：直皃。《莊子》：'其脰肩肩。'李頤說。"（67 上左）

按：《集韻》平聲先韻胡千切："肩，羸小皃。一曰：直皃。《莊子》：'其脰肩肩。'李頤說。"（162）《大字典》"肩"字此義下沒有提供例證，今提供例證如下：《莊子·德充符篇》："闉跂、支離、無脤説衛靈公，衛靈公説之；而視全人，其脰肩肩。"郭慶藩《莊子集釋》："'肩肩'，胡咽反，又胡恩反。李云：'羸小兒。'崔云：'猶玄玄也。'簡文云：'直貌。'李楨曰：'《玫工·梓人》文數目顅脰，注云：顅，長脰貌，與肩肩義合。知肩是省借，本字當作顅。'"（222—223）此説是也。《集韻》去聲嘯韻戶弔切："顅，長項兒。"（579）《周禮·考工記·梓人》："銳喙決吻，數目顅脰，小體騫腹，若是者謂之羽屬。"鄭玄注："顅，長脰貌。"賈公彥疏："脰，項也，謂長項貌。"此是其證也。故"肩"訓"羸小兒""直兒"，當本作"顅"。

15. 愫：《新修玉篇》卷八《忄部》引《餘文》："愫，桑故切。誠也。"（77上右）

按：《篇海》同。《集韻》去聲暮韻蘇故切："愫，誠也。"（499）《大字典》"愫"字没有提供例證，佛經有此字用例，可據補。《卍新纂續藏》本宋繼忠集《四明仁岳異説叢書》："比欲不使外聞潛修前鈔，無何大師未察忠愫，再樹義門，以安養生身，抑同弊垢娑婆劣應。"

16. 諞：《新修玉篇》卷九《言部》引《省韻》："諞，式戰切。諞惑人。"（82上左）

按：《篇海》卷三《言部》引《餘文》："諞，式戰切。以言惑人也。"（611下）"諞"字，《新修玉篇》與《篇海》引書不同，《篇海》所言當是。《集韻》去聲綫韻式戰切："諞，以言惑人。"（572）《大字典》"諞"字没有提供例證，佛經有此字用例，可據補。《卍新纂續藏》本《揞黑豆集》卷八："邇來惑世邪禪，雜諞日盛，生奸猾，興世情。""諞"當即"扇"字之俗。《説文·戶部》："扇，扉也。從戶，從翄省。"（247下）段玉裁改作："從戶、羽"，並注："從羽者，翼也。"《玉篇·戶部》："扇，尸戰切。扉也。"（55下左）"扇"本義為"門扇"，引申"煽動，鼓動"。《後漢書·劉表傳》："初，荊州人情好擾，加四方駭震，寇賊相扇。"《晉書·孫恩傳》："乃扇動百姓，私集徒衆。"是其例。"諞"與"扇"音義並同，"諞"當即"扇"因涉義增加義符"言"旁所形成的後起分化字。

17. 楒：《新修玉篇》卷十二《木部》引《餘文》："楒，其物切。斷木也。"（113下右）

按：《篇海》同。《集韻》入聲物韻渠勿切："楒，斷木也。"（677）

此字《大字典》沒有提供例證，佛經有之，提供如下：清悟進、悟元等編《鴛湖用禪師住福建建寧府普明禪寺語錄》卷下《示康侯魏孝廉》："寒風撩亂整伽黎，榾梱爐邊禮法虧。會得相逢彈指旨，泥牛海底昨生兒。""梱"又為"掘"字俗訛。元念常集《佛祖歷代通載》卷第四："巫蠱起。江充等梱蠱於太子宮。"從文意來看，此"梱"當即"掘"字俗訛。韓小荊《〈可洪音義〉研究》（530）"掘"俗作"梱"，此亦其證也。

18. 橶：《新修玉篇》卷十二《木部》引《龍龕》："橶，竹几切。"（114 上左）

按：《篇海》卷七《木部》引《龍龕》："橶，竹几切。"（698 上）《龍龕》卷四《木部》："㭘橶，竹几反。"（381）"橶"當即"橶"字俗寫，而"㭘"當即"橶"字異體。《直音篇》卷四《木部》："橶，陟里切。檸橶。"（138 下）"橶"字，《龍龕》《新修玉篇》及《篇海》皆無義訓，《直音篇》卻訓"檸橶"，於前代字書皆無徵，且無例證，其說疑不足據。《詳校篇海》《篇海類編》承襲《直音篇》之誤亦訓"檸橶"，疑亦非是。佛經有此字用例，提供如下：唐義淨譯《藥師琉璃光七佛本願功德經》卷上："呾姪他悉睇悉睇　蘇悉睇　謨折儞木剎儞　目帝毘目帝　菴末麗毘末麗　忙揭例呬［嚩＞囉］若揭鞞曷喇呾娜　揭鞞　薩婆頞他［婆＞娑］但儞　鉢囉摩頞他　娑但儞末捺細　莫訶末捺細　頞步帝頞室步帝　毘多婆曳　蘇跋泥　跋［羅＞囉］　蚶摩　瞿俠佉　跋囉蚶摩柱俠帝　薩婆頞剎數　阿鉢囉匝帝薩跋呾囉　阿鉢喇底曷帝　折覬殺瑟橶勃陀俱胝　婆俠帝　納摩娑婆　呾他揭多喃　莎訶"（T14，p0411b10）又唐菩提流志譯《廣大寶樓閣善住祕密陀羅尼經》卷中《手印呪品》第八："唵碣瑟橶哩尼（一）毘婆羅（二）吽"（T19，p0652a26）故"橶"當為佛經咒語譯音用字，本無實義。慧琳《音義》卷四一《大乘理趣六波羅蜜多經》卷第七："頗胝迦寶，梵語古譯。或云頗黎，或云頗胝，皆訛轉也。正梵音云：颯破橶迦，形如水精，光瑩精妙，於水精有紅碧紫白四色差別。橶，音知里反。"（58，p226b11）此即其證也。

19. 耢：《新修玉篇》卷十五《耒部》引《餘文》："耢，郎到切。摩田器。"（138 下左）

按：《篇海》同。《集韻》去聲号韻郎到切："耮耢，摩田器。或從耒。"（588）慧琳《音義》卷五九《四分律》第五十二卷："若樗，借音力導反。關中名磨，山東名樗，編棘為之，以平塊也。"（58，p651b11）唐義淨撰《梵語千字文》："春耕種植，畎畝營農。決池降澤，犁樗施功。嫌夫晨寐，勤士宵興。鞭杖車輿，驢駄馬乘。排槊弓箭，逆順分崩。稻麻豆麥，課役年徵。籌量斛數，計算斗升。絹布肘度，雇價依憑。絲縷箱篋，針綖裁縫。街吟巷吼，瞋笑吉凶。絕嶺新芝碧，危巒舊蘂紅。解帶宜攀折，共鄙田家翁。"（T5，p1198a01）《大字典》"樗"字以《集韻》為書證，書證較為滯後，可據慧琳《音義》提前書證；又"樗"字所舉例證皆為清代，也較為滯後，亦可據《梵語千字文》提前例證。

20. 馞：《新修玉篇》卷十五《香部》引《龍龕》："馞，相承陁胡切。馞香也。"（143下右）

按：《篇海》同。《龍龕·香部》："馞，相承陁胡反。～香也。"（180）《大字典》沒有提供例證，佛經有"馞"字用例，可據補。《大正藏》本宋贊寧撰《宋高僧傳》卷第十四《明律篇》卷四之一《唐京兆西明寺道宣傳》："形似棗華，大如榆莢，香氣馝馞，數載宛然。"又《卍新纂續藏》本明徐昌治編《化高僧摘要》卷四《釋道宣》亦云："形似棗華大如榆莢，香氣馝馞數載宛然。"又《卍新纂續藏》本明弘贊、在犙輯《兜率龜鏡集》卷中《道宣律師》亦云："形似棗華，大如榆莢，香氣馝馞，數載宛然。"今案："馞"當即"馞"字之俗。《玉篇·香部》："馞，蒲骨切。大香也。"（75上左）希麟《音義》卷六《金剛頂經一字頂輪王念誦儀》一卷："祕馞，上蒲結反。又作馧，或作餑。《玉篇》云：'火（大）香也。'又音普蔑反。下蒲骨反。《玉篇》：'大香也。'二字並從香、必字聲也。孛音勃。"（59，p396c10）"馞""馞"義同，又《〈可洪音義〉研究》（366）"勃"俗作"𠀎"、"悖"俗作"𢛰"、"浡"俗作"𣶏"、"渤"俗作"𣲙"、"㷻"俗作"㷻"等，故"馞"俗書亦可寫作"馞"。《大正藏》本《神僧傳》卷第六《道宣》："形似棗華，大如榆莢，香氣馝馞，數載宛然。""香氣馝馞"，《神僧傳》作"香氣馝馞"，此即其證也。《正字通·香部》："馞，馞字之譌。舊注音涂，非。"（1308）此說亦是也。故"馞"當即"馞"字俗譌。"馞"音"陁胡反"，疑即"蒲胡反"之誤。

21. 鉫：《新修玉篇》卷十八《金部》引《龍龕》："鉫，音加。又古荷切。"（154下左）

按：《篇海》同。《龍龕》卷一《金部》："鉫，音加。又古荷反。"（11）此字《大字典》沒有提供例證，佛經有之，可據補。《大正藏》本【原】大英博物館藏燉煌本《大方廣華嚴十惡品經》："佛告迦葉：'食肉者墮阿鼻地獄，縱廣正等八萬由旬，四方有門，一一門外各有猛火，東西南北交通徹地，周匝鐵墻鐵網彌覆。其地赤鐵，上火徹下，下火徹上，鐵鉫鐵鈕鐵銜鐵鉉，持火燒之。驅食肉之人入此地獄受其大苦，心生重悔而懷慚愧，又莫更食，猶如濁水置之明珠，以珠威力水即為清，如煙雲除月則清明，作惡能悔亦復如是。'"又《卍新纂續藏》本宋智覺注《心性罪福姻緣集》卷之下《攝忍比丘云》："……或復詈言令食糞尿，或復詈云以繩縛身，或云利劍當殺其命，或云利錐可錐其咽，或云鉫鏁繫縛手足。雖如是等種種惡言罵謗沙門，而是比丘更無嗔氣，顏色柔頓默然受之，更不返答，諸比丘眾如是罵詈各各相去。"從文意來看，以上"鉫"字當皆指加在犯人頸脖上的一種刑具。《玉篇·木部》："枷，音加。枷鎖。"（63下右）"鉫"與"枷"音義並同，"鉫"當即"枷"通過改換義符而形成的異體字。

22. 鉫：《新修玉篇》卷十八《金部》引《龍龕》："鉫，尼主、而遇二切。"（154下左）

按：《篇海》卷八《金部》引《龍龕》："鉫，冗（尼）主、而遇二切。"（575下）《龍龕》卷一《金部》："鉫，尼主、而遇二反。"（16）此字《大字典》沒有提供例證，佛經有之，可據補。《大正藏》本元魏慧覺等譯《賢愚經》卷第四《出家功德尸利苾提品》第二十二："寒地獄中，受罪之人，身肉冰爍，如燋豆散，腦髓白爆，頭骨碎破百千萬分，身骨劈裂，如刐箭鉫。若人慳貪，斷餓眾生隨時飲食，應墮餓鬼，得逆氣病，不能下食。""劈"，宋、元、明本作"擘"；"刐"，宋、元、明本作"剖"；"鉫"，宋、元本作"鉫"。從文意來看，"劈""刐""鉫"三字疑當分別以作"劈""剖""鉫"為是。"箭鉫"當同"箭弩"，"弩"俗作"弩"（見韓小荊《〈可洪音義〉研究》610頁"弩"字注），"鉫"當即"弩"通過改換義符而形成的異體字，亦當即"弩"字。

23. 昤：《新修玉篇》卷二十《日部》引《餘文》："昤，力丁切。昤曨，日光。出道書。"（179上左）

按：《篇海》同。《廣韻》平聲青韻郎丁切："昤，昤曨，日光。出道書。"（129）《集韻》平聲青韻郎丁切："昤，昤曨，日光。"（245）《大字典》"吟"字缺乏例證，佛經有之，提供如下：《大正藏》本唐善導撰《依觀經等明般舟三昧行道往生讚》："光光照曜自他國，照處吟曬隨物色。光能變現希奇事，盡是彌陀願力作。"

24. 矵：《新修玉篇》卷二十二《石部》引《龍龕》："矵，音丹。白石也。"（183下右）

按：《篇海》同。《龍龕》卷四《石部》："矵，音丹。白石也。"（441）"矵"字，《大字典》沒有提供例證，佛經有之，提供如下：《乾隆大藏經選錄》本明通琇編《天隱禪師語錄》卷第十九："住老雲窩在萬山，尋常風雨閉松關。石牀夜冷添黃葉，竹戶秋深接翠巖。不解谷中矵有玉，秖看林下草生蘭。試探匿迹忘緣者，莫把幽居當等閒。"

25. 悄：《新修玉篇》卷二十八《巾部》引《餘文》："悄，七肖切。悄縛也。"（224上右）

按：《廣韻》去聲笑韻七肖切："悄，悄縛。"（323）《集韻》去聲笑韻七肖切："悄，縛也。"（579）《大字典》"悄"字此義沒有提供例證，佛經有之，提供如下：《大正藏》本宋守堅集《雲門匡真禪師廣錄》卷上並序《對機三百二十則》："進云：'未審師意如何？'師云：'緊悄草鞋。'"《大正藏》本宋守堅集《雲門匡真禪師廣錄》卷下又曰："師云：'作麼生是第一機？'龍云：'緊悄草鞋。'"

八　增補未收義項

《大字典》在《前言》中說："在字義方面，不僅注重收列常用字的常用義，而且注意考釋常用字的生僻義和生僻字的義項，還適當地收錄了複音詞中的詞素義。"但由於漢字產生至今已有數千年的歷史，而用漢字記載的文獻典籍更是浩如煙海，因此，要想窮盡地為所有字找到所有義項是不易的。通過對《新修玉篇》進行全面的測查與研究，也可以為《大字典》收錄的一些字形增補一些未收的義項。

1. 祪；《新修玉篇》卷一《示部》引《玉篇》："祪，居毀切。廟之主也。《韻》又許委切：'遷廟也。通作毀。'"（11下右）

按：《集韻》上聲紙韻虎委切："祪，遷廟也。通作毀。"（315）《大字典》"祪"字此義未收，可據補。

2. 畼：《新修玉篇》卷二《田部》引《玉篇》："畼，敕向切。不生也。《韻》又直亮切。田不生也。又直良切。祭神道處，又治穀地也。"

(20上右)

按：《集韻》平聲陽韻仲良切："場，《說文》：'祭神道也；一曰田不耕；一曰治穀田也。或作塲、畼。"（216）"畼"又音"直良切"，訓"祭神道處，又治穀地也"，同"場""塲"，這一義項《大字典》未收，可據補。

3. 仟：《新修玉篇》卷三《人部》引《玉篇》："仟，七堅切。《文字音義》云：'千人之長曰仟。'《韻》曰：'又仟眠，廣遠也。'"（21下右）

按：《廣韻》平聲先韻蒼先切："仟，千人長也。又仟眠，廣遠也。"（82）"仟"之"仟眠，廣遠也"一義，《大字典》未收，可據補。

4. 伲：《新修玉篇》卷三《人部》："伲，丑訝切。嬌逸。《韻》曰：'《說文》：少女。同作奼。'又他各切。毀也。《說文》：'寄也。'"（21下左）

按：《廣韻》入聲鐸韻他各切："侘，毀也。《說文》：'寄也。'"（410）《集韻》入聲鐸韻闥各切："侘，《說文》：'寄也。'謂依止也。或作佗、伱。"（724）"伲"訓"毀也""寄也"，與"侘"音義並同，即為異體字。"伲"字"毀也"這一義項，《大字典》未收，可據補。

5. 伐：《新修玉篇》卷三《人部》引《玉篇》："伐，房月切。征伐；又自矜曰伐；又斬木也。《書》曰：'汝惟弗伐。'《韻》又蒲蓋切。草多皃。一曰：茷茷，有法度也。同作茷。又符廢切。擊也。亦星名。"（22上左）

按：《集韻》去聲泰韻蒲蓋切："茷，艸多皃。一曰：茷茷，有法度也。或省[作伐]。"（520—521）"伐"同"茷"，義指"草多皃。一曰：茷茷，有法度也"。《大字典》"伐"字此義未收，可據補。

6. 俙：《新修玉篇》卷三《人部》引《玉篇》："俙，呼皆切。解也；訟也。《韻》又呼懷切。訟面相是也。又香衣切。依俙也。又虛豈切。僾俙。"（23下右）

按：《廣韻》平聲微韻香衣切："俙，依俙。"（32）下文上聲尾韻虛豈切："俙，僾俙也。"（172）《集韻》同。"依俙""僾俙"義同，皆義指仿佛，所見不明也。《大字典》"俙"字這一義項未收，可據補。

7. 俶：《新修玉篇》卷三《人部》引《玉篇》："俶，昌六切。始也；厚也；作也；動也。《詩》云：'令終有俶。'《韻》又殊六切。善也。又

第四章 《新修玉篇》整理與研究的價值 / 227

昌志切。耕發地也。《詩》：'俶載南畝。'鄭康成讀。"（24 上左）

按：《集韻》去聲志韻昌志切："俶，耕發地也。《詩》：'俶載南畝。'鄭康成讀。"（483）《詩經·周頌·載芟》："有略其耜，俶載南畝。"又下文《良耜》："畟畟良耜，俶載南畝。"《大字典》未收《集韻》"俶"字此一音義，可據補。

8. 倈：《新修玉篇》卷三《人部》引《玉篇》："**倈**，洛代切。勞也。《韻》又洛哀切。玄孫之子為**倈**孫。通作來。"（24 下左）

按：《集韻》平聲咍韻郎才切："**倈**，玄孫之子為**倈**孫。通作來。"（114）《爾雅·釋親》："玄孫之子為來孫。""**倈**"與"來"音義並同，"**倈**"當即"來"之增旁俗字。《大字典》"**倈**"字此義未收，可據補。

9. 倪：《新修玉篇》卷三《人部》引《玉篇》："倪，五兮切。《莊子》云：'天倪自然之分。'亦姓。漢有揚州刺史倪諺也。又研啟切。俾倪，視皃。《韻》又五計切。盱睨，同。又五結切。䧃㿟，不安也。同作䧃。又五未切。顧視也。鄭康成曰：'龜左倪靁。'"（25 上左）

按：《集韻》入聲屑韻倪結切："阢，《說文》：'危也。徐巡以為：阢，凶也。賈侍中說：阢，法度也。班固說：不安也。'引《周書》：'邦之阢阢。'或作隉、臲、槷、桿、倪。"（704）又去聲未韻五未切："倪，顧視也。鄭康成曰：'龜左倪靁。'"（490）《大字典》"倪"字以上兩個義項皆未收，可據補。

10. 傊：《新修玉篇》卷三《人部》引《玉篇》："傊，牛萬切。《說文》：'黜也。'《韻》又五患切。《爾雅》：'習也。'同作串。又愚袁切。怨也；瞋也。"（25 下左）

按：《爾雅·釋詁》："串，習也。"（17）《集韻》去聲諫韻五患切："串，《爾雅》：'習也。'或作傊。"（561）"傊"同"串"，訓"習也"。《大字典》此義未收，可據補。

11. 傖：《新修玉篇》卷三《人部》引《玉篇》："傖，鉏庚切。《晉陽春秋》云：'吳人謂中國人為傖。'《韻》曰：楚人別種也。《韻》又七岡切。傖囊，亂皃。"（25 下左）

按：《廣韻》平聲庚韻助庚切："傖，楚人別種也。"（121）《集韻》同。又《集韻》平聲唐韻千剛切："傖，傖囊，亂皃。"（222）"傖"字以上兩義《大字典》皆未收，可據補。

12. 傷：《新修玉篇》卷三《人部》引《玉篇》："傷，式羊切。《說文》云：'創也。'《爾雅》曰：'傷，憂思也。'《韻》曰：'傷，損也。'《韻》又與章切：'瘍，傷也。'《說文》：'瘍，頭瘡也。'《周禮》：'療瘍五毒攻之。'同作瘍、痒。又式亮切：'未成人。'"（26 上右）

按：《廣韻》去聲漾韻式亮切："傷，未成人。或作殤。又音商。"（336）《集韻》平聲陽韻余章切："瘍，《說文》：'頭瘡也。'一曰創癰也。或作痒、瘍、傷。"（211）"傷"字以上兩個義項《大字典》皆未收，可據補。

13. 儻：《新修玉篇》卷三《人部》引《餘文》："儻，他朗切。惝然，惘也。同作倘。又恥孟切。不動意。《莊子》：'儻然不受。'"（26 下左）

按：《篇海》略同。《集韻》去聲映韻恥孟切："儻，不動意。《莊子》：'儻然不受。'或作戃、儻。"（603）《大字典》"儻"字未收此義，可據補。

14. 她：《新修玉篇》卷三《女部》："她，作可切。《博雅》：'她，嫜。'"（28 下右）

按：《篇海》："她，茲野切。長女也。亦作古文馳，義同。"（653）《集韻》上聲哿韻子我切："馳，《博雅》：'馳、嫜，母也。'或作她、姐。"（404）"她"字這一音義《大字典》未收，可據補。

15. 妮：《新修玉篇》卷三《女部》引《餘文》："妮，女夷切。女字。"（29 上右）

按：《篇海》同。《集韻》平聲脂韻女夷切："妮，女字。"（45）《大字典》"妮"字此義未收，可據補。

16. 姴：《新修玉篇》卷三《女部》引《省韻》："姴，胡千切。女名。"（30 上右）

按：《大字典》"姴"字此義未收，可據補。

17. 婉：《新修玉篇》卷三《女部》引《玉篇》："婉，於遠切。婉媚也。《說文》：'順也。'《韻》又烏管切。順也。《詩》云：'燕婉之求。'徐邈讀。又烏貫切。嫌婉，婦人皃。"（30 下左）

按：《集韻》去聲換韻烏貫切："婉，嫌婉，婦人皃。"（556）《大字典》"婉"字此義未收，可據補。

18. 婗：《新修玉篇》卷三《女部》引《玉篇》："婗，五兮切。嬰婗。《韻》曰：老人齒落復生。同作齯。"（30 下左）

按：《廣韻》平聲齊韻五稽切："齯，老人齒落復生。"（50）"婗""齯"音義並同，"婗"當即"齯"之異體字。《大字典》"婗"字此義未收，可據補。

19. 嫌：《新修玉篇》卷三《女部》引《餘文》："嫌，力延切。嫌娟，眉細長兒。"（31 上左）

按：《篇海》同。《集韻》平聲仙韻陵延切："嫌，嫌娟，眉細長兒。"（166）"嫌"字此義項《大字典》未收，可據補。

20. 嬰：《新修玉篇》卷三《女部》引《玉篇》："嬰，烏分切。人始生曰嬰婗。出《釋名》。《韻》又於脂切。嬰婗，小兒。又於計切。婉嬰，柔順兒。同作㥯。"（31 下左—32 上右）

按：《集韻》平聲脂韻於夷切："嬰，嬰婗，小兒。"（47）又去聲霽韻壹計切："㥯，[婉]㥯，順從也。或作嬰。"（507）以上"嬰"字兩個義項《大字典》皆未收，可據補。

21. 嬒：《新修玉篇》卷三《女部》引《玉篇》："嬒，烏外切。《說文》云：'女黑色也。'《韻》又古外切。《說文》：'女黑色也。'引《詩》'嬒兮蔚兮'。又烏括切。《方言》云：'嬒，可憎也。'或作憎。"（32 上右）

按：《廣韻》入聲末韻烏括切："嬒，《方言》云：'嬒，可憎也。'或作憎。又烏外切。"（395）"嬒"與"憎"音義並同，即為異體字。"嬒"字此義《大字典》未收，可據補。

22. 䵮：《新修玉篇》卷三《我部》引《廣集韻》："䵮，莫割切。馬食穀也。本从禾。又莫結切。莊子謂之禾也。同作䅢。"（32 下左）

按：《集韻》入聲屑韻莫結切："䅢，《說文》：'禾也。'或省[作䵮]。"（707）"䵮"与"䵮"形近，且音義並同，"䵮"即"䅢"字之俗，"䵮"亦當即"䅢"字之俗。《大字典》"䵮"字此義未收，可據補。

23. 頞：《新修玉篇》卷四《頁部》引《川篇》："頞，音遏。面折。"（35 上右）

按：《篇海》同。《大字典》"頞"字此義未收，可據補。

24. 顤：《新修玉篇》卷四《頁部》引《玉篇》："顤，五聊切。頭高長兒。《韻》又許交切。顬顤，胡人面也。又口交切。面不平也。又五弔切。高長頭兒。又丘召切。舉首也。又人要切。顤顤，頭長。"（35 下左）

按：《集韻》平聲肴韻丘交切："髎，窅髎，面不平。或作顤。"

(185) 又下文許交切："䫜，䫔䫜，胡人面。"(186)"䫜"字以上二義《大字典》皆未收，可據補。

25. 眒：《新修玉篇》卷四《目部》："眒，音阮。目白皃。"(37上左)

按：《篇海》同。《龍龕》卷四《目部》："眒，音阮。目白皃也。"(421)《大字典》"眒"字此義未收，可據補。

26. 眙：《新修玉篇》卷四《目部》引《玉篇》："眙，敕吏切。《說文》云：'直視也。'《韻》又直利切。驚視也。又與之切。盱(肝)眙縣，在楚州。又丈證切。直視皃。同作瞪。又丑證切。直視皃。同作覰。"(37上左—37下右)

按：《廣韻》去聲證韻丈證切："瞪，直視皃。陸本作眙。"(346)《集韻》去聲證韻丑證切："覰，直視皃。或作眙。"下文澄應切又曰："眙瞪，直視皃。或从登。"(609) 以上"眙"字之義《大字典》未收，可據補。

27. 眭：《新修玉篇》卷四《目部》引《玉篇》："眭，息為切。姓也。出趙郡。又戶圭切。目深惡視皃。《韻》又許規切。眭盱，健皃。"(37下左)

按：《集韻》平聲支韻翾規切："眭，眭盱，健也。"(36)"眭"字此義《大字典》未收，可據補。

28. 䁔：《新修玉篇》卷四《目部》引《類篇》："䁔，音奄。神名。"(39下右)

按：《篇海》同。"䁔"字此義《字海》未收，可據補。

29. 覯：《新修玉篇》卷四《見部》引《玉篇》："覯，公侯(候)切。《詩》曰：'我覯之子。'覯，見也。《韻》曰：逅邂，解說皃。同作逅。《韻》又古項切。明也；和也；直也。《史記》：'顜若畫一。'或从頁(見)。通作講。又胡遘切。遇見也。又古候切。見也。又古岳切。明也；和也。《史記》：'顜若畫一。'通作較，同作顜。"(42下左)

按：《集韻》上聲講韻古項切："顜覯，明也；和也；直也。《史記》：'顜若畫一。'或从見。通作講。"(306) 又入聲覺韻訖岳切："顜覯，明也；和也。《史記》：'顜若畫一。'或从見。通作較。"(656)"覯"字此義《大字典》未收，可據補。

30. 覷：《新修玉篇》卷四《見部》："覷，力和切。好視也。又覷

縷，委曲也。丁公《集韻》云：'從爾，非是也。'"（42下左）

按：《廣韻》平聲戈韻落戈切："覶，覶縷，委曲。"（105）《集韻》平聲戈韻盧戈切："覶，《說文》：'好視也。'一曰：覶縷，委曲也。俗从爾，非是。"（202）故"覼縷"即"覶縷"之誤，"覼"當即"覶"字之俗，義指委曲也。《大字典》（3918A）"覶"字此義未收，可據補。《字海》（1405A）"覼"字謂同"覶"，正俗顛倒，非是。

31. 咇：《新修玉篇》卷五《口部》引《玉篇》："咇，蒲結切。咇，語也；芳香也。《韻》又口香……又毗至切。咇咇，哀聲。"（44下左）

按：《集韻》去聲至韻毗至切："咇，咇咇，哀聲。"（481）"咇"字此義《大字典》未收，可據補。

32. 噠：《新修玉篇》卷五《口部》引《龍龕》："噠，音達。"（48上左）

按：《篇海》同。《龍龕》卷二《口部》："噠，俗。音達。"（276）佛經有此字用例，提供如下：《大正藏》本東晉竺曇無蘭譯《玉耶經》："佛飯畢竟，噠嚫呪願：'五十善神擁護汝身。'佛告玉耶：'勤念經戒。'玉耶言：'我蒙佛恩得聞經法。'皆前為佛作禮而退。"又《大正藏》本北涼曇無讖譯《悲華經》卷第二："太子不眴供養如來及比丘僧，竟三月已，所奉噠嚫，八萬四千金龍頭瓔，唯無聖王金輪白象、紺馬玉女、藏臣主兵、摩尼寶珠，其餘所有金輪象馬、妙好火珠、童男童女、七寶衣樹、七寶華聚、種種寶蓋、微妙衣服、種種華鬘、上好瓔珞、七寶妙車、種種寶床、七寶頭目、挍絡寶網、閻浮金鎖、寶真珠貫、上妙履屣、綩綖茵蓐、微妙机隥、七寶器物、鐘皷伎樂、寶鈴珂貝、園林幢幡、寶灌燈燭、七寶鳥獸、雜廁妙扇、種種諸藥，如是等物，各八萬四千，以奉獻佛及比丘僧。""噠"，宋、元、明、聖本作"達"。又《大正藏》本元魏慧覺等譯《賢愚經》卷第十二："設會已訖，大施噠嚫，一人各得五百金錢。布施訖竟，財物罄盡。""噠"，宋、元、明本作"達"。"噠嚫"同"達嚫"，義指施捨財物給僧尼，"噠"本作"達"。"噠"字此義《大字典》未收，可據補。

33. 扰：《新修玉篇》卷六《手部》引《玉篇》："扰，丁感切。擊也；刺也。《韻》又弋照切。抒也。又張甚切。《說文》：'深擊也。'一說：'楚謂搏曰扰。'又常枕切，去聲。《方言》：'推也。'又以主切。刺也。又以周切。抒臼（臼）。出《周禮》。又土刀切。抒物之器。或作挑。

又羊朱切。《博雅》：'抒也。'或作舀。"（53下左）

按：《集韻》平聲虞韻容朱切："舀，《博雅》：'抒也。'或作㧕。"（84）又去聲笑韻弋笑切："㧕，抒臼（曰）也。"（580）《說文·臼部》："舀，抒臼也。"（145上）"㧕""舀"音義並同，此"㧕"當即"舀"之異體字。又《集韻》平聲豪韻他刀切："桃（挑），抒物之器。或作㧕。"（193）此"㧕"當即"挑"之異體字。"㧕"字以上兩種用法《大字典》皆未收，可據補。

34. 抃：《新修玉篇》卷六《手部》："抃，皮變切。擊手。《韻》又甫煩切。連抃，宛轉皃。一曰相從皃。或作㹁。"（53下左）

按：《集韻》平聲元韻方煩切："㹁，連㹁，宛轉皃。一曰相從皃。或作抃。"（136）此"抃"即"㹁"字之俗。"抃"字此義《大字典》未收，可據補。

35. 揟：《新修玉篇》卷六《手部》引《玉篇》："揟，相如切。取水具（㳌）。《韻》又子魚切。揟次，縣名，在武威郡。一曰取魚具（㳌）。"（56下左）

按：《集韻》平聲魚韻新於切："揟，武威有揟次縣。或作㭒。"（64）"揟"字此義《大字典》未收，可據補。

36. 挕：《新修玉篇》卷六《手部》引《玉篇》："挕，他丹切。《韻》又他旦切。擘挕，婉轉。"（57上右）

按：《篇海》卷十二《手部》引《玉篇》："挕，他丹切。擘[挕]也。"（759下）箋注本《切韻》（斯2071）平聲寒韻薄官反："擘，～挕，婉轉。"（81）敦煌本《王韻》平聲寒韻薄官反："擘，～挕，婉轉。"（366）故宮本《王韻》、《廣韻》、《集韻》同。"挕"字此義《大字典》未收，可據補。

37. 搠：《新修玉篇》卷六《手部》引《餘文》："搠，所角切。《博雅》：'塗也。'"（57下左）

按：《篇海》同。《集韻》入聲覺韻所角切："搠，《博雅》：'塗也。'"（659）《大字典》"搠"字此義未收，可據補。

38. 趆：《新修玉篇》卷七《足部》引《玉篇》："趆，時紙切。趆趆也，謂立也；積聚也。《韻》又丑佳切。踢也。"（62下左）

按：《集韻》平聲佳韻丑佳切："趆，踢也。"（103）"趆"字此義《大字典》未收，可據補。

第四章　《新修玉篇》整理與研究的價值　/　233

39. 跘：《新修玉篇》卷七《足部》引《玉篇》："跘，薄官切。蹣跚，跛行皃。同作蹣。"（63 上右）

按：《篇海》卷九《足部》引《玉篇》："跘，步殷切。蹣跚，跛行皃。"（712 上）《玉篇·足部》："蹳，步殷切。蹳跚，跛行皃。跘，同上。"（34 下左）"跘"同"蹣""蹳"，訓"蹣跚"，義指跛行皃。"跘"字此義《大字典》未收，可據補。

40. 邲：《新修玉篇》卷七《血部》引《廣集韻》："邲，所櫛切。玉鮮絜皃。今為之璱璱者，其色碧也。同作璱、瑟。"（67 上右）

按：《集韻》入聲櫛韻色櫛切："璱，《説文》：'玉英華相帶如瑟弦。'或作邲、卹、瑟、瑟。"（673）"邲"與"璱""卹""瑟""瑟"即為異體字。"邲"字此義《大字典》未收，可據補。

41. 忻：《新修玉篇》卷八《忄部》引《玉篇》："忻，喜斤切。察也；喜也。同作欣。《韻》又居焮切。《爾雅》：'明明斤斤，察也。'斤同。"（74 下左）

按：《集韻》去聲焮韻居焮切："斤忻，《爾雅》：'斤斤，察也。'或從心。"（545）"忻"又為"斤"字異體，訓"察也"。"忻"字此義《大字典》未收，可據補。

42. 恈：《新修玉篇》卷八《忄部》引《玉篇》："恈，渠支切。敬也；愛也。《韻》曰：'《爾雅》云：恈恈惕惕，愛也。'……又呼昆切。不明也。《説文》：'怓也。'或作忲，又昏同。"（74 下左）

按：《集韻》平聲魂韻呼昆切："惛，《説文》：'怓也。'或作恈、惛。"（139）"恈"即"惛""惛"之異體字。"恈"字此義《大字典》未收，可據補。

43. 悷：《新修玉篇》卷八《忄部》引《玉篇》："悷，徒結切。惡性也。《韻》又丁結切。《博雅》：'恨也。'又之日切。悢也。又充自切。恢悷，惡性也。悷怷，惶遽也。"（75 下右）

按：《集韻》去聲至韻充至切："悷，恢悷，惡性也。悷怷，惶遽也。"（473）《大字典》未收"悷"之"悷怷，惶遽也"這一義項，可據補。

44. 懹：《新修玉篇》卷八《忄部》引《玉篇》："懹，人樣切。憚也；相畏皃也。《韻》又汝羊切。怔懹，狂（犹）遽皃。"（78 上左）

按：《集韻》平聲陽韻如陽切："懹，怔懹，犹遽皃。"（215）"犹"

即"怯"之異體字。"悘懹"當同"勁勤"。《廣韻》平聲陽韻汝陽切："勤，勁勤，迫皃。"（113）《集韻》平聲陽韻如陽切："勤，勁勤，遽皃。"（215）故"悘懹"與"勁勤"音義並同，"悘懹"當同"勁勤"。《大字典》未收"懹"字此義，可據補。

45. 詇：《新修玉篇》卷九《言部》引《玉篇》："詇，於敬切。早知也。又於亮切。智也；又早知也。《韻》又烏浪切。聲也。同作嗗。"（79下左）

按：《集韻》去聲宕韻於浪切："嗗諳詇，聲也。或從言，亦省。"（602）"詇"即"嗗""諳"之異體字。《大字典》未收"詇"字此義，可據補。

46. 訑：《新修玉篇》卷九《言部》引《餘文》："訑，弋支切。訑訑，自得皃。又視遮切。淺意也。"（80上右）

按：《集韻》平聲麻韻時遮切："訑，淺意。"（205）《龍龕》卷一《言部》："訑，音移。自得之皃；又淺意也。又徒哥反。避也。"（41）"訑"訓"淺意"，當同"詑"。《廣韻》平聲支韻弋支切："詑，詑詑，自得皃；又淺意也。"（15）故"訑"與"詑"音義並同，此"訑"亦當即"詑"之異體字。"訑"之"淺意也""避也"二義《大字典》未收，可據補。

47. 暜：《新修玉篇》卷九《日部》引《玉篇》："暜，七感切。《說文》：'曾也。'《韻》又子念切。擬也；差也。同作僭。又昨鹽切。於暜，縣[名]，屬杭州，今作潛。又楚簪切。參差，不齊皃。同作參。"（83下左）

按：《集韻》平聲侵韻初簪切："參，參差，山不齊皃。"下文同一小韻又曰："參，參差，不齊皃。古作暜。"（277）"參差"同"參差"，"暜"與"參""參"即為異體字。"暜"字此義《大字典》未收，可據補。

48. 飱：《新修玉篇》卷九《食部》引《玉篇》："飱，思渾切。水沃飯曰飱。《韻》又七安切。《說文》云：'吞也。'同作餐。"（87上左）

按：《集韻》平聲魂韻蘇昆切："飱，水沃飯曰飱。"（140）此"飱"當即"飧"之異體字。《玉篇·食部》："飧，蘇昆切。水和飯也。"（46下右）"飱"與"飧"音義並同，故此"飱"當即"飧"之異體字。"飱"字此義《大字典》未收，可據補。

49. 徶：《新修玉篇》卷十《彳部》引《餘文》："徶，胡管切。徶徶，徐行也。又雨元切。徶［徲］，兔行皃。通作爰。"（90 上右）

按：《篇海》卷五《彳部》引《餘文》："徶，胡管切。徶～，徐行也。又雨元切。～［徲］，兔行皃。通作爰。"（651 上）《集韻》平聲元韻于元切："徶，徶徶，兔行皃。通作爰。"（134）"徶"字此義《大字典》未收，可據補。

50. 遧：《新修玉篇》卷十《辵部》引《餘文》："遧，之良切。遇遧，迒也。"（94 下左）

按：《篇海》同。《集韻》平聲陽韻諸良切："遧，遇遧，迒也。"（214）"遧"字此義《大字典》未收，可據補。

51. 鴜：《新修玉篇》卷十《此部》引《廣集韻》："鴜，疾移切。鱁鴜，水鳥，似魚虎，蒼黑色。又即移切。同上。又疾之切。鸕鴜，不卵生，口吐其鷃。同作鷀、鷀。"（96 下左）

按：《集韻》平聲之韻牆之切："鴜，鳥名。《説文》：'鸕鴜也。'或作鷀、鴜。"（53）此"鴜"即"鷀""鷀"之異體字。"鴜"字此義《大字典》未收，可據補。

52. 癄：《新修玉篇》卷十一《疒部》引《玉篇》："癄，側教切。物縮也；小也。亦作瘶。《韻》又昨焦切。憔悴，瘦也。同作憔。"（105 下左）

按：《集韻》平聲宵韻慈焦切："憔癄顀嶕，憔悴，憂患也。或從頁、從女、從疒，亦作醮。"（179）此"癄"即"憔"之異體字。"癄"字此義《大字典》未收，可據補。

53. 瘣：《新修玉篇》卷十一《疒部》引《玉篇》："瘣，力罪切。痱瘣，皮外小起。"（105 下左）

按：《篇海》同。《玉篇·疒部》："瘣，力罪切。皮起也。"（57 下右）"痱瘣"，佛經亦有其用例，與此不同，提供如下：西晉無羅叉譯《放光般若經》卷第十《摩訶般若波羅蜜等品》第四十六："世尊！菩薩摩訶薩當作是知，聞受持般若波羅蜜諷誦讀者，雖不面於諸如來，無所著，等正覺前受阿耨多羅三耶三菩劫數之記，然自知成三耶三佛不久，何以故？已得見般若波羅蜜受持諷誦故。世尊！譬如人見春天諸樹痱瘣含氣，當知是樹枝葉花實將生不久，何以故？是樹先有瑞應故，閻浮提人見瑞應莫不歡喜者。世尊！菩薩得見聞般若波羅蜜，聞已受持諷誦念習行中事，當知是菩薩功德已成滿，已供養若干百千諸佛，逮前功德之所扶接，便成阿耨多羅三耶三菩。"此"痱瘄"當同"蓓蕾"。《可洪音義》卷二一《出曜經》第二卷："疊累，《經音義》作痱瘄，上蒲罪反，下洛罪反。花未開也。正作蓓蕾也。"（60，p193c8）此是其證也。"痱瘄"此義《大字典》未收，可據補。

54. 莿：《新修玉篇》卷十三《艸部》引《玉篇》："莿，七賜切。芒也；草木針也。《韻》又盧達切。莿蒿。又楚革切。謀也；籌也。《釋名》曰：'莿書教令於上，所以驅策諸下也。'又七迹切。草名；萊（䓹）也。"（121下右）

按：《集韻》入聲曷韻郎達切："莿，艸名，蒿屬。"又下文入聲麥韻測革切："策，《說文》：'馬箠也。'一曰謀也；一曰蓍也；一曰小箕曰筴。或作莿、筴。"（738）又下文入聲昔韻七迹切："莿，艸名；䓹也。"（742）"莿"字以上諸義項《大字典》皆未收，可據補。

55. 蔳：《新修玉篇》卷十三《艸部》引《玉篇》："蔳，子盈切。蕪蔳，草名。通作菁。"（125下右）

按：《篇海》卷九《艸部》引《玉篇》："蔳，借清切。仙草也。"（723下）《玉篇·艸部》："蔳，借清切。仙草。"（68下右）《新修玉篇》"蔳"字音義謂引《玉篇》，實為《餘文》之誤。《集韻》平聲清韻咨盈切："蔳，蕪蔳，艸名。通作菁。"（238）此"蔳"當即"菁"之異體字。"蔳"字此義《大字典》未收，可據補。

56. 朂：《新修玉篇》卷十五《月部》引《廣集韻》："朂，所去切。裝揀也。同作揀。"（140下右）

按："朂"字此義《大字典》未收，可據補。

57. 典：《新修玉篇》卷十八《丌部》引《玉篇》："典，丁殄切，上聲。主也；常也；法也；經也。又姓，《魏志》有典韋。《韻》又徒典切。頎典，堅刃皃。一曰車轅束。"（160上右）

按：《集韻》上聲銑韻徒典切："典，頎典，堅刃皃。一曰車轅束。"（380）"典"字此義《大字典》未收，可據補。

58. 較：《新修玉篇》卷十八《車部》引《玉篇》："較，古岳切。兵車也。《韻》曰：車騎曲銅也。《韻》又古孝切。不等。"（161上右）

按：《集韻》去聲效韻居孝切："較較，直也。一曰不等。或從爻。"（583）"較"字此義《大字典》未收，可據補。

59. 涳：《新修玉篇》卷十九《水部》引《玉篇》："涳，口江切。直流皃。又苦紅切。涳［濛］。小雨也。"（167 上右）

按：《龍龕》卷二《水部》："涳，音空。涳濛，細雨也。"（229）《集韻》平聲東韻沽公切："涳，涳濛，細雨。"（10）《卍新纂續藏》本元道泰集《禪林類聚》卷第六："湖光瀲灩晴方好，山色涳濛雨亦奇。"又《卍新纂續藏》本道霈重編《永覺和尚廣錄》卷第十七《萬石灘頭建中元水陸齋疏》："煙汀雲暗雨涳濛，常漲翻空之浪。沙磧月明風慘切，時聞泣夜之魂。""涳"字此義《大字典》未收，可據補。

60. 渃：《新修玉篇》卷十九《水部》引《餘文》："渃，人夜切。城名，在彭州。又而灼切。瀑～，小（水）大皃。"（167 下右）

按：《篇海》卷十二《水部》引《餘文》："渃，人夜切。城名，在彭州。又而灼切。瀑渃，小（大）水皃。"（767 上）《集韻》入聲藥韻日灼切："渃，瀑渃，水大皃。"（721）"渃"字此義《大字典》未收，可據補。

61. 滝：《新修玉篇》卷十九《水部》引《玉篇》："滝，扶龍切。池也；澤也。"（168 下左）

按：《篇海》同。《玉篇·水部》："滝，扶龍切。池也；澤也。"（91 上右）"滝"字此義《大字典》未收，可據補。

62. 漅：《新修玉篇》卷十九《水部》引《餘文》："漅，鉏交切。湖名。又子小切。水名。又子了切。水名，在廬江。又蘇果切。水名。溑，同漅。"（170 上左）

按：《集韻》上聲果韻損果切："溑，《說文》：'水也。'或作漅。"（406）"漅"字此義《大字典》未收，可據補。

63. 矴：《新修玉篇》卷二十二《石部》引《餘文》："矴，他丁切。平矴。"（183 下左）

按：《篇海》卷十二《石部》引《餘文》："矴，他丁切。玉～也。"（778 上）"矴"字，《新修玉篇》與《篇海》義訓不同，當以《新修玉篇》為是。《集韻》平聲青韻湯丁切："厅矴，碑材。或省。"（244）"矴"訓"碑材"，與"厅"即為異體字。《玉篇·广部》："厅，他丁切。平也。"（104 下右）故"矴"當訓"平矴"。《篇海》訓"玉矴也"，當為"平矴也"之誤。"矴"訓"平矴"，與"厅"音義並同，亦為異體字。"矴"字此義《大字典》未收，可據補。

64. 碑：《新修玉篇》卷二十二《石部》引《玉篇》："碑，丁泥切。《漢書》有金日磾。"（185 上左）

按：《篇海》同。原本《玉篇·石部》："碑，都泥反。《漢書》有金日磾。"（527）《玉篇·石部》："碑，丁泥切。《漢書》有金日磾。"（105 下右）《大字典》"碑"字此義未收，可據補。

65. 豰：《新修玉篇》卷二十三《豕部》引《玉篇》："豰，許卜切。貔子也。或作豰。《韻》又古候切。唊豬也。又乃后切。虎乳也。字從豰。又胡谷切。豕也；艾豭也。又丁木切。豰觳。字從豰。"（194 下左）

按：《集韻》上聲厚韻乃后切："豰，虎乳也。通作穀、豰。"（440）下文入聲屋韻都木切："豰，豰觳，動物。"（637）"豰"字以上二義《大字典》皆未收，可據補。

66. 蚥：《新修玉篇》卷二十五《虫部》引《玉篇》："蚥，方父切。蟾蜍也。《韻》又扶雨切。蟾蜍別名。"（206 上左）

按：《篇海》卷十三《虫部》引《玉篇》："蚥，方父切。蟾蜍也。"（783 上）《名義·虫部》："蚥，扶甫反。蟾［蜍］也。"（258 下）《玉篇·虫部》："蚥，方父切。蟾蜍。"（119 上右）《廣韻》上聲麌韻扶雨切："蚥，蟾蜍別名。"（176）"蟾蜍"同"蟾蜍"。《大字典》"蚥"字此義未收，可據補。

67. 䩵：《新修玉篇》卷二十六《革部》引《餘文》："䩵，力谷切。弧（胡）祿（簶），箭室也。出《音譜》。"（217 下左）

按：《篇海》同。《集韻》入聲屋韻盧谷切："簶，胡簶，箭室。或作䩑、䩵。"（638）《大字典》"䩵"字此義未收，可據補。

68. 絘：《新修玉篇》卷二十七《糸部》引《餘文》："絘，七四切。以漆塗器。"（220 上右）

按：《集韻》去聲至韻七四切："髤，以漆塗器。或作髹、絘、漆。"（474）故"絘"與"髤""髹""漆"諸字即為異體字。《大字典》"絘"字此義未收，可據補。

69. 繄：《新修玉篇》卷二十七《糸部》引《玉篇》："繄，王矦切。縛也。"（220 下右）

按：《篇海》同。原本《玉篇·糸部》："繄，王矦反。《埤蒼》：'繄，縛也。益州云。'"（650）《玉篇·糸部》："繄，亡侯切。縛也。"（125 下右）《大字典》"繄"字此義未收，可據補。

70. 褪：《新修玉篇》卷二十八《衣部》引《類篇》："褪，他困切。半新半舊也。"（226下左）

按：《篇海》卷十三《衣部》引《類篇》："褪，他困切。半新半故也。"（805上）《大字典》"褪"字此義未收，可據補。

71. 褮：《新修玉篇》卷二十八《衣部》引《玉篇》："褮，胡坰、於營二切。衣開孔也。"（226下左）

按：《篇海》同。《玉篇·衣部》："褮，胡坰、於營二切。衣開孔。"（128上左）《大字典》"褮"字此義未收，可據補。

72. 卵：《新修玉篇》卷二十八《卩部》引《餘文》："卵，所櫛切。玉鮮絜皃。今為之瑟瑟者，其色碧。"（228上左）

按：《篇海》同。《集韻》入聲櫛韻色櫛切："瑟，《說文》：'玉英華相帶如瑟弦。'或作邖、卵、璷、瑏。"（673）"卵"與"瑟""邖""璷""瑏"即為異體字。"卵"字此義《大字典》未收，可據補。

九　增補未收漢字

《大字典》和《字海》是目前所知收錄漢字最多的兩部大型字書。然而，由於漢字在數千年的使用過程中，產生了大量的俗字、訛體，因此，《大字典》和《字海》仍有大量漏收的字形。由於《新修玉篇》收字是以宋本《玉篇》為基礎，並廣泛搜集《餘文》《龍龕》《川篇》《奚韻》《類篇》《廣集韻》《省韻》《切韻》等字書、韻書所錄字形，因此，《新修玉篇》中貯存了大量的《大字典》和《字海》未予收錄的字形。通過對《新修玉篇》進行系統的整理與研究，可以將那些《大字典》和《字海》漏收的字形搜集起來，為其以後的修訂與完善提供可資借鑒的漢字字形資料。

1. 匼：《新修玉篇》卷一《一部》引《廣集韻》："匼，虞遠切。小兒。"（7下左）

按："匼"當即"虤"字之俗。《玉篇·兒部》："虤，牛遠切。小兒。"（132下右）《集韻》上聲阮韻五遠切："虤，小弱兒。"（360）"匼""虤"與"虤"音義並同，"匼""虤"當同"虤"。"虤""虤"當為"虤"字俗訛（見《叢考》第254—255頁"虤""虤"二字注、《疑難字》第118—119頁"虤""虤"二字注），則"匼"亦當為"虤"字俗訛。

2. 瑷：《新修玉篇》卷一《玉部》引《龍龕》："瑷，烏各切。白玉（土）也。"（9上右）

按：《篇海》卷三《玉部》引《龍龕》："瑷，烏各切。正作堊。白玉（土）也。"（621下）《龍龕》卷四《玉部》："瑷堊，二俗。烏各反。正作堊（垩）。曰（白）土也。二同。"（438）故"瑷"當即"堊（垩）"字俗訛。

3. 瓐：《新修玉篇》卷一《玉部》引《餘文》："瓐，落胡切。《博雅》云：'碧玉也。'"（10下右）

按：《篇海》同。"瓐"當即"瓐"字之俗。《龍龕》卷四《玉部》："瓐，正；瓐，今。音盧，碧玉也。"（435）此即其證也。

4. 䨮：《新修玉篇》卷一《示部》引《川篇》："䨮，音因。敬也；塞也。"（12上左）

按：《説文·示部》："禋，潔祀也。一曰精意以享為禋。从示，垔聲。䨮，籀文从宀。"（2上）"禋"，《廣韻》音"於真切"。"䨮"訓"敬也"，與"䨮"音義並同，"䨮"當即"䨮"字之俗。"䨮"訓"塞也"，於前代字書無征，疑為從"垔"為説，非是。

5. 塷：《新修玉篇》卷二《土部》引《川篇》："塷，音魯。"（15上左）

按：《篇海》卷四《土部》引《川篇》："塷，音魯。又作鹵。"（636下）"塷"即"塷"字之俗，同"鹵"。《集韻》上聲姥韻籠五切："鹵滷塷澛，《説文》：'西方鹹地也。安定有鹵縣，東方謂之庐，西方謂之鹵。'或从水、从土。亦作澛。"（338）"塷"即"塷"字之俗。

6. 埣：《新修玉篇》卷二《土部》引《廣集韻》："埣，殊六切。成也。古文。"（16上左）

按：《集韻》入聲屋韻神六切："孰，《説文》：'食飪也。'古作埣。"（643）"埣"即"孰"之異體字"埣"字之俗。

7. 郪：《新修玉篇》卷二《邑部》引《川篇》："郪，音剉。山也。"（18上左）

按：《篇海》同。《玉篇·邑部》："郪，七課切。山名。"（11下左）"郪"與"郪"音義並同，"郪"即"郪"字之俗。

8. 鄀：《新修玉篇》卷二《邑部》引《川篇》："鄀，音若。地名。"（18上左）

按：《篇海》同。《廣韻》入聲藥韻而灼切："䣛，地名，在襄陽。"（407）"䣛""䣛"音義並同，"䣛"即"䣛"字之俗。

9. 郿：《新修玉篇》卷二《邑部》引《川篇》："郿，音眉。地名。又音媚。縣名。"（18下右）

按：《篇海》同。《說文·邑部》："郿，右扶風縣。从邑，眉聲。"（128上）"郿"，《廣韻》音"武悲切"。"郿"即"郿"字俗省。

10. 畚：《新修玉篇》卷二《田部》引《龍龕》："畚，音變。舊藏音畜。"（20下右）

按：《篇海》卷四《田部》引《龍龕》："畜，許六、丑六二切。養也。"（639上）"畚""畜"位置相同，且同謂引《龍龕》，當即一字之變。朝鮮本《龍龕》卷三《田部》："畜，許六切。養也。又許又、丑六二切。畜，《說文》同上，益也。"（23）"畜"《說文》篆文作"畜"，"畜"即"畜"字篆文"畜"之楷定字。"畜"同"畜"，"畚"音"畜"，亦為"畜"之異體字。《龍龕》卷一《戀部》："畚，俗。音變。舊藏作畜也。"（181）此即其證也。

11. 疄：《新修玉篇》卷二《田部》引《川篇》："疄疄，二音紬。田也。"（20下右）

按：《篇海》卷四《田部》引《川篇》："疄疄，一（二）音紬。田也。"（639下）朝鮮本《龍龕》卷三《田部》："疄，音維（紬）。田也。疄，同上。"（21）"疄""疄""疄"諸字即一字之變。"疄"字，《大字典》（2733B）、《字海》（1044C）皆錄作"疄"，並謂引《餘文》，字形、引書俱誤，"疄"即"疄"之誤錄，《餘文》當即《川篇》之誤。應據改。《字海》（1044C）謂"疄"同"疇"，疑是。《說文·田部》："疇，耕治之田也。从田，壽聲。"（292上）"疇"，《廣韻》音"直由切"。"疇"字異體有作"畴""疇""疇"者，"疄""疄""疄""疄"諸字與"疇"音義並同，與"疇"字異體"畴""疇""疇"諸字亦形近，當即"疇"字之俗。

12. 壓：《新修玉篇》卷二《田部》引《川篇》："壓，於叶切。地名。"（20下右）

按：《篇海》同。"壓"即"壓"字之俗。《玉篇·田部》："壓，於葉切。地名。"（9下左）"壓""壓"音義並同，"壓"即"壓"字之俗。

13. 俟：《新修玉篇》卷三《人部》引《龍龕》："俟，床史切。待

也；候也。又姓。"（24 上左）

按：《篇海》同。《龍龕》卷一《人部》："俟，床史反。待也；又姓。"（30）《玉篇·人部》："俟，牀史切。《詩》云：'儦儦俟俟。'獸趨行貌。又候也。又音祈。盧複姓，方俟氏。"（12 下左—13 上右）"俟"即"俟"字之俗。

14. 偭：《新修玉篇》卷三《人部》引《龍龕》："偭，彌遠切。背也。又音面。嚮也。又音緬。"（24 下左）

按：《篇海》同。《龍龕》卷一《人部》："偭，又音面。嚮也。又音緬，背~也。"（35）"偭"即"偭"字之俗。

15. 佉：《新修玉篇》卷三《人部》引《龍龕》："佉，去軋切。過也；咎也。"（25 下左）

按：《篇海》同。《龍龕》卷一《人部》："愆愆僁，三俗；僁，古；佉，正。去軋反。過也；咎也。五。"（22）《集韻》平聲仙韻丘虔切："愆寋僁遷愆，《說文》：'過也。'或從寒省，籀作僁，亦作遷、愆。"（167）"佉"即"愆"字之俗。

16. 僇：《新修玉篇》卷三《人部》引《類篇》："僇，音慮。"（27 下左）

按："僇"疑即"慮"之俗體會意字。《爾雅·釋詁下》："僉，皆也。""僇"從人、僉、心會"慮"字之義。

17. 矩：《新修玉篇》卷三《夫部》引《切韻》："矩，俱雨切。規矩。"（28 上左）

按：此字即"矩"字之俗。《玉篇·矢部》："矩，拘羽切。法也。圓曰規，方曰矩。"（80 下右）"矩""矩"音義並同，"矩"即"矩"字俗寫之誤。

18. 娍：《新修玉篇》卷三《女部》引《川篇》："娍，音月。盛皃。"（29 上右—29 上左）

按：《篇海》同。此字即"娍"字之俗。《說文·女部》："娍，輕也。從女，戉聲。"（264 下）"娍"與"娍"音同形近，"娍"當即"娍"字之俗。"娍"訓"盛皃"，疑為"愚皃"之誤。《廣雅·釋詁一》："娍，愚也。"

19. 娹：《新修玉篇》卷三《女部》引《類篇》："娹，居欠切。好皃。"（29 下右）

按：《篇海》卷五《女部》引《類篇》："婏，訝欠切。好兒。"（654下）《新修玉篇》與《篇海》音讀不同，《篇海》所言是也。"婏"即"婏"字之俗。《廣韻》去聲釅韻許欠切："婏，好兒。"（361）"婏""婏"音義並同，"婏"即"婏"字之俗。

20. 娷：《新修玉篇》卷三《女部》引《川篇》："娷，於誓切。"（30下右）

按：《篇海》同。《說文·女部》："娷，不說也。从女，恚聲。"（264下）"娷"，《廣韻》音"於避切"。"娷"與"娷"音同形近，"娷"當即"娷"字俗訛。

21. 婕：《新修玉篇》卷三《女部》引《奚韻》："婕，初（於）劫切。婕嬈（嬈婕）。"（30下右）

按：《篇海》同。《集韻》入聲葉韻益涉切："婕，嬈婕，女態。"（776）"婕"與"婕"音義並同，"婕"當即"婕"字俗訛。

22. 嬬：《新修玉篇》卷三《女部》引《川篇》："嬬，音修。女兒。"（31下左）

按：《篇海》卷五《女部》引《川篇》："嬬，音修。女兒。"（656下）"嬬""嬬"即同字異寫，並即"嬬"字之俗。《玉篇·女部》："嬬，息遊切。女名也。"（18上右）"嬬""嬬"與"嬬"形近音同，並即"嬬"字之俗。"嬬""嬬"訓"女兒"，而"嬬"訓"女名"，"女名"疑即"女兒"之誤。

23. 軀：《新修玉篇》卷三《身部》引《龍龕》："軀，他禮切。"（33上左）

按：《篇海》卷十二《身部》引《龍龕》："軀，音面。義同。"（750上）"軀""軀"即同字異寫。《龍龕》卷一《身部》："軀躰，二俗；體，俗通。他禮反。正作體。軀體。上又音面。三。"（161）故"軀"即"軀"字之俗。

24. 躰：《新修玉篇》卷三《身部》引《川篇》："躰，疋致（政）切。迎也。"（33下右）

按：《廣韻》去聲勁韻匹正切："聘，聘問也；訪也。"（344）"躰"與"聘"音義並同，"躰"當即"聘"字之俗。

25. 躲：《新修玉篇》卷三《身部》引《川篇》："躲，音石，又時夜切，又音夜。"（33下右）

按：《龍龕》卷一《身部》："躾射，神夜反。獵也。又音石，又音夜。僕～。"（262）"躾"與"躾"音同形近，"躾"當即"躾"字之俗。

26. 頍：《新修玉篇》卷四《頁部》引《川篇》："頍，苦回切。大首。"（35上左）

按：《篇海》卷十三《頁部》引《川篇》："頍，音灰。大首也。"（799上）《玉篇·頁部》："頖，呼塊切。大首也。"（20上左）"頍"與"頖"音近義同，"頍"即"頖"之俗字。

27. 頷：《新修玉篇》卷四《頁部》引《龍龕》："頷，胡耽切。頤也。"（35下右）

按：《篇海》卷十三《頁部》引《龍龕》："頷，胡耽切。頤也。"（800下）《龍龕》未見收錄此字形，《新修玉篇》《篇海》謂引《龍龕》，非是。《廣韻》上聲感韻胡感切："頷，頤也。又胡南切。"（226）"頷""頷"並即"頷"字之俗。

28. 頪：《新修玉篇》卷四《頁部》引《龍龕》："頪頪頪頪，並音淚。等種也；善也；法也。"（35下左）

按：《龍龕》卷四《頁部》："頪頪頪，三俗；類，正。音淚。等～種也；又善也；法也。四。"（486）"頪"當即"類"字之俗。

29. 覾：《新修玉篇》卷四《見部》引《川篇》："覾，丑紅（江）切，又直絳切。直視也。"（42下左）

按：《篇海》卷二《見部》引《龍龕》："覾，丑江切，又直絳切。直視皃。"（588下）《新修玉篇》與《篇海》引書不同，《新修玉篇》所言是也，通行本《龍龕》未見收錄此字形。《龍龕》卷三《見部》："覾，丑江、丑絳二反。直視；目不明也。"（343）"覾"即"覾"字之俗。

30. 覞：《新修玉篇》卷四《見部》引《川篇》："覞，音曜，又音藥。"（43上右）

按：《玉篇·見部》："覞，弋照切。視誤也。"（23下右）"覞""覞"音義並同，"覞"即"覞"字俗省。

31. 唉：《新修玉篇》卷五《口部》引《川篇》："唉，烏咳切。唉，慢應聲。"（45下右）

按：《篇海》同。《說文·口部》："唉，譍也。从口，矣聲。"（26下）"唉"當即"唉"字俗省。

32. 喊：《新修玉篇》卷五《口部》引《川篇》："喊，古獲切，又音

第四章 《新修玉篇》整理與研究的價值 / 245

郁。多言也。"（46 上右）

按：《篇海》同。《集韻》入聲麥韻古獲切："𠯁喊，語煩。或从或。"（741）"喊"即"喊"字之俗。

33. 呩：《新修玉篇》卷五《口部》引《龍龕》："呩，赤之切。"（46 下右）

按：《篇海》卷二《口部》引《龍龕》："呩，赤之切。戲笑也。"（597 下）《龍龕》卷二《口部》："呩，赤之反。～，戲咲也。"（265）《玉篇·口部》："眱，尺之切。笑皃。"（26 下左）"呩""眱"音義並同，"呩"即"眱"字俗省。

34. 哪：《新修玉篇》卷五《口部》引《龍龕》："哪，奴賀切。"（47 上左）

按：《篇海》卷二《口部》引《龍龕》："哪，奴何切。"（598 上）"哪""哪"即同字異寫。《龍龕》卷二《口部》："哪，俗。奴賀反。"（275）《集韻》去聲乃箇切："那，語助。或从口、从奈。"（590）"哪"與"那"音同形近，"哪"即"那"字之俗。

35. 噏：《新修玉篇》卷五《口部》引《奚韻》："噏，呼劫切。口噏嚇。"（47 下左）

按：《篇海》同。《玉篇·口部》："噏，許劫切。吸噏也。"（27 上左）"噏""噏"音同形近，"噏"即"噏"字之俗。"噏"字，《新修玉篇》訓"口噏嚇"，"嚇"疑為"合"之聲誤。

36. 嚱：《新修玉篇》卷五《口部》引《龍龕》："嚱，彼休切。虎㕛。"（49 下右）

按：《篇海》同。《龍龕》卷二《口部》："嚱，俗；㗊，正。彼休反。虎㕛也。二。"（269）"嚱""嚱"即同字異寫，並即"㗊"字之俗。

37. 髼：《新修玉篇》卷五《髟部》引《類篇》："髼，音蓬。"（52 上右）

按：《廣韻》平聲登韻步崩切："髼，髼鬙，被髮。"（133）《龍龕》卷一《髟部》："髼鬙，上音朋，下音僧。～～，被髮皃；亦髮短皃。"（88）"髼"與"髼"形音皆近，"髼"疑即"髼"字俗訛。

38. 鬌：《新修玉篇》卷五《髟部》引《龍龕》："鬌，側瓜切。婦人喪好（冠）也。"（52 上左）

按："鬌"即"鬌"字之俗。《龍龕》卷一《髟部》："鬌，通；鬌，正。側瓜反。婦人長（喪）冠也。"（87）此即其證也。

39. 拳：《新修玉篇》卷六《手部》引《龍龕》："拳，居竦切。兩手共持也。"（57 上左）

按：《篇海》同。《龍龕》卷二《手部》："拳，俗；抙拳，二正。居悚反。兩手共持也。三。"（213）"拳"與"拳"形近，並即"拳"字之俗。

40. 捵：《新修玉篇》卷六《手部》引《奚韻》："捵，他含切。取也。"（57 上左）

按：《篇海》卷十二《手部》引《奚韻》："捵，他含切。取也。"（759 下）"捵""捵"即同字異寫。《玉篇·手部》："探，他含切。《書》曰：'探天之威。'探取也。"（30 上左）"捵""捵"與"探"音義並同，並即"探"字之俗。

41. 摵：《新修玉篇》卷六《手部》引《龍龕》："摵，勅皆切。以拳加物也。"（57 下左）

按：《篇海》《龍龕》同。《玉篇·手部》："摵，丑皆切。以拳加人也。"（31 下左）"摵""摵"音義並同，"摵"即"摵"字之俗。

42. 跉：《新修玉篇》卷七《足部》引《龍龕》："跉，音兀。跉趹也。"（62 下左）

按："跉"即"跉"字之俗。《龍龕》卷四《足部》："跉，俗；跉，正。音兀。~趹也。"（467）此即其證也。

43. 趟：《新修玉篇》卷七《足部》引《龍龕》："趟，昌養切。踞也。又音尚。"（63 上右）

按：《龍龕》卷四《足部》："趟，昌兩反。踞也。又音尚。"（462）"趟"與"趟"音義並同，"趟"即"趟"字之俗。

44. 踏：《新修玉篇》卷七《足部》引《龍龕》："踏，女白切。蹈也。"（64 上右）

按：《篇海》《龍龕》同。《玉篇·足部》："踏，如藥切。蹈足也。"（34 上右）"踏"，《廣韻》又音"女白切"。"踏""踏"音義並同，"踏"即"踏"字之俗。

45. 蹟：《新修玉篇》卷七《足部》引《川篇》："蹟，音跡。蹤跡也。"（64 下右）

按：《篇海》卷九《足部》引《川篇》："蹟，音跡。蹤~也。"（713

下)《說文·辵部》:"迹,步處也。从辵,亦聲。蹟,或从足、責。"(33 上)"蹟""踖"與"蹟"音義並同,並即"蹟"字俗訛。

46. 踶:《新修玉篇》卷七《足部》引《川篇》:"踶,大西切。跨(足)也。"(64 下左)

按:《篇海》卷九《足部》引《川篇》:"踶,大西切。足也。"(714 上)"踶""踶"即同字異寫。《集韻》平聲齊韻田黎切:"蹏,《說文》:'足也。'或从帝、从是。"(94)"踶""踶"與"蹏"音義並同,並即"蹏"字之俗。此二字形《大字典》《字海》皆未收,可據補。

47. 髂:《新修玉篇》卷七《骨部》引《龍龕》:"髂,古活切。骨端。"(66 下右)

按:《篇海》卷二《骨部》引《龍龕》:"髂,古活切。骨端也。《玉篇》又音刮。"(593 下)"髂""骷"即同字異寫。《龍龕》卷四《骨部》:"髂,俗;骷,正。古活反。骨端也。《玉篇》又音刮。二。"(481)"髂""骷"與"骷"音義並同,並即"骷"字之俗。

48. 髛:《新修玉篇》卷七《骨部》引《川篇》:"髛,口高切。髛骨。"(66 下右)

按:《篇海》卷二《骨部》引《川篇》:"髛,口高切。髛骨也。"(593 下)"髛""髛"即同字異寫。《玉篇·骨部》:"骹,口高切。骨。"(35 上右)"髛""髛"與"骹"音義並同,"髛""髛"並即"骹"字之俗。

49. 胮:《新修玉篇》卷七《肉部》引《龍龕》:"胮,戶交切。脭膳也。"(69 上左)

按:《篇海》卷十五《肉部》引《龍龕》:"胮,戶交切。肴膳也。"(838 上)《龍龕》卷四《肉部》:"胮,俗。戶交反。正作肴。~膳也。"(406)"胮"即"胮"字異寫,亦當即"肴"字之俗。

50. 慇:《新修玉篇》卷八《心部》引《奚韻》:"慇,於謹切。疾人憂。"(73 上左)

按:《說文·心部》:"慇,謹也。从心,旨聲。"(217 下)《玉篇·心部》:"慇,衣近切。憂也;謹也。"(41 上右)"慇",《廣韻》音"於謹切"。"慇"與"慇"音義並同,"慇"即"慇"字之俗。

51. 慮:《新修玉篇》卷八《心部》引《龍龕》:"慮,誤。新藏作慮,正。"(74 上左)

按：《篇海》《龍龕》同。故"慮"即"慮"字之俗。

52. 儢：《新修玉篇》卷八《心部》引《奚韻》："儢，力舉切。[儢]拒，心不欲。"（74下右）

按：《篇海》同。《玉篇·人部》："儢，力莒切。儢拒，心不欲為也。"（14下左）"儢"與"儢"音義並同，"儢"即"儢"字之俗。

53. 憎：《新修玉篇》卷八《忄部》引《龍龕》："憎，藏宗切，又音曹。謀也；心亂也。"（77上右）

按：《篇海》《龍龕》同。《玉篇·忄部》："憎，昨遭切。亂也。又殂冬切。謀也。"（39上右）"憎""憎"音義並同，"憎"即"憎"字之俗。

54. 憓：《新修玉篇》卷八《忄部》引《龍龕》："憓，音惠。"（77上右）

按：《篇海》卷十《心部》引《龍龕》："憓，音惠。愛也。"（732上）《龍龕》卷一《忄部》："憓，音惠。愛也。"（60）《集韻》去聲霽韻胡桂切："憓，愛也；順也。通作惠。"（508）"憓"即"憓"字俗訛。

55. 愆：《新修玉篇》卷八《忄部》引《龍龕》："愆，居言切。"（77上右）

按：《篇海》卷十《心部》引《龍龕》："愆，居言切。正作犍。~牛。"（732上）《龍龕》卷一《忄部》："愆，誤。居言反。正作犍。~牛也。"（56）故"愆"即"犍"字俗訛。

56. 訐：《新修玉篇》卷九《言部》引《龍龕》："訐，音呼。亦喚也。"（80下右）

按：《龍龕》卷一《言部》："訐，音呼。亦喚也。"（40）《說文·言部》："評，召也。从言，乎聲。"（48上）"訐"與"評"音義並同，"訐"即"評"字之俗。

57. 諳：《新修玉篇》卷九《言部》引《廣集韻》："諳，天口切。言悉也。"（81下右）

按：《集韻》上聲厚韻他口切："諳，言悉也。"（439）"諳"與"諳"音義並同，"諳"即"諳"字之俗。

58. 謾：《新修玉篇》卷九《言部》引《川篇》："謾，亡安切。欺也。又亡旦切。誑言。"（82下左）

按：《篇海》卷三《言部》引《川篇》："謾，亡安切。欺也。又亡旦切。誑言。"(611下)"謼""謼"即同字異寫。《玉篇·言部》:"謾,莫般、馬諫二切。欺也。"(42下右)"謼""謼"與"謾"音義並同,並即"謾"字之俗。

59. 䛐:《新修玉篇》卷九《言部》引《龍龕》:"䛐,音誓。"(83下右)

按:《篇海》《龍龕》皆作"譬","䛐"即"譬"之繁化俗字。"譬"即"辯"字之俗,則"䛐"亦即"辯"字。

60. 譋:《新修玉篇》卷九《言部》引《龍龕》:"譋,丑染切。諂誑也;佞也;偽也;詐也。"(83下左)

按:《篇海》同。《龍龕》卷一《言部》:"譋諂,丑染反。諂誑也;偽也;佞也。"(44)《說文·言部》:"譋,諛也。从言,閻聲。"(48下)"譋",《廣韻》音"丑琰切"。故"譋"即"譋"字俗寫。

61. 欨:《新修玉篇》卷九《欠部》引《龍龕》:"欨,於柳切。愁皃。又於六切。"(86上右)

按:《龍龕》卷一《欠部》:"歠,或作;欨,正。於六反。愁皃。下又於柳反。二。"(355)《說文·欠部》:"欨,愁皃。从欠,幼聲。"(178上)"欨",《廣韻》音"於糾切",又音"於六切"。"欨"與"欨"音義並同,"欨"即"欨"字之俗。

62. 徸:《新修玉篇》卷十《彳部》引《川篇》:"徸,且立切。行皃。"(90下右)

按:《篇海》卷五《彳部》引《川篇》:"徸,且立切。行皃。"(651下)《說文·彳部》:"徸,行皃。从彳,翜聲。"(37上)"徸",《廣韻》音"蘇合切",又音"初戢切"。"徸"與"徸"音義並同,"徸"即"徸"字俗省。

63. 趗:《新修玉篇》卷十《走部》引《龍龕》:"趗,直离切。輕薄皃。"(92下右)

按:《龍龕》同。《玉篇·走部》:"趗,直知切。趗驚,輕薄也。"(48下左)"趗"與"趗"音義並同,"趗"即"趗"字之俗。

64. 趋:《新修玉篇》卷十《走部》引《類篇》:"趋,音插。"(92下右)

按:《篇海》卷十《走部》引《類篇》:"趋,音插。"(710下)《玉篇·走部》:"趋,山洽、士洽二切。行疾也。"(49上左)"趋"與"趋"

音同形近，"䞞"當即"䞞"字俗。

65. 屎：《新修玉篇》卷十一《尸部》引《川篇》："屎，音矢。大糞。"（98 上左）

按：《篇海》卷十二《尸部》引《川篇》："屎，音矢。大糞。"（751 上）"屎"即"屎"字之俗。

66. 䡹：《新修玉篇》卷十二《東部》引《廣集韻》："䡹，郎甸切。籆𥂖也。䡹，同上。"（108 下右）

按：《集韻》去聲霰韻郎甸切："䡹，《博雅》：'陳也。'一曰𥂖籆。"（568）"䡹"當即"䡹"字俗訛。

67. 楙：《新修玉篇》卷十一《林部》引《川篇》："楙，音武。蕃也。"（108 下左）

按：《篇海》卷十五《木部》引《川篇》："楙，音武。蕃也。"（701 下）《集韻》上聲麌韻罔甫切："楙，《說文》：'豐也。'"（335）"楙"當即"楙"之異體字。

68. 㭘：《新修玉篇》卷十二《木部》引《奚韻》："㭘，親結切。木名，可以為杖。"（111 上左）

按："㭘"字，《篇海》作"㭍"，然二字都收於六畫之內，故當以作"㭘"為是。"㭘"當即"㭍"字之俗。《說文·木部》："㭍，木，可以為杖。从木，卻聲。"（113 上）"㭍"，《廣韻》音"親吉切"。"㭘"與"㭍"音近義同，"㭘"即"㭍"字俗訛。

69. 䉒：《新修玉篇》卷十四《竹部》引《川篇》："䉒，音眉。竹也。"（129 上左）

按：《篇海》同。《玉篇·竹部》："䉂，莫悲切。竹。"（71 下右）"䉒"與"䉂"音義並同，"䉒"即"䉂"字俗省。

70. 簉：《新修玉篇》卷十四《竹部》引《川篇》："簉，音曹。竹也。"（130 上左）

按：《篇海》同。《玉篇·竹部》："簉，音曹。竹名。"（71 上左）"簉"與"簉"音義並同，"簉"即"簉"字之俗。

71. 蠏：《新修玉篇》卷十四《竹部》引《川篇》："蠏，音蟹。竹也。"（131 上左）

按：《篇海》卷五《竹部》引《川篇》："蠏，音蟹。竹也。"（646 下）"蠏""蠏"當即一字之變。《玉篇·竹部》："籈，胡買切。竹。"

（71下左）"籓""籓"與"籓"音義並同，並即"籓"字之俗。

72. 籟：《新修玉篇》卷十四《竹部》引《川篇》："籟，落蓋切。似笛有三孔也。"（131下右）

按：《篇海》卷五《竹部》引《川篇》："籟，音賴。似簫有三孔。"（647上）《説文·竹部》："籟，三孔龠也。大者謂之笙，其中謂之籟，小者謂之箹。从竹，賴聲。"（93下）"籟"，《廣韻》音"落蓋切"。"籟"與"籟"音義並同，"籟"當即"籟"字之俗。

73. 㝡：《新修玉篇》卷十五《宀部》引《龍龕》："㝡，音罟。"（140上左）

按：《龍龕》卷四《宀部》："㝡，俗。音古。正作罟。網~。"（536）"㝡"即"㝡"字異寫，亦即"罟"字俗訛。

74. 勖：《新修玉篇》卷十五《网部》引《龍龕》："勖，許玉切。勉也。"（141下右）

按：《篇海》、通行本《龍龕》皆未收此字。《玉篇·力部》："勖，呼玉切。勉也。《書》曰：'勖哉夫子。'"（37下左）"勖"當即"勖"字俗訛。

75. 盔：《新修玉篇》卷十五《皿部》引《龍龕》："盔，苦回切。器盔也。"（143上左）

按：《龍龕》卷二《皿部》："盔，苦廻反。~器，盂屬也。"（328）《玉篇·皿部》："盔，苦回切。鉢也。"（77下左）"盔"當即"盔"字之俗。

76. 䀴：《新修玉篇》卷十五《皿部》引《龍龕》："䀴，音猛。"（143上左）

按：《篇海》同。《龍龕》卷二《皿部》："䀴，音猛。"（328）"䀴"音"猛"，當即"猛"字俗訛。

77. 鼖：《新修玉篇》卷十六《鼓部》引《類篇》："鼖，扶云切。大鼓也。"（144上左）

按：《説文·鼓部》："鼖，大鼓謂之鼖。鼖八尺而兩面，以鼓軍事。从鼓，賁省聲。"（97上）"鼖"，《廣韻》音"符分切"。"鼖"與"鼖"音義並同，"鼖"當即"鼖"字俗訛。

78. 斔：《新修玉篇》卷十六《斗部》引《類篇》："斔，音與。量也。"（146下左）

按：《篇海》卷四《斗部》引《類篇》："斛，音與。量也。"（629上）《龍龕》卷二《斗部》："斛，俗；斛，正。羊主反。量也。二。"（334）"斛""斛"並即"斛"字之俗。

79. 烖：《新修玉篇》卷十七《戈部》引《川篇》："烖，音戫。流水（水流）。"（151上右）

按：《篇海》卷二《戈部》引《川篇》："烖，音戫。水流也。"（580下）"烖"當即"烖"之異寫字。《龍龕》卷一《戈部》："烖，俗；烖，正。音或。水流也。二。"（174）"烖"當即"烖"字之俗，《龍龕》正俗顛倒，非是。故"烖"亦當即"烖"字之俗。

80. 劃：《新修玉篇》卷十七《刀部》引《川篇》："劃，音疇。古文。"（152下左）

按："劃"字，《篇海》作"劃"，"劃"當即"劃"之異寫字。《叢考》（146）謂"劃"疑即"嚋"的訛俗字，則"劃"亦當即"嚋"之訛俗字。

81. 澤：《新修玉篇》卷十九《水部》引《川篇》："澤，遵誄切，又七醉切。"（169下左）

按："澤"字，《篇海》作"澤"。《玉篇·水部》："澤，且遂切。下溼也。又遵累切。汁漬也。"（88下右）"澤"當即"澤"字之俗。

82. 澶：《新修玉篇》卷十九《水部》引《奚韻》："澶，視然切。澶淵，在頓丘縣南。"（171上左）

按：《玉篇·水部》："澶，視然切。澶淵，在頓丘縣南。"（89下右）"澶"與"澶"音義並同，"澶"當即"澶"字之俗。

83. 瀰：《新修玉篇》卷十九《水部》引《類篇》："瀰，音淵。"（172上左）

按："瀰"音"淵"，當即"淵"字之俗，即在"淵"字的基礎上增加"水"旁而形成的繁化俗字。

84. 瀾：《新修玉篇》卷十九《水部》引《龍龕》："瀾，力刃切。水名。"（173下右）

按：《篇海》同，然通行本《龍龕》未收錄此字形。《玉篇·水部》："瀾，力刃切。水。"（92上右）"瀾"與"瀾"音義並同，"瀾"即"瀾"字之俗。

85. 輆：《新修玉篇》卷二十《軺部》引《龍龕》："輆，各汙切。"

第四章 《新修玉篇》整理與研究的價值 / 253

(181 上左)

按:《篇海》卷二《欯部》引《龍龕》:"毃,音敨(?)。"(589 上)"毃"字,《新修玉篇》《篇海》皆謂引《龍龕》,然通行本《龍龕·欯部》未見收錄此字。《玉篇·欯部》:"敨,各汗切。"(96 上左)"毃"當即"敨"之異體字。鄧福祿、韓小荊《考正》(238)謂"敨"疑即"幹"字之俗,則"毃"亦當即"幹"字之俗。

86. 硇:《新修玉篇》卷二十二《石部》引《川篇》:"硇,音坧。石硇。"(184 上右)

按:《篇海》同。"硇"當即"硇"字之俗。《玉篇·石部》:"硇,音坧。石也。"(105 下左)《玉篇校釋》校"石也"為"石落也",當是。"石硇"當義指"石落"。故"硇"與"硇"音義並同,"硇"當即"硇"字之俗。

87. 陳:《新修玉篇》卷二十二《阜部》引《龍龕》:"陳,古文陳字。"(187 上左)

按:《龍龕》卷二《阜部》:"陳陳,二古文陳字。"(296)"陳"當即"陳"字俗省,亦即"陳"字。

88. 豛:《新修玉篇》卷二十三《豕部》引《川篇》:"豛,音役。"(195 上左)

按:《說文·豕部》:"豛,上谷名豬豛。从豕,役省聲。"(195 上)"豛",《廣韻》音"營隻切"。"豛"與"豛"音同形近,"豛"即"豛"字之俗。

89. 鴕:《新修玉篇》卷二十四《鳥部》引《餘文》:"鴕,徒何切。鳥名,似雞。"(199 下左)

按:"鴕"字,《篇海》作"鴕"。《集韻》平聲戈韻唐何切:"鴕鴕,鳥名,似雉。或從陀。"(200)"鴕"當即"鴕"之異體字,亦當即"鴕"字之俗。

90. 蟉:《新修玉篇》卷二十五《虫部》引《川篇》:"蟉,力牛切。蟲也。"(208 下右)

按:《玉篇·虫部》:"蟉,音流。蟲名。"(119 下右)"蟉"與"蟉"音義並同,"蟉"當即"蟉"字之俗。

91. 氊:《新修玉篇》卷二十六《毛部》引《龍龕》:"氊,音(章)延切。扞毛為席。"(214 下左)

按：《龍龕》卷一《毛部》："氊，俗；氈，正。章延反。扦毛為席。"（134）"氊"當即"氈"字異寫，亦當即"氈"字之俗。

92. 蠶：《新修玉篇》卷二十五《虫部》引《川篇》："蠶，七由切。《爾雅》云：'次蠶，蟹蛑也。'"（210上右）

按：《爾雅·釋蟲》："次蛗，鼅鼄。""蛗"，《廣韻》音"七由切"。"蠶"與"蛗"音義並同，"蠶"當即"蛗"字之俗。

93. 賵：《新修玉篇》卷二十五《貝部》引《龍龕》："賵，於蹇切。物相當。"（212上右）

按：《龍龕》卷三《貝部》："賵，於蹇反。相當也。"（350）"賵"當即"賵"字之俗。

94. 幡：《新修玉篇》卷二十八《巾部》引《龍龕》："幡，扶忿切。以囊盛穀也，大滿坼裂也；又弓筋也。"（225上右）

按：通行本《龍龕》未見收錄此字形。《玉篇·巾部》："幡，扶忿切。以囊盛穀也，太滿坼裂也；又弓筋起。"（127上右）"幡"當即"幡"字之俗。

95. 敩：《新修玉篇》卷二十九《攴部》引《龍龕》："敩，音教。古文。"（230下左）

按：《龍龕》卷一《攴部》："敩，古文。音教。"（122）"敩"當即"敩"之異寫字。"敩"即"教"字之俗，故"敩"亦當即"教"字之俗。

96. 橐：《新修玉篇》卷二十九《橐部》引《廣集韻》："橐，烏續切。大囊也。"（231下左）

按：《集韻》去聲隊韻烏潰切："橐，大囊。"（534）"橐"當即"橐"之異寫字。

97. 因：《新修玉篇》卷二十九《囗部》引《類篇》："囙因，二音日。"（232上左）

按：《篇海》卷十四《囗部》引《類篇》："囙因，二音日。"（814上）"因""因"即同字異寫，並當即"日"字之俗。

98. 式：《新修玉篇》卷二十九《弋部》引《龍龕》："式，傷食切。法也；敬也；度也。"（233下左）

按：《龍龕》卷四《弋部》："式，傷食反。法也；敬也；度也。"（527）"式"與"式"音義並同，"式"即"式"字之俗。

99. 䢒：《新修玉篇》卷二十九《匚部》引《龍龕》："䢒，音彼，又徒弔切。田器也。又平聲。"（234 下右）

按："䢒"當即"匦"之異寫字。《龍龕》卷一《匚部》："䢒，俗；匦，正。《玉篇》音彼，又徒弔反。田器也。又平聲。二。"（192）此即其證也。

100. 臝：《新修玉篇》卷二十九《臝部》引《玉篇》："臝臝，力果切。赤體。《說文》曰：'袒也。'亦作裸同。"（235 上左）

按：《玉篇》未收《臝部》。"臝"當即"臝"字之俗。

101. 臝：《新修玉篇》卷二十九《臝部》引《玉篇》："臝，力果切。《省》：蓏果也。"（235 上左）

按：《集韻》上聲果韻魯果切："蓏，《說文》：'在木曰果，在地曰蓏。'一說：有核果，無核蓏。一說：有殼果，無殼蓏。或作臝。"（408）"臝"當即"臝"字之俗。

102. 臝：《新修玉篇》卷二十九《臝部》引《玉篇》："臝，郎果切。亦作倮、裸。"（235 上左）

按：《說文·衣部》："臝，袒也。從衣，臝聲。裸，臝或從果。"（170 上）"臝"當即"臝"之異寫字。

103. 菁：《新修玉篇》卷三十《古部》引《廣集韻》："菁，蘇禾切。草名，可為雨衣。古文。"（236 下左）

按：《集韻》平聲戈韻蘇禾切："衰蓑，《說文》：'艸雨衣。秦謂之萆。'或從艸，古作菁。"（199）"菁"當即"菁"之異寫字，亦即"衰（蓑）"字異體。

104. 醯：《新修玉篇》卷三十《酉部》引《廣集韻》："醯，郎擊切。醯醍，酒（酪）漿也。"（240 上左）

按：《廣韻》入聲錫韻郎擊切："醯，醯醍，酪漿。"（421）《集韻》入聲錫韻狼狄切："醯，醯醍，酪也。"（752）"醯"當即"醯"字之俗。

105. 鬱：《新修玉篇·龍龕餘部·學部》引《川篇》："鬱，音欝，古文。"（241 下左）

按：《廣韻》入聲物韻紆物切："鬱，香草。又氣也；長也；幽也；滯也；腐臭也；悠思。欝，俗。"（386）"鬱"當即"鬱"字之俗。

106. 鼇：《新修玉篇》引《龍龕雜部》："鼇，五刀切。正作鼇。"（242 上左）

按：《龍龕》卷四《雜部》："鼇，五高反。正作鼈字。"（546）"鼇""鼇"即同字異寫，並即"鼈"字之俗。

107. 䛜：《新修玉篇》引《龍龕雜部》："䛜，或作；䛜，正。音萌。田民也；又野人也。"（242 上左）

按：《龍龕》卷四《雜部》："䛜，或作；䛜，正。音萌。田民也；又野人也。二。"（547）"䛜""䛜"並即"氓"字之俗。

十　增補同形俗字

張涌泉《漢語俗字叢考》前言指出："由於造字者造字角度的差異或字形演變的關係，俗字常常會發生跟另一個音義不同的漢字同形的現象，這種形同而音義不同（有時讀音相同或相似）的字，一般稱為同形字。由於同形字外形完全相同，具有很大的'欺騙性'，因而在閱讀古籍或校理古籍時極易因之產生誤解。所以對具有'導讀'作用的大型字典來說，注意搜集、辨別同形字實在是一項非常緊要的工作。"①《新修玉篇》收錄了數量眾多的同形字，通過對《新修玉篇》進行全面的測查與研究，可以為《大字典》和《字海》輯錄很多同形字材料。

1. 玒：《新修玉篇》卷一《玉部》引《餘文》："玒玒，居竦切。璧也。"（8 上左）

按：《篇海》卷三《玉部》引《餘文》："玒玒，二居竦切。璧也。"（621 下）《集韻》上聲腫韻居竦切："珙，璧也。或作玒，通作拱。"（305）"玒"當即"珙"字俗省，亦即"珙"字之俗。此"玒"與《大字典》《字海》所收"璣"之異體字"玒"即為同形字。

2. 祮：《新修玉篇》卷一《示部》引《龍龕》："祮，呼到切。"（11 上左）

按：《篇海》同。《龍龕》卷一《礻部》："祮，呼到反。"（113）"祮"音"呼到反"，當即"耗"字俗訛。《可洪音義》卷二《阿闍貰王女阿術達菩薩經》："損祮，火告反。正作耗。"（59，p613c4）此即其證也。此"祮"與《字海》所收"旄"之俗字"祮"即為同形字。

3. 禱：《新修玉篇》卷一《示部》引《龍龕》："禱，都老切。祈禱也。"（12 上左）

---

① 張涌泉：《漢語俗字叢考》，中華書局 2000 年版，第 3 頁。

第四章 《新修玉篇》整理與研究的價值 / 257

按：《龍龕》卷一《礻部》："裯褐襠，三俗；禱，正。都老反。祭也；請也；求福也。四。"（110）"襠"即"襠"之異寫字，"襠""襠"並即"禱"字之俗。《大字典》《字海》"襠"字皆未收，可據補。此"襠"與《大字典》《字海》所收"襠"之俗字"襠"即為同形字。

4. 垌：《新修玉篇》卷二《土部》引《玉篇》："垌，他孔切。缶垌也。"（13下右）

按：《篇海》同。《玉篇·土部》："垌，他孔切。缶垌也。"（8下左）又慧琳《音義》卷六二《根本毗奈耶雜事律》第二十三卷："垌野：上癸營反。《毛詩》傳云：'坰，遠也。'《說文》作冂，云：'邑外謂之郊，郊外謂之野，野外謂之林，林外謂之冂，象遠界也。'又從口作冋，眾國邑也。俗從土作垌也。"（58，p715a3）《龍龕》卷二《土部》："坰垌，二俗；垌，正。古營反。郊外曰林，林外曰垌。三。"（247）故"垌"當即"垌"字之俗。此"垌"與上文《玉篇》所收之"垌"即為同形字。

5. 坼：《新修玉篇》卷二《土部》引《川篇》："坼，丑革切。毀坼也。"（13下右）

按：《篇海》未收。此字當是"坼"字之俗。《廣雅·釋詁三》："坼，開也。"（124）"坼"本義指裂開，引申義可指墮壞。《呂氏春秋·音初》："子長成人，幕動坼橑，斧斫斬其足，遂以為守門者。"此即其證也。"坼"，《廣韻》音"丑格切"。"坼"與"坼"音義並同，"坼"當即"坼"字之俗。此"坼"與《字海》（221A）所引《四川方言詞典》音piǎn、訓為"面積較大而不太陡的坡地"之"坼"即為同形字。

6. 琥：《新修玉篇》卷二《土部》引《餘文》："琥，呼訝切。地名，在晉。"（14下右）

按：《篇海》同。《集韻》去聲禡韻虛訝切："琥，地名，在晉。"（595）佛經有此字用例，提供如下：《大正藏》本唐道宣撰《集神州三寶感通錄》卷中："宋衛軍臨川康王，在荊州城內築堂三間，供養經像，堂壁上多畫菩薩圖相。及衡陽文王代，鎮廢為明齋，悉加泥治，乾輒琥脫畫狀鮮淨，再塗猶爾。王不信向，心謂偶爾，又使濃塗而畫像徹見炳然可列。王復令毀故壁，悉更繕改，不久抱疾，閉眼輒見諸像森然滿目，於是廢而不居，頗事齋講。""琥"字，宋本作"襥"，元本作"㣇"，明本作"坼"。從上下文文意，並結合字形演變來看，"琥"當即"襥"字俗訛。此"琥"與上文《集韻》所收之"琥"即為同形字。

7. 堲：《新修玉篇》卷二《土部》引《玉篇》："堲，良質切。塞也。"（15 上右）

按：《篇海》同。《玉篇·土部》："堲，力日切。塞也。"（8 下左）又《可洪音義》卷二五《賢聖集音義》第十一卷："堲也：上音摽幟字，《說文》也，正作慓也。又音栗，非。"（60，p368a5）"摽"當即"幖"字之俗。此"堲"當即"幖"字俗訛。此"堲"與上文《玉篇》所收之"堲"即為同形字。

8. 黟：《新修玉篇》卷二《里部》引《龍龕》："黟黟，二俗。烏兮切。黟，水黑也。"（17 上右）

按：《篇海》卷十五《里部》引《龍龕》："黟黟，二俗。烏兮切。黟，正。水黑也。"（822 上）《龍龕》卷二《里部》："黟黟，二俗。烏兮反。正作黟。水黑也。"（339）《龍龕》"正作黟"之"黟"即"黟"字之俗，"水黑也"之訓皆為"木黑也"之誤。《說文·黑部》："黟，黑木也。从黑，多聲。丹陽有黟縣。"（210 下）"黟"，《廣韻》音"烏奚切"。"黟""黟"並即"黟"字之俗。此"黟"與《字海》（1407B）所引《西道縣令劉攬墓誌》"野"字異體之"黟"即為同形字。

9. 邟：《新修玉篇》卷二《邑部》引《龍龕》："邟，司夜切。解邟。又音尤。"（17 下右）

按：《篇海》卷十三《邑部》引《龍龕》："邟，司夜切。正作卸。又音尤。"（809 上）《龍龕》卷四《邑部》："邟郵，俗。司夜反。解～。下又音尤。二。"（456）"邟""郵"並即"卸"字之俗。《說文·卩部》："卸，舍車解馬也。"（184 下）"卸"，《廣韻》音"司夜切"。"邟""郵"與"卸"音義並同，"邟""郵"並即"卸"字之俗。此"邟"與《字海》（173B）所收同"邦"之"邟"即為同形字。"邟"字，《新修玉篇》《篇海》皆又音"尤"，當即《龍龕》"邟"之下字"郵"字又音誤植於此。"郵"又音"尤"，當即"郵"字之俗。韓小荊《〈可洪音義〉研究》（792）"郵"俗作"郵"，此即其證也。此"郵"與《龍龕》上文同"卸"之"郵"亦為同形字。

10. 冋：《新修玉篇》卷二《冂部》引《類篇》："冋，音坰。"（21 上右）

按：此"冋"即"冂"字古文"同"字之俗。《說文·冂部》："冂，邑外謂之郊，郊外謂之野，野外謂之林，林外謂之冂，象遠界也。同，古文門。从口，象國邑。垌，囘或从土。"（105下）"囘"字内部之"口"或寫作類似於一的粗橫，於是後人進一步俗寫作"冃"。此"冃"與《說文》所收音 mǎo、訓為"重覆也"之"冃"即為同形字。

11. 佀：《新修玉篇》卷三《人部》："佀，音但。"（23上右）

按：《篇海》卷十五《人部》引《龍龕》："佀，音但。義同。"（828上）《篇海》《新修玉篇》皆謂引《龍龕》，然通行本《龍龕》未見收錄"佀"字。"佀"音"但"，疑即"但"字之俗。韓小荆《〈可洪音義〉研究》（409）"但"俗作"佢"，"佀"與"佢"形近，疑亦為"但"字之俗。此"佀"與"剛"字《說文》古文之"佀"即為同形字。

12. 係：《新修玉篇》卷三《人部》引《龍龕》："係，音計。連係也。又音玄。佷也。"（23下右）

按：《龍龕》卷一《人部》："係，音計。連~也。又音玄。佷也。"（33）"係"音"計"，當即"係"字之俗（見《字海》74B）；而"係"音"玄"，當即"伭"字之俗。《說文·人部》："伭，佷也。从人，弦省聲。"（163下）"伭"，《廣韻》音"胡田切"，又音"胡涓切"。"佷""很"字同。故"係"音"玄"，與"伭"音義並同，此"係"當即"伭"字之俗。此"係"與音"計"之"係"即為同形字。

13. 佬佬：《新修玉篇》卷三《人部》引《龍龕》："佬，音遼。又所臻切。"（24下左）

按：《篇海》同。《龍龕》卷一《人部》："佬佬，音遼。又所臻反。正作侁。二。"（26）"佬"音"遼"，當即"佬"字之俗。《玉篇·人部》："佬，力彫切。佬佬也，大皃也。"（15上左）"佬""佬"又音"所臻切"，當即"侁"字之俗。此"佬""佬"與"佬佬"之"佬""佬"即為同形字。

14. 俽：《新修玉篇》卷三《人部》引《龍龕》："俽，音偝。"（24下左）

按：《篇海》卷十五《人部》引《龍龕》："俽，音偝。義同。"（829上）《龍龕》卷一《人部》："俽，俗；偡（偡），正；偝，或作。先結反。動草聲也；又鷟鳥之聲。~~，呻吟也。三。"（38）故此"俽"即"偡"字之俗。此"俽"與"睬"之異體字"俽"即為同形字。

15. 偄：《新修玉篇》卷三《人部》引《龍龕》："偄，女咸切。"（25上左）

按：《篇海》同。《龍龕》卷一《人部》："僁俰，二俗。女咸反。"（28）"俰"同"僁"，皆為佛經咒語譯音字，無實義（詳見上文"僁"字注）。此"俰"與《字海》（81C）所收"備"之異體字"俰"即為同形字。

16. 俍：《新修玉篇》卷三《人部》引《龍龕》："俍，音體。"（25下右）

按：《篇海》同。《龍龕》卷一《人部》："俍，俗。音體。"（32）此"俍"正字不明，俟考。佛經有此字用例，提供如下：《大正藏》本唐道宣撰《續高僧傳》："逈曰：'法師誦得幾許？'答曰：'貧道發心欲誦一藏，情多懈怠，今始俍千卷。'""逈"，宋本、元本皆作"迴"；"俍"，宮本、宋本、元本、明本皆作"得"。從上下文文意來看，當以作"得"為是，此"俍"當即"得"字俗訛。此"俍"與《大字典》《字海》所收音 tǐ，訓為"舒緩"、"行動遲緩"之"俍"即為同形字。

17. 傈：《新修玉篇》卷三《人部》引《餘文》："傈，七肖切。僥傈，長皃。"（27上右）

按：《篇海》同。《集韻》去聲笑韻七肖切："傈，僥傈，長皃。"（579）"傈"另有兩個來源，與《集韻》之"傈"當為同形字。一、"傈"當為"操"之異體字。慧琳《音義》卷六〇《根本説一切有部毗奈耶律》第六卷："貞操，草奥反。《韻英》云：'㮯（操），志也。'或從人作傈，《文字典説》從手㮯聲也。㮯，音桑到反。"（58，p661b4）二、"傈"當為"傯"之異體字。《卍新纂續藏》本宋善卿編《祖庭事苑》："性傈，傈當作傯。踈到切。性疏兒。"（X6，p0316b11）

18. 俶：《新修玉篇》卷三《人部》引《龍龕》："俶，子六切。"（27下右）

按：《篇海》卷十五《人部》引《龍龕》："俶，子六切。與俶義同。"（832下）"俶"當即"蹙"字之俗。《龍龕》卷一《人部》："俶俶俶俶俶俶，六俗。子六反。正作蹙。急近迫～也。"（39）此即其證也。朝鮮本《龍龕》卷一《人部》作："俶，俗。子六切。正作蹙。急近迫［蹙］也。俶俶俶俶俶，並同。"（33）此亦其證也。《說文·人部》："俶，善也。从人，叔聲。《詩》曰：'令終有俶。'一曰始也。"（161上）"俶"，《廣韻》音"昌六切"。"俶"與"俶"儘管音近，然形義俱別，二字不可混同，故《篇海》謂"俶"與"俶"義同，非是，"俶"當即

"傤"字誤刻。此"儶"與《字海》所收同"儳"之"儳"即為同形字。

19. 頡：《新修玉篇》卷三《人部》引《龍龕》："頡，呼結切、下結切。"（27下右）

按：《篇海》略同。《龍龕》卷一《人部》："頡，俗。呼結、下結二反。"（39）此"頡"當即"頡"之增旁俗字。《可洪音義》卷二三《陀羅尼雜集》第五卷："頡利，上胡結反。"（60，p289c11）慧琳《音義》卷三九《不空羂索經》："頡利，形結反。"（T54，p566c16）對應經文作："闇頡利怛賴路迦毘闍耶唵暮伽播奢　頡利達耶　唵鉢剌底喝多"（T20，p404c6）"頡利"即為佛經譯音用字，無實義。"頡利"同"頡利"，"頡"當即"頡"之增旁俗字。又《集韻》入聲屑韻奚結切："頡，《山海經》：'鳌山有獸，狀如犬，有鱗，名曰獦。'"（702—703）此"頡"當即"獦"字之訛。上文"頡"之異體"頡"字與此"頡"即為同形字。

20. 嫊：《新修玉篇》卷三《女部》引《餘文》："嫊，七人切。愛也；近也。《說文》云：'至也。'"（31上右）

按：《篇海》卷五《女部》引《餘文》："嫊，音親。義同。"（655下）《集韻》平聲真韻雌人切："親，《說文》：'至也。'一曰近也。或作嫊。"（117）"嫊"即"親"之異體字，而"嫊"當即"嫊"字之俗，亦同"親"。此"嫊"與《龍龕》所收"嫊"之異體字"嫊"即為同形字。

21. 軟：《新修玉篇》卷三《身部》引《龍龕》："軟，射、軏二音。"（33下右）

按：《篇海》同。《龍龕》卷一《身部》："軟，射、軏二音。"（162）"軏"即"軏"字之俗。"軟"音"射"，當即"射"字之俗；而"軟"音"軏"，當即"軏"字之俗。此"軟"與"射"之俗字"軟"即為同形字。

22. 軇：《新修玉篇》卷三《身部》引《類篇》："軇，音大。"（33下右）

按：《篇海》卷十二《身部》引《類篇》："軇，音軇。"（750上）"軇"字，《新修玉篇》與《篇海》音讀不同，《新修玉篇》所言疑是。因為此部所引《類篇》之字多為俗體會意字，如："躭"從身、老會"耶"（見《叢考》1014）、"躯"從身、下會"劣"字之義（見《續考》254）、"瑔"從王、身、臣會"相"字之義（見《疑難字》357）、"軀"

從身、富會"福"字之義、"贎"從身、貧會"窮"字之義、"軇"從身、安、吉會"樂"字之義、"躱"從人、身、火會"災"字之義等，"軇"亦當為俗體會意字，從身、貴為大會"大"字之義，《篇海》"音贎"當為"音大"之誤。此"軇"與《龍龕》所收"贎"之俗體"軇"即為同形字。

23. 𩒎：《新修玉篇》卷四《𦣻部》引《廣集韻》："𩒎，戶來切。𩒎頷也。通作頦。"（34 上左）

按：《集韻》平聲咍韻何開切："𩒎，𩒎頷也。通作頦。"（112）"𩒎"即"頦"之異體字。此"𩒎"與"臣"之《説文》籀文"𩒎"即為同形字。

24. 頏：《新修玉篇》卷四《頁部》引《龍龕》："頏，胡朗切。頡頏也。又都感切、都紺切。並頷頏也。"（34 下左）

按：《篇海》同。《龍龕》卷四《頁部》："頏，俗；頏頏，二正。胡朗反。頡～也。下又都感、都紺二反。頷～也。"（484）"頏"音"胡朗切"，訓"頡頏也"，當即"頏"字之俗。此"頏"與下文音"都感、都紺二切"、訓為"頷頏"之"頏"的俗字"頏"即為同形字。

25. 頄：《新修玉篇》卷四《頁部》引《龍龕》："頄，音右。顧碩也；疾也。或作疚。亦得也。"（35 上左）

按：《篇海》同。《龍龕》卷四《頁部》："頄，今；碩，正。音右。顧～也；病也。或作疚。亦得。"（486）"頄"與"碩"音義並同，"頄"即"碩"字之俗。此"頄"與《大字典》《字海》所收音 guāng、訓為"耳後骨"之"頄"即為同形字。

26. 頧：《新修玉篇》卷四《頁部》引《餘文》："頧，胡對切。無髮皃。又胡罪切。頧頧，頭皃。"（36 上左）

按：慧琳《音義》卷二〇《大方廣佛華嚴經》第六卷："聾䐜，古文頧、䐜二形同，今作頦，又作聾同。牛快反。《國語》：'䐜不可使聽。'賈逵曰：'生聾曰䐜。'一云：'聾無識曰䐜。'經文從肉作膭，胡對反，肥也。膭非經義。"（57，p802b6）慧琳《音義》卷七六《分別業報略集》又曰："聾䐜，古文頧、䐜二形同，今作頦，又作聾同。牛快反。生聾曰䐜，聾無識曰䐜也。"（58，p1006b9）故"頧"與"䐜"音義並同，即為異體字。此"頧"與上文《新修玉篇》所引《餘文》之"頧"即為同形字。

27. 眡：《新修玉篇》卷四《目部》引《龍龕》："眡眡，此支切。目汁凝也。"（37 上左）

按：《篇海》同。《龍龕》卷四《目部》："眡，赤支、與支二反。"下文云："眡，俗；眵，正。叱支反。目汁凝也。"（417）"眡""眡"音同形近，並即"眵"字之俗。此"眡"與《字海》（1047C）據《集韻》所收"䀩"之訛字"眡"即為同形字。

28. 盼：《新修玉篇》卷四《目部》引《龍龕》："盼，詣、系二音。恨視也。"（37 下右）

按：《篇海》同。《龍龕》卷四《目部》："盼，詣、系二音。恨視也。"（422）此"盼"當即"盼"字之俗。《説文·目部》："盼，恨視也。从目，兮聲。"（68 上）"盼"，《廣韻》音"胡計切"，又音"五計切"。故"盼"與"盼"音義並同，"盼"當即"盼"字之俗。此"盼"與《字海》（1048B）所收"盼"之異體字"盼"即為同形字。

29. 暄：《新修玉篇》卷四《目部》引《餘文》："暄，許元切。大目。"（38 下左）

按：《篇海》同。《集韻》平聲元韻許元切："暄暖，大目也。或从爰。"（134）佛經有"暄"字用例，與此字當為同形字。《大正藏》本唐法藏撰《大乘起信論別記》："一修生如量智，二本覺隨染智，以染心暄動，違不動平等本覺之智，故名煩惱礙。""暄"，甲本作"喧"。從文意來看，當以作"喧"為是，此"暄"當即"喧"字俗訛。此"暄"與上文《集韻》所收之"暄"即為同形字。

30. 睜：《新修玉篇》卷四《目部》引《龍龕》："睜，以證、大登二切。美目也；大視也。"（39 下右）

按：《篇海》同，然通行本《龍龕》未見收錄此字。"睜"當即"䁯（䁯）"字之俗。《名義·目部》："䁯，以證反。雙。"（35 上）《玉篇·目部》："䁯，以證、大登二切。美目也。大視也。亦作䁯。"（22 上右）《廣韻》去聲證韻以證切："䁯，大視；又雙也。"又同韻下文詩證切："䁯，美目。"（346）"睜"與"䁯"音義並同，又從目、從月形近，俗書常可訛混，故"睜"當即"䁯（䁯）"字俗寫。此"睜"與《字海》（1061A）所收"睊"之俗字"睜"即為同形字。

31. 䁹：《新修玉篇》卷四《目部》引《龍龕》："䁹，音俟。"（40 上右）

按：《龍龕》卷四《目部》："䁞矈，二古文。同俟。"（421）"䁞""矈"即同字異寫，皆可楷定作"矈"，此"矈"當即"俟"之異體字。此"矈"與《大字典》《字海》所收音 zhōu、訓為"目動貌"的"矈賬"之"矈"即為同形字。

32. 叴：《新修玉篇》卷五《口部》引《龍龕》："叴，音求。地名。"（43下左）

按：《篇海》同。《龍龕》卷二《口部》："叴，俗；咎，虵（地）名；叴，音求。氣詞也。三。"（268）《説文·口部》："咎，高氣也。从口，九聲。臨淮有咎猶縣。"（27下）"叴"即"咎"字之俗。此"叴"與"嘰"之簡化字"叽"字即為同形字。

33. 呮：《新修玉篇》卷五《口部》引《龍龕》："呮，去智切。正作跂。垂足坐。"（44下左）

按：《篇海》同。《龍龕》卷二《口部》："呮，俗。去致反。正作跂。垂足坐。"（274）佛經有"呮"字用例，與此當為同形字。《大正藏》本失譯人名《佛説善法方便陀羅尼經》："毘尼婆囉泥（一）婆陀磨嚩帝（二）致致致（三）懼利乾陀唎（四）摩囉摩羅婆（五）呵那末彈陀羅尼（六）陀羅摩利尼（七）斫迦婆呮（八）扇跋唎（九）扇婆唎莎呵（十）"此"呮"當為佛經咒語譯音字，與上文所錄之"呮"即為同形字。

34. 髟：《新修玉篇》卷五《髟部》引《玉篇》："髟，孚勿切。婦人首飾也。"（52上左）

按：《篇海》同。《玉篇·髟部》："髟，孚勿切。婦人首飾也。"（28下左）佛經有"髟"字用例，與此當為同形字。《卍新纂續藏》本唐定賓作《四分律疏飾宗義記》卷第六《與白衣作使戒》："故言：'阿梨耶，佐我作供養具者。爾時得佐結華髟，得佐研香。'"《大正藏》本東晉佛陀跋陀羅共法顯譯《摩訶僧祇律》卷第三十八作："故言：'阿梨耶，佐我作供養具者，爾時得佐結鬘，得佐研香。'"從文意來看，當以作"鬘"為是，"鬘"義指"髮美皃"，故此"髟"當即"鬘"字之俗。此"髟"與《玉篇》所錄之"髟"即為同形字。

35. 掤：《新修玉篇》卷六《手部》引《龍龕》："掤，音冰。以手覆矢之（也）；弓強也。又俗音彭。"（54下右）

按：《篇海》卷十二《手部》引《龍龕》："掤，音冰。所以覆矢；

又弓強也。又俗音朋。"(757上)《龍龕》卷二《手部》："㧊，俗；㧊，古；掤，今。音冰。以手覆矢；又弓強也。又俗音彭。三。"(209)"㧊""㧊"並即"掤"字之俗。此"㧊"與《大字典》《字海》所收"擁"之簡化字"拥"即為同形字。

36. 撽：《新修玉篇》卷六《手部》引《龍龕》："撽，似絕切。拔也。"(57下左)

按：《篇海》同。《龍龕》卷二《手部》："撽授，二或作。似絕反。拔也。二。"(218)"撽"與"撽"音義並同，"撽"即"撽"之異寫字。"撽"即"授"字之俗（詳見下文"撽"字注），故"撽"亦當即"授"字之俗。此"撽"與《大字典》《字海》所收音 wēi、方言指使細長的東西彎曲之"撽"即為同形字。

37. 揪：《新修玉篇》卷六《手部》引《龍龕》："揪，音秋。"(57上左)

按：《篇海》同。《龍龕》卷二《手部》："揪，俗。音秋。正作楸。"(208) 故"揪"當即"楸"字之俗。此"揪"與《大字典》《字海》所收音 jiū、訓"斂"、"抓"之"揪"即為同形字。

38. 撐：《新修玉篇》卷六《手部》引《龍龕》："撐，音掌。"(59上右)

按：《篇海》同。《龍龕》卷二《手部》："撐，俗。音掌。"(213)"撐"音"掌"，疑即"掌"之繁化俗字。此"撐"與《大字典》《字海》所收音 chēng、訓"抵住；支持"之"撐"當為同形字。

39. 撲：《新修玉篇》卷六《手部》引《龍龕》："撲，普末（木）切。拂略打聲也。"(59上右)

按：《篇海》卷十二《手部》引《龍龕》："撲，普末（木）切。沸（拂）署打聲也。"(761下)《龍龕》卷二《手部》："撲，普末反。拂略打聲也。"(216)"撲""撲"即同字異寫，並即"撲"字之俗。《説文·手部》："撲，挨也。从手，菐聲。"(257上) 王筠句讀曰："《字林》：'手相搏曰撲也。'撲，打也。""撲"即"打""擊"之義。"撲"，《廣韻》音"普木切"。"撲""撲"與"撲"音同義近，當即"撲"字之俗。韓小荊《〈可洪音義〉研究》(627)"撲"字俗作"撲"，"撲""撲"與"撲"形近，亦當即"撲"字之俗。此"撲"與《大字典》《字海》所收"醭"之異體字"撲"即為同形字。

40. 攉：《新修玉篇》卷六《手部》引《玉篇》："攉，渠員切。攉變也；宜也；秉也；平也；重也；稱也；始也。又姓。《韻》在注，俗。"（60上左）

按：《篇海》卷十二《手部》引《龍龕》："攉，渠員切。攉變也；宜也；秉也；平也；重也；稱也；始也。又姓。"（762下）《新修玉篇》與《篇海》引書不同，《篇海》所言是也，因為《玉篇》未收此字形，《龍龕》收錄了此字形。《龍龕》卷二《手部》："攉，渠員反。攉變也；宜也；秉也；平也；重也；始也；稱也。又姓。"（206）此"攉"即"權"字之俗。《廣韻》平聲仙韻巨員切："權，權變也，反常合道；又宜也；秉也；秤錘也。"（89）"攉"與"權"音義並同，"攉"即"權"字俗訛。此"攉"與《大字典》《字海》所收"拳"之異體字"攉"即為同形字。

41. 胕：《新修玉篇》卷七《肉部》引《餘文》："胕，莫厚切。大胕指也。本從手。《龍龕》又梅、昧二音。脊側之肉也。"（67下左）

按：《龍龕》卷四《肉部》："胕，俗；脢，正。梅、昧二音。脊側之肉也。"（408）此"胕"當即"脢"字之俗。此"胕"與《大字典》《字海》所收"拇"之異體字"胕"即為同形字。

42. 膿：《新修玉篇》卷七《肉部》引《龍龕》："膿，奴紅切。血也。"（70上右）

按：《龍龕》卷四《肉部》："膿，俗。奴紅反。～血也。"（408）《叢考》（653）謂"膿"即"膿"之訛俗字。"膿""膿"即同字異寫，"膿"亦當即"膿"字之訛。此"膿"與《大字典》《字海》所收"膿"之俗訛字"膿"即為同形字。

43. 䐿：《新修玉篇》卷七《肉部》引《川篇》："䐿，音預。脂膜。"（71上右）

按：《篇海》卷十五《肉部》引《川篇》："䐿，音預。脂膜也。"（840上）"䐿"當即"臄"之異體字。《廣韻》入聲沃韻烏谷切："臄，膏膜。又音屋。"（374）"䐿""臄"義同，"䐿"當即"臄"之異體字。"䐿"字，《新修玉篇》《篇海》音"預"，疑非是。此"䐿"與《字海》所收"𦢺"之異體字"䐿"即為同形字。

44. 惉：《新修玉篇》卷八《心部》引《玉篇》："惉，奴店切。"（73上右）

按：《篇海》同。《玉篇·言部》："𧥣，奴店切。"（41 上左）此"𧥣"當即"念"之異體字。《龍龕》卷一《心部》："忌愈，二俗；𧥣，古文念字。三。"（68）此即其證也。此"𧥣"與《大字典》《字海》所收"𧥣"之《說文》籀文"𧥣"即為同形字。

45. 㤉：《新修玉篇》卷八《心部》引《川篇》："㤉，去記切。心事也。"（73 上左）

按：《篇海》卷十《心部》引《川篇》："㤉，去記切。心事也。"（73 上右）《玉篇·心部》："㤉，去記切。心事也。"（41 上左）"㤉"與"㤉"音義並同，"㤉"當即"㤉"字之俗。此"㤉"與《字海》（996A）所收"憖"之異體字"㤉"即為同形字。

46. 慗：《新修玉篇》卷八《心部》引《切韻》："慗，恥力切。今憖字。"（73 下左）

按：此"慗"即"憖"之異體字。此"慗"與《大字典》《字海》所收"整"之俗字"慗"即為同形字。

47. 忺：《新修玉篇》卷八《忄部》引《川篇》："忺，音含。出氣。"（74 下左）

按：《篇海》同。"忺"疑即"悇"之異體字。《集韻》平聲覃韻呼含切："悇，疎縱也。"（282）"疎縱"同"疏縱"，義指"放縱"，與"出氣"亦可相通。故"忺"與"悇"音同義通，"忺"疑即"悇"之異體字。此"忺"與《大字典》《字海》所收音 xiān、訓"願""高興"之"忺"當為同形字。

48. 伋：《新修玉篇》卷八《忄部》引《川篇》："伋，呼閤切。見卻憂之。"（74 下左）

按：《篇海》同。此"伋"與《大字典》《字海》所收"忥"之異體字"伋"即為同形字。

49. 怢怷：《新修玉篇》卷八《忄部》引《龍龕》："怢，直質切。書怢。"（75 下右）

按：《篇海》同。《龍龕》卷一《忄部》："怢怷，二俗。直質反。書~也。正作帙。"（62）"怢"字，可楷定作"怷"。此"怢""怷"二字分別與《大字典》《字海》所收之"怢""怷"形成同形字。

50. 詆：《新修玉篇》卷九《言部》引《玉篇》："詆，都禮切。訶也；法也；啎也。"（79 下右）

按：《篇海》同。"詆"當即"詆"字之俗。《玉篇·言部》："詆，都禮切。訶也；法也；呰也。"（43 上右）"詆"與"詆"音義並同，"詆"當即"詆"字俗省。此"詆"與《字海》所收"氐"之異體字"詆"即為同形字。

51. 殶：《新修玉篇》卷九《言部》引《龍龕》："殶，音由。從也。"（79 下左）

按：《篇海》同。《龍龕》卷一《言部》："殶，音由。從也。"（44）"殶"當即"詧"字之俗。《玉篇·言部》："詧，與周切。從也。"（42 上右）"殶"與"詧"音義並同，"殶"當即"詧"字之俗。此"殶"與《大字典》《字海》所收"唁"之異體字"殶"即為同形字。

52. 譃：《新修玉篇》卷九《言部》引《餘文》："譃，凶于切。妄言也。"（83 上右）

按：《篇海》同。《集韻》平聲虞韻匈于切："誇，妄言。或作譃。"（73）此"譃"即"誇"之異體字。又《龍龕》卷一《言部》："譃，舊藏作譃。許虐反。郭氏俗音虛。"（52）《卍新纂續藏》本宋祖琇撰《僧寶正續傳》卷第六《徑山杲禪師》："禪師諱宗杲，宣州寧國奚氏子。幼警敏有英氣，年十三，始入鄉校。一日與同窗戲譃，以硯投之，悞中先生帽，償金而去。乃曰：'讀世書，曷若究出世法乎？'即詣東山慧雲院出家。""戲譃"當即"戲譃"之誤，"譃"當即"譃"字之俗。故此"譃"與上文《集韻》所收之"譃"即為同形字。

53. 兕：《新修玉篇》卷九《叩部》引《切韻》："兕，《切韻》徐姊切。兕同。"（85 上左）

按：箋注本《切韻》上聲旨韻徐姊反："兕，古作兕。如野牛而青。"（130）敦煌本《王韻》上聲旨韻徐姊反："兕，正作兕。似牛。"（386）"兕""兕"並即"兕"字俗寫，亦即"兕"字。此"兕"與《大字典》《字海》所收"呪"之異體字"兕"即為同形字。

54. 欥：《新修玉篇》卷九《欠部》引《龍龕》："欥，五瓜切，歇欥，猶歇妮也。"（86 上右）

按："欥"當即"欥"字之俗。《篇海》卷二《欠部》引《龍龕》："欥，五瓜切。歇~，猶歇妮也。"（605 下）《龍龕》卷三《欠部》："欥，俗；欥，正。五瓜反。歇~，猶歇妮也。二。"（353）此即其證也。此"欥"與《説文》所收音 cì、訓為"便利"之"欥"即為同形字。

第四章 《新修玉篇》整理與研究的價值 / 269

55. 欨：《新修玉篇》卷九《欠部》引《類篇》："欨，音幼。"（86上右）

按：《篇海》同。"欨"音"幼"，疑即"㰲"字之俗。《集韻》上聲黝韻於糾切："㰲欨，愁也。或省。"（440）"欨"與"㰲"形音皆近，"欨"疑即"㰲"字之俗。此"欨"與《大字典》《字海》所收"㰲"之異體字"欨"當為同形字。

56. 欱：《新修玉篇》卷九《欠部》引《奚韵》："欱，呼箇切。言欺也。"（86下右）

按：《篇海》同。此"欱"疑即"謞"之異體字。《玉篇·言部》："謞，火角、火各二切。讒慝也。"（43下左）《廣韻》入聲鐸韻呵各切："謞，讒慝。"（411）"欱"為箇韻字，"謞"為鐸韻字，箇韻和鐸韻在中古時期的擬音，主要元音都是 ɑ，二者或可相混；又"言欺也"與"讒慝也"訓異義同，故"欱"疑即"謞"之異體字。此"欱"與《大字典》《字海》所收"欶"之異體字"欱"當為同形字。

57. 徸：《新修玉篇》卷十《彳部》引《玉篇》："徸，齒龍切。道也；向也；突也；勤（動）也。"（90下右）

按：《玉篇·行部》："衝，齒龍切。交道也；向也；突也；動也。衝，同上。"（48上右）"徸"與"衝（衝）"音義並同，"徸"當即"衝（衝）"字俗訛。此"徸"與《字海》所收"㣫"之異體字"徸"即為同形字。

58. 赸：《新修玉篇》卷十《走部》引《餘文》："赸，巨鳩切。違也。"（91下左）

按：《龍龕》卷二《走部》："赸，俗；赸，正。丑律反。走也。二。"（325）此"赸"當即"赸"字之俗。此"赸"與上文《新修玉篇》所收之"赸"即為同形字。

59. 遆：《新修玉篇》卷十《辵部》引《玉篇》："遆，力罪切。[行急也。]《韻》又徒沃、徒的二切。雨皃。"（95上右）

按：《龍龕》卷四《辵部》："遆，音笛。雷（雨）也。"（493）《廣韻》入聲錫韻徒歷切："遆，雨也。"（422）《集韻》入聲錫韻亭歷切："遆，《博雅》：'遆遆，雨也。'從迪。"（751）"遆"字，《廣雅·釋訓》作"霝"，是也。故此"遆"當即"霝"字之俗。此"遆"與《玉篇》所收訓"行急也"之"遆"即為同形字。

60. 竡：《新修玉篇》卷十《立部》引《玉篇》："竡竡，二他計切。廢也；待也；滅也。《説文》本作暜，廢，一偏下也。同作替。"（96上右）

按：《篇海》卷十五《立部》引《玉篇》："竡竡，二他計切。廢也。今作替。"（826上）《玉篇·立部》："竡，他計切。廢也。今作替。竡，同上。"（51上右）"竡"即"暜（替）"之異體字。此"竡"與《大字典》《字海》所收"普"之異體字"竡"即為同形字。

61. 䇢：《新修玉篇》卷十《立部》引《龍龕》："䇢，古文言字。"（96下右）

按：《篇海》同。《龍龕》卷四《立部》："䇢，古文言字。"（519）"䇢"即"言"字《説文》篆文"𠴿"字楷定之俗。此"䇢"與《大字典》《字海》所收"音"之譌字"䇢"即為同形字。

62. 尻：《新修玉篇》卷十一《尸部》引《龍龕》："尻，苦刀切。臀也。"（98上左）

按：《篇海》同。此"尻"當即"尻"字之俗。《龍龕》卷一《尸部》："尻，俗；尻，正。苦刀反。臀也。二。"（162—163）此即其證也。此"尻"與《大字典》《字海》所收"居"之異體字"尻"即為同形字。

63. 屓：《新修玉篇》卷十一《尸部》引《切韻》："屓，許位切。注：臥息也。"（98上左）

按：《切韻》未見收錄此字。"屓"當即"屓"字之俗。《説文·尸部》："屓，臥息也。从尸、自。"（172上）"屓"，《廣韻》音"許介切"，《集韻》又音"虛器切"。"屓"與"屓"音義並同，"屓"當即"屓"字俗訛。此"屓"與《字海》所收"屓"之俗字"屓"即為同形字。

64. 寖：《新修玉篇》卷十一《宀部》引《龍龕》："寖，音寝。"（99下左）

按："寖"當即"寢"之異體字。《龍龕》卷一《宀部》："寖寖，二古；寢寢，二或作；寢，正。七稔反。臥也；幽也。五。"（156）此即其證也。此"寖"與《大字典》《字海》所收"浸"之異體字"寖"即為同形字。

65. 閞：《新修玉篇》卷十一《門部》引《龍龕》："閞閞，三胡計、胡界二切。門扇也。"（100上左）

按：《篇海》卷七《門部》引《龍龕》："閞閞閞，三胡計、胡界二切。門扇也。"（674 下）"閞"當即"閛"之異寫字，亦即"閉"字之俗。《龍龕》卷一《門部》："閞閛，二俗；閉，今；閈，正。胡計、胡界二反。門扇也。四。"（94）此是其證也。此"閞"與《大字典》《字海》所收音 bēng、訓"宗廟門""宮中門"之"閞"即為同形字。

66. 閝：《新修玉篇》卷十一《門部》引《餘文》："閝，力丁切。門上小窗。出崔浩《女儀》。"（100 下右）

按：《廣韻》平聲青韻郎丁切："䆫，門上小窗。出崔浩《女儀》。"（129）《集韻》平聲青韻郎丁切："閝閶，門上窗謂之閝。或從霝。"（246）佛經亦收"閝"字，與此"閝"當為同形字。《大正藏》本唐善無畏譯《阿吒薄俱元帥大將上佛陀羅尼經修行儀軌》卷上："取別處淨土穿三尺內惡土，別取採淨土篩擣和香末築之，去地尺三重。下方上圓開作十二閝道，縱廣四肘以五色彩泥四方，下臺用白土和香湯塗，上用牛糞和香塗，其壇上及中央安舍利。白流璃器中內諸香，舍利四面安菩薩座，中央壇基安二十四澡瓶，皆盛香水蓮華柳枝，臺東北角安青蓮華座以待我。""閝"，甲、乙本皆作"閣"，作"閣"是也，此"閝"當即"閣"字之俗。此"閝"與上文《廣韻》《集韻》所錄之"閝"即為同形字。

67. 殏：《新修玉篇》卷十一《歹部》引《川篇》："殏，音岳。卒死也。"（102 下右）

按：《篇海》同。"殏"當即"殟"字之俗。《龍龕》卷四《歹部》："殟，五角反。卒死也。"（516）"殏"與"殟"音義並同，"殏"當即"殟"字之俗。此"殏"與《字海》所收"殯"之異體字"殏"即為同形字。

68. 殀：《新修玉篇》卷十一《歹部》引《類篇》："殀，音項。"（102 下左）

按：《篇海》同。"殀"音"項"，疑即"項"字俗訛。韓小荊《〈可洪音義〉研究》（744）"項"俗作"頏""頸"等，"殀"與"頏""頸"形近音同，則"殀"當即"項"字之俗。此"殀"與《字海》所收"殟"之異體字"殀"當即為同形字。

69. 疨：《新修玉篇》卷十一《疒部》引《龍龕》："疨，音血。瘡裏空也。又古穴切。"（104 上右）

按：《篇海》同。"疨"當即"疨"字之俗。《龍龕》卷三《疒部》："疨，俗；疨，正。音血。瘡裏空也。又古穴反。二。"（478）此即其證

272 / 《新修玉篇》研究

也。此"疢"與《字海》所收"殃"之異體字"疢"即為同形字。

70. 疢：《新修玉篇》卷十一《疒部》引《龍龕》："疢，食律切。正作秫。"（104上右）

按：《篇海》卷五《疒部》引《龍龕》："疢，倉（食）律切。正作秫。"（658下）《龍龕》卷三《疒部》："疢，俗。食律反。正作秫。"（477）"疢"當即"秫"字之俗。此"疢"與《大字典》《字海》所收之"疢"（當為"疔"字之訛，見《續考》"疢"字注）即為同形字。

71. 瘆：《新修玉篇》卷十一《疒部》引《龍龕》："瘆，所錦切。寒病。"（104下左）

按：《篇海》卷五《疒部》引《龍龕》："瘆，所錦切。寒皃。"（659上）《龍龕》卷三《疒部》："瘆，所錦反。寒皃。"（474）"瘆""瘆"即同字異寫，並即"瘆"字之俗。《說文·疒部》："瘆，寒病也。从疒，辛聲。"（151下）"瘆"，《廣韻》音"疎錦切"。"瘆""瘆"並即"瘆"字之俗。此"瘆"與《字海》所收音shèn、訓為"恐懼，害怕""使恐懼，使害怕"之"瘆"即為同形字。

72. 寱：《新修玉篇》卷十一《穴部》引《龍龕》："寱，音夢。"（107上左）

按：《篇海》同。《龍龕》卷四《穴部》："寱寱寱，俗。音夢。正從宀作。三。"（509）《說文·寢部》："寱，寐而有覺也。从宀，从疒，夢聲。"（150下）"寱""寱""寱"並即"寱"字之俗。此"寱"與《大字典》《字海》所收"最"之俗字"寱"即為同形字。

73. 杭：《新修玉篇》卷十二《木部》引《龍龕》："杭，苦浪、胡浪二切。"（109下左）

按：《篇海》卷七《木部》引《龍龕》："杭，苦浪、胡浪二切。"（694上）《龍龕》卷四《木部》："杭，苦浪、胡浪二切。"（384）"杭"音"苦浪切"，當即"抗"字之俗。韓小荊《〈可洪音義〉研究》（535）"抗"俗作"杭"，此即其證也。此"杭"與《大字典》《字海》所收"枕"之異體字"杭"即為同形字。

74. 樻：《新修玉篇》卷十二《木部》引《龍龕》："樻，胡化切。樓同。"（114下左）

按：《篇海》卷七《木部》引《龍龕》："樻，胡化切。與樓義同。"（699上）《龍龕》卷四《木部》："樺，通；樻，俗；樓，正。胡化反。

木名也。三。"（382—383）"檽"即"樓"字俗寫，同"樓"。此"檽"與《大字典》《字海》所收音 jìn、訓為"盂"之"檽"即為同形字。

75. 芥：《新修玉篇》卷十三《艸部》引《奚韻》："芥，古拜切。辛菜名。"（118 上右）

按：《篇海》卷九《艸部》引《川篇》："芥，古拜切。與芥同。"（716 上）《新修玉篇》與《篇海》引書不同，《新修玉篇》所言疑是。《說文·艸部》："芥，菜也。从艸，介聲。"（19 下）"芥"，《廣韻》音"古拜切"。此"芥"當即"芥"字俗訛。此"芥"與《大字典》《字海》所收"芬芳"之"芬"即為同形字。

76. 苶：《新修玉篇》卷十三《艸部》引《龍龕》："苶，奴禮切。薾同。"（118 下左）

按：《篇海》同。《龍龕》卷二《艸部》："苶，或作；薾，正。奴禮反。華茷（當衍）盛也。二同。"（259）此"苶"當即"薾"字之俗。此"苶"與《大字典》《字海》所收"茶"之異體字"苶"即為同形字。

77. 茀：《新修玉篇》卷十三《艸部》引《奚韻》："茀，方肺切。蔽茀，小兒。"（118 下左）

按：《篇海》卷九《艸部》引《類篇》："茀，方肺切。蔽茀，小兒也。"（717 上）"茀"字，《新修玉篇》與《篇海》引書不同，疑似《新修玉篇》為是。《玉篇·艸部》："芾，方味、方大二切。蔽芾，小兒。《詩》曰：'蔽芾甘棠。'"（65 下右）"茀"當即"芾"字之俗。此"茀"與《大字典》《字海》所收"莘"之異體字"茀"即為同形字。

78. 籫：《新修玉篇》卷十四《竹部》引《玉篇》："籫，子管切。竹器也；箸筩也。"（131 下右）

按：《篇海》同。《玉篇·竹部》："籫，子短切。竹器也；箸筩也。"（70 上左）"籫"當即"籫"字之俗。此"籫"與《字海》所收"簪"之異體字"籫"即為同形字。

79. 粃：《新修玉篇》卷十五《米部》引《玉篇》："粃，巨支切。赤米也。"（137 上左）

按：《篇海》同。《玉篇·米部》："粃，巨梨切。赤米也。"（75 下左）佛經亦收錄"粃"字，與此字當為同形字。《大正藏》本失譯《陀羅尼雜集》卷第十《獲果利神增善陀羅尼》："優牟尼　頗羅牟尼　究婆聞醯　究嘶跋粃　阿婆羅慕沙娑潭　比荼囉私繾坻　迦多迦跋梨利頻頭摩濘娑囉其囉末埳羅末優欝垤鞴　阿毱咥鞴　薩婆蓑摩魯　那闍那濘　比提蛇摩鞴　阿眉囉移　阿婆咩　芻羅尼咩　纏提阿　三慕履　莎呵”“秪”字，宋、元、明本皆作“衹”，故“秪”當即“衹”字之俗。此“衹”當為佛經咒語譯音字，無實義。

80. 氽：《新修玉篇》卷十五《入部》引《川篇》：“氽，音冷。”（140 上左）

按：《篇海》同。“氽”音“冷”，疑即“冷”之俗體會意字，從入、水即冷會“冷”字之義。此“氽”與《大字典》《字海》所收音 cuān、義指將食物放到沸水中稍微一煮的一種烹調之法的“氽”即為同形字。

81. 莑：《新修玉篇》卷十五《華部》引《玉篇》：“華，俾蜜切。箕屬，棄糞器。又方干器（切）。棄糞器名。又姓。出《姓譜》。莑，卑吉切。同上。《説文》又方干切。箕屬。《韻》又作木切。草木叢生。華，《省韻》同上。”（141 下左）

按：《玉篇・華部》：“華，俾蜜切。箕屬，棄糞器。又方干切。”（77 上右）“華”當即“華”字俗寫，“莑”亦即“華”字之俗。此“莑”與下文所引《餘文》之“莑”當為同形字。《集韻》入聲屋韻作木切：“莑，草木叢生。”（637）《説文・丵部》：“丵，叢生艸也。”（53 上）“丵”，《廣韻》音“士角切”。故《集韻》之“莑”當即“丵”字之俗。

82. 宂：《新修玉篇》卷十六《几部》引《龍龕》：“宂，而勇切。”（147 上右）

按：《篇海》同。《龍龕》卷二《几部》：“宂，而勇反。”（333）《説文・宀部》：“宂，㪇也。从宀，人在屋下，無田事。”（148 上）“宂”，《廣韻》音“而隴切”。此“宂”當即“宂”字之俗。又《龍龕》卷一《厶部》：“宂，客庚反。”（184）《叢考》（153—154）謂此“宂”當是“亢”的俗字。此“宂”與上文“宂”之異體字“宂”即為同形字。

83. 冗：《新修玉篇》卷十六《几部》引《龍龕》：“冗，音由。冗豫，不定也。又人勇切。散也。”（147 上右）

按：《篇海》同。《龍龕》卷二《几部》：“冗，音由。～豫，不定也。又人勇反。散也。”（333）《集韻》平聲尤韻以周切：“冘，冘豫，不定。通作猶。”（257）“冗”音“由”，同“冘”，並即“猶”字之俗。“冗”音“人勇反”，當即“宂”字之俗。此“冗”與上文音“由”之“冗”即為同形字。

第四章 《新修玉篇》整理與研究的價值 / 275

84. 甄：《新修玉篇》卷十六《几部》引《龍龕》："甄，音軌。"（147 上右）

按：《篇海》卷二《几部》引《龍龕》："甄，音軌。"（587 上）"軌"當即"軌"字之俗。《龍龕》卷二《几部》："甄，音軌。"（333）"甄"音"軌"，疑即"軌"字俗訛。此"甄"與《字海》所收"甄"之異體字"甄"疑為同形字。

85. 亞：《新修玉篇》卷十七《弓部》引《廣集韻》："亞，分勿切。《説文》：'橋也。'古文。"（148 下左）

按：《集韻》入聲勿韻分勿切："弗，《説文》：'橋也。'古作亞。"（674）"亞"當即"亞"字誤刻，而"亞"當即"弗"字俗寫，而非其古文。此"亞"與《大字典》《字海》所收音 yà、訓為"次一等；次於""匹配；等同""挨著；靠近"等義之"亞"即為同形字。

86. 穀：《新修玉篇》卷十七《殳部》引《龍龕》："穀，呼木切。日出赤皃。"（151 下右）

按：《龍龕》卷一《殳部》："穀，俗；穀穀，二正。呼木反。日出赤皃也。三。"（194）"穀"即"穀"字異寫，"穀"即"穀"字之俗。此"穀"與《大字典》《字海》所收音 gǔ、訓為"木名"之"穀"即為同形字。

87. 剖：《新修玉篇》卷十七《刀部》引《龍龕》："剖，音割。"（152 下右）

按：《篇海》作"剖"，"剖"即"剖"字俗省。《龍龕》卷一《刀部》："剖，音割。"（101）《集韻》入聲曷韻居曷切："割，《説文》：'剥也。'古作剖。"（687）"剖"疑即"剖"字俗寫，亦當即"割"字之俗。此"剖"與《字海》所收"刻"之異體字"剖"即為同形字。

88. 鋪：《新修玉篇》卷十八《金部》引《餘文》："鋪，丑廉切。銳也。"（155 下右）

按：《篇海》同。《集韻》平聲鹽韻癡廉切："鋪，銳也。"（290）佛經亦收"鋪"字，與《集韻》所錄之"鋪"當為同形字。慧琳《音義》卷四九《十住毗婆沙論》第一卷："蒺藜，自栗反，下力尸反。《尒疋》：'蒺藜。'即布地蔓生，子有三角者也。論文從金作鍱鋪二形，非也。"（59，p400a6）"蒺藜"，《爾雅》本作"蒺藜"，"蒺藜"即"蒺藜"之俗。"鍱鋪"同"蒺藜"，"鋪"即"藜"字之俗。此"鋪"與上文《集韻》所錄之"鉧"即為同形字。

89. 荆：《新修玉篇》卷二十《井部》引《廣集韻》："荆，初良切。《説文》曰：'傷也。'《禮》曰：'頭有創則沐。'今作瘡字。又戶經切。《説文》曰：'罰辠也。'今作刑。"（174上右）

按：《集韻》平聲陽韻初良切："刅，《説文》：'傷也。从刃，从一。'或作創、荆、刱、剏、戧。"（216）此"荆"當即"刅""刱""創"諸字之異體字。此"荆"與"刑"之異體字"荆"即為同形字。

90. 龡：《新修玉篇》卷二十《谷部》引《餘文》："龡，胡官切。饅龡，亭名。"（174下右）

按：《篇海》同。《集韻》平聲桓韻胡官切："龡，饅龡，亭名。"（146）《廣韻》平聲桓韻母官切："饅，饅龡，亭名，在上艾。龡，音求。"（77）下文平聲尤韻巨鳩切："龡，饅龡，亭名。"（139）"龡"與"龡"形近義同，"龡"當即"龡"字俗訛。《顏氏家訓·勉學》亦作"饅龡"，此是其證也。此"龡"與《大字典》《字海》所收"御"之異體字"龡"即為同形字。

91. 霙：《新修玉篇》卷二十《雨部》引《龍龕》："霙，於京切。雨雪雜下（也）。"（175上左）

按：《龍龕》卷二《雨部》："霙，於京反。雨雪雜也。"（307）此"霙"當即"霙"字俗省。此"霙"與《大字典》《字海》所收音yāng、訓為"霙霙""雪花"之"霙"即為同形字。

92. 霅：《新修玉篇》卷二十《雨部》引《龍龕》："霅，士甲切。雨大下也。"（175下右）

按：《篇海》卷十四《雨部》引《龍龕》："霅，士甲切。雨大下也。"（816上）《龍龕》卷二《雨部》："霅，俗；霅，正。士甲反。雨大下也。二。"（309）故"霅"當即"霅"之異寫字，亦同"霅"。此"霅"與《大字典》《字海》所收"陜"之異體字"霅"即為同形字。

93. 霝：《新修玉篇》卷二十《雨部》引《餘文》："霝，古渾切。齊人謂雷曰霝。《韻》又特丁切。雷霆。同作霆。"（176上左）

按：《篇海》卷十四《雨部》引《餘文》："霝，于敏切。齊人謂雷曰～也。"（816下）《集韻》平聲魂韻公渾切："靀，齊人謂雷曰靀。籀文作霝。"（138）"靀"，《説文》古文作"🅰"。"霝"當即"靀"之《説文》古文"🅰"字俗省。此"霝"與"霆"之異體字"霝"即為同形字。

94. 硁：《新修玉篇》卷二十二《石部》引《玉篇》："硁，口唐切。破硁也。《韻》又苦岡切。硁磋，雷聲也。"（183 下右）

按：慧琳《音義》卷七六《阿育王經》第九卷："深坑，客衡反。《爾雅》云：'坑，墟也。'郭注云：'塹池，謂丘墟耳。'《蒼頡篇》：'壑也；陷也。'《古今正字》從土，亢聲。經從石作硁，非也。"（58，p990a3）此"硁"與上文《新修玉篇》所收之"硁"即為同形字。

95. 磅：《新修玉篇》卷二十二《石部》引《餘文》："磅，蒲孟切。磅磋，石聲。"（185 下右）

按：《篇海》同。《集韻》去聲映韻蒲孟切："磅，磋磅，石聲。"（603）"磅"當即"磅"字之俗。此"磅"與《字海》所收"磅"之異體字"磅"即為同形字。

96. 阜：《新修玉篇》卷二十二《阜部》引《餘文》："阜，房九切。盛也。"（186 下右）

按：《篇海》同。《集韻》上聲有韻扶缶切："皀，《說文》：'兩皀之間也。從二皀。'隸作阜。"（433）《龍龕》卷二《阜部》："阜，房九反。盛也。"（297）"阜"字，音"房九切"，訓"盛也"，《新修玉篇》《篇海》皆謂引《餘文》，《餘文》當為《龍龕》之誤。《玉篇·阜部》："阜，扶九切。盛也。"（106 上左）故《龍龕》之"阜"當即"阜"之繁化俗字。此"阜"與《集韻》所收"皀"之異體字"阜"即為同形字。

97. 毟：《新修玉篇》卷二十三《馬部》引《餘文》："毟，良涉切。車翣，以禦風塵也。又莫袍切。一曰馬長毛也。"（188 上左）

按：《篇海》同。《集韻》入聲葉韻力涉切："鬣，車翣，以禦風塵也。或作毟。"（780）此"毟"即"鬣"之異體字。此"毟"與下文音"莫袍切"、訓"馬長毛也"之"毟"即為同形字。

98. 牧：《新修玉篇》卷二十三《牛部》引《龍龕》："牧，音叨。牛行遲也。"（190 上左）

按：《篇海》同。此"牧"當即"牨"字之俗。《龍龕》卷一《牛部》："牧，俗；牨，正。音叨。牛行遲兒。"（114）此即其證也。此"牧"與《大字典》《字海》所收"牧"之異體字"牧"即為同形字。

99. 龔：《新修玉篇》卷二十三《龍部》引《廣集韻》："龔，盧紅切。《説文》云：'房室疏也。'亦作櫳。《省韻》从木正。又似入切。因也；及也；重也；合也；入也；又掩襲也。《説文》曰：'左衽袍也。'"（196下右）

按：《集韻》平聲東韻盧東切："䆝，《説文》：'房室之疏也。'"（6）故"䆝"訓"房室疏也"，即"䆝"字俗訛。此"䆝"與《説文》音 xí、訓爲"左衽袍也"之"䆝"即爲同形字。

100. 豰：《新修玉篇》卷二十三《豸部》引《龍龕》："豰，舊藏作舜。在《辯正論》。"（197下右）

按：《篇海》同。《龍龕》卷二《豸部》："豰，舊藏作舜。在《辯正論》。"（322）"豰"當即"舜"之俗訛字。此"豰"與《大字典》《字海》所收音 hào、訓爲"禺豰"之"豰"即爲同形字。

101. 屮：《新修玉篇》卷二十四《乙部》引《龍龕》："屮屮，二音盖。"（198上右）

按：《篇海》同。《龍龕》卷四《乙部》："屮屮，二音盖。"（541）"屮""屮"當即"匃"字之俗。《説文·亾部》："匃，气也。逯安説，亾人爲匃。"（268上）"匃"，《廣韻》音"古泰切"。"匃"古文作"屮""屮""屮""屮"諸形，篆文作"匃"，"屮""屮"與"匃"音同，"屮""屮"當即"匃"字古文楷定之俗。此"屮"與《大字典》《字海》所收音 wàn、訓"行貌"之"屮"即爲同形字。

102. 蝺：《新修玉篇》卷二十五《虫部》引《龍龕》："蝺，舊藏作瑀，音雨。石似玉。"（207下左）

按：《篇海》同。《龍龕》卷二《虫部》："蝺，舊藏作瑀，音雨。石似玉也。"（223）此"蝺"當即"瑀"字俗訛。此"蝺"與《大字典》《字海》所收音 qǔ、訓"好貌"；又音 yǔ、訓"蝺僂"之"蝺"即爲同形字。

103. 蝽：《新修玉篇》卷二十五《虫部》引《廣集韻》："蝽，尺允切。蹲駮，相乖舛也。舛、蝽，同作蹲。"（208上左）

按：《集韻》上聲準韻尺尹切："蹲，雜也。或作舛、偆、蝽。"（353）"蝽"當即"蹲"字之俗。此"蝽"與《字海》所收音 chūn、義指"蝽象"的一種昆蟲之"蝽"即爲同形字。

104. 螄：《新修玉篇》卷二十五《虫部》引《玉篇》："螄，尸尚切。俗螄（蠰）字。《韻》又式羊切。耕螄。同作螄。"（209上右）

按：《集韻》平聲陽韻尸羊切："塌，《方言》：'蚍蜉犁（犂）鼠之塌謂之坻塌。'一曰浮壤。或作場、暘、蠪。"（214）故"蠪"與"塌""暘""場"即為異體字。此"蠪"與"壤"之異體字"蠪"即為同形字。

105. 敗：《新修玉篇》卷二十五《貝部》引《龍龕》："敗，音敗。"（211 上左）

按：《篇海》同。《龍龕》卷二《貝部》："敗敗，二俗。音敗。"（353）《說文・攴部》："敗，毀也。从攴、貝，敗賊皆从貝。會意。敗，籀文敗，从賏。"（63 上）"敗"即"敗"字《說文》籀文，而"敗"當即"敗"之俗訛字。此"敗"與《大字典》《字海》所收"欠"之異體字"敗"即為同形字。

106. 鞁：《新修玉篇》二十六《革部》引《龍龕》："鞁，於力切。五彩絲條履下。"（216 下右）

按：此音義之"鞁"，《篇海》、通行本《龍龕》皆未見收錄。《玉篇・革部》："轙，於力切。五彩絲條履下也。或作繶。"（123 下右）"鞁"與"轙"音義並同，"鞁"當即"轙"字之俗。此"鞁"與《大字典》所收音 guì、訓為"皮革"之"鞁"即為同形字。

107. 卉：《新修玉篇》卷三十《卅部》引《廣集韻》："卉卅，蘇合切。《說文》云：'三十也。'今作卅。直為三十字下注。下又私盍切。三十。上又許偉切。百草總名。从艸正。上又許貴切。草總名。《詩》曰：'卉木萋萋。'从艸正。"（236 下左）

按：《集韻》入聲合韻悉合切："卉，《說文》：'三十并也。'"（771）"卉"訓"三十"，當為"卅（卅）"之異體字。此與下文音"許貴切"、訓"草總名"的同"芔（卉）"之"卉"即為同形字。

108. 奠：《新修玉篇・龍龕餘部・宀部》："奠，音俱。目邪也。"（241 上左）

按：《說文・䀠部》："奭，目袤也。从䀠，从大。"（68 下）"奭"，《廣韻》音"舉朱切"，《集韻》又音"俱遇切"。故"奠"與"奭"音義並同，"奠"當即"奭"字俗訛。此"奠"與《字海》所收"奭"之異體字"奠"即為同形字。

109. 幹：《新修玉篇・龍龕餘部・卓部》引《川篇》："幹，音汗。"（242 上右）

按：《廣韻》去聲翰韻侯旰切："𩬊，長毛。"（305）"𩭀"與"𩬊"音同形近，"𩭀"當即"𩬊"字俗訛。此"𩭀"與《字海》所收"幹"之俗訛字"𩭀"即為同形字。

110. 忡：《新修玉篇·龍龕餘部·开部》："忡，音具。恨也。又音沛。"（242 上右）

按：從字形來看，"忡"音"具"，當為音"貝"之誤。此"忡"當即"怖"字之俗。《說文·心部》："怖，恨怒也。从心，市聲。《詩》曰：'視我怖怖。'"（221 上）"怖"，《廣韻》音"普蓋切"，《集韻》音"博蓋切"。"忡"與"怖"音義並同，"忡"當即"怖"之異體字。此"忡"與《大字典》所收訓為"行貌"之"忡"當為同形字。

111. 㐬：《新修玉篇·龍龕餘部·开部》："㐬，音預。不定也。又音序。古文。"（242 上右）

按："㐬"音"預"，當即"豫"之異體字。《說文·象部》："豫，象之大者。賈侍中說：'不害於物。'从象，予聲。"（196 下）"豫"本義指"大象"，引申義可指"猶豫"。《老子》第十五章："豫兮若冬涉川，猶兮若畏四鄰。"王弼注："豫然若欲度若不欲度，其情不可得見之貌也。"《楚辭·九章·惜誦》："壹心而不豫兮，羌不可保也。"王逸注："豫，猶豫也。""猶豫"即"不定也。""豫""預"二字，《廣韻》皆音"羊洳切"。故"㐬"與"豫"音義並同，"㐬"當即"豫"之異體字。此"㐬"與《大字典》《字海》所收"堪㐬"之"㐬"即為同形字。

112. 电：《新修玉篇》引《龍龕雜部》："电，音申。"（242 上左）

按：《龍龕》卷四《雜部》："电，音申。"（546）"电"音"申"，當即"申"字之俗。此"电"與"電"之簡體字"电"即為同形字。

113. 卡：《新修玉篇》引《龍龕雜部》："卡卞卡，三古文。盧貢切。"（242 下左）

按：《龍龕》卷四《雜部》："卡卞卡，三古文。盧貢反。"（552）"卡""卞""卡"並即"弄"字之俗，而非其古文。"卞"字《大字典》《字海》皆未收，可據補。此"卡"與《大字典》《字海》所收音 qiǎ、訓為"設在交通要道或險隘處以警戒或收稅的崗哨、檢查站""夾在中間，不能活動"等義之"卡"即為同形字。

114. 市：《新修玉篇·龍龜雜部》引《川篇》："市，音弗。"（242下左）

按："市"當即"市"字之俗。"市""弗"，《廣韻》皆音"分勿切"。"市"與"市"音同形近，"市"當即"市"字之俗。此"市"與《字海》所收"囊""嚷"的簡化字"市"當為同形字。

結　語

　　漢字從產生至今，數量一直在遞增，其中一個重要原因即是俗字、譌體的不斷產生。唐代之後，字書漸開俗字入典之風，這就是自《玉篇》之後歷代字書收字不斷增多的重要原因。邢準的《新修玉篇》與韓道昭的《篇海》都是在王太《類玉篇海》基礎上各自成書的，它們收錄了《類玉篇海》所收的大量字形。相較而言，《新修玉篇》編纂與刊印都比較謹慎，加之流傳至今的又是與編者同時代的金刻本，後人無能篡改，因而錯訛較少。因此，對《新修玉篇》進行系統的整理與研究自有其重要的學術價值和應用價值。

　　本文以《新修玉篇》為研究對象，在對《新修玉篇》進行全面測查與研究的基礎上，對《新修玉篇》的相關研究成果進行了較為全面的甄別與研究，對《新修玉篇》的編纂體例與術語進行了分析與探討，對《新修玉篇》存在的問題給予了客觀評析，並通過實例闡釋了《新修玉篇》整理與研究在疑難字考釋和字辭書編纂等方面的價值。

　　1. 通過對《新修玉篇》引書材料及相關研究成果進行全面的分析與研究，本文認為《新修玉篇》所引《玉篇》當為宋本《玉篇》，《新修玉篇》所引《餘文》當為《集韻》，《新修玉篇》所引《類篇》與司馬光《類篇》當為同名異書，《新修玉篇》每個字頭之下注文中所引的《韻》指稱的應是荊璞的《五音集韻》，至於《新修玉篇》所引的《廣集韻》《省韻》《切韻》《廣韻》四部韻書各自的來源，由於原書今已佚失，加上目前所見材料有限，現在難以給出確切的結論，還有待于新材料的發現。

　　2. 通過對《新修玉篇》卷首序的研讀及注釋中所使用的主要術語的分析，介紹了《新修玉篇》的編纂宗旨與體例，並界定了《新修玉篇》注釋中所使用的11個主要術語的意義內涵。

3. 通過對《新修玉篇》的全面測查與研究，本文主要從體例缺失、文字疏誤、注音有誤、釋義舛謬、認同有誤等五個方面對《新修玉篇》存在的問題進行了分析與探討。

4. 本文認為，《新修玉篇》的整理與研究，無論是對於疑難字的考釋，還是對於大型字辭書的修訂與完善，都有其不可忽視的學術價值和應用價值。從這個意義上說，本文研究不僅可以豐富《新修玉篇》研究的成果，在漢字學、辭典學、文獻學方面也有一定的積極意義。

最後需要說明的是，由於時間關係，再加上筆者水平有限，本文成稿還很倉促，可能會存在不少問題，對一些有價值的課題也未過多涉獵，有待今後繼續進行深入研究。

參考文獻

（漢）許慎：《說文解字（簡稱〈說文〉）》，中華書局1963年版。
（南唐）徐鍇：《說文解字繫傳》，中華書局1986年版。
（清）段玉裁：《說文解字注》，上海古籍出版社1988年版。
（清）桂馥：《說文解字義證》，中華書局1987年版。
（清）朱駿聲：《說文通訓定聲》，中華書局1984年版。
（清）王筠：《說文解字句讀》，中華書局1988年版。
（清）王筠：《說文釋例》，中華書局1987年版。
（清）沈濤：《說文古本考》，《續修四庫全書》第223冊影印清光緒十三年潘氏滂喜齋刻本。
（清）鈕樹玉：《說文解字校錄》，《續修四庫全書》第212冊影印清光緒十一年江蘇書局刻本。
（清）錢坫：《說文解字斠詮》，《續修四庫全書》第211冊影印清嘉慶十二年錢氏吉金樂石齋刻本。
丁福保：《說文解字詁林》，中華書局1988年版。
張舜徽：《說文解字約注（簡稱〈約注〉）》，華中師範大學出版社2009年版。
湯可敬：《說文解字今釋》，岳麓書社1997年版。
季旭昇：《說文新證》，藝文印書館2004年版。
周祖謨：《爾雅校箋》，雲南人民出版社2004年版。
朱祖延等：《爾雅詁林》，湖北教育出版社1996年版。
朱祖延等：《爾雅詁林敘錄》，湖北教育出版社1996年版。
（唐）陸德明：《經典釋文》，上海古籍出版社1985年版。
黃焯：《經典釋文彙校》，中華書局2006年版。
（清）郝懿行：《爾雅義疏》，《爾雅詁林》影印咸豐六年刊本。

（清）郝懿行：《山海經箋疏》，中國書店 1991 年版。

［日］釋空海：《篆隸萬象名義（簡稱〈名義〉）》，中華書局縮印日本崇文叢書本 1995 年版。

（梁）顧野王：《大廣益會玉篇（簡稱〈玉篇〉）》，中華書局 1987 年版。

（梁）顧野王：《玉篇（殘卷）》，《續修四庫全書》第 228 冊影印日本昭和八年京都東方文化學院編東方文化叢書本。

（梁）顧野王：《大廣益會玉篇（簡稱元刊本〈玉篇〉）》，《四部叢刊本》影印建德周氏藏元刊本。

胡吉宣：《玉篇校釋》，上海古籍出版社 1989 年版。

（唐）釋玄應：《一切經音義（簡稱：玄應〈音義〉）（〈中華大藏經〉本第五十六、五十七冊）》，中華書局 1993 年版。

（唐）釋慧琳：《一切經音義（簡稱：慧琳〈音義〉）（〈中華大藏經〉本第五十七、五十八、五十九冊）》，中華書局 1993 年版。

（宋）希麟：《續一切經音義（簡稱：希麟〈音義〉）（〈中華大藏經〉本第五十九冊）》，中華書局 1993 年版。

（五代）可洪：《新集藏經音義隨函錄（簡稱〈可洪音義〉）（〈中華大藏經〉本第五十九、六十冊），中華書局 1993 年版。

［日］釋昌住：《新撰字鏡》（〈佛藏輯要〉第三十三冊），巴蜀書社 1993 年版。

周祖謨：《唐五代韻書集存》，中華書局 1983 年版。

（宋）陳彭年：《鉅宋廣韻》，上海古籍出版社 1983 年版。

（宋）陳彭年：《宋本廣韻》，江蘇教育出版社 2005 年（參照本）。

周祖謨：《廣韻校本》，中華書局 2004 年版。

葛信益：《廣韻叢考》，北京師範大學出版社 1993 年版。

余迺永：《新校互注宋本廣韻（定稿本）》，上海人民出版社 2008 年版。

（宋）丁度：《集韻》，上海古籍出版社 1985 年影印述古堂影宋鈔本。

（宋）丁度：《集韻》，中國書店揚州使院重刻本 1983 年（參照本）。

（宋）丁度：《宋刻集韻》，中華書局 1989 年（參照本）。

（宋）司馬光：《類篇》，中華書局 1984 年版。

（宋）戴侗：《六書故》，上海社會科學出版社 2006 年版。

（宋）洪适：《隸釋　隸續》，北京中華書局 1985 年版。

（遼）釋行均：《龍龕手鏡（簡稱〈龍龕〉）》，中華書局 1985 年影印高麗本。

《龍龕手鑒（簡稱朝鮮本〈龍龕〉）》，日本影印朝鮮咸化八年增訂本。

（金）邢准：《新修絫音引證群籍玉篇（簡稱〈新修玉篇〉）》，《續修四庫全書》第 229 冊影印金刻本。

（金）韓道昭：《改併五音類聚四聲篇海（簡稱〈篇海〉）》，《四庫存目叢書》影印明成化七年摹刻本。

（元）黃公紹、熊忠：《古今韻會舉要》，中華書局 2000 年版。

（明）佚名：《新校經史海篇直音（簡稱〈海篇〉）》，《續修四庫全書》影印明嘉靖二十三年金邑勉勤堂刻本。

（明）李登：《詳校篇海》，《續修四庫全書》影印明萬曆三十六年趙新盤刻本。

（舊題明）宋濂：《篇海類編》，《四庫存目叢書》影印北京圖書館藏明刻本。

（明）章黼：《直音篇》，《續修四庫全書》影印明萬曆三十四年明德書院刻本。

（明）梅膺祚：《字彙》，《續修四庫全書》影印明萬曆四十三年刻本。

（清）吳任臣：《字彙補》，《續修四庫全書》影印清康熙五年彙賢齋刻本。

（明）張自烈、（清）廖文英：《正字通》，中國工人出版社影印清康熙九年序弘文書院本，1996 年。

（清）張玉書等：《康熙字典》，中華書局 1958 年版。

（清）顧藹吉：《隸辨》，中華書局 1986 年版。

郭忠恕、夏竦：《汗簡·古文四聲韻（全一冊）》，中華書局 1983 年版。

《草書大字典》，中國書店據上海掃葉山房石印本影印，1983 年。

（清）王念孫：《廣雅疏證》，江蘇古籍出版社 2000 年版。

（清）方成珪：《集韻考正》，《續修四庫全書》第 253 冊影印清光緒五年孫氏詒善祠墊刻本。

（清）王先謙：《釋名疏證補》，上海古籍出版社 2008 年版。

陸費逵、歐陽溥存等編：《中華大字典》，中華書局 1978 年版。

徐復等：《廣雅詁林》，江蘇古籍出版社 1992 年版。

周祖謨：《方言校箋》，中華書局 1993 年版。

甯忌浮：《校訂五音集韻》，中華書局 1992 年版。

漢語大字典編輯委員會：《第二版〈漢語大字典〉(簡稱〈大字典〉)》，四川辭書出版社、崇文書局 2010 年版。

冷玉龍等：《中華字海 (簡稱〈字海〉)》，中華書局、中國友誼出版公司 1994 年版。

羅竹風等：《漢語大詞典》，漢語大詞典出版社 1990—1993 年版。

周祖謨：《問學集》，中華書局 1966 年版。

袁珂：《山海經校注》，巴蜀書社 1993 年版。

（梁）蕭統編、（唐）李善注：《文選》，中華書局 1977 年版。

（宋）李昉等：《太平御覽》，中華書局 1960 年版。

（宋）李昉等：《太平廣記》，中華書局 1961 年版。

楊筠如（著）、黃懷信（標校）：《尚書覈詁》，陝西人民出版社 2005 年版。

宗福邦等：《故訓匯纂》，商務印書館 2003 年版。

（清）阮元校刻：《十三經注疏》，中華書局 2009 年版。

（漢）司馬遷：《史記》，中華書局 1959 年版。

（漢）班固：《漢書》，中華書局 1962 年版。

（晉）陳壽（撰）、（宋）裴松之（注）：《三國志》，中華書局 1982 年版。

（唐）姚思廉：《梁書》，中華書局 1973 年版。

（宋）范曄撰、（唐）李賢等注：《後漢書》，中華書局 1965 年版。

（元）脫脫等撰：《宋史》，中華書局 1985 年版。

（漢）戴德：《大戴禮記》，《四部叢刊本》據無錫孫氏小綠天藏明袁氏嘉趣堂刊本影印。

（晉）郭璞：《穆天子傳》，《四庫全書》據明刊本影印，1934 年。

（唐）段成式：《酉陽雜俎》，中華書局 1981 年版。

（宋）鄭樵：《通志二十四略》，中華書局 1995 年版。

（明）李時珍：《本草綱目》，線裝書局 2010 年版。

（清）阮葵生：《茶餘客話》，中華書局 1959 年版。

（清）王念孫：《讀書雜誌》，江蘇古籍出版社 2000 年版。

（清）錢繹：《方言箋疏》，中華書局 2013 年版。

許維遹（撰）、梁運華（整理）：《呂氏春秋集釋》，中華書局 2009 年版。

方以智：《物理小識》，商務印書館據萬有文庫本印，1937 年版。

趙爾巽等（撰）：《清史稿》，中華書局 1977 年版。

楊伯峻：《孟子譯注》，中華書局2010年版。
呂不韋（著）、陳奇猷（校釋）：《呂氏春秋新校釋》，上海古籍出版社2002年版。
王聘珍：《大戴禮記解詁》，中華書局1983年版。
（清）李富孫：《易經異文釋》，《續修四庫全書》第27冊影印清光緒十四年清經解續編本。
國家文物局古文獻研究室：《馬王堆漢墓帛書》，文物出版社1980年版。
楊伯峻：《春秋左傳注》，中華書局1990年版。
焦循：《孟子正義》，中華書局1987年版。
許維遹：《呂氏春秋集釋》，中華書局2009年版。
楊伯峻：《論語譯注》，中華書局1980年版。
程俊英、蔣見元：《詩經注析》，中華書局1991年版。
郭慶藩：《莊子集釋》，中華書局2004年版。
何寧：《淮南子集釋》，中華書局1998年版。
黃暉：《論衡校釋》，中華書局1990年版。
王先謙：《荀子集解》，中華書局1988年版。
洪興祖：《楚辭補注》，中華書局1983年版。
楊伯峻：《列子集釋》，中華書局1979年版。
王利器：《顏氏家訓集解》，中華書局2000年版。
顧頡剛、劉起釪：《尚書校釋譯論》，中華書局2005年版。
（東漢）劉珍等撰、吳樹平校注：《東觀漢記校注》，中華書局2008年版。
（北魏）賈思勰著、石聲漢校釋：《齊民要術今釋》，中華書局2009年版。
李圃等：《古文字詁林》，上海教育出版社1999年版。
陳垣：《校勘學釋例》，中華書局1959年版。
秦公：《碑別字新編》，文物出版社1985年版。
秦公、劉大新：《廣碑別字》，國際文化出版公司1995年版。
高明、涂白奎：《古文字類編（增訂本）》，上海古籍出版社2008年版。
胡樸安：《中國文字學史》，上海書店1984年版。
唐蘭：《中國文字學》，上海古籍出版社1979年版。
唐蘭：《古文字學導論》，齊魯書社1981年版。
黃錫全：《汗簡註釋》，武漢大學出版社1987年版。
王鳳陽：《漢字學》，吉林文史出版社1989年版。

蔣善國:《漢字學》,上海教育出版社 1987 年版。
劉葉秋:《中國字典史略》,中華書局 1992 年版。
錢劍夫:《中國古代字典詞典概論》,商務印書館 1986 年版。
高明:《帛書老子校注》,中華書局 1996 年版。
裘錫圭:《文字學概要》,商務印書館 1990 年版。
王寧:《漢字學概要》,北京師範大學出版社 2001 年版。
王寧:《漢字構形學講座》,上海教育出版社 2002 年版。
王寧:《訓詁學原理》,中國國際廣播出版社 1996 年版。
蔣冀騁:《近代漢語詞彙研究》,湖南教育出版社 1991 年版。
趙克勤:《古代漢語詞彙學》,商務印書館 1994 年版。
蔣紹愚:《古代漢語詞彙綱要》,商務印書館 2005 年版。
蔣禮鴻:《類篇考索》,山東教育出版社 1996 年版。
張守中:《包山楚簡文字編》,文物出版社 1996 年版。
劉釗:《古文字構形學》,福建人民出版社 2011 年版。
趙平安:《隸變研究》,河北大學出版社 2009 年版。
徐在國:《傳抄古文字編》,線裝書局 2006 年版。
何琳儀:《戰國古文字典》,中華書局 1998 年版。
周志鋒:《大字典論稿》,浙江教育出版社 1998 年版。
黃征:《敦煌俗字典》,上海教育出版社 2005 年版。
張涌泉:《舊學新知》,浙江大學出版社 1999 年版。
張涌泉:《漢語俗字研究》,岳麓書社 1995 年版。
張涌泉:《敦煌俗字研究》,上海教育出版社 1996 年版。
張涌泉:《漢語俗字叢考(簡稱〈叢考〉)》,中華書局 2000 年版。
楊寶忠:《疑難字考釋與研究(簡稱〈疑難字〉)》,中華書局 2005 年版。
楊寶忠:《疑難字續考(簡稱〈續考〉)》,中華書局 2011 年版。
李國英:《小篆形聲字研究》,北京師範大學出版社 1996 年版。
李運富:《漢字漢語論稿》,學苑出版社 2008 年版。
鄭賢章:《龍龕手鏡研究》,湖南師範大學出版社 2004 年版。
鄭賢章:《新集藏經音義隨函錄研究》,湖南師範大學出版社 2007 年版。
鄭賢章:《漢文佛典疑難俗字彙釋與研究》,巴蜀書社 2016 年版。
鄧福祿、韓小荊:《字典考正(簡稱〈考正〉)》,湖北人民出版社 2007 年版。

韓小荊：《〈可洪音義〉研究》，巴蜀書社 2009 年版。

楊正業、馮舒冉等編：《古佚三書》，四川出版集團、四川辭書出版社 2013 年版。

張書岩、王鐵琨、李青梅、安寧：《簡化字溯源》，語文出版社 1997 年版。

梁春勝：《從〈類玉篇海〉到〈四聲篇海〉——我國字典編纂史上的一個轉折點》，《中國典籍與文化》2004 年第 2 期。

梁春勝：《〈新修玉篇〉〈四聲篇海〉引書考》，《中國典籍與文化》2008 年第 4 期。

楊清臣：《〈新修玉篇〉與〈四聲篇海〉釋義對比研究》，碩士學位論文，河北大學，2008 年。

楊清臣：《利用〈新修玉篇〉考辨疑難俗字》，《河北大學學報》（哲學社會科學版）2011 年第 3 期。

胡平：《〈新修玉篇〉編纂體例整理與研究》，碩士學位論文，河北大學，2008 年。

紀麗紅：《〈新修玉篇〉與〈四聲篇海〉字頭比較研究》，碩士學位論文，河北大學，2008 年。

孫磊：《〈新修玉篇〉異體字研究》，碩士學位論文，河北大學，2011 年。

張亞蘭：《〈新修玉篇〉注音材料研究》，碩士學位論文，河北大學，2011 年。

魏現軍：《〈新修纍音引證群籍玉篇〉之〈玉篇〉藍本考》，《暨南學報》（哲學社會科學版）2011 年第 3 期。

趙曉慶、張民權：《〈新修玉篇〉研究述評及展望》，《華夏文化論壇》2014 年第 2 期。

趙曉慶、張民權：《〈新修玉篇〉重音的三個層次》，《華夏文化論壇》2015 年第 2 期。

趙曉慶：《〈新修玉篇〉之〈玉篇〉底本考》，《中國文字研究》第二十五輯，2017 年。

熊加全：《〈新修玉篇〉釋義失誤辨正》，《中南大學學報》（社會科學版）2016 年第 6 期。

熊加全：《〈新修玉篇〉俗字考》，《中國文字研究》第二十四輯，2016 年。

熊加全：《〈新修玉篇〉疑難字例釋》，《漢語史研究集刊》第二十二輯，2017年。

熊加全：《〈新修玉篇〉疑難字疑難字考》，《古籍研究》總第65卷，2017年。

熊加全：《利用〈新修玉篇〉考辨疑難字》，《中國語文》2018年第1期。

附　錄

部首表

（為便於查檢，本表依《大字典》《字海》部首排序，而非依《新修玉篇》部首排序，部首右邊的數碼指部首在檢字表中的頁碼。）

一畫	大……293	比……294	矢……295	艸……295	九畫
一……293	弋……293	瓦……294	禾……295	糸……296	革……296
乙……293	小……293	止……294	白……295	七畫	頁……296
二畫	口……293	攴……294	疒……295	走……296	面……296
十……293	囗……294	日……294	立……295	車……296	骨……296
厂……293	巾……294	水……294	穴……295	西……296	香……296
匚……293	彳……294	手……294	皮……295	豕……296	食……296
卜……293	彡……294	牛……294	癶……295	貝……296	風……296
冂……293	夕……294	毛……294	矛……295	見……296	音……296
八……293	夂……294	气……294	六畫	里……296	首……296
人……293	广……294	片……294	耒……295	足……296	韋……296
勹……293	宀……294	爪……294	老……295	邑……296	十畫
几……293	尸……294	月……294	耳……295	身……296	髟……297
亠……293	弓……294	氏……295	西……295	辵……296	馬……297
冫……293	己……294	欠……295	虫……295	谷……296	十一畫
冖……293	子……294	殳……295	网……295	豸……296	鳥……297
卩……293	屮……294	火……295	肉……295	角……296	魚……297
刀……293	女……294	斗……295	竹……295	言……296	十二畫以上
力……293	四畫	心……295	自……295	辛……296	鹿……297
厶……293	王……294	五畫	血……295	八畫	鼓……297
又……293	木……294	示……295	舟……295	雨……296	齒……297
三畫	支……294	石……295	色……295	門……296	龍……297
干……293	犬……294	目……295	衣……295	隹……296	
土……293	歹……294	田……295	羊……295	阜……296	
廾……293	戈……294	皿……295	米……295	金……296	

檢字表[①]

（字右邊的數碼指正文中的頁碼）

一部	仟……226	傚……157	亠部	允……274	弋部
申……281	任……226	僅……103	奠……279	又部	弎……254
亞……71	伐……226	傷……227	羸……255	叞……75	小部
丞……71	仍……156	俛……19	羸……255	叠……213	尠……78
𠬛……213	似……19	傑……228	羸……255	叠……106	口部
亞……275	信……259	像……158	冫部	干部	叽……169
𠀑……239	伏……44	僾……260	凔……199	舜……108	叽……264
乙部	佛……156	僨……159	凔……199	土部	吋……169
予……280	佬……259	偰……48	冖部	坩……257	吭……116
十部	侏……115	傰……161	冗……274	坢……153	呼……218
卉……279	飲……268	徽……56	舌……251	垌……257	呎……264
羣……255	徐……259	儜……159	鼠……240	呈……153	听……117
轂……252	佳……259	傾……261	卩部	堿……257	号……105
厂部	御……157	儀……260	夘……239	坙……154	吅……231
厇……108	俘……217	儸……161	刀部	堙……216	咆……218
𠂆……108	俙……226	價……160	切……82	壞……258	咺……117
匚部	個……242	憾……161	刋……82	墟……240	咚……106
匜……195	保……259	儻……248	荊……276	塝……217	唉……244
匹……255	倈……227	億……242	剜……81	壚……47	咮……218
卜部	俶……226	儗……104	刱……36	壪……87	喊……244
卡……280	倪……227	勹部	軔……195	鼙……240	呪……74
冂部	侯……241	匓……86	剙……275	廾部	哪……245
冄……258	俷……259	几部	剭……252	罩……172	善……270
輒……212	促……260	尻……270	劵……34	鞏……172	唖……245
八部	傷……115	咒……268	力部	大部	喑……65
典……236	偘……242	凯……194	勘……173	奘……242	項……169
人部	傓……227	甄……275	厶部	奊……279	嚕……245
仟……88	傖……227		个……211		嗉……219

[①] 本表收字在《〈新修玉篇〉研究》這一文章範圍內有所選擇：一是現代大型字書如《大字典》和《字海》未予考釋或考釋有誤的疑難俗字；二是現代大型字書如《大字典》和《字海》所錄字形中未予收錄義項的字形；三是現代大型字書如《大字典》和《字海》未予收錄的疑難字形與同形字。

嚏……231	屑……181	珇……115	歹部	洦……198	捼……171
噁……45	犀……182	瑿……240	歺……184	渃……237	捺……246
嚉……219	屎……250	珽……103	歘……269	溮……136	摺……232
嘈……18	弓部	珋……216	殉……184	涇……237	捩……246
嗽……245	弜……80	球……152	殘……42	蘷……214	掤……232
嚕……117	彌……52	壄……109	殣……112	滄……234	授……172
口部	己部	珆……98	殊……271	潯……137	揪……220
囡……254	㔫……37	瑑……103	殨……268	逢……237	摸……265
囤……210	子部	瑹……103	殞……271	潭……252	摵……171
巾部	酌……214	瑨……72	殩……101	潍……137	控……119
帝……215	屮部	瑋……216	殰……185	浯……137	攅……91
柿……280	芦……95	瑣……93	戈部	潔……237	撐……265
峭……225	女部	瑤……86	戕……252	澶……252	擾……120
帅……55	她……228	瓈……152	比部	游……198	攘……120
幢……254	妁……104	瑾……240	龜……213	瀨……82	攉……266
彳部	妖……242	瓐……98	瓦部	潚……252	攥……120
徐……78	妮……228	木部	磑……80	漢……138	牛部
復……107	姆……104	柏……79	瓶……193	潶……34	牧……277
徲……235	婆……242	枴……56	瓶……81	渝……138	怦……202
徺……178	妧……162	杬……272	止部	瀘……138	牸……84
徣……249	娾……100	枌……187	此……278	瀠……139	犥……203
徵……269	婱……243	棟……250	支部	瀾……252	鰲……97
彡部	娷……243	柭……79	發……214	手部	毛部
鬱……255	嫋……51	楼……187	盉……255	扠……118	笔……207
夕部	嬉……63	椚……221	日部	抒……118	毛……147
冤……192	娗……39	榡……250	昤……224	抃……232	毦……207
夊部	娩……228	種……187	亜……151	扰……231	酕……253
夏……179	嫁……261	楲……222	晖……200	扎……119	气部
广部	婉……228	梳……188	昇……114	拥……264	氕……200
胸……114	嫫……228	槉……272	晢……234	挷……170	片部
廉……83	媛……162	襄……254	昴……236	拵……220	牑……150
宀部	婁……162	藥……250	晉……83	搣……41	牖……210
室……182	健……229	支部	映……82	捣……119	爪部
宓……107	嬂……243	鼓……254	晋……270	搚……90	孚……66
梁……45	嬰……229	犬部	暵……201	摇……48	月部
宑……270	嬶……229	狎……73	水部	捌……91	肌……76
尸部	嬨……104	犯……203	汆……274	撼……265	肛……67
屛……182	王部	狮……134	泖……136	揆……232	肩……220
坈……41	玑……256	猹……204	冰……197	拚……171	胸……266
眉……270	珇……151	獢……144	活……69	揪……265	

附錄 / 295

脬……76	怪……233	磚……142	皿部	矛部	竕……130
肟……123	悥……111	磐……141	盄……251	戮……133	筲……250
腚……83	恕……267	磾……238	盇……251	矡……50	箈……130
脊……247	意……266	磬……277	溋……197	矞……195	筁……130
腴……76	慈……247	礪……142	蓥……36	耒部	筶……131
膻……123	怱……124	礦……142	盬……112	耓……112	筅……131
脈……124	健……248	礦……143	蠱……93	耢……222	箇……250
膄……42	愁……174	礦……143	盬……113	糯……191	箮……131
腦……123	慈……94	目部	矢部	老部	簦……132
脇……266	愀……175	旱……73	矱……33	耈……107	簸……132
䐦……124	悿……88	盯……164	禾部	羹……185	簰……250
氏部	悙……174	盰……263	秆……80	耳部	簪……273
氓……256	愫……221	眅……230	秄……132	聃……56	籀……251
欠部	恤……175	眆……165	秋……190	西部	篇……96
欨……94	惛……248	眸……263	穛……97	覃……20	自部
欱……249	憶……248	眙……230	白部	覓……192	䑬……52
欲……77	愍……267	眭……230	晳……113	虫部	血部
歁……269	憖……77	瞍……64	疒部	蚖……238	衃……233
傚……158	譱……247	睒……166	疔……107	蜓……102	盎……75
歜……178	憫……175	奭……167	抗……107	蛂……205	衄……123
殳部	憫……176	睻……263	疛……127	蜼……145	蠱……93
毃……110	懷……233	晴……166	疾……271	蜻……278	舟部
穀……275	懺……176	瞎……100	痄……272	蝸……278	舳……136
殸……60	示部	瞧……230	瘢……186	螃……253	輈……212
毇……238	衹……98	縢……166	瘠……127	蠍……278	色部
火部	袝……256	睹……263	瘁……272	蠰……146	艳……105
猷……86	衫……17	矑……105	瘠……95	戴……84	衣部
斗部	袂……99	瞠……263	癀……235	蠿……254	裏……209
斜……194	袖……87	曖……167	癌……235	蠻……35	裋……239
斛……251	袍……225	瞢……74	瘋……186	蠢……206	襑……209
斛……133	祹……153	田部	立部	蠹……146	襲……277
心部	襠……19	甩……280	音……181	网部	羊部
忡……174	襜……256	畎……155	穴部	罢……133	羋……70
怲……267	石部	畍……211	空……128	裂……192	米部
忻……233	砣……108	賜……225	窝……128	謳……251	粃……273
怟……233	研……225	甓……211	竉……272	肉部	糎……191
忺……267	硫……277	罋……99	皮部	龖……93	艸部
怢……267	砑……237	魘……241	瘍……108	臀……266	芬……273
怀……174	硝……253	甖……241	癶部	竹部	苃……273
怷……267	碫……84		婆……180	竽……190	苗……188

苶……273	酉部	蹳……122	籥……207	陣……277	顏……164
荲……274	酓……212	邑部	言部	㒰……253	頬……244
葬……79	醘……255	邯……154	訮……177	金部	顡……105
莕……57	豸部	邦……258	訨……267	鉫……223	顚……229
葪……101	狽……253	耶……100	訕……125	鈊……68	顛……262
茆……189	獼……49	郝……41	訣……234	鉊……224	顡……105
菿……236	貝部	郘……41	詑……234	錄……196	面部
廣……101	貤……146	郊……41	評……248	鎚……196	醉……89
蔽……129	欴……279	鄄……240	語……248	釗……275	厥……164
莫……189	脚……206	鄸……240	調……221	鎏……81	醃……64
蓟……128	賫……70	郿……241	謔……268	銳……134	醵……116
莘……246	賦……254	身部	譣……177	鎈……134	骨部
溅……189	見部	軟……261	謄……248	鈎……53	髂……247
葳……129	現……206	舤……163	懲……77	鍱……134	骭……247
蔽……58	覵……116	軪……243	譜……93	鍴……134	香部
蔽……129	親……168	軋……41	調……249	鎵……135	馞……223
義……229	覩……244	軼……243	羉……249	鑽……49	馧……113
蒣……236	覿……230	軀……243	辛部	鐵……135	食部
蕍……96	覯……230	鼉……109	辦……51	鏤……135	帇……77
糸部	覸……244	軭……261	雨部	革部	餇……111
絉……238	里部	辵部	雷……276	鞑……279	餬……106
繂……54	野……258	达……101	霙……276	靲……85	饗……107
緊……238	墅……88	迨……95	霄……199	靚……148	饔……106
紲……149	黱……154	逵……179	雷……199	韐……208	**餘**……107
繃……150	罬……241	逅……112	霏……276	戦……148	饋……125
繘……102	足部	遱……78	䪺……140	鞫……85	餞……178
繇……209	跊……246	逊……112	門部	鞭……148	風部
走部	趾……232	達……235	閎……270	韃……238	颭……140
赶……94	跸……233	運……269	闃……183	轍……85	颷……140
赳……78	跓……246	**遷**……180	閛……183	鞠……149	颸……141
赾……126	跦……121	遘……180	閈……126	頁部	颸……141
越……269	跧……120	谷部	冏……68	頏……262	音部
趕……126	肆……172	欲……276	閌……271	頎……244	韾……125
趢……249	跤……121	䃲……139	閾……126	頻……262	首部
越……249	踣……246	豸部	闞……184	頵……229	馘……89
車部	踖……246	貔……102	隹部	頟……209	鬚……262
較……236	躑……121	虤……278	雒……205	頯……89	響……264
鞍……196	躓……247	角部	暫……144	頴……90	韋部
犟……35	躍……122	觝……147	阜部	頇……122	韝……71
轟……197	蹴……173	觗……84	陌……143	顉……244	韣……208
		触……148			

髟部	馬部	鳥部	魚部	鼗……251	龍部
髩……219	馴……55	鳶……204	鮨……145	齒部	龘……35
髬……245	駞……277	鷟……235	鹿部	齭……117	
鬟……118	駮……144	鴛……45	麈……49	齹……170	
鬚……245	騾……202	鸍……253	鼓部	齺……75	
鬢……118		鷲……205	鼟……108		

後　　記

　　本書是作者主持的 2014 年國家社科基金項目"《新修玉篇》整理與研究"的成果之一，本項目于於 2016 年 11 月被批准結項。

　　歷代傳世字書貯存了大量的疑難字，是近代漢字研究的重要內容。傳統的文字學偏重於小篆以前的古文字的研究，而對隸書以下近代漢字的發展演變關注不夠，從而造成漢字研究嚴重的頭重腳輕的局面。通過對歷代傳世字書進行系統的整理與研究，可以為近代漢字的整理與研究提供一些重要的材料，從而有助於構建完整的漢語文字學體系。之所以選擇《新修玉篇》作為研究對象，是基於以下兩個方面的原因：一是因為《新修玉篇》是金代的一部重要字書，該書收錄了大量的疑難字，可以為近代漢字的研究提供重要的材料；二是因為《新修玉篇》在其成書不久後即湮沒無聞，在元明清的公私書目中亦鮮有著錄，學界對《新修玉篇》的研究成果不多，對其利用也很不充分。通過對《新修玉篇》進行系統的整理與研究，可以為《新修玉篇》文本的校理及近代漢字的研究提供有用的材料。

　　在此我要感謝我的兩位恩師楊寶忠先生和蔣冀騁先生。楊寶忠先生是我的碩士生和博士生導師，楊老師學識淵博，治學謹嚴，在這六年裏，楊老師不僅教我以知識，更教我以為人、為學的道理。直至畢業至今，楊老師仍時時給我以關懷與幫助。這些學生都銘記在心，永生難忘。蔣冀騁先生是我的博士後導師，蔣老師治學嚴謹，思路開闊，蔣老師在為人與為學上都給我很多指導，蔣老師強調為人與為學都要實，在學術上要勇於懷疑，要有"吾愛吾師吾更愛真理"的求真精神。這些學生牢記於心，也時刻激勵著我，成為我學術不斷前行的動力。

　　感謝張涌泉先生，張先生的《漢語俗字研究》《敦煌俗字研究》《漢語俗字叢考》是我從事傳世字書學習與研究後一直參閱的著作，從中受益很多。也感謝張先生多年來在我求學路上給予的諸多關懷與幫助。

　　感謝李國英先生和李運富先生。二位先生的論著是我從事近代漢字研究一直學習的資料，所獲很多。也感謝二位先生多年來給予的諸多關懷與幫助。

在河北大學求學期間，無論是在學習上，還是在生活上，張安生老師、陳雙新老師、郭伏良老師、于建鬆老師、張振謙老師都給予了諸多的關懷與幫助，在此深表感謝。

在湖南師範大學從事博士後研究工作期間，鄭賢章老師、唐賢清老師、蔡夢麒老師、徐朝紅老師也給予了很多的幫助與支持，在此亦深表感謝。

也感謝梁春勝兄和楊清臣兄多年來在學習上和生活上給予諸多的關心與幫助。

也感謝湖南科技學院各位領導與同仁，一直以來為我的研究提供了各種便利與支持，在此深表謝意。

本書主要是對《新修玉篇》的編纂體例、《新修玉篇》存在的問題以及《新修玉篇》研究的價值等方面進行了全面的分析與研究。然而，由於時間有限，再加上筆者學術積累不足，還未對《新修玉篇》進行系統的校箋工作。對此，本課題將全面參閱相關的文獻資料，對《新修玉篇》進行系統的校箋工作。

由於本人資質駑鈍，學識淺薄，書中疏漏，在所難免，懇請專家、學者不吝賜教。

熊加全
2018 年 3 月

附記：

書稿定稿後，楊寶忠師以其大作《疑難字三考》見贈，此書於《新修玉篇》所存疑難字多有考釋。其與本書考釋重復者有 28 字，雖然考釋過程不盡相同，但結論大多一致。由於書稿排版已經固定，不便再作刪改，故列出於下：

偽：見《疑難字三考》第 17 頁	蕻：見《疑難字三考》第 464 頁
寠：見《疑難字三考》第 122 頁	蒬：見《疑難字三考》第 489 頁
㜰：見《疑難字三考》第 134 頁	茚：見《疑難字三考》第 459 頁
瓓：見《疑難字三考》第 140 頁	僃：見《疑難字三考》第 543 頁

歼：見《疑難字三考》第 170 頁	趏：見《疑難字三考》第 575 頁
殉：見《疑難字三考》第 172 頁	邜：見《疑難字三考》第 591 頁
骨：見《疑難字三考》第 182 頁	閪：見《疑難字三考》第 624 頁
搣：見《疑難字三考》第 219 頁	鉏：見《疑難字三考》第 637 頁
搔：見《疑難字三考》第 221 頁	鉌：見《疑難字三考》第 642 頁
礦：見《疑難字三考》第 320 頁	鈻：見《疑難字三考》第 643 頁
音：見《疑難字三考》第 363 頁	鏰：見《疑難字三考》第 644 頁
叜：見《疑難字三考》第 370 頁	醇：見《疑難字三考》第 662 頁
蠿：見《疑難字三考》第 398 頁	醏：見《疑難字三考》第 668 頁
籥：見《疑難字三考》第 416 頁	韄：見《疑難字三考》第 672 頁

熊加全

2019 年 6 月